Ulrich Auhagen

# DAS GROSSE BUCH VOM BRIDGE

Lizenzausgabe 1990 für
Manfred Pawlak Verlagsgesellschaft mbH,
Herrsching

Umschlaggestaltung: Bine Cordes, Weyarn
Gesamtherstellung: Mohndruck, Gütersloh
ISBN 3-88199-679-6

Ulrich Auhagen

# DAS GROSSE BUCH VOM BRIDGE

Leicht verständliche
Einführung für Anfänger
Erfolgreiche Strategien
Tips für Rubberbridge- und Turnierspieler
Spieldurchführung
und Gegenspiel von A–Z
Bietkonventionen up to date
Bridgelexikon
spannende Geschichte des Bridge

Pawlak

*Vorwort*

Bridge – die Königin der Kartenspiele, wie man zu Recht diesen faszinierenden Geistessport nennt – wird fast überall auf der Welt von über 100 Millionen begeisterten Anhängern gespielt. Es ist das ideale Kartenspiel, weil es ein ungewöhnlich breites Spektrum zur Selbstverwirklichung bietet: für Strategien, Wagemut, geschicktes Taktieren, kühle Berechnung, raffiniertes Bluffen, dynamisches Handeln, souveränes Abwägen zwischen kalkuliertem Risiko und unvernünftigem Hasardieren. Es ist die geistvolle Entspannung schlechthin – warum sonst würde beispielsweise gerade ein großer Teil der Elite der Schachspieler aus diesem Spiel Abwechslung und Anregung gewinnen? Bridge bietet der kühn das Neue suchenden Jugend und dem besinnlich-heiteren Alter gleich viel: Kontakte mit einer Unzahl gleichgesinnter Enthusiasten, Spannung und Entspannung zugleich und vor allem immer neue Chancen mit jeder nächsten Kartenausteilung.

Nun ist das deutsche Standardwerk vom Bridge – der »AUHAGEN« – wieder auf dem Markt, nachdem es einige Zeit vergriffen war. In der nun vorgelegten 3. Auflage ist der Autor – achtfacher deutscher Meister – besonders auf die sich in atemberaubendem Tempo vollziehende Weiterentwicklung im Reizen, dem wohl inzwischen wichtigsten Teil dieses aufregenden Spiels, eingegangen. Er hat sich vielen gängigen neuen Konventionen gewidmet – auch mittlerweile gefundenen »Waffen« gegen Multi, Verdi, Weak Jumps und vieles andere, die sich in der Turnierpraxis der Gegenwart bewährt haben. Der gründlich überarbeitete »AUHAGEN« ist auf dem neuesten Stand: er führt den Anfänger in leicht verständlicher Form in die Grundlagen des Bridge ein und geht – auf diesem Fundament aufbauend – bald zu anspruchsvolleren Bereichen über. Der Lernende wird seine Spielstärke entscheidend verbessern und auch geübtere Spieler, selbst Bridge-Experten, werden noch viele neue Aspekte ihres geliebten Hobbys kennenlernen. Das Standardwerk spricht alles an: Reizung, Spieldurchführung, Gegenspiel, Grundlagen und Geschichte des aus den Nebeln der Vergangenheit zu seiner heutigen weltumspannenden Bedeutung herangereiften Spiels, menschlich-psychologische Aspekte und interessante Tests. Es enthält eingestreute Anekdoten, Karikaturen, die Ergebnisse großer Meisterschaften und einen über 450 Stichworte umfassenden Index.

# Inhalt

*Frau Reimann hält in dritter Hand in Gefahrenzone ♠AKxxx ♡B10x ◇ 9xxx ♣D und eröffnet »1 Pik«. Ihr Partner springt mit drei kleinen Treffkarten und 11 Punkten auf »2 SA«. Alles paßt. Der Gegner spielt Treff aus. Frau Reimann kramt in ihrer Handtasche. Der Gegner: »Sie suchen wohl Ihre Eröffnung, gnädige Frau?«*

*

*Eine leicht anrüchige aber wahre Begebenheit:*

*Auf einem österreichischen Turnier spielen Herr von Dewitz und Herr Chodziesner gegen zwei Damen, die einen kleinen Dackel bei sich haben. Die Damen fragen, welches System die Herren spielen. Diese antworten und erkundigen sich ebenfalls. Herr Chodziesner fügt hinzu: »Und welches System spielt Ihr Hund?« Eine Dame: »Der wedelt nur mit dem Schwanz.« Chodziesner prompt: »Damit können wir leider nicht dienen, gnädige Frau!«*

*

*Schlesien 1945.*

*Auf einem Schloß sind begeisterte Bridge-Spieler bei einer aufregenden Partie. Artilleriedonner, die Front rückt näher, erste Granateinschläge und Geräusche einrükkender Russen auf dem Hof. Ein Spieler geht besorgt zum Fenster und schaut hinaus. Ein anderer: »Gucken wir hier aus dem Fenster oder spielen wir Bridge?«*

*

*Großes Turnier in Cannes.*

*Lauter Ruf: »Arbitre!« Der Turnierleiter erscheint prompt und läßt sich den Fall berichten. Nach kurzer Diskussion trifft er seine Entscheidung. Ein Spieler der schuldigen Partei weist entrüstet darauf hin, er sei Mitglied der Ehrenlegion. Der Turnierleiter trocken: »Seien Sie unbesorgt, Ihnen diesen Titel abzuerkennen, liegt nicht im Rahmen meiner Befugnisse.«*

*

*Finale im Gruppenteam.*

*Die Berliner Mannschaft mit Fritz Chodziesner steht nicht gut. In der Samstagnacht ruft Herr von Dewitz an und fragt: »Chody, wie stehst Du?« Antwort: »Ich liege!«*

*

*Der berühmte französische Spieler Ghestem spielte mit seinem Partner gegen die Amerikaner Schenken und Leventritt das System Monaco, das aus einer Unzahl von komplizierten Relais-Ansagen besteht. Mit einer endlosen Reizung, die 23 Minuten gedauert hatte, erreichten die Franzosen schließlich »6 Coeur«. Leventritt erkundigte sich noch einmal nach der Reizung und fügte entschuldigend hinzu »When it started I was a young man«, sprach's und kontrierte, worauf die Franzosen dreimal für — 500 fielen.*

*

*Eine junge Dame spielt gegen Herrn von Gynz »6 Treff«. Nach vielen Aufregungen und Schwierigkeiten wird der Schlemm schließlich erfüllt. Die Dame erleichtert: »Da habe ich aber Herzklopfen gehabt«. Herr von Gynz trocken: »Das war wohl eher Kreuzklopfen«.*

*

*»Hohe Rubberverluste hatten Sie? Die Kautschukbörse ist eben nur etwas für Insider!«*

# Die Spielregeln

Diese Zeilen richten sich an den Interessenten, der neu zu der großen Familie der Bridge-Spieler hinzukommen möchte - vielleicht angelockt durch das geheimnisvolle Wort *»Bridge«*. Was verbirgt sich dahinter? Ein langweiliges Spiel, um an verregneten Sonntagen die Zeit totzuschlagen oder eine faszinierende Angelegenheit, bei der Mut und Geschicklichkeit belohnt werden und es bis zum Schluß ungewiß bleibt, welche Seite nach langem Ringen den Sieg davonträgt? Urteilen Sie selbst! Wenn Sie die Regeln studiert haben, werden Sie merken, daß ein ausgeklügeltes Prämiensystem für Spannung sorgt. Ständig muß sich der Spieler fragen, ob er sozusagen mit dem Spatz in der Hand zufrieden sein will oder aber nach der Taube auf dem Dache greifen soll. Große Wagnisse werden nämlich hoch belohnt, während der Übervorsichtige nur eine kleine Gutschrift erhält.

Bridge wird zu viert gespielt, zwei gegen zwei. Die sich gegenübersitzenden Spieler sind Partner und bleiben es für die Dauer des Rubbers. Ziel ist es, den Rubber zu gewinnen.

Man spielt mit zwei Kartenspielen à 52 Blatt (Rommé-Karten ohne Joker). Ein Kartenpaket bleibt liegen, das andere wird im Uhrzeigersinn Karte für Karte einzeln ausgeteilt, wobei der links vom Geber sitzende Spieler die erste Karte erhält.

Es gibt vier verschiedene Farben in der Reihenfolge:

♠ (Pik) ♡ (Coeur) ◇ (Karo) und ♣ (Treff).

Dem Skatspieler wird auffallen, daß Treff den letzten Rang einnimmt, während die Reihenfolge sonst unverändert ist. ♡ und ♣ heißen nicht mehr Herz und Kreuz, sondern - mit französischem Einschlag - Coeur und Treff.

Die Reihenfolge der 13 Karten einer einzelnen Farbe ist dieselbe wie bei Rommé oder Canasta, also As, König, Dame, Bube, Zehn, Neun usw. bis herab zur Zwei. Die ranghöchsten fünf Karten heißen Bilder (Honneurs). In der gebräuchlichen Abkürzungsform sieht eine komplette Farbe so aus:

A K D B 10 9 8 7 6 5 4 3 2

Diagramme in Bridgebüchern unterscheiden die einzelnen Spieler nach den vier Himmelsrichtungen:

| | | |
|---|---|---|
| | N | |
| W | | O |
| | S | |

Es spielen also Nord-Süd und Ost-West zusammen.

Für das Zusammenstellen der Partnerschaften, das Mischen und Geben haben sich die folgenden »Riten« herausgebildet: Man spielt mit zwei Kartenspielen, die verschiedenfarbige Rückseiten haben (meist rot und blau). Zu Anfang wird ein Kartenspiel verdeckt ausgebreitet. Jeder Spieler zieht eine Karte. Wer die beiden höchsten bzw. die beiden niedrigsten Karten gezogen hat, spielt zusammen. Bei Karten von gleichem Rang (z. B. zwei Buben) entscheidet die höhere Farbe. Die höchste Karte berechtigt zu Platz- und Kartenwahl. Nehmen wir an, daß sich der Spieler mit der höchsten Karte auf Süd setzt und die roten Karten wählt. Nord hat die blauen Karten zu mischen und nach rechts, also zwischen sich und West, zu legen, wo sie zunächst liegenbleiben. Währenddessen mischt West die roten Karten und gibt sie Süd, der Ost abheben läßt. Süd teilt dann alle roten Karten einzeln aus, wobei er bei West beginnt. Wenn das Spiel zu Ende ist, nimmt West die links neben ihm liegenden blauen Karten, läßt Süd abheben und gibt. In der Zwischenzeit mischt nunmehr Ost die roten Karten und legt sie rechts zwischen sich und Nord, damit dieser im übernächsten Spiel die Karten West zum Abheben hinlegen und anschließend austeilen kann. So geht es immer weiter, bis eine Partei den sog. Rubber gewonnen hat. Die Partnerschaften werden dann aufgelöst, und es wird neu gezogen. Sollte das Los die gleichen Spieler erneut zusammenführen, dann bestimmen, damit keine Wiederholung eintritt, die höchste und die dritthöchste Karte bzw. die zweithöchste und niedrigste Karte die neuen Partnerschaften.

Nun zum eigentlichen Spielverlauf:
Sobald alle Karten ausgeteilt sind, nimmt jeder Spieler seine 13 Karten auf, ordnet sein Blatt der besseren Übersicht halber nach den einzelnen Farben und nimmt es fächerförmig in eine Hand. Danach wird durch die Reizung (eine Art Versteigerung) der sog. Endkontrakt bestimmt. Die Spieler können nach Belieben entweder passen oder ein Gebot abgeben, durch das sie sich verpflichten, zusammen mit ihrem Partner eine bestimmte Anzahl von Stichen zu erzielen. Ein Stich kommt dadurch zustande, daß die Spieler hintereinander in der Reihenfolge des Uhrzeigersinns je eine Karte in die Mitte legen; der Spieler mit der höchsten Karte nimmt alle vier Karten, den Stich.

Wer bei der Reizung ein Gebot abgibt, muß eine Stichzahl nennen, die über sechs, das sog. »*Buch*«, hinausgeht. Ein Gebot von »eins« ist also eine Verpflichtung, mindestens sieben Stiche zu machen. Wer »vier« reizt, muß wenigstens zehn Stiche erzielen. Das Gebot hat außerdem die Farbe zu nennen, die Trumpf werden soll, oder zu bestimmen, daß völlig ohne Trumpf (Sans-Atout) gespielt wird. Wer auf ein Gebot nicht passen sondern seinerseits bieten will, muß höher gehen. Hierbei muß er mindestens dieselbe Zahl von Stichen in einer höheren Farbe reizen oder aber eine höhere Stichzahl ansagen. Die Reizung beginnt beim Teiler (Geber) und verläuft im Uhrzeigersinn. Sie ist erst dann zu Ende, wenn drei Mitspieler hintereinander gepaßt haben. Vorher kann die Reizung durch neue Ansagen aufrecht erhalten werden.

Man kann gegnerische Gebote kontrieren. Passen die nächsten drei Spieler nach dem Kontra, wird das Spiel mit Kontra gespielt und bei Verlust höher bestraft (bei Gewinn allerdings auch höher belohnt). Wer kontriert, hofft also, daß sein Partner und er das gegnerische Spiel zu Fall bringen können.

Auf das gegnerische Kontra kann »Rekontra« gesagt werden. Die Gutschrift bzw. die Strafpunkte für das Spiel werden jetzt noch weiter gesteigert.

Neben den Farb- oder Sans-Atout-Geboten von 1 bis 7 und den Ansagen »Passe«, »Kontra« und »Rekontra« gibt es keinerlei weiteren Ansagen in der Bridge-Reizung. Sollte es sich ergeben, daß alle vier Spieler passen, werden die Karten zusammengeworfen. Der links vom Geber sitzende Spieler teilt dann die Karten zum nächsten Spiel aus.

Hier ein Beispiel für die Reizung:
Nehmen wir an, daß Süd Teiler war und zunächst gepaßt hat. West gibt das Gebot von »1 Coeur« ab. Nord reizt »1 Pik«. Ost bietet »2 Coeur«. Süd reizt jetzt »3 Karo«. West kontriert, Nord paßt, Ost paßt und Süd geht auf »3 Pik«. West paßt, Nord paßt und Ost bietet »4 Coeur«. Danach passen Süd, West und Nord. Jetzt werden »4 Coeur« gespielt. Ost-West müssen mindestens zehn Stiche machen, und Coeur ist Trumpf. Hier noch einmal die ganze Reizung in einem übersichtlichen Diagramm:

| Süd | West | Nord | Ost |
|---|---|---|---|
| pass | 1 ♡ | 1 ♠ | 2 ♡ |
| 3 ◇ | kontra | pass | pass |
| 3 ♠ | pass | pass | 4 ♡ |
| pass | pass | pass | |

Sie haben aus der Reizung gesehen, daß man den Gegner auf der gleichen Stufe überbieten kann, wenn man die höhere Farbe hält. So hat Nord Wests Ansage von »1 Coeur« mit »1 Pik« überbieten können, während Süd mit Karo, einer niedrigeren Farbe, eine Stufe höher gehen mußte. Über Osts »2 Coeur« durfte Süd nicht »2 Karo« bieten, sondern mußte mindestens auf die Dreierstufe gehen. Sie werden ferner bemerkt haben, daß die Reizung nach zweimaligem Passen durchaus weitergehen kann; erst wenn drei Spieler hintereinander gepaßt haben, ist die Reizung endgültig zu Ende.

Alleinspieler ist derjenige, welcher den Kontrakt »erfunden« hat, also von seiner Partei als erster die betreffende Farbe bzw. Sans-Atout genannt hat. In unserem Beispiel spielt also *West* den Kontrakt von »4 Coeur«.

Zwischendurch einige Testfragen:

1. Welche Farbe hat den höheren Rang, Coeur oder Karo?
2. Die vier Spieler ziehen zu Anfang folgende Karten: Karo-Dame, Treff-König, Pik-Zehn und Coeur-Dame. Welcher Spieler muß als erster geben, und wer ist sein Partner?
3. Kann man »2 Sans-Atout« mit »2 Pik« überbieten?
4. Kann man auf ein gegnerisches »3 Coeur«-Gebot »Rekontra« sagen?
5. Darf man über eine gegnerische Ansage von »1 Karo« sofort »3 Sans-Atout« bieten?
6. Darf man ein Gebot seines eigenen Partners kontrieren?
7. Was geschieht, wenn alle vier Spieler passen?
8. Wer muß mit der Reizung beginnen?
9. Süds Ansage von »2 Pik« ist von West kontriert worden. Danach passen Nord und Ost. Darf Süd jetzt noch etwas bieten (z. B. »2 Treff«)?
10. Wieviel verschiedene Ansagen gibt es in der Reizung?

Antworten:

1. Coeur rangiert höher als Karo.

2. Teiler ist, wer Treff-König gezogen hat. Der Spieler mit Coeur-Dame ist sein Partner.
3. »2 Sans-Atout« dürfen nicht mit »2 Pik« überboten werden. Wenn der nächste Spieler Pik reizen will, muß er mindestens »3 Pik« sagen.
4. Auf »3 Coeur« darf nicht »Rekontra« gegeben werden; denn nur auf ein gegnerisches Kontra ist ein Rekontra zulässig.
5. Über die Ansagen der Gegner (auch des Partners) darf beliebig hoch gereizt werden; also ist auch »3 Sans-Atout« über »1 Karo« zulässig.
6. Nein; denn man darf nur den Gegner, nicht aber den Partner kontrieren.
7. Die Karten werden zusammengeworfen, und der nächste Spieler teilt die anderen Karten neu aus.
8. Wer geteilt hat, reizt als erster.
9. Grundsätzlich darf Süd nach zweimaligem Passen noch bieten. Wenn er jedoch Treff reizen will, muß er jetzt mindestens »3 Treff« bieten, weil Treff eine niedrigere Farbe als Pik ist.
10. Es gibt insgesamt 38 Ansagen, nämlich Treff, Karo, Coeur, Pik und Sans-Atout von der Einer- bis zur Siebenerstufe (dies sind bereits 35 Ansagen) sowie die drei Ansagen »Passe«, »Kontra« und »Rekontra«.

## *Wie wird im Bridge angeschrieben?*

Der Zweck des Spiels ist, zusammen mit dem Partner mehr Punkte zu gewinnen als das gegnerische Paar. Die beiden Paare spielen so lange gegeneinander, bis der sog. Rubber erreicht worden ist. Die Rubber-Prämie erhält, wer als erster zwei sog. Partien (auch Manchen oder volle Spiele genannt) erreicht hat.

Wie gewinnt man eine Partie?

Die »magische Grenze« sind 100 sog. Stichpunkte. Derartige Punkte können vom Alleinspieler und seinem Partner *nur* durch gereizte und anschließend auch erfüllte Kontrakte erzielt werden. Wenn Karo oder Treff Trumpf ist, werden für jeden gereizten Stich 20 Punkte gutgeschrieben. Bei Pik oder Coeur beträgt die entsprechende Gutschrift 30 Punkte. Bei Sans-Atout-Kontrakten wird der erste Stich mit 40 und jeder weitere Stich mit je 30 Punkten vergütet.

Sie werden leicht ausrechnen können, daß man bei einem Spielstand von Null durch einen einzigen Kontrakt eine Partie gewinnen kann, wenn man mindestens »3 Sans-Atout« ($40+30+30 = 100$), »4 Pik« bzw. »4 Coeur« ($4 \times 30 = 120$) oder »5 Karo« bzw. »5 Treff« ($5 \times 20 = 100$) bietet und den Kontrakt erfüllt*. Man kann eine Partie auch in Raten gewinnen: Wenn man z. B. »2 Coeur« reizt und erfüllt (60 Stichpunkte), genügt es beim nächsten Mal, »1 Sans-Atout« (40 Stichpunkte) zu reizen und zu erfüllen. Theoretisch kann eine Partie auch in drei oder mehr Raten erreicht werden. Dies kommt in der Praxis jedoch so gut wie nie vor; denn wenn der Gegner seinerseits eine Partie gewinnt, werden die von der anderen Partei bis dahin angesammelten Stichpunkte nicht mehr berücksichtigt (sie gehen allerdings bei der Endabrechnung nicht verloren, sondern verwandeln sich in sog. Prämienpunkte).

Es gibt folgende Prämienpunkte: Erzielt der Spieler mehr Stiche als geboten worden sind, werden diese sog. Überstiche entsprechend ihrem Stichwert mit Prämienpunkten vergütet. Wer also z. B. »2 Pik« reizt und elf Stiche macht, erhält 60 Stichpunkte und zusätzlich 90 Prämienpunkte. Für zwei gewonnene Partien gibt es die Rubber-Prämie von 700 Punkten, wenn die Gegenpartei keine Partie erzielt hat (sog. Quick-Rubber).

---

* In Pik oder Coeur braucht man also nur zehn Stiche zur Partie. Man nennt die beiden Oberfarben wegen dieses Vorzuges auch »Edelfarben«.

Haben die Gegner jedoch bereits eine Partie gemacht, werden nur 500 Punkte als Rubber-Prämie gutgeschrieben.

Außerdem sind Prämien vorgesehen, wenn in einem Farb-Kontrakt irgendeiner der Spieler vier oder sogar alle fünf Trumpf-Honneurs (As, König, Dame, Bube und Zehn) in seinem Blatt hält. Die Gutschrift hierfür beträgt 100 bzw. 150 Punkte. In Sans-Atout-Kontrakten werden vier Asse in einer Hand mit 150 Punkten prämiert*.

Weitere Prämien gibt es für sog. Schlemms, für gegnerische Faller und alle kontriert erfüllten Kontrakte. Für die Höhe der Prämie ist entscheidend, ob sich die betreffende Partei in der sog. Gefahrenzone befindet oder nicht. Wer noch keine Partie gewonnen hat, ist »ungefährlich«, also nicht in der Gefahrenzone. Eine Partei die bereits eine Partie gewonnen hat und damit kurz vor dem Rubber steht, ist »gefährlich«; sie befindet sich in der Gefahrenzone.

Die Schlemm-Prämien sind nicht unbeträchtlich. Das hat seinen guten Grund; denn es ist in aller Regel schwierig und riskant, sich beim Klein-Schlemm zu zwölf und beim Groß-Schlemm sogar zu dreizehn Stichen zu verpflichten. Für einen Klein-Schlemm (also zwölf Stiche gereizt und gemacht) gibt es nicht in der Gefahrenzone 500 und in der Gefahrenzone 750 Prämienpunkte. Der Groß-Schlemm (dreizehn Stiche geboten und erzielt) wird nicht in der Gefahrenzone mit 1.000 und in der Gefahrenzone mit 1.500 Punkten honoriert.

Für gegnerische Faller (Anzahl der Stiche, die an der Kontrakterfüllung fehlen) werden nicht in Gefahrenzone je 50 Prämienpunkte und in der Gefahrenzone je 100 Prämienpunkte gutgeschrieben. Bei kontrierten oder sogar rekontrierten Kontrakten können die Faller dem Gegner teuer zu stehen kommen, wie die folgende Tabelle zeigt:

| Faller | nicht in Gefahrenzone | | Gefahrenzone | |
|---|---|---|---|---|
| | kontriert | rekontriert | kontriert | rekontriert |
| 1 | 100 | 200 | 200 | 400 |
| 2 | 300 | 600 | 500 | 1000 |
| 3 | 500 | 1000 | 800 | 1600 |
| 4 | 700 | 1400 | 1100 | 2200 |
| 5 | 900 | 1800 | 1400 | 2800 |
| 6 | 1100 | 2200 | 1700 | 3400 |
| 7 | 1300 | 2600 | 2000 | 4000 |
| usw. | usw. | usw. | usw. | usw. |

* Da es nicht einzusehen ist, warum es für gute Karten ohne jeden eigenen Verdienst auch noch Prämienpunkte geben soll, sieht man in vielen deutschen Bridge-Clubs davon ab, die Honneurs mit Gutschriften zu »belohnen«. Am besten ist, sich hierüber vor dem Spiel zu einigen.

Im Kontra oder Rekontra erfüllte Kontrakte werden wie folgt prämiert:

Die Zahl der gereizten Stiche wird bei Kontra verdoppelt und bei Rekontra vervierfacht. Außerdem gibt es eine Prämie von 50 Punkten für die »Beleidigung« (auch bien-joué-Prämie genannt). Letztere Gutschrift ist bei Kontra oder Rekontra gleich hoch. Für jeden kontrierten Überstich erhält man nicht in Gefahrenzone 100 und in Gefahrenzone 200 Punkte. Jeder rekontrierte Überstich wird nicht in Gefahrenzone mit 200 und in Gefahrenzone mit 400 Punkten belohnt.

Nicht verdoppelt oder vervierfacht werden durch Kontra oder Rekontra die Prämien für Schlemms, Honneurs und den Rubber. Dadurch, daß sich die Stichpunkte auf das Doppelte bzw. Vierfache erhöhen, kann man z. B. mit einem kontriert erfüllten Kontrakt von »2 Coeur« (2×60 = 120) oder durch einen rekontriert erfüllten Kontrakt von »2 Treff« (4×40 = 160) eine Partie erzielen.

Rubber-Bridge ist zwar der Kampf der beiden Parteien um den Rubber. Ihnen dürfte jedoch aufgefallen sein, daß sehr hohe Prämien (z. B. für Schlemms oder kontrierte Faller der Gegner) den Ausschlag geben können und eine Partei trotz gewonnener Rubber-Prämie im Gesamtresultat dann verlieren kann, wenn die Gegenseite höhere Prämien erhalten hat.

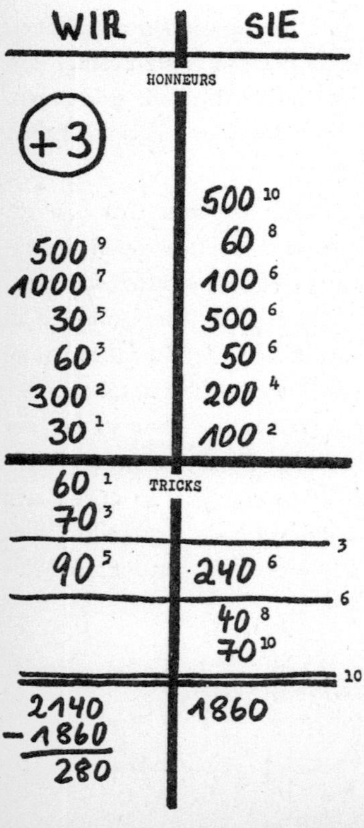


Bei einer Bridge-Partie sollten nach Möglichkeit alle vier Spieler den jeweiligen Spielstand aufschreiben. Bei den üblichen Anschreibeblocks werden links die eigenen und rechts die gegnerischen Punkte notiert. Das Anschreibeblatt ist außerdem etwas unterhalb der Mitte durch eine waagerechte Linie aufgeteilt. Alle Prämienpunkte werden oberhalb dieser Linie gutgeschrieben, während alle Stichpunkte »unter dem Strich« notiert werden.

Zur Probe spielen wir einmal einen Rubber. Auf dem nebenstehend abgebildeten Anschreibezettel ist jeweils vermerkt, auf welches Spiel sich die angeschriebenen Punkte beziehen.

1. Wir spielen »2 Pik« und machen neun Stiche. Unter dem Strich werden 60 Stichpunkte gutgeschrieben; der erzielte Überstich wird über dem Strich mit 30 Prämienpunkten vergütet.
2. Im nächsten Spiel reizen die Gegner »5 Treff« und fallen kontriert zweimal, melden jedoch den Besitz von vier Treff-Honneurs in einer Hand. Wir erhalten für die beiden kontrierten Faller eine Prämie von 300 Punkten, die Gegner für die Honneurs eine Prämie von 100 Punkten.

3. Wir reizen »2 Sans-Atout« und machen zehn Stiche. Unter der Linie erhalten wir weitere 70 Stichpunkte, so daß wir jetzt Partie erreicht haben (60+70 = 130). Wir befinden uns jetzt also in der Gefahrenzone. Zum Zeichen dafür, daß Partie erreicht ist, wird unter der 70 ein waagerechter Strich gezogen. Oberhalb der Linie werden uns für die beiden Überstiche 60 Punkte gutgeschrieben.
4. Wir bieten »3 Sans-Atout«, werden kontriert und fallen einmal. Der Gegner erhält 200 Prämienpunkte.
5. Wir reizen »3 Pik« und machen zehn Stiche. Unter der Linie werden 90 Stichpunkte und über der Linie 30 Prämienpunkte vergütet.
6. Der Gegner reizt »6 Karo« und wird von uns kontriert. Leider erfüllt er seinen Klein-Schlemm mit Überstich. Unter der Linie erhält er 240 Stichpunkte (6×20 = 120, verdoppelt 240). Über dem Strich werden ihm 50 Punkte für die »Beleidigung«, 500 Punkte als Klein-Schlemm-Prämie und 100 Punkte für den kontrierten Überstich vergütet. (In der Praxis werden der Einfachheit halber die in einem Spiel erzielten Prämienpunkte - bei Partiegewinn zusätzlich auch die Stichpunkte - zu einer Summe addiert; hier würden dem Gegner also insgesamt 890 Punkte gutgeschrieben.) Beachten Sie bitte, daß unterhalb der Linie erneut ein Strich gezogen worden ist, weil nun die zweite Partie erfüllt wurde. Unsere 90 Stichpunkte sind »eingeschlafen«; denn sie werden jetzt nicht mehr als Stichpunkte für den Partiegewinn, sondern nur noch als Prämienpunkte berücksichtigt.
7. Der Gegner riskiert »4 Coeur«, wird von uns kontriert, gibt Rekontra und fällt zweimal! Für die beiden rekontrierten Faller erhalten wir eine Prämie von 1000 Punkten.
8. Der Gegner ist jetzt vorsichtig geworden, reizt nur »2 Karo« und macht drei Überstiche. Unter der Linie erhält er 40 Stichpunkte und über der Linie 60 Prämienpunkte.
9. Wir bieten unschlagbare »4 Pik«, aber der Gegner nimmt uns das Spiel weg, indem er »5 Karo« reizt, die kontriert zweimal fallen. Wir erhalten 500 Prämienpunkte.
10. Die Gegner bieten »2 Sans-Atout« und erfüllen ihren Kontrakt genau. Unter der Linie erhalten sie 70 Stichpunkte, die ihnen - zusammen mit den bereits erzielten 40 Stichpunkten - die zweite Partie und damit den Rubber geben. Die gegnerische Rubber-Prämie beträgt 500 Punkte, weil wir unsererseits auch bereits eine Partie gemacht hatten (andernfalls hätten die Gegner 700 Punkte für den Rubber bekommen).

Bei der Endabrechnung werden die beiden senkrechten Zahlenkolonnen aufaddiert. Wir kommen auf 2.140 und der Gegner auf 1.860 Punkte. Die Differenz beträgt 280 Punkte. Obwohl der Gegner die Rubber-Prämie erhalten hat, haben wir gewonnen. Der Einfachheit halber wird die Differenz auf volle 100 Punkte aufgerundet; wir haben also 300 bzw. drei »große Punkte« gewonnen.

Die obige Anschreibmethode ist sehr exakt, weil jedes einzelne Resultat notiert wird. In Deutschland hat es sich vielfach eingebürgert, nach jedem einzelnen Spiel die erzielten Punkte zu saldieren und die bisher angeschriebenen Punkte durchzustreichen. Über dem Strich werden Prämienpunkte und Stichpunkte aufgeschrieben; unter dem Strich werden zusätzlich die Stichpunkte noch einmal notiert, bei der Endabrechnung aber natürlich nicht mit in den Saldo einbezogen. Wer eine Partie erzielt hat, bekommt unter dem Strich ein Kreuzchen. Bei dieser »Schmieranschreibung« kann es bei der Rubber-Abrechnung zu Differenzen kommen. Hat einer der Spieler stattdessen die oben beschriebene exakte Methode der Einzelanschreibung angewandt, so dürfte sein Ergebnis maßgeblich sein. Wenn alle Spieler nach der Saldo-Methode anschreiben wollen, sollten sie nach jedem einzelnen Spiel ihre Ergebnisse vergleichen, um spätere Mißhelligkeiten auszuschließen.

Einige Testfragen:
1. Sie reizen nicht in Gefahrenzone »3 Treff« und erzielen vier Stiche. Wieviel Punkte bekommen die Gegner vergütet, und wie hoch wäre ihre Prämie, wenn sie Ihr Spiel kontriert hätten?
2. Die Gegner spielen in Gefahrenzone »1 Sans-Atout« und verdienen dabei 50 Punkte. Wie ist das möglich?
3. Wie hoch ist Ihre Gutschrift, wenn Sie in der Gefahrenzone »1 Sans-Atout« im Rekontra mit drei Überstichen gewinnen und die Gegner noch keine Partie erzielt hatten?

Antworten:

1. Ihnen fehlen fünf Stiche an der Erfüllung Ihres Kontraktes, Sie sind als fünfmal gefallen. Hierfür erhalten Ihre Gegner eine Prämie von 250 (bei Kontra sogar 900) Punkten.
2. Des Rätsels Lösung: Die Gegner haben sechs Stiche gemacht und vier Asse in einer Hand gemeldet. Für den Faller werden minus 100 und für die vier Asse plus 150 angeschrieben, per Saldo also eine Vergütung von 50 Punkten.
3. Die gereizten Stichpunkte werden vervierfacht (4 x 40 = 160), die bien-joué-Prämie beträgt 50 Punkte, für die drei rekontrierten Überstiche gibt es in der Gefahrenzone je 400 Punkte (3 x 400 = 1200) und als Prämie für den Quick-Rubber (der Gegner hatte noch keine Partie) werden weitere 700 Punkte vergütet. Alles zusammen ergibt die enorme Prämie von 2.110 Punkten.

*Nun zum Spiel der Karte:*

Die Regeln sind verhältnismäßig einfach. Der links vom Alleinspieler sitzende Gegner spielt eine beliebige Karte seiner Wahl aus. Danach muß der Partner des Spielers alle Karten offen auf den Tisch legen*. Von da an ist der Spieler Herr über alle 26 auf dem Tisch und in seiner Hand befindlichen Karten. Sein Partner, »Strohmann« oder »Dummy« (kurz auch »Tisch«) genannt, darf während dieses Spiels nicht mehr in das Geschehen eingreifen, sondern hat nur noch sehr eingeschränkte Rechte, wie z. B. den Alleinspieler darauf aufmerksam zu machen, daß dieser oder einer der Gegner nicht Farbe bekennt.

Die einzelnen Karten werden im Uhrzeigersinn gespielt; es muß Farbe bekannt (»bedient«) werden. Wer nicht bedienen kann, darf nach seiner Wahl trumpfen oder eine beliebige Karte einer anderen Farbe zugeben, die nicht Trumpf ist (abwerfen). Wenn niemand trumpft, gewinnt die höchste Karte der angespielten Farbe den Stich. Wird getrumpft, macht die Trumpfkarte, wenn zwei oder drei Spieler trumpfen, die höchste Trumpfkarte den Stich. Wer den Stich erzielt hat, darf und muß eine beliebige Karte seiner Wahl zum nächsten Stich spielen. Gewinnt der Spieler einen Stich mit einer Karte des Strohmanns, muß er von dort weiterspielen; macht er mit einer Karte aus dem eigenen Blatt einen Stich, muß er aus der Hand weiterspielen.

Hier ein einfaches Beispiel, bei dem West einen Kontrakt von »4 Coeur« zu spielen hat. Am besten nehmen Sie sich ein Paket Bridge-Karten zur Hand und breiten das auf der nächsten Seite abgebildete Blatt vor sich offen aus:

Nord hat als der links neben dem Spieler sitzende Gegner das Ausspiel. Er beginnt mit dem Karo-As und macht den Stich. Danach setzt er mit Karo-König fort, macht auch diesen Stich und läßt Karo-Dame folgen. West kann nicht mehr bedienen, trumpft mit Coeur-Zwei und erhält den Stich. Die nächsten beiden Stiche erzielt West mit Pik-As und Pik-König. Er spielt danach die Pik-Vier, die der Strohmann Ost mit Coeur-Bube trumpfen darf, weil er nicht mehr zu bedienen braucht. Vom Tisch folgt die Coeur-Sechs. Süd gewinnt den Stich mit Coeur-As und setzt mit Karo-Zehn fort. West trumpft mit der Coeur-Zehn und zieht mit Coeur-König und Coeur-Dame die letzten gegnerischen Trümpfe. Nord und der Tisch haben unterdessen - während sie nicht bedienen

---

* Es hat sich eingebürgert, das Blatt nach den einzelnen Farben geordnet in senkrechten Kolonnen auszubreiten, wobei die Trümpfe vom Spieler aus gesehen nach links zu liegen kommen.

| | | |
|---|---|---|
| | ♠ 109753<br>♡ 84<br>♢ AKD<br>♣ K85 | |
| ♠ AK4<br>♡ KD1092<br>♢ B7<br>♣ B102 | N<br>W O<br>S | ♠ 86<br>♡ B76<br>♢ 9632<br>♣ AD74 |
| | ♠ DB2<br>♡ A53<br>♢ 10854<br>♣ 963 | |

konnten - zwei kleine Pik-Karten bzw. eine kleine Treff-Karte abgeworfen. West spielt nun den Treff-Buben, Nord legt den Treff-König und der Tisch nimmt den Stich mit Treff-As. Treff-Dame und danach Treff-Zehn machen die letzten beiden Stiche. West hat insgesamt zehn Stiche erzielt und damit den etwas riskant gereizten Partie-Kontrakt genau erfüllt.

Bekennt ein Spieler entgegen der Regel nicht Farbe, obwohl er hätte bedienen können (sog. Revoke), kann der Irrtum korrigiert werden, falls er bemerkt wird, ehe die gegen die Regel verstoßende Partei eine Karte zum nächsten Stich gespielt hat. Allerdings wird die von einem Verteidiger fälschlicherweise gespielte Karte eine sog. Strafkarte: Sie muß offen liegen bleiben und bei nächster Gelegenheit zugegeben werden. Hat sich der Spieler geirrt, kann er die zuerst gespielte Karte ohne Strafe zurücknehmen und durch eine korrekte Karte ersetzen.

Ist es zu spät, den Fehler zu berichtigen, gilt der Revoke als festgestellt. Erzielt die verstoßende Partei nach dem Fehler noch mindestens zwei Stiche (wobei der »Revoke-Stich« ggf. mitzählt!), werden ihr zwei Stiche abgezogen. Macht sie nur noch einen Stich, beträgt der Abzug ein Stich. Bekommt sie nach dem Revoke gar keinen Stich mehr, bleibt sie straflos. Ein Revoke im zwölften Stich muß auf jeden Fall berichtigt werden; hier ist keine Strafe vorgesehen.

Es gibt noch eine große Zahl weiterer ziemlich komplizierter Bestimmungen für alle möglichen Regelverstöße, die hier zu erläutern den Rahmen dieses Buches sprengen würde. In derartigen Fällen kann man sich beim Rubber-Bridge meist gütlich einigen. Sollten Sie später einmal Turnier spielen, können Sie sich bei Regelverstößen an den Turnierleiter wenden, der anhand der Turnier-Bridge-Regeln entscheidet.

Zum Abschluß noch ein kleiner Test:

1. Ost spielt die Pik-Dame. Muß Süd, West oder Nord als nächster eine Karte zugeben?
2. Karo ist Trumpf. Die folgenden vier Karten werden gespielt: Coeur-Fünf, Coeur-As, Coeur-Dame und Karo-Drei. Welche Karte macht den Stich?
3. Gibt es bestimmte hohe Karten, die in einem Sans-Atout-Kontrakt Trumpf sein können?
4. Darf der Spieler den Strohmann um Rat fragen, wenn er ein besonders schwieriges Spiel zu spielen hat?

5. Coeur ist Trumpf. West spielt den Treff-Buben, Nord die Treff-Dame, Ost den Treff-König und Süd das Pik-As. Wer hat den Stich gemacht?

Antworten:
1. Süd muß zum nächsten Stich eine Karte zugeben.
2. Die Karo-Drei gewinnt den Stich, weil Karo Trumpf ist.
3. Im Sans-Atout-Kontrakt gibt es keinerlei Trümpfe; auch die Asse zählen nicht als Trumpf.
4. Der Strohmann darf nicht aktiv ins Spielgeschehen eingreifen, insbesondere dem Spieler nicht bei der Spieldurchführung helfen.
5. Ost gewinnt den Stich mit Treff-König.

*»Was Du eben wieder über mich gedacht hast, lasse ich mir einfach nicht länger bieten.«*

*Heribert Sträter, erfolgreicher Düsseldorfer Rubberbridge-Spieler, hatte sich ein Auto gekauft und fuhr damit zum Bridge. »Hier ist mein neues Auto« sagte er zu seinen Mitspielern. Diese antworteten: »Das ist wohl fast schon unser Auto.« Ein Spieler, der besonders viel Geld an Herrn Sträter verloren hatte, bemerkte trocken: »Ich glaube, es ist eher meins.«*

*

*Deutsche Meisterschaft in Bad Wildungen. Nach der Mittagspause großes Gedränge um den bereits ausgerechneten ersten Durchgang. Einer der Favoriten wird gefragt: »Wie ist es Ihnen ergangen?« »Grauenvoll, schrecklicher Gegenlauf, gerade 39,5.« Kommentar: »Mit so hoher Temperatur gehören Sie schleunigst ins Bett!«*

*

*Belauschtes Bargespräch am Sonnabend abend in Bad Wildungen. Ein Experte zu seinem Partner: »In den beiden letzten Durchgängen haben Sie sich weiß Gott nicht mit Ruhm bedeckt, mein Freund.« Der andere erwidert kühl: »Mag' sein, aber Sie verstehen es nun einmal, aus jedem Ihrer Partner das absolute Minimum herauszuholen.«*

# Bridge - seine Entstehung und Bedeutung

## Historischer Teil

Bridge und Schach werden auf der ganzen Welt nach einheitlichen Regeln gespielt. Im Vergleich zum mehrere Jahrhunderte alten Schach ist das Bridge in seiner heutigen Form verhältnismäßig jung; denn Kontrakt-Bridge gibt es erst seit dem Jahre 1925. Die Wurzeln des Bridge reichen allerdings weit zurück.

## Whist

Der Vorläufer des Bridge war das Whist, das etwa seit der Mitte des 17. Jahrhunderts in England gespielt wurde. Man teilte 52 Karten aus und drehte die letzte Karte um, die automatisch die Trumpf-Farbe bestimmte. Der Spieler zur Linken des Teilers spielte an; einen Dummy gab es nicht. Wie beim heutigen Bridge spielten die sich gegenüber sitzenden Spieler zusammen. Für jeden Stich wurden 50 Punkte gutgeschrieben. Trotz (oder besser wegen?) seiner Einfachheit erfreute sich das Spiel in England großer Beliebtheit. Es gab hunderte von Büchern über Whist. In vornehmen Londoner Clubs, wie dem Crockford's oder dem Graham's, wurde Whist um enorm hohe Einsätze gespielt.

## Bridge-Whist (Straight-Bridge)

Der genaue Ursprung des Bridge läßt sich nicht zurückverfolgen. Es ist in sehr vereinfachter Form etwa in der zweiten Hälfte des vorigen Jahrhunderts in Rußland, Frankreich, der Türkei und Griechenland gespielt worden und war eine Mischung aus Whist und dem russischen Spiel »Vint«. Nach anderen Quellen wurde es unter dem Namen »Khedive« an der französischen Riviera gespielt. Schon um 1860 soll in Griechenland und etwas später in Konstantinopel ein bridgeähnliches Spiel in Mode gewesen sein.

1893 wurde das neue Spiel unter der Bezeichnung »Bridge-Whist« in New York bekannt. Im Gegensatz zum Whist blieb nach dem Austeilen die letzte Karte verdeckt. Nach dem Ausspiel legte der Dummy sein Blatt auf. Die Spielregeln ließen bereits einen Ansatz zur Reizung erkennen: Der Teiler bestimmte die Trumpf-Farbe oder wünschte, daß Sans-Atout gespielt wurde, wobei er seine Entscheidung auch dem Partner übertragen konnte (engl.: he »bridged« the decision to his partner). Es wurde nicht festgelegt, wieviel Stiche eine Partei erzielen mußte. Die Gegner hatten die Möglichkeit, Kontra zu geben. Der Spieler, der Atout bzw. Sans-Atout bestimmt hatte, durfte rekontrieren. Für kontrierte Stiche wurden 100, für rekontrierte 200 Punkte gutgeschrieben. Damals durften Kontra und Rekontra noch ad infinitum fortgesetzt werden, wodurch ein pokerähnlicher Einschlag in das Spiel kam - sehr zum Mißfallen vieler konservativer Whist-Anhänger. Lord Brougham führte das Bridge-Whist im Jahre 1894 mehr durch einen Zufall in der Hochburg des Whist, dem ehrwürdigen Londoner Portland-Club, ein. Er kam von einer Reise aus Südfrankreich zurück, wo er Bridge (Khedive) gespielt hatte. Beim Austeilen unterließ er es versehentlich, die letzte Karte umzudrehen. Von seinen Whist-Freunden auf seinen Irrtum aufmerksam gemacht, entschuldigte er sich damit, er habe geglaubt, Bridge zu spielen. Diese Bemerkung erregte die Neugierde seiner Mitspieler. Er erklärte die Regeln des neuen Spiels, und zur Probe wurde eine Partie gespielt. Bald erfreute sich das neue Spiel wachsender Beliebtheit und begann, eine ernsthafte Konkurrenz für das althergebrachte Whist zu werden. Eingefleischte Whist-Spieler ließen sich anfänglich nur zögernd zum neuen Spiel bekehren, da ihnen Whist deswegen wissenschaftlicher erschien, weil hier alle vier Hände verdeckt waren. Bald stellte sich jedoch heraus, daß dies ein Irrtum war; denn das Auflegen des Dummy schuf für ungezählte Konstellationen Klarheit, wo Whist-Spieler bisher blind raten mußten, und förderte das Analysieren der im Bridge steckenden mannigfachen Möglichkeiten. Schon wenige Jahre später waren die meisten Whist-Spieler mit fliegenden Fahnen zum neuen Bridge-Whist, auch Straight-Bridge genannt, übergegangen.

## Auction-Bridge

Eine neue Variante des Spiels soll am Anfang dieses Jahrhunderts in Indien erfunden worden sein, als drei englischen Kolonialbeamten auf einem einsamen Verwaltungsposten der vierte Mann zum Bridge-Whist fehlte. Sie spielten zu dritt, legten das Blatt des Vierten offen und begannen eine Art Versteigerung des »Strohmannes«. Wer das höchste Gebot abgab, hatte damit die Trumpf-Farbe (oder Sans-Atout) bestimmt und durfte mit den ersteigerten Karten zusammenspielen. Die Idee des Dummy und der Reizung war geboren. Oswald Crawford veröffentlichte im Januar 1903 einen Artikel in der Londoner »Times«, in dem er »Auction-Bridge für drei Spieler« beschrieb. Der Artikel erregte Aufsehen, und schnell fand man in England und in den Vereinigten Staaten auf Grund von Versuchsspielen heraus, daß sich diese Art der Versteigerung (Auction) auch zu viert spielen ließ. Bereits 1904 wandten sich die besten Spieler dem neuartigen Spiel zu. 1907 fand Auction-Bridge Eingang in den berühmten Portland-Club und eroberte in der Folgezeit auch die übrigen großen Clubs in England und den Vereinigten Staaten. Etwa im Jahre 1910 hatte Auction-Bridge das Bridge-Whist an Beliebtheit übertroffen.

Man spielte Auction-Bridge nach folgenden Regeln: Alle vier Spieler nahmen an der »Versteigerung« teil. Wer das höchste Gebot abgegeben hatte, wurde Alleinspieler und spielte auch die Hand des Dummy. Für jeden Stich über dem »Buch« gab es in Treff 6, in Karo 7, in Coeur 8, in Pik 9 und in Sans-Atout 10 Punkte. Für ein volles Spiel brauchte man 30 Punkte. Schon damals waren also 9 Stiche in Sans-Atout, 10 Stiche in den Edelfarben und 11 Stiche in den Unterfarben Voraussetzung für die Partie. Es bestand jedoch ein wesentlicher Unterschied zum späteren Kontrakt-Bridge: Die vollen Spiele brauchten nicht ausgereizt zu werden. Wer also »1 Pik« mit drei Überstichen gewann, hatte bereits Partie gemacht. Eine Partie konnte auch »auf Raten« erzielt werden, vorausgesetzt natürlich, daß nicht die Gegner inzwischen ihrerseits eine Partie erreicht hatten. Zwei Partien ergaben den Rubber, der mit einer Prämie von 250 Punkten belohnt wurde. Machte der Spieler 12 oder sogar 13 Stiche, erhielt er die geringfügige Schlemmprämie von 50 bzw. 100 Punkten - verständlich, weil es kein Heldenstück ist, z. B. »2

Karo« zu reizen und mit vier oder gar fünf Überstichen zu erfüllen.

Unterstiche zählten 50 Punkte (kontriert 100, rekontriert 200). Für einen kontriert erfüllten Kontrakt gab es 50 Punkte extra, die Punkte für die gereizten Stiche wurden verdoppelt und die kontrierten Überstiche mit je 50 vergütet. Beim Rekontra wurden die Gutschriften abermals verdoppelt (auch die Extraprämie von 50!). Für die Honneurs (Bilder) im Trumpf-Kontrakt bzw. die Asse im Sans-Atout-Kontrakt gab es verhältnismäßig hohe Prämien:

3 Honneurs (Asse) 30 Punkte;
4 Honneurs (Asse), verteilt 40 Punkte;
5 Honneurs, verteilt 50 Punkte;
4 Honneurs in einer Hand 80 Punkte;
4 Honneurs in einer Hand, wenn der Partner das fehlende Honneur hält, 90 Punkte;
4 Asse in einer Hand 100 Punkte;
5 Honneurs in einer Hand 100 Punkte.

Nach einer anderen Zählung wurden 4 Honneurs in einer Hand mit dem Achtfachen des Wertes der Trumpf-Farbe bewertet; hielt der Partner das fehlende Honneur, wurde mit 9 multipliziert. Bei 5 Honneurs in einer Hand wurde das Zehnfache des Wertes der Trumpf-Farbe gutgeschieben.

Im englischen Auction-Bridge (auch in Deutschland) bestand die dem heutigen Bridge-Spieler kurios erscheinende Regel, daß Höherbieten möglich war, wenn die neue Ansage mehr Punkte zählte. So konnten »3 Treff« (18 Punkte) mit »2 Sans-Atout« (20 Punkte) überboten werden. In den Vereinigten Staaten galt diese Regel nicht; hier entschied - wie im heutigen Kontrakt-Bridge - die Bietstufe, also die Zahl der angesagten Stiche, und innerhalb der Bietstufe der Rang von Farbe oder Sans-Atout.

## Kontrakt-Bridge

Obwohl das Auction-Bridge eine wesentliche Weiterentwicklung des Bridge-Whist gebracht hatte, ließ es noch viele Wünsche offen: Es begünstigte die Seite mit guten Karten, die nichts weiter zu tun brauchte, als auf einer niedrigen Bietstufe den Kontrakt zu ersteigern, um dann ohne riskantes Hochreizen die Prämie für Stiche, Honneurs, Schlemm und Rubber zu kassieren.

Etwa um 1915 entstand in Frankreich die Idee des Plafond-Bridge: Um ein volles Spiel zu erreichen, mußte es auch angesagt werden. Die Karten mußten also bis zu ihrer Obergrenze ausgereizt werden (Plafond = franz. Zimmerdecke; im übertragenen Sinne: Begrenzung nach oben hin), wenn die Spieler nach zwei angesagten Partien in den Genuß der Rubber-Prämie kommen wollten. In den Vereinigten Staaten haben Mitglieder des New York Whist-Club Card-Committee in den Jahren 1917 und 1920 zweimal vergeblich versucht, die Plafond-Idee in die Regeln des Auction-Bridge einzubauen. Sie ließen den Gedanken deswegen wieder fallen, weil sie das Spiel nicht zu sehr komplizieren und damit seiner Beliebtheit schaden wollten.

Bis zu diesem Zeitpunkt hatten sich Whist, Bridge-Whist, Auction- und Plafond-Bridge langsam von Stufe zu Stufe weiterentwickelt, wie es bei Kartenspielen normalerweise üblich ist. Die einzelnen Erfindungen (Dummy, Reizung, Plafond-Idee etc.) können keinem bestimmten geistigen Urheber zugeschrieben werden.

Harold S. Vanderbilt, einem Exponenten der amerikanischen Hochfinanz, blieb es vorbehalten, mit einem großen Wurf das moderne Kontrakt-Bridge ins Leben zu rufen. Im Herbst 1925 schuf er, begabt mit einem untrüglichen Sinn für die Mechanik des Geldes, der Chancen und Risiken, eine Skala von Gutschriften und Minuspunkten, die so fein ausbalanciert war, daß sie bis auf einige sehr geringfügige Änderungen heute noch gültig ist. Vanderbilt vereinigte die Grundprinzipien von Auction- und Plafond-Bridge, vereinfachte die bislang übliche Skala durch Umstellung auf glatte Zehnerbeträge*, erhöhte die Belohnungen für die einzelnen Stiche und die Rubber-Prämie, führte als wesentliche Neuerung hohe Prämien für ausgereizte Klein- und Großschlemms ein, steigerte die Strafen bei kontrierten Unterstichen und schuf den Begriff der Gefahrenzone, bei der die Nichterfüllung eines Kontraktes für die kurz vor dem Rubber stehende Partei mit erhöhten Risiken verbunden ist. Durch diese Skala wurden Elemente wie etwa »Verteidigendes Bieten« oder »Wissenschaftliche Schlemmreizung« neu in das Bridge eingeführt. Vanderbilt testete seine neue Bewertungsskala mit drei Freunden auf einer inzwischen historisch gewordenen Seereise von Los Angeles nach Havanna an Bord des Passagierdampfers »Finland«. Die neue Skala bestand den Test glänzend. Vanderbilt's Freunde und er waren fasziniert von den mannigfachen neuen Varianten, um die das bisherige Auction-Bridge bereichert worden war. Zurück von der Seereise gab Vanderbilt einige Kopien seiner Bewertungsskala an Auction-Bridge-Freunde. Obwohl er sonst nichts tat, um das Kontrakt-Bridge populär zu machen, verbreitete sich die Neuigkeit seiner Erfindung wie ein Lauffeuer. Kontrakt-Bridge fand begeisterte Aufnahme und löste Auction-Bridge ebenso schnell ab wie dieses Bridge-Whist bzw. vorher Bridge-Whist das alte Whist. Bereits zwei Jahre später wurden die neuen Regeln kodifiziert.

Vanderbilt's Kontrakt-Bridge-Skala hatte es erforderlich gemacht, die goldene Mitte zwischen einem unterreizten, zwar sicheren, aber niedrig prämierten Kontrakt und einem in der trügerischen Hoffnung auf eine große Prämie hasardierten, zu hohen Kontrakt zu finden. Die primitive Methode der Versteigerung des Auction-Bridge mußte durch einen wesentlich verfeinerten »Dialog« der Partner ersetzt werden, um den optimalen Kontrakt zu erreichen.

Bietsysteme schossen wie Pilze aus dem Boden, eine Unzahl neuer Konventionen wurde geboren, es herrschte auf dem Gebiete der Reizung eine fast babylonische Sprachverwirrung, die von den Experten noch dadurch vermehrt wurde, daß sie ihre Bücher mit ihrem System (natürlich dem besten, erfolgreichsten, logischsten etc.) anpriesen. Pressestimmen zu Beginn der dreißiger Jahre: »Jeder reizt verschieden; voneinander abweichende Konventionen haben aus einem netten, freundlichen Abend eine Hölle der Mißverständnisse gemacht.« (Saturday Evening Post) - »Pariser Modeschöpfer könnten nicht erfindungsreicher sein als die Meister des Kontrakt-Bridge, die immer dann durch neue Konventionen das Publikum überraschen, wenn es sich gerade mit den alten vertraut gemacht hat.« (Outlook and Independent)

Das Wettrennen um die Gunst der Massen gewann Ely Culbertson. 1891 in Rumänien als Sohn eines amerikanischen Ölingenieurs und einer Russin geboren, lebte er seit 1921 in New York und verdiente seinen Lebensunterhalt durch Kartenspiel (Poker, Bridge u. a.). 1923 heiratete er Josephine Dillon geb. Murphy, die erfolgreichste und höchstbezahlte Bridge-Lehrerin in New York. Als in der zweiten Hälfte der zwanziger Jahre das neue Kontrakt-Bridge das bisherige Auction-

* Lediglich die Stiche im Sans-Atout zählten je 35 Punkte; bald wurde jedoch der erste Stich mit 40 und die folgenden mit je 30 Punkten bewertet.

Bridge zu verdrängen begann, sah er seine Chance, sich gegen die etablierten Autoritäten des Auction-Bridge durchzusetzen und groß ins Geschäft zu kommen. Sein auf lange Sicht angelegter Plan war, ein dogmatisch gut aufgebautes, leicht verständliches und wirksames Bietsystem zu schaffen, ein Bridge-Magazin zu gründen, ein Bridge-Buch als die »Bibel« der Bridge-Enthusiasten zu veröffentlichen, eine Organisation professioneller Bridge-Lehrer ins Leben zu rufen und sich und seine Frau zu von Legenden umwobenen Stars aufzubauen. Culbertson hat alle seine Ziele erreicht. Sein Bietsystem, das sog. Approach Forcing System, war eine vernünftige und übersichtliche Zusammenstellung verschiedener Grundprinzipien und Konventionen. Schwerpunkte: Ansage bietfähiger Viererfarben, die Suche nach dem besten Farb-Fit hatte den Vorrang vor Sans-Atout-Geboten, starke Sans-Atout-Eröffnung, forcierende Zweier-Eröffnungen, Bewertung nach Honour-Tricks. Dieses System unterschied sich an Zusammenstellung und Güte kaum von vielen anderen, die damals am Markte waren. Entscheidend war für Culbertson, ob er das System durch aufsehenerregende Erfolge populär machen konnte. Eine erste Gelegenheit bot sich, als er zusammen mit seiner Frau und den Bridge-Experten Waldemar von Zedtwitz und Theodore Lightner im September 1930 nach England fuhr, um ein Herausforderungs-Match gegen Colonel Buller und sein englisches Team zu spielen. In seiner Schiffskabine beendete Culbertson die letzten Kapitel seines »Contract Bridge Blue Book«, dessen Erfolg oder Mißerfolg weitgehend von dem Kampf gegen das Buller-Team abhing. Das Match fand unter idealen Bedingungen für Publicity statt. Englische und amerikanische Tageszeitungen berichteten ausführlich, Trauben von Kiebitzen umlagerten den Bridge-Tisch. Die Engländer führten zu Beginn knapp, doch das Blatt wendete sich, als Colonel Buller in einem völlig überreizten Kontrakt für —1400 down ging. Die demoralisierten Engländer konnten sich von diesem Schock nicht mehr erholen und verloren schließlich mit über —4800 Punkten. Culbertson feierte den Sieg als großen Erfolg seines Systems. Buller antwortete verdrossen: »Culbertson, der die allen guten Kartenspielern längst bekannten Konventionen und Kniffe zusammengestohlen hat, kommt zu uns und präsentiert das Ganze als sein System.«

Unbeeindruckt hiervon machte Culbertson in der von ihm im Oktober 1929 gegründeten Monatszeitschrift »Bridge World« für sein System Propaganda und wies auf die nationale Notwendigkeit hin, dieses System in einem Buch der amerikanischen Bridge-Öffentlichkeit zugänglich zu machen. Auf diese Weise glänzend vorbereitet wurde das »Blue Book« ein Bestseller.

Culbertsons großer Erfolg ließ die führenden amerikanischen Experten nicht ruhen, die sich ernste Sorgen um die Absatzchancen ihrer Bücher machten. Sie gründeten 1930 die »Bridge Headquarters« als eine Anti-Culbertson-Bewegung und vereinigten ihre sehr unterschiedlichen Systeme zum »Official System« in der Hoffnung, ein wirksames Gegengewicht gegen Culbertson's »Approach Forcing System« geschaffen zu haben. Führende Mitglieder dieser Gruppe waren Milton C. Work (Erfinder der 4-3-2-1 Punkt-Skala), Sidney S. Lenz, Wilbur C. Whitehead und Winfield Liggett jr. Schwerpunkte des Systems: Punktzählung bei Sans-Atout-Eröffnungen, Zwei-Treff-Eröffnung als konventionelles einziges Forcing zur Partie und Zwischenschaltung eines Gebotes auf der Zweierstufe, wenn der

Partner des Eröffners einen Edelfarb-Fit hält, der zu gut für eine einfache Hebung, aber nicht stark genug für volles Spiel ist.

Culbertson ergriff die Flucht nach vorn: Er forderte den Exponenten der Gegenbewegung, Sidney S. Lenz, 1931 zu einem Match heraus. Nach langen Verhandlungen über die Austragungsbedingungen begann der Kampf im Dezember 1931, als das Interesse der Bridge-Öffentlichkeit auf dem Höhepunkt war. Der »Bridge-Kampf des Jahrhunderts« wurde in New York über eine Distanz von 150 Rubbern ausgetragen. Culbertson spielte über die Hälfte der Rubber mit seiner Frau und die übrigen mit Theodore Lightner, Waldemar von Zedtwitz, Howard Schenken und Michael Gottlieb. Lenz' Partner war über zwei Drittel der Distanz Oswald Jacoby, später Winfield Ligett jr. Culbertson hatte 5000 $, Lenz 1000 $ eingesetzt; das Geld sollte nicht dem Sieger, sondern einer Wohltätigkeitsorganisation zufließen.

Das Match fand gewaltigen Widerhall in der gesamten amerikanischen Presse, die auf den ersten Seiten lange Berichte brachte. Lenz und Jacoby begannen überzeugend. Nach 27 Rubbern lagen die Culbertsons über 7000 Punkte zurück, aber sie gaben nicht auf und kämpften verbissen. Langsam zerbröckelte die Partnerschaft Lenz - Jacoby. Im 103. Rubber kritisierte Lenz seinen Partner in scharfer Weise. Jacoby stand auf und ging. Lenz spielte mit Ligett weiter. Nach 150 Rubbern hatte Culbertson seinen Gegner mit 8980 Punkten geschlagen. Bridge war populär wie nie zuvor und wurde zur Freizeitbeschäftigung der amerikanischen Massen. »Bridge Headquarters« lösten sich auf, das »Official System« hatte keine Chance mehr auf Erfolg in der Bridge-Öffentlichkeit; der Weg für Culbertson war frei. Er war »im Geschäft«. Ganze Zeitungsketten brachten die Bridge-Artikel, die er und Josephine, später auch sein bezahlter Mitarbeiterstab unter seinem Namen schrieben. Für Rundfunksendungen erhielt er 10.000 $ pro Woche.

Culbertson's enorme Popularität hatte ihren Grund nicht nur in seinen großen Fähigkeiten als Spieler und Autor, sondern auch darin, daß er es mit psychologischer Meisterschaft verstand, sich zum Star aufzubauen. Durch seinen Presseagenten Benjamin Sonnenberg ließ er überraschende Einzelheiten aus seinem Leben verbreiten, z. B. daß er im Kaukasus aufgewachsen sei und mit professionellem Kartenspiel eine Gruppe von Revolutionären finanziert habe; seine Geliebte sei ermordet worden, wegen eines Mordanschlags auf den Gouverneur habe er im Gefängnis gesessen, in den Vereinigten Staaten sei er von den Universitäten Yale und Cornell relegiert worden, er habe in Mexiko bei einer Revolution mitgekämpft, später in Paris an der Sorbonne studiert, sich schließlich in den Vereinigten Staaten niedergelassen, um in Greenwich Village Bridge um hohe Einsätze zu spielen, wobei er ständig 15 im Kaukasus lebende Verwandte finanziell unterstützte. Diese Mischung von Fakten und Fiktion verfehlte ihre Wirkung auf das Publikum nicht. Culbertson erzählte den Reportern, daß er nur Gefrierfleisch esse, eigens für ihn importierte Zigaretten zu 7 Cent das Stück rauche und seinen Tee stets mit Kaviar nehme. Er war eine schillernde Persönlichkeit und pflegte einen verschwenderischen Lebensstil. An einem Tag, so erzählt man, kaufte er bei Sulka's, einem der teuersten Geschäfte der Fifth Avenue, seidene Hemden für 5.000 $. Als er sich 1934 ein Düsenberg-Automobil kaufte, verschenkte er seinen bis dahin gefahrenen Rolls-Royce. Viele Jahre unterhielt er in Ridgefield ein Haus mit 45

Zimmern, Gärten mit Teichen, Orchideentreibhäusern und einem großen Swimmingpool. Culbertson schuf dieses Image aus Gründen der Publicity. Tatsächlich bewohnte er in dem Riesenhaus nur einen Raum, der mit einem Tisch und einem Feldbett spartanisch eingerichtet war. Hier arbeitete er, wobei er die meiste Zeit schrieb oder ruhelos auf- und abging und intensiv nachdachte. Als ihn im Jahre 1933 ein Reporter fragte, wie er die anderen Bridge-Autoritäten überflügelt habe, antwortete er: »Ich stand frühmorgens auf und fing gleich mit der Arbeit an.«

In der frühen Mitte der Dreißiger Jahre stieg ein neuer Stern am Bridge-Himmel auf: P. Hal Sims. Er war ein hervorragender Spieler, ein glänzender Psychologe, schon äußerlich beeindruckend durch seinen mächtigen Körperbau. Er hatte ein eigenes Bietsystem veröffentlicht und gewann viele Bridge-Turniere. In sein großes Haus kamen zahlreiche Bridge-Gäste, mit denen er sehr erfolgreich um hohe Einsätze Rubber-Bridge spielte. Er war praktisch ein neuer Culbertson im Großformat. Culbertson's Ruhm drohte zu verblassen. Er handelte schnell: In seiner »Bridge World« und im Rundfunk verbreitete er, daß er und Josephine bereit wären, gegen jedermann ein Match zu spielen. Sims biß an und forderte Culbertson heraus, der mit Vergnügen annahm. Im März und April 1934 spielten Sims und seine Frau Dorothy ein Match über 150 Rubber gegen die Culbertsons. Der Kampf fand zwar nicht ganz das enorme Interesse wie die Culbertson-Lenz-Begegnung, wurde jedoch weithin beachtet. Presse und Rundfunk berichteten ausführlich; Culbertson und Sims gaben persönliche Radiokommentare zum Stand des Matches und zu den interessantesten Händen. Es war zwar nicht der Kampf des Jahrhunderts, aber die bereits bestehende große Bridge-Begeisterung in Amerika wurde noch einmal neu entfacht. Die Culbertsons waren stärker und siegten überlegen mit 16.130 Punkten. Sims verlangte Revanche, aber Culbertson lehnte ab.

Kurze Zeit später wurde Culbertson von einem Team hervorragender Spieler, den »Four Aces« (David Bruce, Richard Frey, Oswald Jacoby und Howard Schenken), in typisch Culbertson'scher Manier herausgefordert: Sie boten Ely und Josephine 5.000 Punkte Vorgabe über eine Distanz von 300 Rubbern und setzten 10.000 $ ein, die für eine Wohltätigkeitseinrichtung bestimmt waren; die Culbertsons durften ohne Einsatz spielen. Die Herausforderer wollten ihr neues Buch »The Four Aces System of Contract Bridge« durch einen Sieg über die Culbertsons zum Bestseller machen. Culbertson ließ die »Four Aces« ins Leere laufen und lehnte - geschickt, wenn auch nicht fair - die Herausforderung ab. Das Buch wurde kein finanzieller Erfolg. Nur einer profitierte: Ely Culbertson. Er hatte nämlich mit einem Mitglied der Four Aces um 1.500 $ gewettet, daß weniger als 10.000 Buchexemplare verkauft würden.

Culbertson war auf dem Höhepunkt seines Ruhms. Seine Bücher waren sämtlich Bestseller. Die wichtigsten: »Contract Bridge Blue Book«, 1930; »Culbertson's Self-Teacher«, 1933; »Red Book on Play«, 1934; »The Gold Book Contract Bridge Complete«, 1936. Seine Bridgelehrer-Organisation (Culbertson National Studios) hatte bis zu 6.000 Mitgliedern. Zukünftige Bridgelehrer wurden mit Culbertson's System vertraut gemacht; nach ihrem Abschlußexamen bekamen sie ein Diplom, das sie dazu berechtigte, sein System zu lehren. Die »Bridge World Inc.« brachte nicht nur das Magazin heraus, sondern stellte auch alle möglichen Bridge-Artikel einschließlich der recht teuren

»Kem«-Spielkarten aus abwaschbarem Plastikmaterial her. 1937 mußte die Gesellschaft von ihren Gewinnen 220.000 $ an Culbertson abführen.

Um 1938 begann Culbertson das Interesse am großen Bridge zu verlieren. In Europa stand der Krieg vor der Tür; Culbertson beschäftigte sich mehr und mehr mit Politik. 1938 (nach anderen Quellen bereits im Jahr zuvor) wurden die Culbertsons auf Josephines Wunsch geschieden, blieben jedoch als Geschäftspartner bis an ihr Lebensende verbunden. Culbertson hatte hohe laufende Einnahmen, u. a. aus den unter seinem Namen in Zeitungen und Bridge-Magazinen erscheinenden Artikeln, die er durch seinen Mitarbeiterstab schreiben ließ. 1952 erschien »Point Count Bidding«; Culbertson hatte, dem Trend folgend, seine Honour-Trick-Bewertung auf die leichter faßliche Punktrechnung umgestellt. Turnierbridge spielte Culbertson schon seit 1937 nicht mehr; er blieb jedoch zeitlebens dem Rubber-Bridge um hohen Einsatz treu. In seinen letzten Jahren litt er unter einem Lungenemphysem. 1955 starb er an den Folgen einer gewöhnlichen Erkältung, die ihm wegen des angegriffenen Zustandes seiner Lungen zum Verhängnis wurde. Seine frühere Frau überlebte ihn nur um ein knappes Jahr; sie starb an einem Hirnschlag.

Culbertson's Verdienst um das Bridge ist unbestreitbar: Er war der Wegbereiter für Vanderbilt's geniale Verbesserung des nicht sonderlich interessanten Auction-Bridge. Ohne ihn wäre Bridge in den Dreißiger Jahren in Amerika und anderen Ländern kaum so populär geworden. Vanderbilt's Erfindung fand in Culbertson ihren Promotor, ihren Werbefachmann, der seinen sechsten Sinn für Publicity erfolgreich für seine eigenen finanziellen Interessen einsetzte und damit gleichzeitig der enormen Verbreitung des Bridge diente.

Culbertson hat einen Nachfolger gefunden, der ihn an finanziellem Erfolg noch überflügelte: Charles H. Goren, geb. 1901 in Philadelphia. Ursprünglich wollte er Rechtsanwalt werden und studierte Jura an der McGill Universität. Seine erste Begegnung mit dem Bridge war reiner Zufall: Er hatte sich in eine hübsche Studentin verliebt und ihr, um eine Nachmittagseinladung zum Bridge annehmen zu können, vorgeschwindelt, er spiele Bridge. Es wurde ein Desaster; denn Goren blamierte sich vor seiner Angebeteten bis auf die Knochen. Er schwor sich, ihr erst dann wieder unter die Augen zu treten, wenn er das Spiel beherrschen würde. In den Semesterferien kaufte er sich ein Bridge-Buch und lernte es praktisch auswendig. Bei Beginn des neuen Semesters brannte er darauf, sich zu rehabilitieren, aber »Sie« wollte ihn nicht einmal wiedersehen. Diese Episode wurde bestimmend für Gorens Leben: Er blieb Junggeselle und verschrieb sich dem Bridge. Zwar bestand er seine Examina und übte für eine Reihe von Jahren den Anwaltsberuf aus, wechselte 1936 aber ganz zum professionellen Bridge über. Goren und Culbertson waren grundverschieden. Culbertson war eine schillernde Persönlichkeit; er wußte seine Leistung und sein Können glänzend zu verkaufen und brachte einen Hauch des Starkultes von Hollywood und der Atmosphäre großer Boxkämpfe in das Bridge. Goren setzte auf Solidität, auf erstklassige Leistung, die sich ohne viel Reklame über kurz oder lang durchsetzen mußte. Beide hatten ihre Erfolge zu ihrer Zeit. Culbertson faszinierte die Massen, die noch unter dem Eindruck der Hektik der »Roaring Twenties« und des Schwarzen Freitags an der Wallstreet standen;

Goren überzeugte seine immer größer werdende Anhängerschaft in der ernsten Kriegs- und Nachkriegszeit durch die Qualität des Gebotenen. Goren beeindruckte vor allem auf zwei Gebieten: Einmal war er ein sehr erfolgreicher Turnierspieler. 1936 arbeitete die American Contract Bridge League ein Master-Punkt-System aus und setzte die zwölf führenden Bridge-Autoritäten der damaligen Zeit zu Life-Mastern ein. Goren war in Bridge-Turnieren so erfolgreich, daß er bald auf die erforderliche Punktzahl von 300 kam und 13. amerikanischer Life-Master wurde. Wenig später lernte er eine der stärksten Spielerinnen der Welt kennen, nämlich Helen Sobel. Zusammen mit ihr und anderen Partnern gewann er ungezählte Turniere. 18 Jahre lang, nämlich von 1944 bis 1962, führte er ununterbrochen die amerikanische Master-Punkt-Liste an, eine in den Vereinigten Staaten wohl kaum zu wiederholende Leistung.

Zum anderen waren sein System und seine Bücher mindestens ebenso erfolgreich wie die Culbertson's. Goren war der geborene Pädagoge und verstand es meisterhaft - besser noch als Culbertson - eine so schwierige Materie wie Bridge den breiten Massen in leicht verständlicher Form beizubringen. Er stellte das Culbertson-System, das mit ganzen und halben Honour-Tricks rechnete, auf Milton Work's Punkt-Skala 4-3-2-1 um und führte zur Blattbewertung bei Farbkontrakten mit Unterstützung des Mathematikers William M. Anderson Korrekturen für Chicanes, Singletons, Doubletons, blanke Figuren, 4-3-3-3 Verteilungen, Hände mit allen vier Assen etc. ein. Er hatte erkannt, daß das breite Publikum sich feste Regeln nach der Punkt-Skala leicht einprägen kann, hingegen eine Abneigung gegen die Bruchrechnung hat. Sein Stil war lebendig, leicht faßlich und humorvoll; er sprach den Leser an. Das Bridge gewann dank Goren in den Jahren nach dem Zweiten Weltkrieg viele neue Anhänger; es sprach sich herum, daß absolute Anfänger schon kurze Zeit nach dem Durchlesen eines Goren-Buches durchaus passabel Bridge spielen konnten. Sein System wurde deshalb von Millionen in Amerika und anderen Ländern begeistert aufgenommen. Immer mehr bedeutende Zeitungen brachten seine Bridge-Artikel. Die Zahl der bis heute von ihm verkauften Bücher schätzt man auf über acht Millionen. Goren gilt in den Staaten als »Mister Bridge«; er hat die Popularität des Spiels noch einmal erheblich gesteigert, nachdem einige Jahre nach Culbertson's großen Erfolgen das Interesse etwas nachgelassen hatte.

Auf der ganzen Welt spielen inzwischen wohl über 100 Millionen Menschen Bridge. 1958 wurde die »World Bridge Federation« gegründet als oberste Dachorganisation. Es gibt Weltmeisterschaften und Olympiaden, auf Erdteile begrenzte Meisterschaften wie etwa die Europameisterschaften und natürlich zahlreiche Meisterschaftsturniere in den einzelnen Ländern.

Nachdem das Bridge in Deutschland im Zweiten Weltkrieg und danach fast zum Erliegen gekommen war, hat der Deutsche Bridge-Verband, über ein Vierteljahrhundert tatkräftig geleitet von seinem 1981 verstorbenen Präsidenten Dr. Heinz v. Rotteck und seitdem von Klaus Hanken, dafür gesorgt, daß sich dieser Sport in unserem Lande einer ständig wachsenden Beliebtheit erfreut und sich immer mehr ausbreitet, vor allem auch attraktiv für die Jugend geworden ist. Der Verband zählt inzwischen über 15000 Mitglieder, die in dreizehn Bezirken und 267 Gruppen zusammengefaßt sind, verteilt auf rund 200 Städte. Die einzelnen

Gruppen veranstalten regelmäßig Clubabende, bei denen meist ein Paarturnier gespielt wird, und richten gelegentlich auch ein großes Turnier mit überregionaler Bedeutung aus oder treten zu Teamkämpfen mit anderen Gruppen an.

## Warum spielt der Mensch Bridge?

Diese Frage ist für den Bridge-Spieler im ersten Augenblick überraschend, vielleicht sogar unbequem; denn er denkt kaum darüber nach, warum er Bridge spielt - er tut es einfach. Im Kern geht es um die grundsätzliche Frage, welche Bedeutung das Spiel an sich für den Menschen hat.

Huizinga* gibt eine umfassende Definition des Spiels: Es ist eine freie Handlung oder Beschäftigung, die innerhalb gewisser festgesetzter Grenzen von Zeit und Raum nach freiwillig akzeptierten, aber unbedingt bindenden Regeln verrichtet wird und hierbei den Spieler völlig in Beschlag nehmen kann; es ist Selbstzweck und hat ein selbstgestecktes Ziel, nämlich in bestimmter Form etwas fertigzubringen, was die Lösung einer Spannung bewirkt. Was vollbracht werden muß und was damit gewonnen werden kann, interessiert erst in zweiter Linie. Das Spiel steht außerhalb des gewöhnlichen Lebensverlaufes; es kann den Spieler gleichsam mit einem »Geheimnis« umgeben und ist geeignet, die Gruppe der Spieler zu besonderen Gemeinschaften zusammenzuschließen, die das Bewußtsein des »Anders-Seins« als das »gewöhnliche Leben« haben.

Charakteristisch für das Spiel ist - wie Huizinga zu Recht betont -, daß das Spiel eine »eingeschobene Handlung« ist, die sich vom gewöhnlichen Leben durch seinen Platz und seine Dauer absondert. Die Spielplätze - also auch der Kartentisch oder die Arena eines großen Bridge-Turniers - sind zeitweilige Welten innerhalb der gewöhnlichen Welt, die zur Ausführung einer in sich abgeschlossenen Handlung dienen. Das Spiel ist also nicht das »gewöhnliche« oder das »eigentliche« Leben; es ist vielmehr das Heraustreten aus ihm in eine zeitweilige Sphäre von Aktivität mit einer eigenen Tendenz. Es steht außerhalb des Prozesses der unmittelbaren Befriedigung von Notwendigkeiten und Begierden, ja, es unterbricht diesen Prozeß sogar. Innerhalb seiner Welt herrscht eine eigene und unbedingte Ordnung. »Gegenüber den Regeln eines Spiels ist kein Skeptizismus möglich.«* In der Sphäre des Spiels haben die Gesetze und Gebräuche des gewöhnlichen Lebens keine Geltung. Es schafft durch räumliche und zeitliche Abgrenzung sowie bindende Regeln Ordnung und bringt in die unvollkommene Welt und in das verworrene Leben eine zeitweilige begrenzte Vollkommenheit, die ästhetisch wirken kann.

Huizinga weist darauf hin, daß das Spannungselement - Ungewißheit, Chance, Kampf - eine wichtige Rolle spielt. Der Spieler strebt nach Auflösung des Spannungszustandes: »Ihm muß etwas glücken.« Es werden seine Fähigkeiten auf die Probe gestellt, mit Geschicklichkeit, Mut, Findigkeit, Ausdauer und Anspannen von körperlichen und geistigen Kräften unter Einhaltung der vom Spiel vorgeschriebenen Schranken des Erlaubten zu gewinnen. Das Spielergebnis ist als objektive Tatsache gleichgültig; es hat Bedeutung nur für diejenigen, die sich als aktiv Mitwirkende oder als Zuschauer in die Spielsphäre hineinbegeben.

Wie steht es damit, ob Spiel und Ernst

* Johan Huizinga »Homo Ludens, vom Ursprung der Kultur im Spiel« Leiden 1938

* Paul Valéry, franz. Dichter (1871-1945)

Gegensätze sind? Jünger* verneint dies mit dem Hinweis, daß das Spiel oft ernsthafter ausgeübt wird als sog. ernstliche Arbeiten und Geschäfte, insbesondere je mehr diese mit Unlust betrieben werden. Jünger meint, das Spiel lediglich gegen zweckmäßiges Handeln abgrenzen zu können. Während dieses eine Kombination von Bewegungen ist, die auf ein Ziel bezogen sind, das weiter als die Kombination selbst reicht, genügt das Spiel sich selbst und ist nicht an einen über seine Grenzen und Regeln hinausreichenden Zweck gebunden.

Huizinga leugnet ebenfalls den Gegensatz von Spiel und Ernst und gibt hierzu eine einleuchtende Abgrenzung: Beim Begriffspaar Spiel - Ernst sind die beiden Termini nicht einander gleichwertig. Ernst ist sozusagen Nichtspiel und nichts anderes; sein Bedeutungsinhalt ist mit der Negation von Spiel bestimmt und erschöpft. Spiel hingegen ist etwas Eigenes. Der Begriff »Spiel« als solcher ist höherer Ordnung als der des Ernstes; denn der Ernst sucht das Spiel auszuschließen, während das Spiel sehr wohl den Ernst in sich einschließen kann.

Ähnlich beurteilt Freud**, der Begründer der Psychoanalyse, ein spielendes Kind. Es schafft sich seine eigene Welt bzw. versetzt die Dinge seiner Welt in eine neue, ihm gefällige Ordnung. Es nimmt sein Spiel sehr ernst und verwendet große Affektbeträge darauf. Der Gegensatz zum Spiel ist nicht Ernst, sondern - Wirklichkeit.

Kann man von einem sog. Spieltrieb sprechen? Obwohl es sich hier um einen landläufigen Begriff der Umgangssprache handelt, verneint die Wissenschaft die Existenz eines speziellen Spieltriebes.

* Friedrich Georg Jünger, »Die Spiele - ein Schlüssel zu ihrer Bedeutung« Frankfurt 1953
** Sigmund Freud, Gesammelte Werke VII 214

Nach Freud gibt es nur zwei einander entgegengesetzte Urtriebe, nämlich Eros und Todestrieb. Freud hält nichts davon, selbständige Untergruppen von Trieben zu schaffen, indem man nach dem Objekt, das sich der Trieb gesucht hat, hier also dem Spiel, einen neuen, eigenen Trieb benennt*.

Auch Jünger lehnt einen sog. Spieltrieb ab; denn das Zurückführen eines Verhaltens auf einen Trieb, um dann wieder mit Hilfe dieses Triebes das Verhalten zu »erklären«, sei nicht viel mehr als Humbug. Wenn man Bewegungen auf einen Trieb zurückführt und durch den Trieb wieder diese Bewegungen zu erklären versucht, kommt es zu Tautologien.

Huizinga schließt sich Frobenius** an, der die allzu billige Erklärung verwirft, mit dem Einschalten eines Begriffes »Spieltrieb« als eines angeborenen Instinkts habe man genug getan. Die Instinkte wären - so Frobenius - eine Erfindung der Hilflosigkeit gegenüber dem Sinn der Wirklichkeit.

Nach diesen grundsätzlichen Untersuchungen zur Bedeutung des Spiels an sich zurück zur Eingangsfrage, warum der Mensch *Bridge* spielt. Hierfür gibt es natürlich viele Erklärungen; Bridge ist ein vielseitiges Spiel und schlägt jeden seiner Anhänger auf andere Weise in seinen Bann. Zwei Hauptgruppen von Motiven lassen sich jedoch, so meine ich, herausarbeiten: Selbstverwirklichung und menschlicher Kontakt.

Zwischen den vom Glücksfaktor unabhängigen Spielen (z. B. Schach) und den reinen Glücksspielen (z. B. Roulette) spannt sich ein weiter Bogen. Je mehr sich ein Spieler aktiv ins Spielgeschehen einschalten und es durch sein Können beein-

* Sigmund Freud, Gesammelte Werke X 216
** Leo Frobenius, Kulturgeschichte Afrikas, 1933

flussen kann und will, desto eher wird er sich für ein Spiel entscheiden, bei dem der Zufall so gut wie keine Rolle spielt. Bridge gehört zu den wenigen Kartenspielen, bei denen der Glückfaktor ziemlich ausgeschaltet ist. Beim Rubber-Bridge spielt das Kartenglück zwar eine gewisse Rolle und beim Paarturnier ist man ein wenig auf die Fehler der Gegner angewiesen, beim Teamturnier ist der Glücksfaktor jedoch so gut wie ganz verschwunden. Wer sich für Bridge entscheidet, um seine Geschicklichkeit zu beweisen, strebt nach Selbstverwirklichung. Es bereitet ihm Genuß, seine Fähigkeiten (Nervenkraft, Konzentrationsvermögen, Beherrschung der Reizung und Spieldurchführung, psychologisches Einfühlungsvermögen) einzusetzen und zu versuchen, in fairem Wettbewerb zu gewinnen.

Ein Kennzeichen unserer Zeit ist, daß die meisten von uns in einer arbeitsteiligen, überspezialisierten und entindividualisierten Berufswelt leben. Das Verlangen, etwas »Ganzes« zu schaffen - wie es etwa für den Handwerker des vorigen Jahrhunderts die Regel war -, ist für die meisten von uns unerfüllbar. Das Prinzip der übermäßigen Arbeitsteilung hat oft zur Folge, daß der Ablauf des Alltags in kleine und kleinste Arbeitselemente zerrissen wird, die ohne Zusammenhang zueinander stehen, und von denen jedes zur Vollendung eines anderen einheitlichen Ganzen dient, das der Einzelne niemals zu sehen bekommt. Hier bietet das Bridge den Anreiz eines in sich abgeschlossenen, geordneten Bereichs, in dem der Spieler - ohne störende Einflüsse von außen - auf ein für ihn überschaubares Ziel (Erfüllung eines schwierigen Kontraktes, Gewinn des Rubbers, gutes Abschneiden in einem großen Turnier) hinarbeiten kann. Ihm winkt der Erfolg und damit Selbstbestätigung, Stärkung seiner Individualität. Es ist nicht von der Hand zu weisen, daß das Bedürfnis für einen derartigen »Identitätsgewinn« in unserer heutigen Massengesellschaft immer stärker wird. Stärkung des Ego durch Leistung im Bridge? Jünger merkt kritisch an, daß dort, wo schwierige Widerstände zu überwinden sind und die Grenzen der Geschicklichkeit erreicht werden, das Spiel sich wieder in Arbeit verwandelt. Huizinga setzt sich mit dem Bridge unmittelbar auseinander und vermerkt, daß es eine Menge von Intellekt und geistiger Spannung bindet und verbraucht, die besser - aber vielleicht auch schlechter - hätten angewandt werden können. Um wirklich spielen zu können, müsse der Mensch, solange er spielt, wieder Kind sein; dies könne man von der Hingabe an ein so außerordentlich raffiniertes Scharfsinnsspiel wie Bridge aber kaum mehr behaupten.

In dieser Kritik schwingt ein wenig Wehmut mit, nämlich der Traum von der Rückkehr zur eigenen Kindheit durch das Spiel. Zur Selbstverwirklichung, zum »Identitätsgewinn« eignen sich aber nur solche Spiele, die einen gewissen Schwierigkeitsgrad haben und bei denen durch Geschicklichkeit Widerstände zu überwinden sind. Bridge ist ein anspruchsvolles und geistig hochstehendes Spiel, das gerade bei denjenigen eine große Anhängerschaft gefunden hat, denen andere Spiele wegen zu großer Leichtigkeit zu schalen Genüssen geworden sind.

Reizvoll ist Bridge auch durch das mit dem Erfolg im Spiel verbundene Prinzip der unmittelbaren Belohnung, das im »wirklichen Leben« so oft vermißt wird. Wegen der Überspezialisierung arbeitsteiliger Prozesse fehlt im Alltag meist das fachkundige »Publikum«, das gute Leistungen entsprechend würdigen könnte. Dieses Problem hat der Bridge-Spieler nicht; denn er ist von Gleichgesinnten umgeben, die sein Spiel beurteilen können. Bridge-Erfolge und deren gerechte Beurteilung durch die Mitspieler sind lustbringend. Einen weiteren Lustgewinn hält das Bridge für den erfahrenen Spieler bereit, wenn dieser bestimmte Konstellationen in Bietprozeß und Spieldurchführung wiedererkennt. Freud bezeichnet dieses Wiederfinden des Bekannten als lustvoll und spricht wegen der Ersparung an psychischem Aufwand von »Ersparungslust«*.

Bridge ist also für den Spieler eine Verlockung, dem Alltagsleben zu entfliehen und sich in einen abgeschlossenen Bereich hineinzubegeben, in dem er sich aktiv betätigen und in lustbringender Weise selbst verwirklichen kann.

Die zweite Hauptgruppe der Beweggründe, aus denen Bridge gespielt wird, ist die Suche nach menschlichem Kontakt. Bridge ist über die ganze Welt verbreitet, und wer Bridge spielt, findet in einer fremden Stadt oder in einem fremden Land schnell Anschluß. Den Älteren gibt Bridge Gelegenheit, der drohenden Vereinsamung zu entfliehen und sich »unter Menschen« zu begeben.

Neben dieser reinen Kontaktmöglichkeit ist beachtenswert, daß der Kontakt als solcher intensiver ist als bei vielen anderen Spielen. Ein Bridge-Spieler muß sich in doppelter Weise engagieren: Zum einen kann er nicht passiv auf den Eintritt oder das Ausbleiben eines glücklichen Zufalls warten, sondern muß in rasch wiederkehrender Folge Entscheidungen treffen (höher zu bieten oder nicht, einen guten Angriff zu finden, die erfolgversprechendste Spieldurchführung zu wählen etc.).

Außerdem ist der Bridge-Spieler auf seinen Partner angewiesen, mit dem er sozusagen in einem Boot sitzt. Erfolg oder Mißerfolg hängen in nicht zu unterschätzendem Maße von der Harmonie der Partnerschaft ab. Jeder Bridge-Spieler befindet sich sozusagen »auf dem Präsentierteller«. Die von ihm zu treffenden Entscheidungen sind häufig schwierig und setzen ihn einem gewissen Druck aus; auch ist es nicht immer leicht, eine ungetrübte partnerschaftliche Harmonie zu halten. Der Spieler muß beweisen, daß er Haltung am Bridge-Tisch bewahren kann. Der besondere Kontakt des Bridge-Spiels besteht darin, daß Regungen und Gefühle freigesetzt werden und durch dieses Medium der menschliche Charakter in oft verblüffender Weise transparent wird. Die Spieler befinden sich sozusagen in einem psychologischen Spannungsfeld; wer jeweils im Blickpunkt seiner Mitspieler steht, hat Anlaß, sich zu bewähren. Bismarck soll einmal sinngemäß gesagt haben: »Willst Du den Charakter eines Menschen kennenlernen, so brauchst Du nur eine Viertelstunde Karten mit ihm zu spielen.« Selbstverständlich kann sich diese treffende Bemerkung noch nicht auf Bridge bezogen haben; hätte es das Spiel damals schon gegeben, wäre seine spezifische Eignung zur »Durchleuchtung« der Mitspieler Bismarck wohl kaum entgangen.

Bridge wird oft die »Erotik des Alters« genannt. Dies ist gut beobachtet, weil die reine Erotik dem älteren Menschen oft nicht mehr so viel Spannungszustände vermitteln kann wie der durch Bridge hergestellte besondere Kontakt.

Obwohl die Begegnungen am Bridge-Tisch ein Anknüpfungspunkt dafür sein können, auch im eigentlichen Leben persönliche Bindungen herzustellen, bleibt der Kontakt doch im allgemeinen auf das Spiel begrenzt. Bridge-Spieler finden zueinander, weil sie sozusagen die gleiche

* Sigmund Freud, Gesammelte Werke VI 135 mit Hinweis auf Groos, »Die Spiele des Menschen«, 1899.

Sprache sprechen. Darüber hinaus beschäftigen sie sich jedoch bei ihrem Spiel so gut wie gar nicht mit den privaten Problemen der Mitspieler. Dieses Phänomen ist Psychoanalytikern, die das Verhalten von Gruppen beobachtet haben, nichts Neues. Eine Gruppe von Menschen - und hierzu gehören auch die Bridge-Spieler, die sich zu einer Rubber-Bridge-Partie oder auf einem Turnier treffen - kommt in der Regel zusammen, um eine bestimmte Tätigkeit auszuüben. Damit wird ein wichtiger Zweck erfüllt: Er gibt den Gruppenmitgliedern einen Anlaß, zusammenzukommen und - nicht zu persönliche - Kontakte anzuknüpfen und zu pflegen. Hierbei kommt es zu emotionalen »Interaktionen« (beim Bridge z. B. zum Spiel gegeneinander und zur anschließenden Diskussion), ohne daß man sich auf rein privater Ebene stärker als gewünscht miteinander beschäftigen muß. Die Analyse des Verhaltens von Gruppen hat gezeigt, daß das spezielle Tätigkeitsfeld der Gruppe als ein Schutzschild dient, um einen zu engen persönlichen Kontakt zu anderen Gruppenmitgliedern »abzublocken«*. Zur Illustration dieses Mechanismus' geben Foulkes und Anthony** ein Beispiel: Sie vergleichen eine Gruppe mit Reisenden auf einem Schiff, zwischen denen durch den täglichen Ablauf eine scheinbar enge Bindung herrscht. Man lernt sich recht gut kennen, spielt Decktennis und andere Spiele miteinander, verabredet sich für den Abend, trifft sich an der Bar etc., gibt aber so gut wie nichts aus der privaten Sphäre preis. Erreicht das Schiff sein Ziel, zerstreuen sich die Reisenden in alle Winde und vergessen einander schnell. Ähnlich wirkt auch die in sich abgeschlossene Welt des Bridge: Kontakte im Spiel ja, aber keine Belastung durch die Probleme des Alltags. Für Menschen, die einerseits nicht gerne einsam sind, sich andererseits aber davor fürchten, zu sehr in die private Sphäre und die Probleme der anderen mit einbezogen zu werden, ist Bridge geradezu ideal.

Ein weiterer Anreiz des Bridge liegt in einem »Fluchtmotiv«: Der Spieler begibt sich in ein abgeschlossenes Gebiet, in dem bindende Regeln eine feste Ordnung garantieren und ihn schützen. Seine Mitspieler können ihm nichts anhaben, sofern er nur die Regeln einhält, Haltung bewahrt und grobe Fehler vermeidet. Gesteckte Ziele und eine feste Ordnung wirken angstbindend. Der Spieler kann den Frustrationen des wirklichen Lebens entrinnen und die begrenzte Welt des Spiels aufsuchen*. Hier kann er seiner Grundstimmung und seinen Begabungen entsprechend agieren. Der Aggressive kann hasardieren, seine Gegner kontrieren oder durch einen geschickten Bluff hereinzulegen versuchen; der Ästhet findet seine Freude an der auf klarer Logik aufgebauten Spieldurchführung; wer sich psychologisches Geschick zutraut, kann versuchen, aus dem Verhalten der Mitspieler Rückschlüsse zu ziehen, und der Konservative sieht sich belohnt, wenn er durch abwägendes Maßhalten Katastrophen vermeidet, in die der Hasardeur gelegentlich hineingerät. Wer Enttäuschungen im wirklichen Leben erlitten hat, kann sie durch die Suche von Erfolg am Bridge-Tisch und die dadurch verbundene Selbstbestätigung kompensieren.

* Aus diesem Grunde wird psychotherapeutischen Gruppen gerade *kein* besonderes Tätigkeitsgebiet (Occupation, Particular Task) zugewiesen.

**S. H. Foulkes and E. J. Anthony »Group Psychotherapy«, 1957.

* Parallelen zur Tierliebe in ausgeprägter Form drängen sich auf: Ein Sich-Lösen aus der unüberschaubaren Verworrenheit, den Frustrationen, Ungerechtigkeiten und Disharmonien des wirklichen Lebens durch die Flucht in die berechenbare und beglückende Zweierbeziehung Mensch - Tier, in der oft kleinste Handreichungen des Menschen durch das Tier unmittelbar belohnt werden.

Während das Leben selbst oft nur *eine* Chance gibt, die vielleicht schon unwiderruflich verpaßt ist, bringt das Spiel wieder und wieder neue Chancen. Nach Huizinga ist diese Wiederholbarkeit eine der wesentlichsten Eigenschaften des Spiels. Zur Flucht an den Bridge-Tisch verlockt auch, daß dort die Rangordnung des tatsächlichen Lebens aufgehoben ist. Wenn sich überhaupt eine neue Rangordnung bildet, richtet sie sich nach dem Maße der Geschicklichkeit der Beherrschung des Spiels.

Ein weiterer Anreiz dafür, sich Bridge als Hobby auszusuchen, ist die Spannung des Spiels. Schon die Reizung ist eine aufregende Reise ins Ungewisse, weil die Karten des Partners und der Gegner unbekannt sind. Der schließlich erreichte Kontrakt liegt fast immer im Grenzbereich zwischen Gewinn und Absturz. Hierfür sorgt die geschickt aufgebaute Skala von Gutschriften und Minuspunkten, die im Bridge dazu verlockt, auf der Jagd nach einer ansehnlichen Prämie möglichst hoch zu reizen. Weitere Spannung bringt das sog. »Verteidigende Bieten«. Oft lohnt es sich, dem Gegner ein lukratives Spiel »wegzunehmen«, weil die hierbei einkalkulierte eigene Niederlage wegen der verhältnismäßig erträglichen Minusanschrift nicht so schwer wiegt wie die vom Gegner anvisierte Prämie.

Kontrakte im Grenzbereich sind viel spannender als klar gewonnene Spiele; denn bereits kleinste Fehler oder Ungenauigkeiten können über Sieg oder Niederlage entscheiden. Noch spannender wird die Sache im Paarturnier, weil hier selbst bei den gelegentlich vorkommenden klar gewonnenen Spielen die Anzahl der erzielten Überstiche entscheidend für ein gutes oder schlechtes Resultat ist. Auch ein begeisterter Skat- oder Doppelkopffreund wird zugeben müssen, daß sich bei diesen beiden Spielen nicht so viele aufregende Grenzsituationen wie beim Bridge ergeben.

Überschauen wir noch einmal in wenigen Worten, was den Menschen dazu bringen kann, Bridge zu spielen: Er begibt sich - bisweilen wie auf einer Flucht vor dem wirklichen Leben - vorübergehend in ein abgegrenztes Tätigkeitsfeld, das ihm Gelegenheit zur Selbstverwirklichung (freies Agieren - eingeschränkt nur durch verbindliche Regeln - und Stärkung der Individualität durch lustbringenden Erfolg) und zur Anknüpfung menschlicher Kontakte (Zusammensein mit »Gleichgesinnten«, Transparentwerden der Charaktere der Mitspieler, Aufbau von Partnerschaftsbindungen, Flucht vor der Einsamkeit) gibt, wobei das dem Bridge innewohnende besondere Spannungselement einen zusätzlichen Reiz ausübt.

Einer Reihe von deutschen Turnierspielern habe ich die Frage gestellt, warum sie Bridge spielen. Viele haben mir schlicht erklärt, sie wüßten es nicht und auf diese Frage gäbe es im Grunde keine Antwort. Über ein Dutzend hat mir trotzdem geschrieben. Hier das zum Teil geringfügig gekürzte Ergebnis.

Frau Cullmann erinnert sich: »In meinem Elternhaus herrschten strenge Sitten, und das Kartenspiel war nicht beliebt, da mein Vater als Landgerichtspräsident nichts davon hielt. Nur meine Großmutter schätzte Karten sehr, und die Kinder durften gelegentlich bei Whistpartien bei ihr aushelfen.«

Auch bei Dirik Baron v. Rummell ein Blick zurück: »So wie es zwischen 7 und 14 Jahren faszinierend für mich war, auf den Spuren Winnetous und Old Shatterhands die Feinde mehr durch List als durch Gewalt zu überwinden, macht es mir heute Spaß, auf den Spuren Forquets und Belladonnas die Gegner am Bridge-Tisch durch

Ausschöpfung aller technischen und psychologischen Möglichkeiten zu besiegen.« Also Fortsetzung des siegreichen Indianerspiels mit verfeinerten Mitteln.

Schon früh hat v. Gynz Blut geleckt: »Als ich noch klein war, sah ich des öfteren bei meinem Pappi ansonsten ehrwürdige Herrschaften sich beim Kartenspiel ereifern. Ich wollte hinter das Geheimnis dieser bunten Papierstückchen kommen. Erklären konnte und wollte es mir niemand. Sie waren alle zu sehr mit sich selbst beschäftigt. Dank meiner angeborenen Hartnäckigkeit kam ich allmählich dennoch dahinter. Eines Tages nun verspätete sich der vierte Mann zum häuslichen Bridge. Ich erbot mich, solange einzuspringen. Als Gastgeber war mein Pappi bereit, dieses Kreuz auf sich zu nehmen. Die anderen glaubten, sie hätten leichtes Spiel mit mir, ich aber gab Kontra und sie stürzten fürchterlich. Dieses gefiel mir so gut, daß ich beschloß, beim Bridge zu bleiben.«

Gewinnen ist also schön, besonders wenn sich würdige Menschen über den Verlust aufregen. Fast wie Schachweltmeister Bobby Fischer (»Am meisten liebe ich beim Schach den Augenblick, in dem das Ego des Gegners zusammenbricht.«) denkt der Rubberbridge-Fan Heribert Sträter: »Am liebsten spiele ich Rubber-Bridge. Je höher der Einsatz, desto besser. (Look after the pounds, and the pennies will look after themselves.) Warum ich es spiele? Schwer zu sagen; vielleicht weil ich die Gegner gern unter Druck setze und weil ich gerne gewinne. Danach kommt Teamturnier; das liegt daran, daß ich gegen einen bestimmten Gegner gern mehr als nur ein paar Hände spiele. Hier gilt das gleiche: Ein und derselbe Gegner wird ständig unter Druck gesetzt.«

Auch Dr. Pressburger gewinnt gern, aber in reiferen Jahren ist er milder geworden: »Warum ich (noch immer) Bridge spiele? Als ganz junger Spieler hätte ich die Aussage auf diese Frage verweigern müssen, um mich nicht selbst zu belasten: Ich wollte nämlich gewinnen, gewinnen, gewinnen und beweisen, wie gut ich's konnte. In späteren Jahren, nach mehreren, längeren und erzwungenen Pausen, faszinierte mich die Vielfalt der Aufgaben, die in unserem Spiel und Sport zu lösen sind, und heute, nahe dem Ende meiner Laufbahn, in der ich wahrscheinlich schon jeden Coup, der bekannt ist, durchexerziert habe, warte ich auf neue Entdeckungen: Denn diese scheinen noch immer möglich zu sein - und wenn dies vorkommt, entschädigt die Freude des Gelingens für so manches, das mir (wie jedem anderen) im Stress der heutigen Zeit widerfährt. Fazit: Ausgleichsbetätigung.«

Daß sich auch der Turnierspieler - anders als Huizinga meint - wie ein Kind über Bridge freuen kann, bringt Dieter Zenz zum Ausdruck: »Trotz Aufwertung zum Turnierwettkampf, Spiel bleibt Spiel und Kind bleibt Kind, trotz grauer Haare. Bridge ist nicht nur Turnierwettkampf, nicht nur Spiel, sondern darüber hinaus Magie. Ich bin ein Opfer dieser Magie. Last not least ist Bridge neben dem Schach ein echter Sport, aber ein Sport höchster körperlicher Bequemlichkeit. Wir werden alle älter und möchten doch so gerne echte und aktive Sportler bleiben.«

Ein wenig Magie sieht auch Leo Selinger im Bridge, der mehr dem Instinkt als der Logik vertraut: »Bridge ist ein Spiel, in dem der Instinkt für die richtige Karte oder die richtige Reizung oft entscheidender ist als rationale Überlegungen oder Regeln der Logik. Ich glaube, diesen Instinkt in höherem Maße als die meisten anderen Spieler zu besitzen. Ich brauche es als Bestätigung meiner selbst, mich immer wieder zu testen, indem ich mich mit anderen am Bridge-Tisch messe. Außerdem hatte ich in meiner langjährigen Praxis noch nie zweimal dieselbe Hand - die Variationsbreite unseres Spiels ist faszinierend.«

Josef Weiss sieht u. a. auch den gesellschaftlichen Aspekt des Bridge: »Warum ich Bridge spiele? Ganz einfach, weil es mir von allen Spielen, die ich kenne, am besten gefällt. Es gibt für mich keine schönere Zerstreuung als eine lustige freie Partie und keinen härteren geistigen Wettkampf als ein gut besetztes großes Turnier oder ein Länderkampf. Und im Alter - das ist der soziologische Aspekt - kann Bridge immer mehr zum Lebensinhalt werden. Dazu kommt der gesellschaftliche Aspekt. Auf der ganzen Welt wird Bridge gespielt, man findet also überall sofort Anschluß, was man - wenn man sich im Ausland aufhält - nicht hoch genug einschätzen kann.«

Ähnlich Bernhard Sträter: »Ich spiele gerne Bridge, weil dabei Sport und Spiel eine reizvolle Einheit finden. Der (gesunde) sportliche Ehrgeiz wird durch den Turniersport angeregt; außerdem ist das Spiel kompliziert, so daß es nie langweilig wird. Nicht zuletzt ist Bridge auch deshalb schön, weil es eine Freizeitbeschäftigung ist, die nur mit anderen zusammen ausgeübt werden kann.«

Bei Dr. Korsing ist es die Flucht aus dem Alltag in den geliebten Geistessport: »Wichtig ist, daß man sich neben seinem Beruf auch in seinen Mußestunden sportlich und geistig betätigt. Sportlich habe ich mich für Tennis, Ski und Golf entschieden und geistig für Bridge. Bridge ist das Spiel der ungeahnten Möglichkeiten - mit keinem anderen Spiel vergleichbar. Es ist unterhaltsam, geistreich und so faszinierend, daß man alle Sorgen und Aufregungen des Alltags vergißt. Bridge bringt viel Freude und viel Freunde. Ich liebe es.«

Auch für seinen Partner Rachwalski ist Bridge die Dame seines Herzens: »Warum spielen Sie Bridge? Nun, die Antwort ist einfach: Weil Bridge genauso faszinierend ist wie eine schöne Frau. Die ärgerlichen Stunden mit ihr vergißt man schnell, aber an Momente des höchsten Glücks erinnert man sich gern. Also liebt man sie und bleibt ihr treu.«

Zwischen Sex und Rauschgift hin- und hergerissen Dr. v. Holtzer: »Leider bin ich nach 19 Jahren noch nicht dahinter gekommen, warum ich Bridge spiele. Es muß eine Art Sucht sein, wie z. B. Haschisch-Rauchen. Sonst kann ich mir nicht vorstellen, warum man sich so etwas antut. Die Turniere: An einem Wochenende 1000 km oder mehr zu fahren, um am Montag erschöpft, entnervt, verärgert und um ein paar Club- oder Masterpunkte reicher, dafür mit leerem Geldbeutel zum Ausgangspunkt zurückkehren. Bei mir persönlich liegt noch ein anderer Grund vor. Als Somerset Maugham einmal gefragt wurde, was er an diesem Tag tun werde, hat er geantwortet: ›Bei so einem Regen kann man nur zwei Sachen tun, und ich spiele kein Bridge.‹ Ich war lange Zeit ledig, bedauerlicherweise dringt meine strahlende Schönheit nur ins Bewußtsein eines sorgfältigen Betrachters. So mußte ich für regnerische Tage eine Alternative suchen.«

Ganz dem Rauschgift verfallen Fritz Chodziesner: »Warum ich Bridge spiele? Es scheint mir, daß die Frage vom Ursprung her nicht stimmt. Frag' den Rauschgiftsüchtigen, warum er Rauschgift nimmt!«

Last, but not least, Egmont v. Dewitz getreu dem richterlichen Grundsatz »Ne ultra petita«, also nicht mehr zu entscheiden, als verlangt ist: »Ich spiele Bridge, weil es mir Freude macht. Warum dem so ist, ist nicht gefragt.«

# Die Reizung

## Basis: Ein natürliches Bietsystem

In keinem anderen Kartenspiel gibt es eine so spannende Reise ins Ungewisse wie bei der Reizung im Bridge. Zwei Hälften einer Streitmacht operieren sozusagen blind, um ihr gemeinsames Ziel zu erreichen, nämlich den besten Endkontrakt. Die Partner können sich nur durch die nach den Regeln zulässigen Ansagen miteinander verständigen, sind also beschränkt auf die Symbolsprache des Bridge. Bei ihrer Zwiesprache müssen sie mit dem vorhandenen knappen Bietraum auskommen, der oft genug von den in die Reizung eingreifenden Gegner zusätzlich eingeengt wird. Wirkungsvolle Reizung hat zwei Hauptziele, nämlich den Informationsaustausch mit dem Partner zu fördern und die gegnerische Verständigung zu stören. Konstruktive und destruktive Elemente stehen also nebeneinander. Sind die Gegner mit schwachen Blättern zur Rolle von Statisten verurteilt, ist genug Zeit, sich unter ökonomischer Ausnutzung des Bietraums so genau wie möglich über Punktstärke und Blattverteilung zu informieren. Halten die Gegner jedoch chancenreiche Karten, kann man oft durch aggressive Reizung den Bietraum begrenzen und die Verständigung zwischen den Gegnern erschweren oder gar verhindern, damit sie die in ihren Blättern steckenden Möglichkeiten nicht erkennen und ausnutzen können.

In meinem Buch möchte ich Ihnen zunächst ein natürliches Bietsystem vorstellen, das logisch aufgebaut und leicht zu handhaben ist. Es stützt sich hauptsächlich auf die Erfahrungen von Culbertson und Goren sowie auf - gesunden Menschenverstand. Im weiteren Verlauf wende ich mich insbesondere an den erfahreneren Spieler, für den ich den größten Teil der gebräuchlichen, aber auch eine Reihe von selteneren Konventionen bringe. Das Bild wird danach abgerundet durch eine Kurzfassung der am häufigsten benutzten Bietsysteme.

## Eröffnungen und Antworten

Für eine wirkungsvolle Reizung braucht man eine zuverlässige Methode, mit der man sein Blatt bewerten kann. Am bewährtesten ist die von dem Amerikaner Milton C. Work ausgearbeitete Punktzählung:

As = 4 Punkte
König = 3 Punkte
Dame = 2 Punkte
Bube = 1 Punkt

Hiernach sind 40 Punkte im ganzen Spiel vorhanden. Es hat sich gezeigt, daß für eine Partie in Sans-Atout oder in Edelfarbe meist 26 (häufig nur 25) Punkte in den gemeinsamen Händen genügen. Weitere Erfahrungswerte: Volles Spiel in Unterfarbe ungefähr 29 Punkte, Klein-Schlemm etwa 33 Punkte und Groß-Schlemm 37 Punkte.

Bei Farb-Kontrakten nimmt man die folgenden Punktkorrekturen vor: Für eine Fehlfarbe (Chicane) werden 3 Punkte, für eine Einzelkarte (Singleton) 2 Punkte und für zwei Karten in einer Farbe (Doubleton) 1 Punkt hinzugezählt*. Bei 4-3-3-3 Verteilungen wird 1 Punkt abgezogen. Hält man eine sehr gute oder vom Partner unterstützte Trumpflänge, können für den fünften Atout 1 Punkt und für jeden weiteren Trumpf 2 Punkte addiert werden.

Bei Sans-Atout-Kontrakten sind Punktkorrekturen im allgemeinen nicht üblich; man kann jedoch für eine Hand, die alle vier Asse enthält, 1 Punkt hinzuzählen. Ausnahmsweise darf man dann, wenn man eine lange und gute Farbe hält, für die fünfte Karte 1 Punkt und für jede weitere Karte 2 Punkte addieren, vorausgesetzt, daß die Partnerschaft in den drei übrigen Farben hohe Karten hält, mit denen sie einen gegnerischen Angriff aufhalten kann.

## Eröffnung mit 1-in-Farbe

Für die erste Ansage (Eröffnung) sollte ein Spieler grundsätzlich mindestens 13 Punkte besitzen; denn wer, statt zu passen, den Bietprozeß mit einem Gebot in Gang setzen will, muß etwas mehr als ein Durchschnittsblatt von 10 Punkten halten.

Blätter mit einer Stärke von etwa 13-21 Punkten sollten mit 1-in-Farbe eröffnet werden. Hierbei wird die längste Farbe zuerst geboten. Mit

♠ A4 ♡ D10763 ◇ 85 ♣ AKB6

eröffnen Sie »1 Coeur«. Sie halten 16 Punkte (14 Punkte an hohen Karten und 2 Zusatzpunkte für die beiden Doubletons). Sie eröffnen mit Coeur, Ihrer längsten Farbe.

Halten Sie zwei Fünferfarben, sollten Sie grundsätzlich mit der höher rangierenden eröffnen und danach die andere Farbe nennen.

♠ D7 ♡ KB873 ◇ AK965 ♣ 3

Beginnen Sie mit »1 Coeur« und reizen Sie später die Karos, wenn Sie hierzu Gelegenheit erhalten sollten. Mit zwei Fünferlängen in Pik und Treff ist es ratsam, schwächere Hände (etwa 13-15 Punkte) »1 Treff« zu eröffnen, um ggf. später die Piks zu bieten. Eröffnen Sie also mit

♠ K7632 ♡ 5 ◇ K9 ♣ AD965

»1 Treff«. Antwortet Ihr Partner z. B. »1 Coeur«, können Sie »1 Pik« ansagen, ohne die Reizung unnötig in die Höhe zu treiben. Mit schwachen Blättern sollte man nämlich im Sinne einer konstruktiven Reizung mit dem Bietraum nicht zu verschwenderisch umgehen. Hätten Sie die Hand mit »1 Pik« eröffnet, dann müßten Sie nach der »2 Coeur«-Antwort Ihres Partners schon auf die Dreierstufe gehen, wenn Sie Ihre Treffs nennen wollten. Hierzu ist Ihre Hand jedoch zu schwach; auch die Alternative, mit »2 Pik« Ihre schwache Fünferfarbe zu wiederholen und die Treffs zu verschweigen, ist nicht empfehlenswert. Anders liegt der Fall hier:

♠ KD1074 ♡ 5 ◇ K7 ♣ AKB96

Sie halten eine starke Eröffnung von insgesamt 19 Punkten (16 Figurenpunkte sowie 3 weitere Punkte für das Singleton und das Doubleton). Eröffnen Sie »1 Pik«. Wenn Ihr Partner »2 Coeur« oder »2 Karo« antwortet, können Sie ohne weiteres »3 Treff« reizen; Ihr Blatt ist hierfür stark genug.

Gelegentlich werden Sie eine Sechser- und eine Fünferfarbe halten. Beginnen Sie mit der Sechserfarbe, um dann nach Möglichkeit zweimal die Fünferfarbe zu bieten. Mit

♠ 8 ♡ AK1073 ◇ AB7632 ♣ 7

eröffnen Sie »1 Karo« und nennen später zweimal die Coeurs.

Häufig haben Sie eine Fünfer- und eine Viererfarbe. Eröffnen Sie grundsätzlich

* Besteht das Singleton aus K, D oder B bzw. das Doubleton aus KD, KB, DB, Dx oder Bx, werden keine Zusatzpunkte gerechnet.

mit der Fünferfarbe, um später die Viererfarbe zu nennen.

♠ AB632 ♡ AK107 ♢ D62 ♣ 5

Beginnen Sie mit »1 Pik« und bieten Sie später Ihre Coeurs. Nicht ganz einfach zu reizen sind relativ schwache Eröffnungen (ca. 13-15 Punkte), bei denen die Viererfarbe unmittelbar über der Fünferfarbe rangiert. Hier verfahren Sie am besten nach folgender Ausnahmeregel: Sie eröffnen mit der Farbe, die mehr hohe Karten enthält, und reizen beim nächsten Mal auf jeden Fall die Fünferfarbe.

a) ♠ AKB7 ♡ D9732 ♢ 63 ♣ K4
b) ♠ K962 ♡ AKB96 ♢ D4 ♣ 102

Bei Hand a) beginnen Sie mit »1 Pik« und bieten, wenn Ihr Partner in einer der beiden Unterfarben antwortet, anschließend »2 Coeur«. Hand b) hingegen eröffnen Sie mit »1 Coeur«, um über eine Antwort Ihres Partners in einer Unterfarbe die Coeurs abermals zu nennen. Mit einem starken Blatt wie

♠ ADB9 ♡ D9842 ♢ K3 ♣ A8

eröffnen Sie «1 Coeur«. Antwortet Ihr Partner in einer der beiden Unterfarben, bieten Sie »2 Pik«. Hierfür ist Ihr Blatt stark genug; denn es enthält 18 Punkte (16 Figurenpunkte sowie 2 Zusatzpunkte für die beiden Doubletons). Rangiert die zweite Farbe höher und wird sie wie hier auf einer höheren Bietstufe genannt, spricht man von einer sog. Revers-Reizung. Der Partner kann hieraus zwei Schlüsse ziehen: Die zweite Farbe ist kürzer, und der Eröffner hat ein gutes Blatt (16 Punkte oder mehr).

Oft genug besitzt der Eröffner keine Fünfer- oder längere Farbe. Er ist also gezwungen, mit einer Viererfarbe zu beginnen. Er sollte nach Möglichkeit nur bietfähige Viererfarben ansagen. Bietfähig ist eine Viererfarbe, falls sie mindestens 4 Figurenpunkte (oder 3 Figurenpunkte mit zwei Honneurs )enthält, also z. B. A843, K1063 oder DB74. Ein Blatt ohne bietfähige Viererfarbe sollte mit der besten Unterfarbe eröffnet werden, selbst wenn es sich dabei um eine Dreierfarbe handelt. Eröffnen Sie also

♠ 8632 ♡ B852 ♢ AKB ♣ A9

mit »1 Karo«.

Eine Eröffnung in einer guten Dreier-Unterfarbe ist auch dann zu empfehlen, wenn Sie ein relativ schwaches Blatt halten und nach einer zu hoch angelegten Eröffnung in Schwierigkeiten geraten könnten:

♠ AD86 ♡ 843 ♢ 764 ♣ AK5

Eröffnen Sie mit »1 Treff«. Antwortet Ihr Partner in einer der beiden roten Farben, können Sie »1 Pik« reizen, ohne unnötig Bietraum zu verschwenden. Hätten Sie stattdessen mit »1 Pik« begonnen, stünde Ihnen kein befriedigendes Wiedergebot* mehr zur Verfügung, wenn Ihr Partner eine der beiden roten Farben auf der Zweierstufe nennt.

Halten Sie zwei oder drei bietfähige Viererfarben, eröffnen Sie am besten mit der Farbe, die unmittelbar unter dem Doubleton oder Singleton rangiert. Befindet sich das Doubleton oder Singleton in Treff, beginnen Sie mit Pik. Dies ist im Grunde keine Ausnahme; denn falls Sie sich die vier Farben in einem geschlossenen Kreis vorstellen, rangiert Treff unmittelbar oberhalb von Pik. Hier einige Beispiele:

a) ♠ AD74 ♡ 63 ♢ KB52 ♣ K93
b) ♠ KD92 ♡ B96 ♢ AB94 ♣ K2
c) ♠ AB72 ♡ 3 ♢ KB92 ♣ DB86
d) ♠ 8 ♡ B542 ♢ AKB6 ♣ K1097

Eröffnen Sie Hand a) mit »1 Karo«, Hand b) mit »1 Pik« und Hand c) mit »1 Karo«. An sich müßten Sie bei Hand

* Wie wir später noch sehen werden, gehört es zu den Grundregeln eines natürlichen Bietsystems, daß der Eröffner noch einmal bieten muß, wenn der Partner mit einer anderen Farbe geantwortet hat.

d) mit Coeur beginnen, weil diese Farbe unmittelbar unter dem Singleton rangiert. Ihre Coeurs sind jedoch nicht bietfähig; deshalb eröffnen Sie die nächstniedere Farbe, also »1 Karo«.

Die Untergrenze von 13 Punkten für eine Eröffnung ist nur ein ungefährer Anhaltspunkt und braucht nicht sklavisch eingehalten zu werden. In Grenzfällen sprechen folgende Punkte *für* eine Eröffnung: Stärke in den Edelfarben, insbesondere in Pik; Besitz von ein oder zwei guten Farben; Vorhandensein von sog. Füllkarten (Zehnen und Neunen); Konzentration von hohen Karten in den langen Farben.

Folgende negative Merkmale einer Hand können den Ausschlag *gegen* eine Eröffnung im Grenzbereich geben: Übergewicht der Unterfarben; Fehlen von Füllkarten; Konzentration von hohen Karten in den kurzen Farben. Was reizen Sie mit den folgenden Blättern?

a) ♠ DB10976 ♡ AK5 ◇ 763 ♣ 4
b) ♠ D ♡ A3 ◇ 87432 ♣ KD732
c) ♠ AB10 ♡ K109 ◇ B108 ♣ DB107
d) ♠ 76432 ♡ KD ◇ KD ♣ D732
e) ♠ KDB97 ♡ DB1084 ◇ 4 ♣ D6
f) ♠ K ♡ D7632 ◇ AK ♣ 87632
g) ♠ AK1094 ♡ K1096 ◇ 53 ♣ 32
h) ♠ K ♡ DB3 ◇ A76 ♣ 975432
i) ♠ 8643 ♡ 96532 ◇ A3 ♣ AK
k) ♠ D32 ♡ K53 ◇ A762 ♣ DB5

Hand a) ist trotz der 12 Punkte (10 Figurenpunkte und 2 Zusatzpunkte für das Singleton) wegen der starken Edelfarbe eine gute Pik-Eröffnung.

Hand b) hat 12 Punkte (11 Figurenpunkte und 1 Punkt für das Doubleton; das Singleton wird wegen der blanken Figur nicht gerechnet). Passen Sie; denn über die Hälfte der Figurenpunkte konzentriert sich in den Kürzen, die beiden Längen sind nur Unterfarben. Nachteilig wäre ferner, daß Sie mit den über den Treffs rangierenden Karos beginnen müßten, also einer Farbe, in der Sie kein einziges Bild halten.

Hand c) können Sie »1 Treff« eröffnen. Trotz nur 11 Punkten (12 Figurenpunkte abzüglich 1 Punkt für die 4-3-3-3 Verteilung) sprechen die ausgezeichneten Füllkarten für eine Eröffnung.

Passen Sie mit Hand d). Sie besitzen zwar 12 Figurenpunkte, diese befinden sich jedoch zum größten Teil in den Kürzen.

In e) halten Sie zwei gute Edelfarben und sollten mit »1 Pik« beginnen, um später Ihre Coeurs zu reizen.

Hand f) ist keine attraktive Eröffnung, weil die Farben schwach sind und die Stärke sich größtenteils in den Kürzen konzentriert. Würden Sie trotzdem mit »1 Coeur« eröffnen, könnten Sie in Schwierigkeiten geraten, falls Ihr Partner »2 Karo« antwortet; Sie haben nämlich dann kein befriedigendes Wiederangebot mehr.

Hand g) können Sie trotz der 12 Punkte (10 Figurenpunkte und 2 Zusatzpunkte für die beiden Doubletons) mit »1 Pik« eröffnen, weil Sie zwei mit Füllkarten »gepolsterte« Edelfarben halten.

Hand h) enthält zwar die gleichen hohen Karten wie Hand a), sollte jedoch gepaßt werden. Die Länge ist wesentlich schwächer und zudem eine Unterfarbe; außerdem können Sie wegen der blanken Pik-Figur keine Zusatzpunkte für das Singleton rechnen.

Hand i) ist im Gegensatz zu Hand g) nicht für eine Eröffnung geeignet, weil sich die hohen Karten nicht bei den Längen befinden. Passen Sie deshalb.

Hand k) enthält zwar genauso viele Punkte wie Hand c); trotzdem sollte sie gepaßt werden, weil sie keinerlei Mittelwerte enthält.

Halten Sie in dritter Hand eine gute

Farbe, können Sie auch dann eröffnen, wenn Sie weniger Punkte als das sonst erforderliche Minimum besitzen. Das folgende Blatt

♠ AKB107 ♡ 632 ◇ 43 ♣ 1097

kann in dritter Hand mit »1 Pik« aufgemacht werden. Sie nehmen hiermit dem Gegner Bietraum (destruktives Element) und geben Ihrem Partner für den Fall, daß sich die Gegner das Spiel ersteigern, einen guten Hinweis, wo Ihre hohen Karten placiert sind und mit welcher Farbe er angreifen soll (sog. Ausspielmarke).

Ohne eine gute Farbe sollten Sie in dritter Hand nur mit normaler Eröffnungsstärke aufmachen. Wollen Sie mit diesem Blatt

♠ 96 ♡ 76432 ◇ AK109 ♣ D4

in dritter Hand nicht korrekt passen, sondern unbedingt etwas unternehmen, empfehle ich Ihnen, »1 Karo« anzusagen. Dies entspricht zwar nicht der normalen Praxis, mit der längsten Farbe zu eröffnen, gibt dem Partner jedoch eine verläßliche Ausspielmarke. Eine Coeur-Eröffnung könnte Ihren Partner leicht irreführen. Noch ein Hinweis: Wenn Sie sich in der Gefahrenzone befinden, Ihr Gegner hingegen nicht, ist es zu riskant, in dritter Hand unterwertig zu eröffnen.

## Antworten auf 1-in-Farbe

Das Ziel einer konstruktiven Reizung ist der optimale Endkontrakt. Der Partner des Eröffners nimmt mit seiner Antwort bereits eine erste Weichenstellung auf dem Wege dahin vor. Er hat grundsätzlich die Wahl, eine eigene Farbe zu bieten, die Farbe des Partners zu unterstützen, ein Sans-Atout-Gebot abzugeben oder zu passen. Bei seiner Antwort sollte er sich bereits Gedanken über den möglichen Endkontrakt machen. Von fundamentaler Bedeutung ist der Unterschied zwischen den Edelfarben (Pik, Coeur) und den Unterfarben (Karo, Treff). Da letztere nur mit 20 Punkten pro Stich prämiert werden und für eine Partie in einer Unterfarbe elf Stiche erforderlich sind, sollte ein volles Spiel nach Möglichkeit in Edelfarbe oder in Sans-Atout gesucht werden. Besonders erstrebenswert ist ein sog. Edelfarb-Fit (acht oder mehr Karten einer Edelfarbe in den gemeinsamen Händen). Für eine Partie in Sans-Atout braucht man zwar einen Stich weniger als für eine Partie in Edelfarbe (neun statt zehn Stiche); dieser Vorteil wird jedoch durch den Nachteil aufgehoben, daß man in allen Farben hohe Karten besitzen muß, um einen gegnerischen Angriff aufzuhalten. Die Erfahrung hat gezeigt, daß in einem Edelfarb-Fit in der Regel ein Stich mehr als in einem Sans-Atout-Kontrakt erzielt werden kann. Als besonders günstig haben sich sog. 4-4 Fits in Edelfarbe erwiesen (Tisch und Hand besitzen je vier Trümpfe). Hält der Partner des Eröffners eine Viererfarbe in Coeur oder Pik, sollte er sie unbedingt nennen, ehe er sich endgültig für einen Sans-Atout- oder Unterfarb-Kontrakt entscheidet. Versäumt er es, kann leicht ein 4-4 Fit in Edelfarbe unentdeckt bleiben.

Nach dieser Einleitung wollen wir uns zunächst mit den schwachen Blättern befassen. Die Punktbewertung der antwortenden Hand ist fast dieselbe wie beim Eröffner; lediglich bei einer guten Trumpfunterstützung in Edelfarbe dürfen für eine Chicane 5 (statt 3) und für ein Singleton 3 (statt 2) Punkte gerechnet werden.

Der Partner des Eröffners sollte mit 0-5 Punkten passen. Mit einem derart schwachen Blatt lohnt es sich nicht, die Reizung offenzuhalten; denn die Gefahr, eine Partie zu versäumen, ist denkbar gering.

Mit etwas stärkeren Händen im Bereich von 6-9 Punkten hat der Antwortende drei verschiedene Möglichkeiten:

> Mit vier Trümpfen - notfalls drei Trümpfen mit mindestens Dxx oder B10x - hebt er die Farbe des Eröffners um eine Stufe (sog. Unterstützung).

> Er reizt auf der Einerstufe eine eigene Farbe.

> Außerdem kann er »1 Sans-Atout« bieten; bei dieser Ansage werden nur Figurenpunkte gezählt.

Die einfache Hebung der Partnerfarbe und das Gebot von »1 Sans-Atout« sind sog. limitierte Ansagen (6-9 Punkte). Mit mehr als 9 Punkten dürfen diese Ansagen nicht gemacht werden, weil der Antwortende sonst den Eröffner über seine Blattstärke täuschen würde. Die Antwort in einer neuen Farbe ist nicht so eng limitiert; sie kann bis zu 15 Punkten stark sein (gelegentlich sogar mehr).

Ehe man eine Unterfarbe des Eröffners unterstützt, sollte man eine gute Edelfarbe nennen:

♠ AD73 ♡ 62 ♢ B974 ♣ 1085

Bieten Sie »1 Pik«, wenn Ihr Partner »1 Karo« eröffnet hat.

Schwache Edelfarben sollten Sie mit schwachen Händen nicht bieten:

♠ 73 ♡ B874 ♢ 82 ♣ KD1085

Heben Sie die »1 Treff«-Eröffnung Ihres Partners auf »2 Treff«; nennen Sie nicht Ihre Coeurs. Hierdurch geht nichts verloren; denn wenn Ihr Partner ein starkes Blatt mit einer Vierer-Coeur hält, kann er dies durch ein Wiedergebot von »2 Coeur« zum Ausdruck bringen. Ihre Reizung kann den Vorteil haben, daß der Gegner links von Ihnen die Piks hält und nicht mehr riskiert, auf Zweierstufe in die Reizung zu gehen, was er über »1 Coeur« auf der Einerstufe vielleicht getan hätte. Ihr »2 Treff«-Gebot hat also den destruktiven Effekt, den Gegnern Bietraum wegzunehmen.

Eignet sich Ihr Blatt für ein Sans-Atout-Gebot, sollten Sie davon absehen, die Unterfarb-Eröffnung Ihres Partners zu unterstützen. Das ist dann der Fall, wenn Sie eine ausgeglichene Verteilung und Figuren in mindestens zwei der anderen Farben besitzen. Mit jedem der drei folgenden Blätter sollten Sie über eine Treff-Eröffnung Ihres Partners »1 Sans-Atout« bieten und nicht seine Farbe unterstützen:

a) ♠ K73 ♡ D108 ♢ D104 ♣ B862
b) ♠ KD8 ♡ 963 ♢ A76 ♣ 9875
c) ♠ D84 ♡ K3 ♢ DB95 ♣ 10972

Hand a) ist für Sans-Atout geradezu ideal. In Hand b) ist die fehlende Coeur-Deckung ein kleiner Schönheitsfehler, der allerdings in Kauf genommen werden darf. In Hand c) könnten Sie auch Ihre Karos nennen. Ich halte jedoch »1 Sans-Atout« aus zwei Gründen für das bessere Gebot: Dem Gegner hinter Ihnen wird Bietraum genommen. Außerdem ist Ihr König doubleton in Coeur gegen einen gegnerischen Angriff zunächst geschützt. Würde Ihr Partner spielen, könnte diese Haltung durch den Angriff des rechts von Ihnen sitzenden Gegners sofort unterspielt werden.

Mit folgendem Blatt

♠ AK4 ♡ 63 ♢ B984 ♣ 8542

ist es besser, eine Karo-Eröffnung Ihres Partners auf »2 Karo« zu heben, als Sans-Atout zu bieten; denn zwei Farben sind ungedeckt (Coeur und Treff).

Der Antwortende sollte eine Edelfarb-Eröffnung seines Partners stets heben, wenn er 6-9 Punkte und vier Trümpfe als Unterstützung hält. Mit nur drei Trümpfen (B10x oder besser) kann er sich überlegen, ob er Sans-Atout reizen oder seinen Partner unterstützen will. Für die

Hebung der Partnerfarbe spricht, daß es hierdurch dem Gegner erschwert wird, in die Reizung einzugreifen. Mit einer 4-3-3-3 Verteilung sowie Figuren in mindestens zwei der anderen Farben kann er »1 Sans-Atout« antworten.

♠ B106 ♡ D984 ◇ K105 ♣ DB4

♠ D106 ♡ 762 ◇ AK4 ♣ 6432

Reizen Sie auf die Pik-Eröffnung Ihres Partners mit dem ersten Blatt »1 Sans-Atout« und mit dem zweiten Blatt »2 Pik«.

Halten Sie vier Coeur-Karten und 6-9 Punkte, sollten Sie nach einer Coeur-Eröffnung Ihres Partners eine eigene Pik-Farbe allenfalls dann nennen, wenn sie sehr gut ist, z. B.:

♠ AD1096 ♡ 7642 ◇ B4 ♣ 106

Grundsätzlich ist es besser, mit einem 6-9 Punkte starken Blatt die Edelfarberöffnung des Partners sofort zu heben. Es fällt dem Gegner dann schwerer, auf höherer Bietstufe in die Reizung einzugreifen.

Mit 6-9 Punkten darf eine neue Farbe nur auf Einerstufe genannt werden; das Blatt ist nicht stark genug dafür, in einer neuen Farbe auf die Zweierstufe zu gehen.

♠ 63 ♡ K10842 ◇ D85 ♣ D106

Eröffnet Ihr Partner mit einer Unterfarbe, reizen Sie »1 Coeur«. Beginnt er jedoch mit »1 Pik«, müssen Sie »1 Sans-Atout« bieten. Für »2 Coeur« ist Ihre Karte zu schwach.

Mit einem Blatt von 6-9 Punkten können Sie also eine eigene Farbe nur dann nennen, wenn sie *höher* als die des Eröffners rangiert. Der Antwortende darf auch relativ schwache Viererfarben bieten (vertretbares Minimum etwa B8xx oder 109xx). Ihnen wird auffallen, daß der Antwortende schwächere Viererfarben als der Eröffner nennen darf. Die beiden wichtigsten Gründe hierfür sind: Spielt der Eröffner später einen Sans-Atout-Kontrakt, greifen die Gegner möglicherweise die vom Antwortenden gereizte schwache Viererfarbe nicht an (psychologische Wirkung). Außerdem hält der Eröffner oft neben der von ihm angesagten Fünferfarbe noch eine gute Vierer-Edelfarbe. Hier ein Beispiel:

| West | | Ost |
|---|---|---|
| ♠ AK72 | N | ♠ 10953 |
| ♡ 83 | W O | ♡ K76 |
| ◇ AD874 | S | ◇ 52 |
| ♣ 105 | | ♣ A764 |

Reizt Ost über die Karo-Eröffnung seines Partners »1 Sans-Atout«, paßt West wahrscheinlich, und Ost fällt voraussichtlich ein- bis zweimal. Antwortet Ost jedoch »1 Pik«, unterstützt ihn West mit dem Wiedergebot »2 Pik«. In diesem vorzüglichen Kontrakt dürfte Ost bei normalem Kartenstand leicht acht bis neun Stiche erzielen. Mit der folgenden Hand

♠ D976 ♡ 53 ◇ K9764 ♣ 85

antworten Sie auf die Treff-Eröffnung Ihres Partners »1 Karo«. Beginnt Ihr Partner jedoch mit Coeur, reizen Sie »1 Pik«; denn Ihr Blatt ist mit 7 Punkten (5 Figurenpunkten und 2 Punkten für die beiden Doubletons) viel zu schwach, um die längeren Karos auf der Zweierstufe zu zeigen.

Halten Sie 6-9 Punkte und zwei *Viererfarben*, die beide höher sind als die von Ihrem Partner eröffnete Farbe, sollten Sie die *niedrigere* zuerst nennen. Reizen Sie also mit

♠ KB106 ♡ D984 ◇ B8 ♣ 972

über eine Unterfarb-Eröffnung Ihres Partners »1 Coeur«. Von diesem Prinzip dürfen Sie mit einer schwachen Viererfarbe in Karo abweichen; jetzt ist es besser, die Edelfarbe zu nennen:

♠ 84 ♡ KDB6 ◇ B932 ♣ 865

Eröffnet Ihr Partner mit Treff, reizen Sie »1 Coeur«. Das Prinzip, von zwei

Viererfarben zuerst die niedrigere zu reizen, hat seinen guten Grund: Sie können auf diese Weise ohne Schwierigkeiten in einen 4-4 Fit kommen. Besitzt Ihr Partner vier Karten in Ihrer niedrigeren Farbe, wird er Sie sofort unterstützen. Hält er hingegen vier Karten in Ihrer höheren Farbe, wird er diese Farbe reizen, wonach Sie ihn heben können.

Würden Sie stattdessen Ihre höhere Viererfarbe zuerst nennen, könnte leicht ein 4-4 Fit in der niedrigeren Farbe unentdeckt bleiben; denn Ihr Partner bietet »1 Sans-Atout«, falls er zu schwach ist, mit einer sog. Revers-Reizung* auf die Zweierstufe zu gehen. Hier ein einleuchtendes Beispiel:

| | | |
|---|---|---|
| ♠ 1065 | N | ♠ AB94 |
| ♡ ADB7 | W O | ♡ K632 |
| ◇ D6 | S | ◇ 875 |
| ♣ A843 | | ♣ 72 |

Reizt Ost über die Treff-Eröffnung seines Partners fehlerhaft »1 Pik«, wird sich West voraussichtlich zu »1 Sans-Atout« entschließen. Ost weiß nichts von den Coeurs seines Partners und paßt. Möglich wäre auch, daß West seinen Partner in Pik unterstützen würde. In beiden Fällen wird der 4-4 Fit in Coeur nicht gefunden. Falls Ost hingegen korrekt mit »1 Coeur« antwortet, hebt ihn West auf »2 Coeur«, und der beste Kontrakt ist erreicht.

Anders ist die Situation, wenn der Antwortende 6-9 Punkte und zwei nebeneinanderliegende *Fünferfarben* hält. Jetzt sollte er die *höhere* Farbe zuerst bieten und danach die niedrigere nennen. Auch hierfür gibt es eine Erklärung: Wenn Sie z. B. mit

♠ K7642 ♡ DB1063 ◇ 84 ♣ 2

über eine Unterfarb-Eröffnung Ihres Partners »1 Coeur« reizen, wüßten Sie nach seinem Wiedergebot von »1 Sans-Atout« oder »2-in-Unterfarbe« nicht, ob er drei Pik-Karten hält, die für einen guten Pik-Fit völlig ausreichen. Würden Sie jetzt noch »2 Pik« versuchen, müßte Ihr Partner mit z. B. drei Coeur-Karten, aber weniger Pik-Karten Ihre Coeurs auf der Dreierstufe unterstützen, und Ihre Reizung wäre wahrscheinlich schon eine Stufe zu hoch. Nennen Sie stattdessen korrekt Ihre Piks und später die Coeurs. Mit längeren Coeurs paßt Ihr Partner auf »2 Coeur«, und mit längeren Piks bessert er auf »2 Pik« aus.

Haben Sie mit 6-9 Punkten die Wahl, entweder eine Edelfarbe zu viert auf der Einerstufe zu nennen oder »1 Sans-Atout« zu bieten, sollten Sie sich für die Farbe entscheiden. Antworten Sie deshalb mit

♠ 76 ♡ D1063 ◇ B4 ♣ K8532

auf eine Karo-Eröffnung »1 Coeur« und nicht »1 Sans-Atout«, damit ein etwa vorhandener 4-4 Fit in Coeur nicht unentdeckt bleibt.

Beginnt Ihr Partner hingegen mit »1 Pik«, müssen Sie notgedrungen »1 Sans-Atout« reizen, weil Sie zu schwach sind, um mit einer neuen Farbe auf die Zweierstufe zu gehen.

Nach Pik-Eröffnungen befinden Sie sich mit einem Blatt von 6-9 Punkten häufig in einer gewissen Notlage, wenn Sie weder die Farbe Ihres Partners unterstützen können noch ein geeignetes Sans-Atout-Blatt halten. Sie stehen vor dem Dilemma, ob Sie eine falsche Auskunft über Ihre Punktstärke oder Ihre Blattverteilung geben sollen. Hier drei Hände, bei denen Ihr Partner mit »1 Pik« eröffnet hatte:

a) ♠ 5 ♡ K73 ◇ K82 ♣ B76432
b) ♠ 2 ♡ AK10962 ◇ 632 ♣ 875
c) ♠ 432 ♡ 2 ◇ 976532 ♣ AD10

Reizen Sie mit Hand a) »1 Sans-Atout«. Sie können das Singleton in Pik in Kauf nehmen, weil die drei übrigen Farben

* Hierzu nähere Erläuterungen im folgenden Abschnitt.

gedeckt sind. Sie haben keinen Anlaß, mit Ihrem schwachen Blatt auf die Zweierstufe zu gehen und die langen, aber dünnen Treffs zu reizen.

Mit Hand b) ist »2 Coeur« die beste Antwort. Die sehr gute Edelfarbe wiegt den Nachteil auf, daß Sie nur 7 Figurenpunkte und ein Singleton in der Farbe Ihres Partners halten.

Heben Sie Ihren Partner mit Hand c) auf »2 Pik«. Die Trümpfe entsprechen zwar nicht ganz den Erfordernissen für eine sofortige Unterstützung der Partnerfarbe, andere Ansagen wären jedoch noch schlechter. Bei »1 Sans-Atout« stört die fehlende Coeur-Deckung erheblich, für »2 Karo« ist das Blatt zu schwach und für »pass« ist es andererseits zu stark.

Mit der folgenden Hand

♠ 84 ♡ D7632 ◇ K43 ♣ 653

können Sie über eine Unterfarb-Eröffnung »1 Coeur« antworten; denn Sie halten 6 Punkte (5 Figurenpunkte und 1 Punkt für das Doubleton in Pik). Eröffnet Ihr Partner jedoch mit »1 Pik«, müssen Sie passen. Ihr Blatt ist jetzt mit 5 Punkten für »1 Sans-Atout« nicht stark genug; denn der Zusatzpunkt für das Doubleton in Pik wird im Sans-Atout-Kontrakt nicht gerechnet.

Ihre Reizung kann dadurch gestört werden, daß der rechts von Ihnen sitzende Gegner ein Gebot abgibt. Mit 6-9 Punkten und genügender Trumpfunterstützung können Sie die Farbe des Eröffners genauso heben, als ob der Gegner nicht zwischengereizt hätte. Auch wenn der Gegner auf der Einerstufe Karo oder Coeur bietet, können Sie mit 6-9 Punkten auf der Einerstufe eine neue Farbe reizen, vorausgesetzt, daß diese relativ gut ist. Die früher insbesondere von Goren vertretene klassische »Free-Bid«-Theorie ist heutzutage überholt; hiernach mußte nach einer gegnerischen Zwischenreizung der Antwortende zusätzliche Stärke besitzen, um ein freiwilliges Gebot abgeben zu dürfen. Längst hat man die Notwendigkeit erkannt, daß der Antwortende gerade mit schwachen Werten seinem Partner Hilfestellung geben muß; wird nämlich die Zwischenreizung durch den Gegner links gehoben, kann es der Eröffner oft nicht mehr riskieren, auf sich allein gestellt ein zweites Gebot abzugeben. Die Gegner spielen dann in ihrer Farbe einen Teilkontrakt und erfüllen ihn wahrscheinlich.

Will der Antwortende über eine gegnerische Farbzwischenreizung »1 Sans-Atout« bieten, sollte er wenigstens 7-8 Punkte mit doppeltem Halt in der Gegnerfarbe oder 9-10 Punkte mit einem einfachen Halt besitzen.

Schwierig wird es, wenn Sie mit 6-9 Punkten nach gegnerischer Farbzwischenreizung weder die von Ihrem Partner eröffnete Farbe unterstützen noch - mangels ausreichender Deckung - »1 Sans-Atout« bieten können. In diesem Fall müssen Sie notgedrungen passen*.

Reizt der Gegner »1 Sans-Atout« oder nennt er eine Farbe auf der Zweierstufe, bleibt Ihnen mit 6-9 Punkten in der Regel nur die Möglichkeit, die Partnerfarbe zu unterstützen, den Gegner zu kontrieren oder zu passen.

Mit etwa 10-15 Punkten haben Sie als Antwortender viel mehr Möglichkeiten. Sie können jetzt auch eigene Farben reizen, die *niedriger* rangieren als die Farbe des Eröffners. Mit stärkeren Blättern nennen Sie am besten zuerst Ihre längste Farbe.

Ein Sans-Atout-Gebot sollten Sie erst

* Im Abschnitt »Konventionen« werden Sie das »Sputnik-Kontra« (engl. Negative Double) kennenlernen, mit dem sich der Antwortende in diesen und ähnlichen Situationen behelfen kann.

dann abgeben, wenn Sie alle Möglichkeiten ausgeschöpft haben, einen 4-4 Fit in Edelfarbe zu finden. Verschweigen Sie also nicht den Besitz einer Vierer-Edelfarbe. Eine Ausnahme ist allenfalls dann vertretbar, wenn Sie eine 4-3-3-3 Verteilung mit einer schwachen Vierer-Edelfarbe und guten Haltungen in allen übrigen Farben haben.

Um die Farbe des Eröffners im Sprung zu unterstützen oder »2 Sans-Atout« zu bieten, brauchen Sie 13-15 Punkte. Enthält Ihr Blatt nur 10-12 Punkte, geben Sie zunächst ein abwartendes Gebot in einer neuen Farbe auf der Zweierstufe ab.

Beurteilen Sie die folgenden Beispiele, bei denen Ihr Partner stets »1 Coeur« eröffnet hatte:

a) ♠ AK73 ♡ 76 ◇ B8 ♣ KD1064
b) ♠ A432 ♡ KD104 ◇ D984 ♣ 7
c) ♠ AD104 ♡ 83 ◇ DB9 ♣ KB94
d) ♠ K6 ♡ DB94 ◇ 865 ♣ A764
e) ♠ AD4 ♡ D6 ◇ KB93 ♣ B1072
f) ♠ 862 ♡ B4 ◇ AKDB ♣ D632

Hand a) ist mit 14 Punkten (13 Figurenpunkten und 1 Punkt für das Doubleton in Coeur) stark genug, um zunächst mit »2 Treff« die längere Farbe zu zeigen und später - notfalls sogar auf der Dreierstufe - die Piks zu nennen.

b) Reizen Sie »3 Coeur«. Sie können das Blatt mit 14 Punkten bewerten (11 Figurenpunkte zuzüglich 3 Punkte für das Singleton in Treff).

Hand c) wäre an sich von der Farbdeckung und der Punktstärke her für eine Antwort von »2 Sans-Atout« geeignet. Reizen Sie jedoch »1 Pik«, um herauszufinden, ob Sie mit Ihrem Partner einen 4-4 Fit in Pik halten. Der Eröffner könnte fünf Coeurs und vier Piks besitzen.

Hand d) ist 11 Punkte stark (10 Figurenpunkte und 1 Zusatzpunkt für das Pik-Doubleton). Für einen Sprung auf »3 Coeur« ist es um 2 Punkte zu schwach; denn hierfür wären 13-15 Punkte erforderlich. Andererseits ist es zu stark für eine einfache Hebung auf »2 Coeur«, die 6-9 Punkte versprechen würde. Reizen Sie deshalb zunächst »2 Treff«, um bei nächster Gelegenheit die Coeurs zu unterstützen.

Bieten Sie mit Hand e) »2 Sans-Atout« (13-15 Punkte, Deckung in den übrigen Farben, keine Edelfarbe zu viert).

Nicht ganz einfach ist Hand f). Von der Punktstärke und Verteilung her wären eigentlich »2 Sans-Atout« gerechtfertigt, dagegen sprechen jedoch die fehlende Pik-Deckung und die relativ schwache Treff-Haltung. Versuchen Sie herauszufinden, ob Ihr Partner ein Wiedergebot in Sans-Atout abgeben kann. Hierfür ist die Antwort »2 Karo« am besten geeignet; denn diese Farbe ist beim Eröffner mit Sicherheit ungedeckt. Sie müssen Ihrem Partner die Möglichkeit geben, Sans-Atout zu spielen. Hält er nämlich eine Pik-Deckung (z. B. AD oder Kx), darf sie nicht auf den Tisch zu liegen kommen, damit sie nicht durch den gegnerischen Angriff unterspielt werden kann.

Mit der folgenden Gruppe von Händen haben wir uns bisher noch nicht beschäftigt: Sie halten fünf oder sechs Trümpfe in der von Ihrem Partner eröffneten Edelfarbe, eine sehr unausgeglichene Verteilung mit Singleton oder Chicane und höchstens 9 Figurenpunkte. Mit einem derartigen Blatt springen Sie am besten sofort auf Partie.

a) ♠ DB9763 ♡ — ◇ 109742 ♣ K8
b) ♠ 5 ♡ KDB96 ◇ D10954 ♣ 64

Reizen Sie mit Hand a) über die Pik-Eröffnung Ihres Partners sofort »4 Pik« und heben Sie mit Hand b) »1 Coeur« auf »4 Coeur«. Sie geben damit eine

»Sperransage« ab, um die Gegner nach Möglichkeit aus der Reizung herauszuhalten. Zu diesem destruktiven Manöver besteht begründeter Anlaß: Sie halten wenig Figurenpunkte, aber einen »Superfit« in der eröffneten Edelfarbe. Es liegt deshalb nahe, daß Ihre Gegner relativ viel Figurenpunkte und ebenfalls einen erstklassigen Fit haben. Damit sich die Gegner nicht in ihrer Farbe finden, sollten Sie ihnen so wenig Bietraum wie irgend möglich lassen.

Gelegentlich besitzen Sie als Antwortender 16 oder mehr Punkte. Mit derart starken Blättern sollten Sie untersuchen, ob Chancen für einen Schlemm bestehen, indem Sie Ihre Stärke sofort durch einen Sprung in einer neuen Farbe zeigen. Der Eröffner ist dann im Bilde, und mit etwa 16-18 Punkten können Sie es ihm überlassen, ob er auf Schlemm gehen will. Halten Sie jedoch 19 oder mehr Punkte - insbesondere mit einer erstklassigen eigenen Farbe oder einem guten Fit in der eröffneten Farbe - müssen Sie selbst die Initiative ergreifen. Mehr hierzu werden Sie bei den Wiedergeboten des Eröffners und des Antwortenden sowie bei den Schlemmkonventionen kennenlernen.

a) ♠ AKDB98 ♡ 72 ♢ AD73 ♣ 4
b) ♠ 4 ♡ KD106 ♢ K86 ♣ AK732

Mit Hand a) sollten Sie über eine beliebige Farb-Eröffnung Ihres Partners auf »2 Pik« springen.

Nach einer Coeur-Eröffnung ist Hand b) viel zu stark für eine Hebung auf »3 Coeur«, die 13-15 Punkte versprechen würde. Hier halten Sie aber 18 Punkte (15 Figurenpunkte sowie 3 Zusatzpunkte für das Singleton). Zeigen Sie deshalb Ihre wahre Stärke durch einen Sprung auf »3 Treff«.

Hätte Ihr Partner hingegen im Beispiel b) mit »1 Pik« eröffnet, wäre es besser, nur mit »2 Treff« zu antworten und später die Coeurs zu zeigen. Sie halten jetzt nur noch 15 Punkte, weil Sie für ein Singleton in der Farbe des Partners keine Zusatzpunkte rechnen sollten.

Halten Sie eine exakte 4-3-3-3 Verteilung mit 16-18 Punkten und guten Deckungen in allen drei übrigen Farben, können Sie eine Farberöffnung Ihres Partners mit einem Sprung auf »3 Sans-Atout« beantworten. Hier ein typisches Blatt, mit dem Sie über eine Coeur-Eröffnung des Partners sofort auf »3 Sans-Atout« gehen können:

♠ AD9 ♡ B43 ♢ DB97 ♣ AK8

Eine Bemerkung noch zu den Fällen, in denen der Antwortende bereits gepaßt hatte. Hier kann er sich nicht mehr darauf verlassen, daß der Eröffner über eine Antwort in einer neuen Farbe die Reizung offenhält. Hatten Sie mit folgendem Blatt

♠ D1063 ♡ 1096 ♢ 2 ♣ AK842

zunächst gepaßt, sollten Sie über eine Pik-Eröffnung mit Ihren 12 Punkten (9 Figurenpunkte und 3 Punkte für das Singleton) auf »3 Pik« springen und nicht etwa mit »2 Treff« ein abwartendes Gebot abgeben. Ihr Partner wird Sie deswegen nicht auf 13-15 Punkte eintaxieren, weil Sie sonst eröffnet hätten. »2 Treff« zu bieten ist zu riskant, weil der Eröffner passen könnte.

Als gepaßter Partner können Sie mit 11-12 Punkten auf »2 Sans-Atout« springen. Antworten Sie also nach anfänglichem Passen auf eine Coeur-Eröffnung mit

♠ K104 ♡ B5 ♢ AB962 ♣ D107

nicht »2 Karo« sondern »2 Sans-Atout«.

Springen Sie als gepaßter Partner in einer neuen Farbe, muß der Eröffner die Reizung auf jeden Fall offenhalten. Sie versprechen mit Ihrem Sprung entweder eine sehr gute eigene Farbe oder aber

Unterstützung in der Farbe des Partners. Nach anfänglichem Passen springen Sie mit jedem der beiden folgenden Blätter über eine Coeur-Eröffnung auf »2 Pik«:

♠ ADB76 ♡ D104 ◇ 2 ♣ 10974

♠ KDB1085 ♡ 3 ◇ DB97 ♣ 85

Ihr Partner darf dann nicht passen.

Es gibt eine relativ seltene Gruppe von Blättern, bei denen der Antwortende zwar wenig Figurenpunkte, aber eine extrem lange Farbe hält. Diesen Blatt-Typ kann er durch einen doppelten oder dreifachen Sprung zeigen. Mit der folgenden Hand

♠ KD109862 ♡ 85 ◇ 93 ♣ 104

können Sie über eine Karo-Eröffnung Ihres Partners »3 Pik« bieten. Der Eröffner ist dann über die besondere Struktur Ihres Blattes viel besser informiert, als wenn Sie »1 Pik« geantwortet hätten. Ihr Doppelsprung ist eine Sperransage, der den Gegnern Bietraum nimmt. Der Eröffner darf passen.

Mit dieser Hand

♠ 542 ♡ DB1097632 ◇ D6 ♣ —

können Sie über eine Karo- oder Pik-Eröffnung Ihres Partners sofort »4 Coeur« ausbieten.

Machen Sie von einer Sperransage in Unterfarbe nur zurückhaltend Gebrauch; denn nach einem Gebot auf der Viererstufe kann der Eröffner nicht mehr »3 Sans-Atout« erreichen. Mit

♠ 73 ♡ 85 ◇ D4 ♣ KDB10876

sollten Sie deshalb über eine Karo-Eröffnung Ihres Partners nicht mit »4 Treff« sperren, sondern »2 Treff« bieten. Hält der Eröffner ♣ Ax, dürfte Partie in Sans-Atout leicht zu erfüllen sein. Mit diesem extremen Blatt hingegen

♠ 4 ♡ — ◇ B73 ♣ KB10865432

ist über eine Karo-Eröffnung ein Sprung auf »5 Treff« die beste Antwort.

## Wiedergebote des Eröffners u. seines Partners

Der Eröffner sollte versuchen, durch sein Wiedergebot die Punktstärke und die Verteilung seines Blattes möglichst genau zu beschreiben; denn hiervon hat der Antwortende zunächst nur eine sehr vage Vorstellung: eine Farberöffnung verspricht 13-21 Punkte mit beliebiger Blattverteilung.

Ein fundamentaler Grundsatz jedes natürlichen Bietsystems ist, daß der Eröffner die Reizung unter allen Umständen aufrechterhalten muß, falls sein ungepaßter Partner in einer neuen Farbe geantwortet hat. Der Eröffner ist von dieser Verpflichtung nur dann frei, wenn der Gegner rechts von ihm ein Gebot abgibt oder der Antwortende vorher bereits gepaßt hatte.

Der Eröffner braucht die Reizung auch dann nicht aufrechtzuerhalten, wenn sein Partner eine schwache, auf 6-9 Punkte limitierte Antwort gegeben, also die Farbe des Eröffners um eine Stufe gehoben oder »1 Sans-Atout« geboten hat. Wie schon erwähnt, genügen für eine Partie in Sans-Atout oder Edelfarbe normalerweise bereits 26 (oft nur 25) Punkte. Der Eröffner kann sich bei einer auf 6-9 Punkte limitierten Antwort leicht die Chancen für eine Partie ausrechnen und entsprechend reizen. Ist er in einer Edelfarbe gehoben worden, darf er sein Blatt dadurch aufwerten, daß er für den fünften Trumpf 1 und für jeden weiteren Trumpf 2 Zusatzpunkte addiert. Nach einer Sans-Atout-Antwort darf der Eröffner sein Blatt dann aufwerten, wenn er eine sehr gute Farbe (z. B. AKDxx oder AKBxxx)) hält. Auch hier zählt er für die fünfte Karte 1 und für jede weitere Karte 2 Zusatzpunkte. Diese Rechnung versagt allerdings dann, wenn die

Gegner in einer Farbe angreifen, in der weder Hand noch Tisch eine Haltung besitzen.

Sieht der Eröffner keine Chancen für ein volles Spiel, paßt er. Rechnet er sich für den Fall gute Möglichkeiten aus, daß der Antwortende Maximum (8-9 Punkte) hält, macht er eine einladende Ansage, indem er in Edelfarbe oder Sans-Atout noch eine Stufe höher reizt. Der Antwortende bietet mit 8-9 Punkten Partie aus und paßt mit einem Minimum von 6-7 Punkten.

Mit 19 oder mehr Punkten ist der Eröffner so stark, daß er auch bei einer Minimal-Antwort von 6-7 Punkten Partie spielen will. Er sollte jetzt auf keinen Fall ein einladendes Gebot abgeben, sondern das volle Spiel selbst ansagen. Hier einige Beispiele:

♠ AKD96 ♡ B53 ◇ A104 ♣ D9

Auf Ihre Pik-Eröffnung hat Ihr Partner »1 Sans-Atout« geantwortet. Sie halten 17 Punkte (16 Figurenpunkte und 1 Zusatzpunkt für die fünfte Pik-Karte). Besitzt Ihr Partner ein Maximum von 8-9 Punkten, befinden sich 25-26 Punkte in den gemeinsamen Händen, die in der Regel für ein volles Spiel ausreichen. Laden Sie deshalb mit »2 Sans-Atout« zur Partie ein. Ihr Partner muß mit einem Maximum von 8-9 Punkten »3 Sans-Atout« ausbieten und mit einem Minimum von 6-7 Punkten passen.

♠ A5 ♡ AD973 ◇ KB84 ♣ K9

Wird Ihre Coeur-Eröffnung auf »2 Coeur« gehoben, sollten Sie sofort »4 Coeur« ausbieten. Ihr Blatt ist mit 20 Punkten (17 Figurenpunkten, 2 Zusatzpunkten für die beiden Doubletons und 1 Zusatzpunkt für den fünften Trumpf) auch dann stark genug für volles Spiel, wenn Ihr Partner nur 6 Punkte hält. Vermeiden Sie den Fehler, nur »3 Coeur« zu bieten; denn Ihr Partner würde mit 6-7 Punkten korrekt passen, und ein aussichtsreiches volles Spiel wäre versäumt.

♠ B3 ♡ A4 ◇ AKD10762 ♣ 85

Hören Sie auf Ihre Karo-Eröffnung als Antwort »1 Sans-Atout«, sollten Sie »3 Sans-Atout« ausbieten. Ihr Blatt ist wegen der vorzüglichen Karo-Länge 19 Punkte wert (14 Figurenpunkte sowie 5 Zusatzpunkte für die fünfte, sechste und siebte Karo-Karte). Volles Spiel in Sans-Atout ist sehr chancenreich; denn sobald Ihr Partner in einer der beiden schwarzen Farben einen Stich macht, können in Ihren roten Farben weitere acht Stiche abgespielt werden.

♠ AD10874 ♡ 3 ◇ AD9 ♣ 872

Antwortet Ihr Partner auf Ihre Pik-Eröffnung »2 Pik«, lohnt sich ein einladendes Gebot von »3 Pik«; denn Ihr Blatt muß auf 17 Punkte aufgewertet werden (12 Figurenpunkte, 2 Zusatzpunkte für das Singleton und 3 Zusatzpunkte für den fünften und sechsten Trumpf).*

♠ AD3 ♡ KDB96 ◇ 984 ♣ D7

Wird Ihre Coeur-Eröffnung auf »2 Coeur« gehoben, sollten Sie passen. Ihr Blatt ist 15 Punkte wert (14 Figurenpunkte und 1 Zusatzpunkt für den fünften Trumpf). Selbst wenn Ihr Partner ein Maximum von 9 Punkten hält, kommen Sie nur auf 24 Punkte in den gemeinsamen Händen - in aller Regel zu wenig für ein volles Spiel. Gingen Sie mit derartigen Blättern trotzdem auf Partie, würden Sie Ihren Kontrakt hin und wieder infolge eines sehr günstigen Kartenstandes erfüllen. Gelegentliche Glücksfälle sollten Sie jedoch nicht dazu verleiten, zu riskant zu reizen: Anstelle von Pluspunkten für erfüllte Teilkontrakte müssen Sie so gut wie regelmäßig Minuspunkte für Ihre Faller in Kauf nehmen.

---

* Im Abschnitt über Konventionen werden Sie noch das sog. Trial Bild kennenlernen, mit dessen Hilfe Hände wie diese noch exakter untersucht werden können.

♠ KD4 ♡ KDB85 ◇ AD9 ♣ 74

Ihre Coeur-Eröffnung ist mit »1 Sans-Atout« beantwortet worden. Mit 17 Punkten haben Sie auf »2 Sans-Atout« gehoben; Ihr Partner reizt jetzt »3 Coeur«. Dieses Gebot ist forcierend: Ihr Partner stellt Ihnen zur Auswahl, ob Sie volles Spiel in Sans-Atout oder Ihrer Farbe spielen wollen. Er verspricht ein Maximum von 8-9 Punkten, eine ausgeglichene Verteilung und drei Coeur-Karten. Hielte Ihr Partner nur ein Minimum von 6-7 Punkten, hätte er auf Ihr Wiederangebot von »2 Sans-Atout« passen müssen. In Anbetracht Ihrer guten Trumpffarbe und Ihrer fehlenden Treff-Deckung sollten Sie jetzt »4 Coeur« bieten.

Hat der Antwortende eine neue Farbe genannt, gilt für das Wiedergebot des Eröffners der einfache Grundsatz, daß er mit einer Minimal-Eröffnung, also 13-15 Punkten, so sparsam wie möglich reizen sollte. Er hat hierzu vier Möglichkeiten, nämlich seine eigene Farbe zu wiederholen, über eine Antwort auf der Einerstufe entweder »1 Sans-Atout« zu bieten oder die Farbe des Antwortenden auf die Zweierstufe zu heben sowie schließlich eine neue Farbe zu reizen, sofern dieses Gebot *sparsamer* ist als die Wiederholung der Eröffnungsfarbe. Wiederholbar ist die eröffnete Farbe dann, wenn es sich um eine gute Fünferfarbe oder eine beliebige Sechserlänge handelt (z. B. KD10xx oder xxxxxx, nicht hingegen Dxxxx).

Unterstützt der Eröffner die Farbe des Antwortenden mit vier Trümpfen, darf er sein Blatt neu bewerten und für eine Chicane 5 bzw. für ein Singleton 3 Zusatzpunkte rechnen. Hier einige Beispiele:

♠ B72 ♡ K8532 ◇ AD ♣ K104

Der Partner hat auf Ihre Coeur-Eröffnung »1 Pik« geantwortet. Das beste Wiedergebot ist »1 Sans-Atout«. Ihre Coeurs sind nicht wiederholbar, und Ihr Trumpf-Anschluß in Pik ist etwas schwach. Für »1 Sans-Atout« sprechen Ihre guten Haltungen in den nicht gereizten Farben.

♠ K7 ♡ 53 ◇ AB82 ♣ KD1083

Sie haben mit Treff eröffnet, und Ihr Partner hat »1 Pik« geboten. Wiederholen Sie Ihre Treffs. Das Wiedergebot von »1 Sans-Atout« ist wegen der fehlenden Coeur-Deckung nicht empfehlenswert. Für ein Wiedergebot von »2 Karo« (sog. Revers-Reizung) ist Ihr Blatt zu schwach. Hätte Ihr Partner »1 Coeur« geantwortet, wäre »1 Sans-Atout« ein vernünftiges Wiedergebot.

♠ D3 ♡ AD1073 ◇ 6 ♣ KB952

Sie haben mit Coeur begonnen, und Ihr Partner hat »1 Pik« geantwortet. Zeigen Sie mit »2 Treff« Ihre zweite Farbe. Sie können das trotz Ihres minimalen Blattes tun, weil Ihr Gebot billiger ist als eine Wiederholung Ihrer Coeurs. Hätte Ihr Partner »2 Karo« geantwortet, müßten Sie Ihre Coeurs wiederholen; denn für ein Wiederdergebot auf der Dreierstufe ist Ihre Karte nicht stark genug.

♠ D93 ♡ KD102 ◇ 96 ♣ AB96

Sie haben korrekt unterhalb Ihres Doubletons mit »1 Treff« eröffnet; Ihr Partner hat mit »1 Pik« geantwortet. Ihr Wiedergebot ist nicht einfach: Sie sollten sich zwischen »1 Sans-Atout« und »2 Pik« entscheiden. Im ersten Fall stört die fehlende Karo-Deckung, im zweiten Fall ist es ein kleiner Schönheitsfehler, daß Sie mit nur drei Trümpfen unterstützen. In diesem Grenzfall empfehle ich das Wiedergebot von »2 Pik« wegen seiner Sperrwirkung: Besitzt Ihr Partner ein schwaches Blatt, können die Gegner möglicherweise noch »3 Karo« gewinnen. Über »2 Pik« werden sie kaum auf die Dreierstufe gehen, während sie über »1 Sans-Atout« vielleicht noch nachträglich in die Reizung eingreifen würden.

Mit dem obigen Blatt wäre ein Wiedergebot von »2 Coeur« schlecht; Ihr Blatt ist viel zu schwach, um oberhalb des Niveaus von »2 Treff« eine neue Farbe zu nennen.

Nennt der Antwortende eine neue Farbe auf der Zweierstufe, sollte der Eröffner seinen Partner nur dann auf die Dreierstufe heben oder ein Wiedergebot von »2 Sans-Atout« wählen, wenn er 16-17 Punkte (oder wenigstens 15 gute Punkte) hält.

♠ 75 ♡ AB1087 ◇ K93 ♣ KB8

Wird Ihre Coeur-Eröffnung mit »2 Treff« beantwortet, sollten Sie mit »2 Coeur« Ihre Schwäche zeigen. Für die unternehmungslustigere Hebung auf »3 Treff« müßte Ihr Blatt etwas stärker sein.

♠ AK1096 ♡ 105 ◇ K108 ♣ AB9

Ihr Partner hat über Ihre Pik-Eröffnung »2 Coeur« gereizt. Sie halten in Anbetracht Ihrer vorzüglichen Füllkarten 15 sehr gute Punkte und sollten deshalb »2 Sans-Atout«, ansagen. Ihr Blatt ist zu gut für das Schwäche zeigende Wiedergebot von »2 Pik«.

Ehe wir zu den stärkeren Wiedergeboten des Eröffners übergehen, wollen wir uns etwas näher mit den Wiedergeboten seines Partners befassen. Der Antwortende hat nun bereits zwei Informationen vom Eröffner erhalten und weiß ziemlich genau über dessen Punktstärke und Blattverteilung Bescheid. Er kann jetzt in aller Regel abschätzen, ob Partie unwahrscheinlich, wahrscheinlich oder so gut wie sicher ist; meist wird er bereits wissen, ob der Kontrakt in Sans-Atout, Edelfarbe oder evtl. auch in Unterfarbe gespielt werden soll. Sein Wiedergebot ist insbesondere dann von entscheidender Bedeutung, wenn er zuvor mit einer neuen Farbe auf der Einerstufe geantwortet hatte. Hiermit hat er nämlich Werte in Aussicht gestellt, die vom schwächsten Minimum bis zu einer relativ guten Eröffnungsstärke reichen (6-15 Punkte). Der Antwortende muß sich jetzt decouvrieren. Ein wichtiger Erfahrungssatz ist:

Eröffnung + Eröffnung = Partie.

Hält er also ebenfalls eine Eröffnung, sollte er unter allen Umständen volles Spiel anstreben. Häufig kann er bereits mit seinem Wiedergebot die Partie ausbieten.

♠ KB873 ♡ A5 ◇ 10976 ♣ K3

Über die Coeur-Eröffnung des Partners haben Sie »1 Pik« geboten; der Eröffner hat Sie auf »2 Pik« gehoben. Reizen Sie mit »4 Pik« das volle Spiel aus. Für ein nur einladendes Gebot von »3 Pik« sind Sie mit Ihren 14 Punkten (11 Figurenpunkte, 2 Zusatzpunkte für die Doubletons und 1 Zusatzpunkt für den fünften Trumpf) viel zu stark. Würden Sie Treff-König durch eine kleine Treff-Karte ersetzen, wäre »3 Pik« das korrekte Wiedergebot.

♠ K8 ♡ AD762 ◇ A43 ♣ 652

Ihr Partner hat »1 Pik« eröffnet und über Ihre Coeur-Antwort mit »2 Pik« seine Farbe wiederholt. Mit 13 Figurenpunkten sollen Sie im vollen Spiel sein. Ein vernünftiges Wiedergebot ist »4 Pik«; denn eine wiederholte Farbe kann bereits mit einem Honneur doubleton oder mit drei kleinen Trümpfen unterstützt werden. Die Wiederansage von »3 Sans-Atout« wäre eine etwas ungesunde Alternative, weil die Treffs völlig ungedeckt sind. Ein interessanter Versuch wäre das Phantasiegebot von »3 Karo«: Es gibt dem Partner die Möglichkeit, Ihre Coeurs zu unterstützen, seine Piks abermals zu wiederholen oder mit einer Treff-Haltung Sans-Atout zu bieten. Wir werden diese nützliche Ansage später bei den konventionellen Geboten des Antwortenden als *Dritte Farbe forciert* noch näher kennenlernen.

♠ 5 ♡ AK73 ♢ 632 ♣ AD1094

Über die Pik-Eröffnung des Partners haben Sie »2 Treff« geantwortet; der Eröffner hat dann »2 Pik« geboten. Mit 13 Figurenpunkten sollten Sie volles Spiel suchen. Reizen Sie »3 Coeur«. Vielleicht kann Ihr Partner mit einer Karo-Haltung »3 Sans-Atout« ansagen. Möglich ist auch, daß er Sie mit vier kleinen Coeurs auf volles Spiel in Ihrer zweiten Farbe hebt.

Zeigt der Eröffner Minimum, sollte der Antwortende mit etwas weniger als Eröffnungsstärke nach Möglichkeit ein einladendes Wiedergebot abgeben.

♠ 76 ♡ 852 ♢ AK764 ♣ K53

Ihr Partner hat Coeur eröffnet und über Ihre »2 Karo«-Antwort seine Farbe mit »2 Coeur« wiederholt. Machen Sie mit »3 Coeur« noch einen Versuch; Ihr Blatt ist immerhin 11 Punkte stark.

Hätte Ihr Partner stattdessen mit Pik eröffnet und anschließend die Piks wiederholt, sollten Sie passen, weil Sie jetzt keine ausreichende Trumpfunterstützung und nur 10 Punkte halten.

♠ KB107 ♡ 83 ♢ A762 ♣ K96

Ihr Partner hat Coeur eröffnet und über Ihre Pik-Antwort »1 Sans-Atout« gereizt. Ihre 11 Punkte rechtfertigen eine einladende Hebung auf »2 Sans-Atout«. Wenig konstruktiv wäre ein Wiedergebot von »2 Karo«: Da Ihr Partner weder seine Coeurs wiederholt noch Ihre Piks unterstützt hat, wissen Sie bereits, daß volles Spiel in Edelfarbe ausscheidet. Für Partie in Unterfarbe braucht man erfahrungsgemäß 29 Punkte - hierfür sind Ihr Partner und Sie nicht annähernd stark genug. Es wäre also nicht sinnvoll, nach einem Fit in Unterfarbe zu suchen.

Bisweilen ist ein Unterfarb-Kontrakt die einzige Möglichkeit, volles Spiel zu erfüllen:

♠ 853 ♡ 4 ♢ KD106 ♣ AK1075

Über die Coeur-Eröffnung Ihres Partners haben Sie »2 Treff« geboten. Der Eröffner hat Sie mit »3 Treff« unterstützt und damit etwa 13-15 Punkte gezeigt. Um nicht höher als die Dreierstufe zu gehen und damit volles Spiel in Sans-Atout zu versäumen, haben Sie das gute Wiedergebot von »3 Karo« abgegeben. Der Eröffner bot daraufhin »3 Coeur«. Jetzt ist es für Sie klar, daß er keine Pik-Haltung besitzen kann und volles Spiel in Sans-Atout bei Pik-Angriff wahrscheinlich fallen dürfte. Mit Ihren 15 Punkten (12 Figurenpunkte, 2 Zusatzpunkte für Ihr Singleton und 1 Zusatzpunkt für Ihren fünften Trumpf) kommen Sie zusammen mit Ihrem Partner auf 28-30 Punkte; Sie sollten deshalb »5 Treff« ausbieten (Ihr Partner könnte z.B. ♠xx ♡AB10xx ♢Ax ♣DBxx halten).

Können Sie sich ausrechnen, daß volles Spiel unwahrscheinlich ist, sollten Sie den *sichersten* Teilkontrakt anstreben.

♠ 62 ♡ A763 ♢ 843 ♣ KB94

Über die Treff-Erhöhung Ihres Partners haben Sie »1 Coeur« geantwortet. Ihr Partner hat daraufhin »1 Sans-Atout« geboten und damit eine Minimum-Eröffnung von etwa 13-15 Punkten gezeigt. Damit dürfte volles Spiel aussichtslos sein. Begnügen Sie sich also mit einem Teilkontrakt und reizen Sie »2 Treff«. »Passe« wäre zwar eine vertretbare Ansage; der Teilkontrakt dürfte jedoch in Treff etwas sicherer sein als in Sans-Atout.

♠ K7632 ♡ 763 ♢ D84 ♣ 52

Ihr Partner hat nach seiner Coeur-Eröffnung und Ihrer Pik-Antwort »2 Karo« gereizt. Dies ist keine Revers-Reizung, und Ihr Partner dürfte eine minimale Eröffnung von etwa 13-15 Punkten halten. Sie sollten sich deshalb für den besten Teilkontrakt entscheiden und »2 Coeur« reizen, weil die vom Partner zuerst angesagte Farbe die längere sein kann. Hätten Sie eine kleine Coeur-Karte weniger und dafür eine kleine Treff-Karte mehr, würden Sie passen. Ein Wiedergebot von »2 Pik« wäre wegen der Schwäche Ihrer Farbe zu riskant. Ihr Partner würde bessere Piks bei Ihnen vermuten und wahrscheinlich auch mit einem Singleton passen.

♠ 4 ♡ DB10872 ◇ D105 ♣ 872

Über die Treff-Eröffnung Ihres Partners hatten Sie »1 Coeur« gereizt. Wenn Ihr Partner jetzt »1 Pik« oder »1 Sans-Atout« bietet, sollten Sie auf der Zweierstufe Ihre Coeurs wiederholen und damit ein schwaches Blatt mit einer guten Farbe zeigen.

Wir wollen uns nun mit den Wiedergeboten befassen, die der Eröffner mit einem guten oder sehr guten Blatt abgibt. Hier sind drei Gruppen von Wiedergeboten zu unterscheiden:

Bei der ersten Gruppe zeigt der Eröffner 18-19 Punkte (notfalls 17 gute Punkte), indem er in seiner eigenen Farbe springt, die Farbe des Antwortenden im Sprung unterstützt oder über eine Farbantwort auf der Einerstufe »2 Sans-Atout« bietet. Diese Ansagen sind stark einladend, aber nicht forcierend.

In der zweiten Gruppe nennt der Eröffner auf einem Bietniveau, das oberhalb einer Wiederholung der Eröffnungsfarbe liegt, eine neue Farbe (sogenannte Revers-Reizung). Damit zeigt er 16 gute oder mehr Punkte und eine Farbe, die kürzer als oder eventuell gleichlang wie die erste Farbe ist. Die Revers-Reizung forciert für eine Runde; der Antwortende muß also auch mit einem schwachen Blatt noch einmal reizen.

Die dritte Gruppe ist ein Sprung in neuer Farbe. Damit verspricht der Eröffner 20 oder mehr Punkte, forciert zum vollen Spiel und zeigt darüber hinaus Schlemminteresse. Der Antwortende muß die Reizung selbst mit minimalsten Werten solange aufrechterhalten, bis Partie erreicht ist.

Zur dritten Gruppe rechnen außerdem die etwa 20-21 Punkte starken Blätter, mit denen der Eröffner über die Farbantwort seines Partners auf Einerstufe sofort volles Spiel in Edelfarbe oder Sans-Atout ausbietet. Eine derartige Reizung ist kein »Abschluß«; wenn der Antwortende etwa Eröffnungsstärke hält, sollte er einen Schlemmversuch* unternehmen.

Bietet der Eröffner über eine Farbantwort auf Zweierstufe Partie in Edelfarbe oder Sans-Atout aus, kann er etwas schwächer sein, weil sein Partner wenigstens 10 Punkte versprochen hat.

Nun einige Beispiele:

♠ AD ♡ D4 ◇ B972 ♣ AKB107

Ihre Treff-Eröffnung wurde mit »1 Coeur« beantwortet. Ihr bestes Wiedergebot ist »2 Sans-Atout«; denn Sie besitzen gute Haltungen in den ungereizten Farben und wegen der Qualität Ihrer Treff-Länge 17 gute Punkte. Die Revers-Reizung von »2 Karo« würde Ihrem Blatt wegen der Schwäche Ihrer zweiten Farbe nicht gerecht werden; sie wäre mit etwa ♠ B2 ♡ D4 ◇ AD97 ♣ AKB107 angebracht. In den drei folgenden Fällen hat Ihr Partner über Ihre Karo-Eröffnung »1 Pik« geboten:

a) ♠ KD102 ♡ 53 ◇ ADB7 ♣ A63
b) ♠ KDB8 ♡ 7 ◇ AK873 ♣ A105
c) ♠ AB92 ♡ 4 ◇ AKD83 ♣ AB4

In Hand a) halten Sie 17 gute Punkte (16 Figurenpunkte und 1 Zusatzpunkt für das Doubleton) und sollten »3 Pik« reizen. Dieses Wiedergebot hat stark einladenden Charakter; Ihr Partner darf

* Wie das geschieht, werden Sie später bei den sog. Schlemmkonventionen (z. B. Blackwood, Gerber, Cue-Bids etc.) erfahren.

jedoch mit einem völligen Minimum passen.

Für Blatt b) können Sie bereits 20 Punkte rechnen (17 Figurenpunkte sowie 3 Zusatzpunkte für das Singleton, das aufzuwerten ist, wenn Sie Ihren Partner mit vier Trümpfen unterstützen). Springen Sie mit dieser guten Karte sofort auf »4 Pik«. Wenn Sie Ihr Blatt mit dem schwächeren Gebot von »3 Pik« unterreizen, kann es Ihnen passieren, daß Ihr Partner mit z. B. ♠ 109xx ♡ xxx ◇ DBx ♣ Kxx paßt und eine sichere Partie versäumt wird.

Blatt c) ist nach der Pik-Antwort Ihres Partners enorm stark geworden. Das Blatt ist mit 22 guten Punkten zu bewerten (19 Figurenpunkte sowie 3 Zusatzpunkte für das Singleton). Ein weiterer Pluspunkt der Hand ist die Qualität der Karo-Länge. Ein Sprung auf »4 Pik« wird der gewaltigen Stärke der Hand nicht ganz gerecht. Sie müssen Ihrem Partner Schlemminteresse durch einen Sprung in neuer Farbe zeigen. Das beste Wiedergebot ist »3 Treff«. Ihre Treffs sind natürlich keine Farbe im eigentlichen Sinne, weil Sie hierin nur drei Karten halten. Da der Eröffner jedoch ein enorm starkes Blatt mit Schlemmambitionen nur durch einen Sprung in neuer Farbe zeigen kann, sollten Sie hier improvisieren und Ihre Treffs wie eine Farbe reizen. Ein Nachteil ist hiermit nicht verbunden; denn Sie werden Ihren Partner bei nächster Gelegenheit ohnehin in Pik unterstützen.

♠ K4 ♡ AKB1096 ◇ A108 ♣ 53

Über Ihre Coeur-Eröffnung kam die Antwort »1 Pik«. Zeigen Sie mit einem Sprung auf »3 Coeur«, daß Sie ein starkes Blatt mit einer vorzüglichen Farbe besitzen. Wenn Sie statt des Pik-Königs das Pik-As hielten, wäre sogar ein Sprung auf »4 Coeur« angebracht.

♠ AK1096 ♡ K8 ◇ 76 ♣ AK105

Über Ihre Pik-Eröffnung hat Ihr Partner »2 Coeur« geantwortet. Ihre beste Ansage ist »3 Treff«. Mit dieser Revers-Reizung zeigen Sie Ihre zweite Farbe oberhalb des Niveaus von »2 Pik« und versprechen 16 gute oder mehr Punkte. Das Wiedergebot Ihres Partners kann Ihnen wertvolle Aufschlüsse geben. Mit einer guten Karo-Deckung entscheidet er sich für volles Spiel in Sans-Atout. Hält er gute Coeurs, wiederholt er seine Farbe, und Sie können ihn auf »4 Coeur« heben. Zeigt er jedoch mit »3 Pik« einen Anschluß in Ihrer ersten Farbe, bieten Sie Partie in Pik aus.

Hätte Ihr Partner über Ihre Pik-Eröffnung »2 Karo« geantwortet, wäre wegen der von Ihnen gehaltenen Coeur-Deckung ein Wiedergebot von »2 Sans-Atout« (evtl. sogar ein Sprung auf »3 Sans-Atout«) vertretbar gewesen.

♠ AD8 ♡ K64 ◇ AB9 ♣ KDB8

Antwortet Ihr Partner auf Ihre Treff-Eröffnung »1 Coeur«, sollten Sie sofort mit »3 Sans-Atout« auf Partie gehen; denn Sie halten 20 Punkte. Ein Sprung auf nur »2 Sans-Atout« wäre unterreizt; dieses Wiedergebot wäre dann richtig, wenn Sie z. B. statt Ihres Coeur-Königs eine kleine Treff-Karte halten würden.

♠ B972 ♡ B4 ◇ 86 ♣ K10874

Auf die Coeur-Eröffnung Ihres Partners haben Sie »1 Pik« geantwortet. Der Eröffner ist daraufhin auf »3 Karo« gesprungen. Sie müssen die Reizung unter allen Umständen offenhalten. Ihr bestes Wiedergebot ist wegen der exzellenten Treff-Deckung »3 Sans-Atout«. Hätten Sie stattdessen ♠ B972 ♡ K4 ◇ B6 ♣ 75432, müßten Sie wohl oder übel auf »3 Coeur« ausbessern. Wenn Sie vom Partner forciert werden, haben Sie nicht immer eine gute Ansage parat. Wichtig ist nur, daß Sie überhaupt ein Gebot abgeben und nicht aus lauter Angst passen.

♠ A872 ♡ 76 ♢ K8532 ♣ 63
Nach der Coeur-Eröffnung Ihres Partners haben Sie korrekt »1 Pik« geboten. Ihr Partner springt nun auf »3 Coeur«. Ihre beste Ansage ist »4 Coeur«. Ihr Partner hält etwa 17-19 Punkte und eine sehr gute Coeur-Länge. Sie brauchen sich also nicht zu scheuen, ihn mit 7 Punkten und zwei kleinen Trümpfen auf volles Spiel zu heben.

♠ K85 ♡ AD102 ♢ D4 ♣ D986
Über die Karo-Eröffnung Ihres Partners haben Sie »1 Coeur« gereizt. Daraufhin ist Ihr Partner auf »3 Sans-Atout« gesprungen und hat damit 20-21 Punkte versprochen. Zusammen mit Ihren 13 Punkten halten Sie 33-34 Punkte in den gemeinsamen Händen. Dies ist genug für einen Klein-Schlemm, aber zu wenig für einen Groß-Schlemm. Heben Sie also Ihren Partner ohne viel Federlesens auf »6 Sans-Atout«.

## Sans-Atout-Eröffnungen mit Antworten

Während der Antwortende nach einer Farb-Eröffnung noch keine Vorstellung von der Hand seines Partners hat, ist er nach einer Erstansage von »1 Sans-Atout« schon ziemlich genau im Bilde. Der Eröffner verspricht 16-18 Figurenpunkte, Deckungen in wenigstens drei Farben und eine der folgenden Blattverteilungen: 4-3-3-3, 4-4-3-2 oder 5-3-3-2. Bei der Fünferfarbe sollte es sich nach Möglichkeit um eine Unterfarbe (evtl. um eine schwache Edelfarbe) handeln; das Doubleton sollte ein hohes Bild an der Spitze haben (mindestens Dx).

Eine Eröffnung von »2 Sans-Atout« zeigt 22-24 Punkte, Haltungen in allen vier Farben und die gleiche Verteilung wie eine Eröffnung von »1 Sans-Atout«.

Wie würden Sie die folgenden Blätter eröffnen:

a) ♠ K83 ♡ D95 ♢ AK103 ♣ K32
b) ♠ A4 ♡ AK1096 ♢ D104 ♣ DB3
c) ♠ A105 ♡ AK6 ♢ KB94 ♣ AKB
d) ♠ AD3 ♡ K873 ♢ AD ♣ KD104
e) ♠ KB9 ♡ A5 ♢ D10763 ♣ AK8
f) ♠ AK32 ♡ 763 ♢ 942 ♣ AKD

Eröffnen Sie Hand a) mit »1 Karo«; denn es fehlt 1 Punkt für eine Eröffnung von »1 Sans-Atout«.

Im Falle b) sollten Sie wegen der guten Edelfarbe zu fünft mit »1 Coeur« aufmachen.

Hand c) ist mit 23 Punkten, ausgeglichener Verteilung und Deckung in allen Farben ideal für eine Eröffnung von »2 Sans-Atout«.

Blatt d) sollten Sie mit »1 Treff« eröffnen. Die Hand ist mit 20 Punkten zu stark für »1 Sans-Atout« und zu schwach für »2 Sans-Atout«. Antwortet Ihr Partner mit 1-in-Farbe, bieten Sie »3 Sans-Atout«.

Hand e) enthält 17 Punkte und sollte mit »1 Sans-Atout« aufgemacht werden.

Bei Blatt f) befinden sich alle hohen Karten in den schwarzen Farben. Beide roten Farben sind ungedeckt, so daß eine Erstansage von »1 Sans-Atout« nicht zu empfehlen ist. Eröffnen Sie deshalb mit »1 Treff«, um bei nächster Gelegenheit Ihre Piks zu nennen. Würden Sie mit »1 Pik« eröffnen, kämen Sie dann in Schwierigkeiten, wenn Ihr Partner eine der beiden roten Farben auf Zweierstufe nennt. Sie wären nämlich gezwungen, ohne Deckung in der anderen roten Farbe »2 Sans-Atout« zu riskieren.

Der Antwortende weiß nach einer Sans-Atout-Eröffnung seines Partners in der Regel, ob Partie oder sogar Schlemm gespielt werden kann oder ob sich die Partnerschaft mit einem Teilkontrakt begnügen sollte. Nachdem der Eröffner sein

Blatt schon ziemlich genau beschrieben hat, muß der Antwortende die Initiative ergreifen.

Strebt der Antwortende einen Sans-Atout-Kontrakt an, sollte er die Erfahrungswerte für volles Spiel (etwa 26 Punkte), Klein-Schlemm (33 Punkte) und Groß-Schlemm (37 Punkte) zugrundelegen und seine Ansagen danach einrichten:

Mit 0-7 Punkten begnügt er sich mit dem Teilkontrakt und paßt.

Mit 8-9 Punkten antwortet er »2 Sans-Atout« und lädt den Eröffner dazu ein, mit Maximum (18 oder 17 gute Punkte) volles Spiel in Sans-Atout auszureizen.

Mit 10-14 Punkten ist die korrekte Antwort »3 Sans-Atout«. Der Eröffner muß die Entscheidung seines Partners akzeptieren und passen.

Mit 15-16 Punkten springt der Antwortende auf »4 Sans-Atout« und zeigt damit Schlemminteresse. Der Eröffner geht auf »6 Sans-Atout«, wenn er 17 gute oder 18 Punkte hält. Mit 16 Punkten oder 17 schlechten Punkten sollte der Eröffner nicht hasardieren, sondern passen.

Mit 17-18 Punkten lautet die Antwort: »6 Sans-Atout«. 19-20 Punkte werden dadurch gezeigt, daß der Antwortende zunächst auf 3-in-Farbe springt (ein forcierendes Gebot, wie wir noch sehen werden) und anschließend »6 Sans-Atout« bietet. Dem Eröffner wird hiermit nahegelegt, mit Maximum auf Groß-Schlemm zu gehen.

Wenn Sie einmal in Ihrem Leben 21-24 Punkte halten, können Sie sofort auf »7 Sans-Atout« springen.

Nicht immer ist Sans-Atout der beste Endkontrakt. Hält der Antwortende ein schwaches Blatt mit einer Farblänge, ist ein Teilkontrakt in dieser Farbe meist sicherer als in Sans-Atout. Mit 0-7 Punkten (einschließlich Verteilungspunkten) bietet der Antwortende seine lange Farbe (mindestens fünf Karten) auf der Zweierstufe.

♠ DB973 ♡ D53 ♢ 72 ♣ 964

Über die Sans-Atout-Eröffnung Ihres Partners sollten Sie nicht passen, sondern »2 Pik« bieten.

Der Eröffner darf sich auf keinen Fall über die Entscheidung des Partners hinwegsetzen, indem er »2 Sans-Atout« bietet. Lediglich mit Maximum und guter Trumpfunterstützung darf er die Farbe des Antwortenden auf die Dreierstufe heben. Für diese Reizung sprechen zwei Überlegungen: Wenn der Antwortende seinerseits ein Maximum von etwa 5-7 Punkten besitzt, kann er volles Spiel riskieren (bei Unterstützung seiner Unterfarbe geht der Antwortende auf »3 Sans-Atout«). Hält er ein minimales Blatt und zusammen mit dem Eröffner einen sehr guten Fit, ist es leicht möglich, daß die Gegner einen Teilkontrakt gewinnen können. Hebt der Eröffner seinen Partner auf die Dreierstufe, macht er es den Gegnern sehr schwer, nachträglich noch in die Reizung einzugreifen. Der Eröffner reizt hier also zugleich konstruktiv (er lädt einen 5-7 Punkte starken Partner zur Partie ein) und destruktiv (er erschwert den Gegnern die Reizung, falls sein Partner Minimum halten sollte).

♠ 85 ♡ 73 ♢ D87532 ♣ K64

Sie haben die Sans-Atout-Eröffnung Ihres Partners mit »2 Karo« beantwortet und sind von ihm auf »3 Karo« gehoben worden. Zögern Sie nicht, »3 Sans-Atout« auszubieten. Ihr Partner hat Maximum mit einem guten Karo-Anschluß versprochen, so daß Ihre lange Farbe wahrscheinlich »durchziehen« und die für ein volles Spiel erforderlichen Stiche liefern wird.

Hält der Antwortende etwa 10 Punkte und eine Edelfarbe zu fünft, so sollte er in seiner Farbe auf die Dreierstufe springen. Dieses Gebot forciert den Eröffner zum vollen Spiel. Mit ausreichender Trumpfunterstützung (mindestens Dxx) hebt der Eröffner seinen Partner auf Partie in Edelfarbe. Ohne genügenden Trumpfanschluß bietet er »3 Sans-Atout«.

Mit einer Edelfarbe zu sechst und ungefähr 6-9 Figurenpunkten reizt der Antwortende Partie in Edelfarbe. Hierfür eine typische Hand:

♠ AB9763 ♡ 4 ♢ D865 ♣ 92

Springen Sie hiermit über die Sans-Atout-Eröffnung Ihres Partners auf »4 Pik«. Der Eröffner muß Ihrem Urteilsvermögen vertrauen und passen; er darf also nicht undiszipliniert weitergehen.

Relativ gute Hände mit einer Farblänge sind dann »schlemmverdächtig«, wenn der Eröffner einen ausreichenden Trumpf-Anschluß zeigt und der Antwortende deshalb neben den Figurenpunkten auch Verteilungspunkte rechnen kann:

♠ 3 ♡ A7 ♢ A96432 ♣ K1075

Reizen Sie über die Sans-Atout-Eröffnung Ihres Partners »3 Karo«. Hebt er Sie auf »4 Karo«, ist Ihr Blatt wegen der guten Trumpf-Unterstützung 17 Punkte wert geworden (11 Figurenpunkte, 3 Zusatzpunkte für das Singleton und Doubleton sowie 3 Zusatzpunkte für Ihren fünften und sechsten Trumpf). Schlemm in Karo ist so gut wie sicher.

Mit diesem Blatt

♠ AB9763 ♡ 4 ♢ D865 ♣ A2

sollten Sie über die Sans-Atout-Eröffnung Ihres Partners nicht mit »4 Pik« abschließen; denn hierfür sind Sie zu stark. Testen Sie mit »3 Pik«, ob der Eröffner Ihre Farbe heben kann. Tut er es, bestehen gute Schlemmaussichten. Bietet er stattdessen »3 Sans-Atout«, sollten Sie »4 Pik« reizen und nichts mehr unternehmen.

Beachten Sie bitte, daß Sie nur mit einem nach Schlemm aussehenden Blatt auf 3-in-Unterfarbe springen sollten. Mit schwächeren Blättern gehen Sie auf volles Spiel in Sans-Atout.

♠ 985 ♡ 103 ♢ 96 ♣ AKB874

Reizen Sie also mit diesem Blatt über die Sans-Atout-Eröffnung Ihres Partners »3 Sans-Atout«. Ihr Blatt ist 11 Punkte wert (8 Figurenpunkte sowie 3 Zusatzpunkte für die fünfte und sechste Karte Ihrer vorzüglichen Treff-Länge). Für eine einladende Hebung auf »2 Sans-Atout« ist Ihre Hand zu stark. Falsch wäre ein Sprung auf »3 Treff«: Unterstützt der Eröffner Ihre Farbe, hängen Sie buchstäblich in der Luft. Sie können nicht mehr zurück auf »3 Sans-Atout«, und elf Stiche in einem Treffkontrakt dürften wesentlich schwieriger sein als neun Stiche in Sans-Atout.

Sie werden sich vielleicht schon gefragt haben, wie man einen 4-4 Fit in Edelfarbe herausfinden kann, wenn der Antwortende nur Farben mit mindestens fünf Trümpfen reizen darf. Hier hilft ein künstliches Gebot von »2 Treff«, die sog. Stayman-Konvention. Der Antwortende zeigt hiermit 8 oder mehr Figurenpunkte und wenigstens *eine* Vierer-Edelfarbe. Hält der Eröffner keine Vierer-Edelfarbe, muß er mit »2 Karo« antworten. Hält er die Piks zu viert, reizt er »2 Pik«. Besitzt er eine Vierer-Coeur (oder beide Edelfarben), bietet er »2 Coeur«.

♠ K1076 ♡ AB95 ♢ 95 ♣ D74

Über die Sans-Atout-Eröffnung Ihres Partners wenden Sie die Stayman-Konvention an und reizen »2 Treff«. Antwortet Ihr Partner mit »2 Pik« oder »2 Coeur«, heben Sie ihn in seiner Edelfarbe sofort auf volles Spiel. Bietet er hingegen »2 Karo« und verneint damit den Besitz einer Vierer-Edelfarbe, reizen Sie Partie in Sans-Atout aus.

♠ DB74 ♡ 762 ♢ 53 ♣ KD96

Auch hier reizen Sie über die Sans-Atout-Eröffnung Ihres Partners Stayman. Hören Sie »2 Coeur« oder »2 Karo«, gehen Sie auf »2 Sans-Atout«. Reizt der Eröffner »2 Pik«, sollten Sie ihn mit einer Hebung auf »3 Pik« zum vollen Spiel einladen.

Wenn Ihr Partner und Sie die Stayman-Konvention vereinbart haben, können Sie schwache Blätter mit einer Treff-Länge nicht mehr in »2 Treff« spielen. Mit

♠ D72 ♡ B5 ♢ 982 ♣ D10742

sollten Sie daher passen. Mit einem unausgeglichenem Blatt wie etwa

♠ 852 ♡ — ♢ B843 ♣ D98653

reizen Sie hingegen »2 Treff«. Der Eröffner wird diese Ansage zunächst für die Stayman-Konvention halten und ein Farbgebot auf der Zweierstufe abgeben. Mit »3 Treff« wiederholen Sie jetzt Ihre Farbe und stellen damit klar, daß Sie ein einseitiges Minimalblatt mit einer langen Treff halten. Der Eröffner muß jetzt passen.

Nun zu den Antworten nach einer »2 Sans-Atout«-Eröffnung (22-24 Punkte):

Mit 0-3 Punkten sollten Sie passen und mit 4-8 Punkten auf »3 Sans-Atout« heben. 9-10 Punkte rechtfertigen die Schlemmeinladung von »4 Sans-Atout«, und mit 11-12 Punkten sollten Sie »6 Sans-Atout« ausbieten. Mit 13-14 Punkten nennen Sie zunächst eine Farbe und dann »6 Sans-Atout« (Groß-Schlemm-Einladung). Mit 15-18 Punkten sagen Sie sofort Groß-Schlemm in Sans-Atout an.

Hier ein Beispiel:

♠ AD6 ♡ K93 ♢ 874 ♣ B842

Über die »2 Sans-Atout«-Eröffnung Ihres Partners springen Sie auf »4 Sans-Atout« und laden damit den Eröffner ein, mit guten 23 oder 24 Punkten auf Klein-Schlemm zu gehen.

Ein Sprung auf 4-in-Edelfarbe zeigt eine Sechserlänge mit etwa 8 Figurenpunkten. Mit gutem Trumpfanschluß und Maximum kann der Eröffner auf Schlemm gehen. Eine Edelfarbe zu fünft mit wenigstens 4 Figurenpunkten oder eine Sechser-Edelfarbe mit weniger als 8 Figurenpunkten wird durch eine Antwort auf der Dreierstufe gezeigt.

Mit Längen in einer Unterfarbe sollte Partie in Sans-Atout ausgeboten werden; eine Antwort von 3-in-Unterfarbe ist nur dann zu empfehlen, wenn Schlemminteresse besteht.

## Zwingende Ansagen

Gelegentlich hält der Eröffner eine so starke Karte, daß er sogar bei einem Nullblatt seines Partners gute Chancen für ein volles Spiel sieht. Ein vernünftiges Bietsystem muß deshalb über eine Erstansage verfügen, die den Partner unbedingt bis zur Partie forciert.

In den Anfängen des Kontrakt-Bridge hatte Culbertson die sogenannte zwingende Zweieransage geschaffen. Über eine Eröffnung von 2-in-Farbe mußte der Partner die Reizung solange offenhalten, bis Partie erreicht war. Diese Grundidee ist später vielfach abgewandelt worden. Wohl am weitesten verbreitet ist heutzutage die folgende Methode:

Die natürlichen Zweier-Eröffnungen in Pik, Coeur oder Karo versprechen eine starke, lange Farbe und eine so gute Hand, daß der Eröffner mit geringer Partnerunterstützung (z. B. einem König) bereits volles Spiel schaffen kann. Die konventionelle (künstliche) Eröffnung von »2 Treff« zeigt ein sehr starkes Blatt, mit dem der Eröffner Partie auch bei einem völligen Nullblatt seines Partners garantiert.

Beginnen wir mit den natürlichen Zweier-Eröffnungen. Hier einige Beispiele:

♠ A6 ♡ AKDB943 ◇ 5 ♣ A97

Eröffnen Sie dieses Blatt mit »2 Coeur«. Sie halten eine sehr gute Farbe und können mit minimaler Unterstützung durch den Partner zehn Stiche schaffen.

♠ AD ♡ A8764 ◇ KD6 ♣ AK9

Trotz der Stärke Ihres Blattes ist von einer Zweier-Ansage in Coeur abzuraten, weil die Farbe nicht stabil genug ist. Die korrekte Eröffnung ist »2 Sans-Atout«.

♠ B108 ♡ A5 ◇ AKDB96 ♣ A4

Eröffnen Sie das Blatt mit »2 Karo«; denn mit geringer Unterstützung durch den Partner dürften »3 Sans-Atout« zu erfüllen sein.

Viele Theoretiker haben versucht, eine verläßliche Punktberechnungsmethode für Zweier-Ansagen auszuarbeiten. Ich halte es nicht für erforderlich, Sie mit dieser komplizierten Zahlenspielerei vertraut zu machen. Es ist einfacher und besser, wenn Sie sich Ihr Blatt anschauen und prüfen, ob Sie damit bei einer minimalen Hilfe durch Ihren Partner eine Partie erfüllen können.

Der Partner des Eröffners muß die Reizung auf jeden Fall für eine Runde offenhalten. Er zeigt eine negative Hand durch die künstliche Ansage von »2 Sans-Atout«. Ob ein Blatt positiv oder negativ ist, richtet sich nicht nach einer bestimmten Punktstärke, sondern nach dem Vorhandensein von hohen Karten. Positiv ist eine Hand mit mindestens einem As und einem König oder zwei Königen und einer Dame. Die Ablehnung von »2 Sans-Atout« besagt nichts über die Blattverteilung des Antwortenden, sondern zeigt lediglich eine negative Hand. Bieten Sie also mit

♠ D97632 ♡ 8 ◇ 1072 ♣ D84

über eine Coeur-Zweier-Ansage Ihres Partners »2 Sans-Atout«. Sie müssen zunächst Ihre negative Hand zeigen; Ihre Piks sollten Sie nur nennen, wenn sich dazu später auf der Dreierstufe eine Gelegenheit ergibt.

Wiederholt der Eröffner nach der negativen Antwort von »2 Sans-Atout« seine Farbe, darf sein Partner mit einem sehr schwachen Blatt passen. Nennt der Eröffner hingegen eine neue Farbe, muß der Antwortende die Reizung für eine weitere Runde offenhalten.

Eine positive Antwort forciert mindestens bis zur Partie. Der Antwortende kann ein positives Blatt wie folgt zeigen:

Mit ausreichender Trumpfunterstützung hebt er die Farbe des Eröffners auf die Dreierstufe. Diese einfache Hebung ist von der Stärke her nach oben unbegrenzt; die folgende Reizung kann also ohne weiteres zu einem Klein- oder sogar Groß-Schlemm führen.

Ohne ausreichende Trumpfunterstützung kann der Antwortende eine eigene Farbe nennen, wenn er hierin hohe Karten besitzt (z. B. KBxxx oder AKxx). Ohne eine gute Farbe sollte er mit etwa 8-10 Punkten auf »3 Sans-Atout« springen. Hierfür ein Beispiel:

♠ 62 ♡ KB4 ◇ DB93 ♣ K862

Über eine Zweier-Ansage in Pik reizen Sie »3 Sans-Atout«.

Bei seinen Antworten sollte der Partner des Eröffners berücksichtigen, daß dieser eine gute bis sehr gute eigene Farbe hält und in erster Linie daran interessiert ist zu erfahren, wo sich die hohen Karten des Antwortenden konzentrieren. Mit dieser nicht einfach zu reizenden Karte

♠ 872 ♡ 63 ◇ 76432 ♣ AKB

empfehle ich über eine Zweier-Eröffnung in Coeur die Antwort von »3 Treff«. Es wäre irreführend, mit »3 Karo« Figurenwerte in dieser Farbe zu versprechen. Für eine Ablehnung ist die Hand zu stark; ein Sprung auf »3 Sans-Atout« ist auch nicht gut, weil die Farben Pik und Karo völlig ungedeckt sind und alle Werte sich in Treff konzentrieren. Mit der empfohlenen Antwort wird der Eröffner noch am meisten anzufangen wissen. Er könnte z. B. ♠ AD ♡ AKDBxxx ◇ — ♣ D10xx halten. Nach der Antwort von »3 Treff« wird Schlemm in Coeur leicht erreicht; nach dem Gebot von »3 Karo« wahrscheinlich nicht.

Zu erwähnen ist noch der Sprung auf volles Spiel nach einer Eröffnung von 2-in-Edelfarbe. Hiermit zeigt der Antwortende ein schwaches Blatt mit gutem Trumpfanschluß, keinem As und höchstens einer sog. Zweitrundenkontrolle (König oder Singleton):

♠ D10762 ♡ 8542 ◇ 3 ♣ B96

Heben Sie eine »2 Pik«-Eröffnung Ihres Partners sofort auf volles Spiel. Der Gegner hinter Ihnen wird dann kaum mehr in die Reizung eingreifen können, was er über »2 Sans-Atout« vielleicht getan hätte.

Nun zur konventionellen »2 Treff«-Eröffnung: Dieses künstliche Gebot sagt nichts über Treff aus, sondern zeigt eine sehr starke Hand. Der Eröffner verspricht entweder ein Minimum von 25 Figurenpunkten oder garantiert volles Spiel sogar für den Fall, daß der Partner ein völliges Nullblatt hält. Jedes der beiden folgenden Blätter kann also mit »2 Treff« eröffnet werden:

a) ♠ AD4 ♡ AK3 ◇ AB95 ♣ AK9
b) ♠ ADB1083 ♡ AKD3 ◇ A8 ♣ —

Hand a) enthält 25 Figurenpunkte sowie 1 Zusatzpunkt für den Besitz aller vier Asse; b) ist zwar an Figurenpunkten schwächer, garantiert jedoch volles Spiel gegenüber einem Nullblatt.

Mit negativem Blatt anwortet der Partner »2 Karo«. Dies ist die konventionelle Ablehnung und besagt nichts über Karo; der Antwortende zeigt lediglich, daß er weder ein As und einen König noch zwei Könige nebst einer Dame besitzt. Selbst mit dem folgenden Blatt

♠ 76 ♡ 8432 ◇ 6543 ♣ 854

muß der Antwortende die Reizung solange offenhalten, bis volles Spiel erreicht ist. Eröffnet der Partner »2 Treff«, lehnt der Antwortende mit »2 Karo« ab. Reizt der Eröffner jetzt »2 Pik«, muß der Antwortende noch etwas sagen. Am besten zeigt er den fehlenden Trumpf-Anschluß mit »2 Sans-Atout«. Wiederholt der Eröffner jetzt seine Piks auf der Dreierstufe, sollte ihn der Antwortende auf »4 Pik« heben. Der Eröffner könnte z. B. ♠ AKDxxxx ♡ AK ◇ — ♣ KDBx halten. Er wäre mit Recht sehr enttäuscht, wenn der Antwortende vor Erreichung der Partie systemwidrig passen würde.

Mit einem positiven Blatt nennt der Antwortende eine eigene Farbe, wenn diese aus wenigstens fünf Karten besteht und eine hohe Figur an der Spitze hat. Bin Blatt ohne As mit etwa 8-10 Punkten wird durch die Antwort »2 Sans-Atout« gezeigt. Mit einer positiven Hand, die zwar mindestens ein As, jedoch keine gute Fünferfarbe enthält, reizt der Antwortende am besten »3 Treff«.

Zum Schluß dieses Abschnitts noch ein kleiner Hinweis zur Behandlung starker Zweifärber. Mit dem folgenden Blatt

♠ AKB874 ♡ AKD86 ◇ — ♣ A4

ist volles Spiel in Edelfarbe praktisch

garantiert. Eine Eröffnung von »2 Treff« wäre an sich korrekt. Aus taktischen Gründen sollten Sie die Hand jedoch mit »2 Pik« aufmachen. Der Grund ist folgender: Die Gegner können einen sehr guten Fit in Karo oder Treff besitzen und aggressiv in den Bietprozeß eingreifen. Wenn die Reizung wieder zu Ihnen gelangt, kann sie sich bereits auf der Vierer- oder sogar Fünferstufe befinden. Nach einer »2 Treff«-Eröffnung hätten Sie jetzt keine Gelegenheit mehr, Ihre beiden Farben zu nennen und dem Partner zur Auswahl zu stellen. Nennen Sie erst auf der Fünferstufe Ihre Piks, haben Sie falsch entschieden, wenn Ihr Partner ♠ x ♡ Bxxx ◇ xxx ♣ xxxxx hält. Ihr Pik-Kontrakt ist jetzt gefährdet, während Klein-Schlemm in Coeur so gut wie sicher ist. Hätten Sie »2 Pik« eröffnet, könnten Sie jetzt »5 Coeur« reizen und in einem sicheren Kontrakt landen.

## Sperransagen

Eröffnungen auf der Dreier- oder Viererstufe (in Unterfarbe sogar auf der Fünferstufe) haben rein destruktiven Charakter. Der Eröffner hält eine stabile, lange Farbe (in der Regel mindestens zu siebt) und höchstens 10 Figurenpunkte. Sein Ziel ist, die Gegner ganz aus der Reizung herauszuhalten, zumindest aber ihre Verständigungsmöglichkeiten durch Einengung des Bietraums zu erschweren. Für Sperransagen hat die von Culbertson entwickelte »Regel von 2 und 3« heute noch Gültigkeit. Sie besagt, daß der Eröffner in Gefahrenzone höchstens zwei, nicht in Gefahrenzone höchstens drei Faller riskieren sollte. Hier ein Beispiel:

♠ KDB10872 ♡ 95 ◇ 1073 ♣ 4

Hält Ihr Partner eine für Sie wertlose Hand, können Sie mit sechs Stichen in Pik rechnen. Nicht in Gefahrenzone dürfen Sie drei Faller in Kauf nehmen; eröffnen Sie also mit »3 Pik«. In Gefahrenzone sollten Sie hingegen passen.

Die beiden folgenden Hände eignen sich nicht zu einer Sperransage:

a) ♠ 2 ♡ B865432 ◇ AD3 ♣ 64
b) ♠ AK97543 ♡ A5 ◇ 874 ♣ 2

Im Falle a) ist Ihre lange Farbe viel zu schwach; der größte Teil Ihrer Figurenwerte konzentriert sich in einer Nebenfarbe. Sie sollten daher passen.

Hand b) ist für eine Sperransage zu stark; eröffnen Sie das Blatt mit »1 Pik«.

Der Partner des Eröffners sollte eine Sperransage von 3-in-Edelfarbe nur dann auf Partie heben, wenn er in Gefahrenzone drei und nicht in der Gefahrenzone vier zusätzliche Stiche mitbringt. Als Trumpfunterstützung genügen zwei kleine Atouts oder ein blankes Trumpf-Honneur. Hat Ihr Partner in Gefahrenzone »3 Pik« eröffnet, können Sie ihn mit

♠ B ♡ AK842 ◇ A732 ♣ 1084

auf »4 Pik« heben.

Der Partner des Eröffners sollte eine eigene Farbe nur dann nennen, wenn sie hervorragend ist (z. B. AKDBxx oder KDB9xxx).

Sperransagen in Unterfarbe auf Viereroder Fünferstufe sollten nur mit extremen Blättern gemacht werden:

♠ — ♡ 3 ◇ DB10986542 ♣ D96

Nicht in Gefahrenzone können Sie mit »5 Karo« eröffnen. In Gefahrenzone sollten Sie entweder passen oder nur »4 Karo« riskieren.

In früheren Zeiten war die Eröffnung »3 Sans-Atout« den gleichmäßig verteilten Blättern mit etwa 25-27 Punkten vorbehalten. Heutzutage zeigt dieses Gebot eine lange, geschlossene Unterfarbe mit gewissen Zusatzwerten:

♠ K7 ♡ D83 ◇ 5 ♣ AKDB852

Eröffnen Sie mit »3 Sans-Atout«. Ihr Partner sollte darauf in der Regel passen. Diese Sperransage ist zugleich konstruktiv: Mit gewissen Werten beim Partner können Sie leicht Partie in Sans-Atout erfüllen. Ihre Gegner befinden sich durch Ihre Ansage in Schwierigkeiten; denn sie können aus der Reizung keine Schlüsse ziehen, müssen »blind« angreifen und gewärtigen, Ihnen durch den kleinsten Gegenspielfehler den Kontrakt zu schenken. Wenn Sie sich mit der Eröffnung von »3 Sans-Atout« nicht anfreunden möchten, können Sie die obige Hand natürlich auch mit »1 Treff« aufmachen.

## As- und Königsfragen

Wir haben gesehen, daß eine vernünftige Reizung aus dem Austausch von Informationen über Blattverteilung und Punktstärke besteht. Stellt sich heraus, daß die gemeinsamen Hände mindestens 33 Punkte stark sind, ist ein Schlemm sehr wahrscheinlich. In dieser Punktsumme sind bei Farbkontrakten in aller Regel nicht nur Figurenpunkte, sondern auch Verteilungspunkte enthalten. Die Gegner können deshalb mehr als 7 Figurenpunkte, also auch zwei Asse besitzen. Hier ein einfaches Beispiel:

♠ K108743 ♡ 5 ◇ KDB4 ♣ A9

Auf die Treff-Eröffnung Ihres Partners haben Sie »1 Pik« geantwortet. Der Eröffner ist daraufhin auf »3 Pik« gesprungen und hat damit gute Pik-Unterstützung mit etwa 17-19 Punkten gezeigt. Ihre Karte ist 19 Punkte wert (13 Figurenpunkte, 3 Zusatzpunkte für das Singleton und Doubleton und 3 Zusatzpunkte für den fünften und sechsten Trumpf). Der Eröffner und Sie halten zusammen also etwa 36-38 Punkte. Ihr Partner könnte seine Ansage mit jedem der drei folgenden Blätter gemacht haben:

a) ♠ ADB6 ♡ KB93 ◇ 7 ♣ KD106
b) ♠ DB95 ♡ A7 ◇ A8 ♣ KD764
c) ♠ A962 ♡ A10 ◇ A3 ♣ K8742

Obwohl Hand a) 19 Punkte stark ist (16 Figurenpunkte sowie 3 Zusatzpunkte für das Singleton), können nur elf Stiche erzielt werden, falls die Gegner ihre beiden roten Asse abspielen. Mit Hand b) können Sie Klein-Schlemm erfüllen. Sitzen bei Blatt c) die gegnerischen Piks nicht in einer Hand, machen Sie sogar Groß-Schlemm.

Um in den obigen Fällen nicht auf blindes Raten angewiesen zu sein, müssen Sie die Möglichkeit haben, Ihren Partner nach der Anzahl seiner Asse und Könige zu fragen. Bereits 1933 hat der Amerikaner Easley Blackwood eine Methode der As- und Königsfrage entwickelt, die seit der Zeit nach ihm genannt worden ist und weltweite Popularität erlangt hat. Die As-Frage wird durch das künstliche Gebot von »4 Sans-Atout« gestellt. Der Partner zeigt die Anzahl seiner Asse durch die folgenden Antworten:

5 ♣ = kein As oder vier Asse
5 ◇ = ein As
5 ♡ = zwei Asse
5 ♠ = drei Asse

Die Antworten sind künstliche Gebote und besagen nichts über die gereizte Farbe.

Hat der Fragende festgestellt, daß sich *alle vier Asse* in den gemeinsamen Händen befinden, kann er mit »5 Sans-Atout« die Königs-Frage stellen, um zu testen, ob Groß-Schlemm gespielt werden kann. Die Königs-Frage garantiert also, daß die Gegner kein As halten. Hier die Antworten:

6 ♣ = kein König oder vier Könige
6 ◇ = ein König
6 ♡ = zwei Könige
6 ♠ = drei Könige

Im obigen Beispiel stellen Sie mit »4 Sans-Atout“ die As-Frage. In Hand a) antwortet Ihr Partner »5 Karo« und zeigt damit nur ein As. Sie begnügen sich deshalb mit »5 Pik«. Der Eröffner muß Ihre Entscheidung respektieren und passen.

Im Falle b) hören Sie die Antwort von »5 Coeur«, die zwei Asse meldet. Da nur ein As fehlt, gehen Sie sofort auf »6 Pik«.

Mit Blatt c) antwortet Ihr Partner »5 Pik« und zeigt damit drei Asse. Jetzt wissen Sie, daß die Gegner kein As besitzen, und können mit »5 Sans-Atout« nach den Königen fragen. Der Eröffner antwortet »6 Karo« und meldet damit einen König. Sie können jetzt »7 Pik« riskieren, die nur bei ungünstiger Trumpf-Verteilung fallen.

Blackwood ist keine einfache Konvention. Ihre Schwierigkeit liegt nicht in der leicht zu erlernenden Automatik der Fragen und Antworten, sondern in deren Anwendung. Die Konvention kann Ihnen nicht die Entscheidung abnehmen, ob die gemeinsame Blattstärke einen Schlemm-Versuch rechtfertigt. Sie ist jedoch eine ausgezeichnete Hilfe bei den Händen, die stark an Zweitrundenkontrollen (Könige oder Singletons) sind und sich auf Grund der gemeinsamen Punktstärke in der Schlemmzone befinden. Hier klärt Blackwood zur Sicherheit, ob die Gegner zwei Asse halten. Ein Beispiel zur Warnung:

♠ K73 ♡ A984 ♢ A76 ♣ 852

Über die Treff-Eröffnung Ihres Partners haben Sie »1 Coeur« geantwortet. Der Eröffner springt jetzt auf »3 Coeur«. Ihr Partner verspricht etwa 17 bis 19 Punkte. Sie halten nur 10 Punkte (11 Figurenpunkte abzüglich 1 Punkt für die 4-3-3-3 Verteilung). Mit 27-29 Punkten in den gemeinsamen Händen sind Sie weit unterhalb der Schlemmzone. Begnügen Sie sich deshalb mit »4 Coeur« und reizen Sie nicht Blackwood. Selbst wenn Ihnen der Eröffner mit ♠ Axxx ♡ K7xx ♢ K ♣ AKxx den Besitz von zwei Assen und drei Königen melden würde, könnten Sie kaum mehr als zehn oder elf Stiche erzielen.

Blackwood hilft auch dann nicht weiter, wenn Sie und Ihr Partner in einer Nebenfarbe weder eine Erst- noch eine Zweitrundenkontrolle halten. Greifen die Gegner diese Farbe an, können sie mindestens zwei Stiche abziehen und Ihren Schlemm schlagen. Blackwood ist also lediglich ein Hilfsmittel im Rahmen der Schlemmreizung und kein Ersatz für eine vernünftige Blattbeurteilung. Im Abschnitt über Konventionen werden Sie noch weitere Hilfsmittel für die Schlemmreizung kennenlernen.

Die Blackwood-Konvention kann nach Sans-Atout-Eröffnungen nicht angewandt werden; denn wie wir gesehen haben, ist eine Hebung auf »4 Sans-Atout« eine Punktansage, die den Eröffner dazu einlädt, mit Maximum Schlemm zu reizen. In derartigen Bietsituationen ist »4 Sans-Atout« ein sog. quantitatives Gebot und kein Blackwood.

Trotzdem braucht der Partner des Sans-Atout-Eröffners mit etwa folgendem Blatt

♠ 7 ♡ K84 ♢ KD107632 ♣ A4

nicht auf die Frage nach den Assen und Königen zu verzichten. Er fragt nach der im Jahre 1938 von dem Amerikaner John Gerber entwickelten Methode mit »4 Treff«. Die Antworten:

| | | |
|---|---|---|
| 4 ♢ | = | kein As oder vier Asse |
| 4 ♡ | = | ein As |
| 4 ♠ | = | zwei Asse |
| 4 SA | = | drei Asse |

Anschließend kann er mit »5 Treff« nach den Königen fragen; die Antworten sind entsprechend. Die Königs-Frage garantiert *nicht* den Besitz von vier, sondern nur von drei Assen in den gemeinsamen Händen; denn bei Gerber kann die Rei-

zung im Gegensatz zu Blackwood nach der Königs-Frage noch auf der Fünferstufe beendet werden.
Wenn im obigen Beispiel Ihr Partner drei Asse und zwei Könige gemeldet hat, können Sie beruhigt »7 Sans-Atout« ansagen.

Im Abschnitt über Konventionen werden Sie noch lesen, daß Blackwood und Gerber auch mit Abänderungen bzw. Erweiterungen gespielt werden können.

## Das Kontra

Nicht immer verläuft die Reizung als ungestörter Dialog zwischen dem Eröffner und seinem Partner. Oft genug greifen die Gegner in die Reizung ein, insbesondere dann, wenn die Punktstärke beider Parteien ungefähr gleich ist. Bei einigermaßen ausgeglichenen Blattverteilungen versucht jede Seite, einen Teilkontrakt zu ersteigern. Je unausgeglichener jedoch die Hände sind (z. B. sehr lange Farben, Chicanes und Singletons) und je besser die Karten der Partnerschaften zueinander passen, desto mehr Stiche können beide Seiten in ihrer besten Trumpffarbe erzielen. Nicht selten kann jede Partei einen Kontrakt auf der Viereroder Fünferstufe (in Extremfällen sogar auf Schlemmhöhe) in ihrer Trumpffarbe erfüllen. Entsprechend wild verläuft dann auch die Reizung, bei der die wichtigen Entscheidungen auf hoher Bietstufe getroffen werden müssen.

Über eine gegnerische Zwischenreizung können Sie höher bieten, passen oder kontrieren. Wir wollen uns in diesem Abschnitt mit dem Kontra näher beschäftigen. Die Frage, ob man kontrieren soll oder nicht, ist oft schwierig zu beantworten und setzt viel Erfahrung in der Blattbeurteilung voraus. Ich will versuchen, Ihnen einige Tips zu geben, die Ihnen bei dieser nicht leichten Entscheidung helfen können.

Bevor Sie Kontra geben, sollten Sie sich stets zwei Fragen stellen:

> Bestehen begründete Aussichten, daß der Gegner fällt?
> Ist Ihre Gutschrift für die gegnerischen Faller ein vernünftiges Äquivalent für Ihre Aussichten, volles Spiel oder sogar Schlemm zu erfüllen und hierfür eine Prämie zu erhalten?

Nicht unwichtig sind auch zwei weitere Fragen:

> Müssen Sie dann, wenn die Gegner nach Ihrem Kontra eine neue Farbe gereizt haben und von Ihrem Partner oder Ihnen abermals kontriert worden sind, eine Erfüllung dieses Kontraktes befürchten?
> Haben Sie eine Verpflichtung, die Gegner zu kontrieren, um Ihren Partner davor zu warnen, höher zu reizen?

Beginnen wir mit der wichtigsten Frage, nämlich ob Sie den gegnerischen Kontrakt überhaupt schlagen können. Um ungefähr abzuschätzen, wieviel Stiche die Verteidigung erzielen kann, addieren Sie Ihre Trumpfstiche und die zu erwartenden Defensivstiche. Nach Möglichkeit sollten Sie vier oder fünf Karten in der gegnerischen Trumpffarbe halten. Mitentscheidend für ein gutes Kontra ist die Qualität der Mittelkarten. Sitzen Sie mit DB976 hinter dem Gegner, sind Ihnen drei Trumpfstiche so gut wie sicher; halten Sie hingegen K6432, müssen Sie sich möglicherweise mit einem Stich begnügen. Wichtig ist auch, ob Ihre Trumpfhaltung für den Gegner eine unangenehme Überraschung ist oder nicht. Haltungen wie KB97, D1093 oder B10874, sind vom Gegner nicht einkalkuliert, während ihn AK43 kaum überraschen wird (daß ihm Trumpf-As und -König fehlen, weiß er selbst; die beiden kleinen Trümpfe werden ihn wahrscheinlich nicht gefährden können).

Defensivstiche (DS) sind Stiche, die Sie mit hohen Karten in den Nebenfarben glauben erzielen zu können. Zählen Sie AK = 2, AD = 1½, AB10 = 1½, A = 1, KD = 1, KB10 = 1 und K = ½ DS. Bei dieser nicht sonderlich genauen Kalkulation müssen Sie desto größere Abstriche nach unten machen, je mehr Karten Sie in der betreffenden Farbe halten. So würde ich z. B. für AKxxx nur 1½ DS und für KDxxx nur ½ DS rechnen. Neben Ihren eigenen Defensivstichen dürfen Sie auch die beim Partner erwarteten mit einkalkulieren. Bei einer Farberöffnung können Sie mit etwa 2½ DS, bei einer Sans-Atout-Eröffnung mit ungefähr 4 DS und bei einer Sperransage mit höchstens ½ DS rechnen. Halten Sie mehr als ein Doubleton in der von Ihrem Partner eröffneten Farbe, besteht die Gefahr, daß der Gegner die hohen Karten in dieser Farbe trumpfen kann; bei der Berechnung der Defensivstiche sollten Sie dann entsprechend pessimistisch sein. Mit vier oder mehr Karten in der Farbe des Eröffners ist ein Kontra auf niedriger Bietstufe fast immer schlecht. Ideal hingegen ist es, wenn Sie in der Farbe Ihres Partners ein Singleton oder eine Chicane halten.

♠ B96 ♡ A7632 ◇ D104 ♣ 52

Über die Pik-Eröffnung Ihres Partners hat der Gegner rechts von Ihnen »2 Coeur« gereizt. Bieten Sie »2 Pik«. Ohne ausreichende Mittelkarten in Coeur ist es zu ungewiß, ob Sie den gegnerischen Kontrakt zu Fall bringen können.

♠ 762 ♡ AK6 ◇ A74 ♣ 9853

Niemand ist in Gefahrenzone. Ihr Partner hat »3 Pik« eröffnet und der Gegner rechts von Ihnen »4 Coeur« gereizt. Sie halten 3 DS und können bei Ihrem Partner höchstens ½ DS erwarten. Der Gegner wird seine Partie voraussichtlich erfüllen können. Heben Sie Ihren Partner deshalb auf »4 Pik«; dieser Kontrakt dürfte kaum öfters als einmal fallen, möglicherweise sogar gewonnen werden.

♠ 5 ♡ D1082 ◇ AK2 ♣ 109743

Auch hier hat der Gegner nach der Pik-Eröffnung Ihres Partners »2 Coeur« gereizt. Jetzt sollten Sie unbedingt kontrieren. Alle Voraussetzungen sind günstig: Gute Mittelkarten und die Chance, zwei Trumpfstiche zu machen; ein Singleton in der Farbe Ihres Partners; Aussichten auf ca. 4½ DS (2½ DS können Sie beim Eröffner erwarten, und in Karo, also Ihrer kurzen Nebenfarbe, halten Sie selbst 2 DS). Selbst wenn Ihr Partner eine Minimaleröffnung hat, dürfte der gegnerische Kontrakt zweimal stürzen. Wenn Ihr Partner etwas stärker ist, insbesondere auch ein wenig in Coeur hält, kann dem Gegner seine Zwischenreizung teuer zu stehen kommen.

Nun zur zweiten Frage, die Sie sich immer vorlegen sollten, nämlich ob das Kontra lukrativ genug ist. Ausschlaggebend ist, ob sich die Gegner bzw. Sie in der Gefahrenzone befinden und ob Sie Partie oder gar Schlemm sicher vor Augen sehen.

♠ KB8 ♡ 874 ◇ A1083 ♣ AB9

Über die Coeur-Eröffnung Ihres Partners hat der Gegner rechts von Ihnen »2 Karo« gereizt. Wenn Sie in Gefahrenzone sind, der Gegner hingegen nicht, können Sie die wahrscheinlich unverlierbare Partie in Sans-Atout ansagen und dazu die Prämie für den Quick-Rubber kassieren (zusammen wahrscheinlich 800 oder 830 Punkte). Würden Sie stattdessen den Gegner kontrieren, würde er voraussichtlich zwei- bis dreimal fallen; dies brächte Ihnen nur 300 oder 500 Punkte.

Ist jedoch der Gegner in Gefahrenzone, Sie hingegen nicht, bringt das Kontra wahrscheinlich 500 oder 800 Punkte ein. Für eine ausgereizte Partie erhalten Sie nur 100 oder 130 Punkte sowie die Chance, den Rubber vielleicht gewinnen zu können (diese Chance ist ungefähr mit 300 Punkten zu bewerten). Im zweiten Fall spricht also alles für das Kontra.

♠ D987 ♡ 82 ♢ AD3 ♣ 8542

Über die Sans-Atout-Eröffnung Ihres Partners hat der Gegner rechts »2 Pik« gereizt. Partie ist keineswegs sicher. Sie sollten sich deshalb völlig unabhängig von der Gefahrenlage für einen sicheren Gewinn von einigen 100 Punkten entscheiden und den Gegner kontrieren.

Zu den beiden anderen, auch nicht unwichtigen Fragen: Befindet sich der Gegner im schlechtesten Kontrakt, sollten Sie mit einem Kontra vorsichtig sein, wenn er möglicherweise ein anderes Spiel erfüllen kann.

♠ B963 ♡ 85 ♢ 2 ♣ K109764

Über die Coeur-Eröffnung Ihres Partners hat der Gegner zur Rechten zu Ihrer Verblüffung »2 Treff« geboten! Passen Sie, auch wenn Sie noch so gerne kontrieren möchten. Zugegeben, »2 Treff« werden wahrscheinlich eine »Beerdigung« - aber dieser Kontrakt wird kaum gespielt werden. Alles spricht dafür, daß der Gegner links von Ihnen »2 Karo« bieten wird. Wenn Ihr Partner jetzt kontriert, können Sie keine vernünftige Entscheidung mehr treffen. Sie wissen nicht, ob Ihr Partner kontriert hat, weil er bei Ihnen mit etwa zwei Defensivstichen rechnet oder weil er fünf gute Karos hält.

Kontrieren Sie also nach Möglichkeit nicht mit einem schwachen, völlig einseitig auf die gegnerische Farbe zugeschnittenen Blatt.

Hier eine ähnliche Situation:

♠ B109762 ♡ B94 ♢ 76 ♣ A4

Ihr Partner hat eine Sperransage von »4 Coeur« abgegeben, worauf der Gegner rechts von Ihnen mit »4 Pik« in die Reizung gegangen ist. Sie sollten Ihren freudigen Schreck unterdrücken, passen und sich mit etwa ein bis zwei unkontrierten Fallern zufriedengeben. Wenn Sie kontrieren, werden die Gegner auf 5-in-Unterfarbe herausgehen und diesen Kontrakt möglicherweise mit Überstich erfüllen.

♠ 5 ♡ AD1074 ♢ 83 ♣ KB984

Über die Coeur-Eröffnung Ihres Partners ist der Gegner mit »2 Treff« in die Reizung gegangen. Bieten Sie »4 Coeur«. Ein Kontra wäre nicht nur eine unnötige Zeitvergeudung sondern wahrscheinlich ein kostspieliger Fehler. Alles spricht dafür, daß die Gegner einen guten Fit in Pik halten. Voraussichtlich werden sie volles Spiel in dieser Farbe erfüllen können. Ein Kontra würde dem Gegner links von Ihnen Gelegenheit geben, seine Piks zu reizen. Über sofortige »4 Coeur« wird er vermutlich nichts riskieren und passen, weil er keinen Anschluß zu der von seinem Partner gereizten Farbe besitzt.

In bestimmten Situationen sollten Sie den Gegner kontrieren, um Ihren Partner vor weiterer Initiative zu warnen. Wenn Ihrem Partner eine Katastrophe droht, dürfen Sie bei Ihrem Kontra sogar in Kauf nehmen, daß der Gegner sein Spiel erfüllen könnte. Nehmen Sie an, daß sie als West folgendes Blatt halten:

♠ 10874 ♡ 5 ♢ 4 ♣ K876432

Ihr Partner hat gegeben, die Gegner sind in der Gefahrenzone und Sie nicht. Nach folgender Reizung

| Ost | Süd | West | Nord |
|---|---|---|---|
| 1 ♡ | 1 ♠ | pass | 2 ♠ |
| 3 ♢ | 4 ♠ | ? | |

ist die Reihe wieder bei Ihnen. Sie sollten kontrieren, um Ihren Partner zu warnen. Ob Sie den gegnerischen Kontrakt zu Fall bringen, ist ungewiß. Wenn Sie stattdessen mit Ihrem schwachen Blatt apathisch passen, besteht die große Gefahr, daß Ihr Partner mit einem attraktiven roten Zweifärber wie etwa ♠x ♡AD10xxx ♢AB9xx ♣x »5 Karo« bietet, weil er bei der günstigen Gefahrenlage ein billiges Opfergebot abgeben zu können glaubt. Die Angelegenheit wird jedoch sehr teuer; wahrscheinlich wird Ihr Partner vier oder mehr kontrierte Faller hinnehmen müssen und 700 bis 1100 Punkte verlieren.

Noch ein Wort zum Risiko: Wenn Sie einen gegnerischen Teilkontrakt von »2 Coeur« oder höher doppeln, können Sie den Gegner »in die Partie kontrieren«, wenn er sein Spiel erfüllt. Lassen Sie sich durch gelegentliche Mißerfolge nicht davon abhalten, weiter Kontra zu geben. Wer seine Gegner noch nie in die Partie kontriert hat, hat mit Sicherheit zu selten gedoppelt und bei weitem nicht das Maximum aus seinem Blatt herausgeholt. Erfahrene Rubberbridge-Spieler sehen es als eine vernünftige Relation an, wenn etwa jedes fünfte Kontra danebengeht.

Bei extrem verteilten Händen kommt es zu wilden Reizungen. Hüten Sie sich davor, nur deswegen zu kontrieren, weil die Gegner auf die Fünfer- oder Sechserstufe gegangen sind. Hier gilt der Grundsatz: Sicherheit zuerst. *Bieten Sie deshalb im Zweifel eine Stufe höher.* Ob Sie oder Ihre Gegner einmal fallen, macht keinen großen Unterschied. Wenn der Gegner aber einen hohen Kontrakt oder gar Klein-Schlemm kontriert erfüllt, können Sie in einem Spiel sehr viel verlieren*.

Alle sind in Gefahrenzone; Sie haben als West gegeben und halten folgendes Blatt:

♠ AD10873 ♡ — ◇ ADB95 ♣ 84

Die Reizung nimmt folgenden hektischen Verlauf:

| West | Nord | Ost | Süd |
|---|---|---|---|
| 1 ♠ | 2 ♡ | 4 ♠ | 5 ♡ |
| 5 ♠ | 6 ♡ | pass | pass |
| ? | | | |

Sie sollten »6 Pik« bieten und nicht kontrieren. Die Hand ist höchst gefährlich. Die Gegner halten einen sehr guten Fit in Coeur; denn Ihr Partner hat den gegnerischen Schlemm nicht kontriert. Ergänzen sich die Gegner außerdem in Treff, können sie leicht zwölf oder dreizehn Stiche machen, wenn Ihr Partner Pik angreift und ein Gegner sofort sticht. Ihr Partner könnte z. B. ♠ KB9xxx ♡ xxx ◇ Kx ♣ xx halten. Mit diesem Blatt wird er den wahrscheinlich tödlichen Karo-Angriff gegen »6 Coeur« kaum finden. Auf der anderen Seite fallen Ihre »6 Pik« nur bei Treff-Angriff, während Ihr Schlemm bei Coeur-Ausspiel mit Überstich erfüllt wird.

Es gibt zwei Fälle, in denen es nicht unbedingt richtig zu sein braucht, aus Sicherheitsgründen noch eine Stufe höherzureizen:

Bei ungünstiger Gefahrenlage (Sie befinden sich in der Gefahrenzone, der Gegner nicht) kann Ihr Höherbieten zu teuer werden. Beim zweiten Ausnahmefall halten Sie hohe Karten in Ihren kurzen Farben. Sie brauchen einerseits nicht zu befürchten, daß die Gegner auf sehr hoher Stufe einen Kontrakt erfüllen können; dafür müssen Sie aber damit rechnen, daß die Gegner ihrerseits hohe Karten in Ihren langen Farben halten und auch Sie nicht übermäßig viel Stiche schaffen werden.

Oft stehen Sie als Eröffner vor dem Problem, ob Sie auf ein Kontra Ihres Partners passen oder höher bieten sollen. Hier hilft eine verhältnismäßig einfache Regel: *Entspricht Ihr Blatt den Erwartungen, die sich Ihr Partner auf Grund Ihrer Eröffnung von ihm machen darf, sollten Sie passen.* Dies gilt insbesondere nach einer normalen Sans-Atout-Eröff-

* Nach wie vor gilt die goldene Regel, die der leider schon früh verstorbene Engländer und gebürtige Pole S. J. Simon in seinem Klassiker »Why You Lose at Bridge« aufgestellt hat: »When in doubt, bid one more!«

nung oder nach einer Sperransage. Wenn Sie aber z. B. das folgende Blatt

♠ B42 ♡ K63 ◇ AKDB10 ♣ D2

mit »1 Sans-Atout« eröffnet haben, sollten Sie nach einem von Ihrem Partner kontrierten »2 Treff«-Gebot auf »2 Karo« herausgehen; denn Ihr etwas einseitiges Blatt ist nur etwa 2½ DS wert (statt 4 DS, mit denen Ihr Partner rechnet).

Haben Sie auf der Einerstufe mit einer Farbe eröffnet, sollten Sie nach einem Kontra Ihres Partners passen, falls Sie mindestens 2½ DS nebst zwei Trümpfen in der gegnerischen Farbe besitzen und einen Angriff in der von Ihnen eröffneten Farbe aushalten können. Mit

♠ AK1083 ♡ A76 ◇ 54 ♣ 873

können Sie getrost passen, wenn Ihr Partner nach Ihrer Pik-Eröffnung ein gegnerisches Gebot von »2 Karo« kontriert hat. Ihr Partner ist aller Wahrscheinlichkeit nach kurz in Pik, so daß Sie Ihr Blatt mit 3 DS bewerten können. Anders ist die Situation hier:

♠ 108432 ♡ AKB95 ◇ 62 ♣ A

Sie haben korrekt »1 Pik« eröffnet. Der Gegner links hat »2 Karo« gereizt, die von Ihrem Partner kontriert worden sind. Paßt der Gegner rechts, sollten Sie »2 Coeur« bieten. Ihr Partner erwartet vergeblich Stiche in Pik von Ihnen und wird möglicherweise sogar mit ♠ Kx ein nachteiliges Ausspiel wählen. Außerdem besteht die Gefahr, daß er drei oder mehr Karten in Coeur hält, so daß Ihre Coeurstiche vom Gegner getrumpft werden können.

♠ KDB1083 ♡ A5 ◇ 4 ♣ DB102

Auch hier hat Ihr Partner nach Ihrer Pik-Eröffnung gegnerische »2 Karo« kontriert. Sie halten nur etwa 1½ DS und dazu noch ein Singleton in der gegnerischen Farbe. Sie dürfen deshalb das Kontra des Partners nicht stehenlassen. Ihr an defensiven Werten sehr schwaches Blatt ist von erheblicher Offensivstärke. Springen Sie deshalb auf »3 Pik«. Sie zeigen Ihrem Partner damit ein attraktives Blatt mit einer guten Pik-Farbe. Mit geringen Werten kann Ihr Partner auf volles Spiel gehen.

Kontriert der Eröffner eine gegnerische Ansage, *bevor* sein Partner ein positives Gebot abgegeben hat, ist dieses Kontra konventionell. Der Eröffner zeigt zusätzliche Stärke sowie *Kürze* in der vom Gegner gereizten Farbe und bittet seinen Partner, trotz minimaler Werte ein Gebot abzugeben.

♠ KB72 ♡ AD853 ◇ 4 ♣ AK10

Auf Ihre Coeur-Eröffnung hat der Gegner links »2 Karo« geboten; Ihr Partner und der Gegner rechts haben gepaßt. Um die Reizung wieder zu beleben, sollten Sie kontrieren. Jede andere Ansage wäre unbefriedigend, weil Sie nicht wissen, wo Ihr Partner seine Farblänge hält. Mit ♠ Dxxx ♡ x ◇ xxxx ♣ Dxxx bietet er »2 Pik«, mit ♠Dxx ♡xxx ◇xxxx ♣xxx »2 Coeur«, mit ♠xx ♡x ◇xxxx ♣B9xxxx »3 Treff«, während er mit ♠ 109x ♡ x ◇ K108xx ♣ xxxx paßt. Im letzten Fall wird durch das sog. Strafpassen ein konventionelles Wiederbelebungskontra in ein Strafkontra verwandelt.

## Die Gegenreizung

Durchschnittlich die Hälfte aller Hände wird vom Gegner eröffnet. Sie und Ihr Partner stehen deshalb oft genug vor dem Problem, ob und ggf. wie Sie in die Reizung eingreifen sollen. Diese Entscheidung ist nicht immer leicht zu treffen und erhält zusätzliches Gewicht dadurch, daß ein im unglücklichen Moment abgegebenes Gebot genauso wie ein Passen zur Unzeit ziemlich kostspielig sein kann. Es lohnt sich daher, der Gegenreizung einen besonderen Abschnitt zu widmen.

Zwischen Eröffnung und Gegenreizung besteht ein fundamentaler Unterschied. Der Eröffner braucht als Startkapital nur ein Minimum von 13 Punkten und darf auch mit einer verhältnismäßig schwachen Viererfarbe beginnen, weil er im anschließenden Informationsaustausch mit dem Partner noch Zeit genug hat zu untersuchen, welcher Endkontrakt für seine Seite der beste ist.

Wer sich in die gegnerische Reizung einmischt, hat hingegen ein mehrfaches Handicap. Wenn er die Szene betritt, weiß er nicht das geringste über die Blattstärke seines Partners, während die Gegner (zumindest der Gegner hinter ihm) bereits einen Informationsvorsprung haben, weil sie über die Stärke ihrer Blätter ungefähr im Bilde sind. Wer zwischenreizt, kann nicht auf sparsamstem Bietniveau beginnen, sondern muß auf der vom Gegner diktierten Biethöhe in die Reizung gehen. Außerdem kann er es sich wegen der Gefahr eines gegnerischen Kontras kaum erlauben, eine schwache Farbe zu reizen; denn seinem Partner und ihm wird es nur selten gelingen, einen günstigen Alternativkontrakt zu finden und der drohenden Katastrophe zu entrinnen.

## Farbgebote ohne Sprung

Wenn Sie sich mit einem Farbgebot in die gegnerische Reizung einmischen, laufen Sie so gut wie immer Gefahr, vom Gegner kontriert zu werden. Sie können sich natürlich dadurch schützen, daß Sie nur mit »todsicheren« Blättern zwischenreizen. Das wäre jedoch eine falsche Taktik, weil Sie durch übergroße Vorsicht zu oft die Chance verpassen würden, zusammen mit Ihrem Partner einen Kontrakt zu erfüllen.

Mit Ihrer Gegenreizung müssen Sie deshalb ein kalkuliertes Risiko eingehen. Halten Sie sich an Culbertsons klassische Regel von 2 und 3, wonach Sie einen Verlust von 500 Punkten in Kauf nehmen dürfen (zwei Faller in der Gefahrenzone bzw. drei Faller nicht in der Gefahrenzone). Diese Regel basiert auf der Überlegung, daß der Gegner anstelle des Strafkontras im Normalfall ein volles Spiel hätte erfüllen können, dessen Äquivalent ungefähr im Bereich von 500 Punkten liegt.

Zur Beurteilung Ihres Blattes sollten Sie versuchen abzuschätzen, wieviel Stiche es ohne Unterstützung durch Ihren Partner ungefähr wert ist. Rechnen Sie also nicht nach Punkten, sondern nach sog. Spielstichen.

a) ♠ A4 ♡ 63 ♢ KDB985 ♣ 862
b) ♠ A82 ♡ 763 ♢ AK43 ♣ 862

Wenn der Gegner rechts von Ihnen mit »1 Coeur« eröffnet hat, rechtfertigt Hand a) eine Zwischenreizung von »2 Karo«; denn sie ist mit ungefähr sechs Spielstichen zu veranschlagen. Obwohl Hand b) 11 Figurenpunkte enthält, wäre es ein frevelhafter Leichtsinn, hier mit »2 Karo« zwischenzureizen. Das Blatt hat nur drei Spielstiche, so daß der Kontrakt nach einem gegnerischen Kontra vier- oder fünfmal fallen kann, wenn der Partner keine Unterstützung mitbringt.

Für ein Farbgebot in der Gegenreizung brauchen Sie eine stabile Farbe (mindestens zu fünft) mit hohen Karten an der Spitze und guten Mittelwerten. Es bedarf keiner Diskussion, daß Sie mit K7632 viel verwundbarer sind als mit DB1098. Hohe Karten an der Spitze Ihrer Farbe geben Ihrem Partner eine gute »Ausspielmarke« für den Fall, daß der Gegner hinter Ihnen

Alleinspieler wird. Sehen Sie also mit

♠ 84 ♡ AKD ◇ 107632 ♣ B72

auch nicht in der Gefahrenzone davon ab, über eine gegnerische Treff-Eröffnung mit »1 Karo« zwischenzureizen.

Halten Sie in der Farbe des Eröffners vier oder mehr Karten, sollten Sie nach Möglichkeit keine eigene Farbe reizen, sondern passen. Die Gründe hierfür sind leicht zu sehen: Zum einen wird der Gegner hinter Ihnen kurz in der Eröffnungsfarbe sein und die anderen Farben einschließlich der von Ihnen gereizten halten. Zum anderen hätten Sie keine Unterstützung für Ihren Partner, wenn dieser - durch Ihre Zwischenreizung ermutigt - eine eigene Farbe nennt.

♠ 4 ♡ AD1083 ◇ K10972 ♣ 76

Mit diesem Blatt sollten Sie über eine gegnerische Coeur-Eröffnung passen und nicht mit »2 Karo« unnötige Gefahren heraufbeschwören.

Von dem Grundsatz, nur mit mindestens einer Fünferfarbe zwischenzureizen, dürfen Sie dann abweichen, wenn Sie auf der Einerstufe eine sehr gute Viererfarbe nennen können. Ihre Ansage ist nicht nur eine gute Ausspielmarke für den Partner, sondern kann darüber hinaus die Gegner davon abhalten, auf »3 Sans-Atout« zu gehen, weil sie keine ausreichende Deckung in Ihrer Farbe halten und nicht wissen, daß es nur eine Viererfarbe ist. In Gefahrenzone sollten Sie allerdings mit dieser Taktik etwas vorsichtig sein.

Bemerkenswert ist der folgende Punkt: Halten Sie die Piks, dürfen Sie die Mindesterfordernisse für Ihre Zwischenreizung etwas senken. Dies gilt vor allen Dingen dann, wenn der Gegner rechts von Ihnen in einer Unterfarbe eröffnet hat. Ihr Gebot von »1 Pik« hat jetzt eine nicht zu unterschätzende Sperrwirkung: hat der Gegner hinter Ihnen die andere Edelfarbe, kann er sie nicht mehr auf der Einerstufe nennen. Mit

♠ KB107 ♡ 74 ◇ A852 ♣ 865

können Sie nicht in der Gefahrenzone über eine gegnerische Treff-Eröffnung »1 Pik« reizen. Mit ♠74 ♡KB107 ◇A852 ♣865 sollten Sie hingegen passen, weil eine Coeur-Zwischenreizung den Gegner hinter Ihnen kaum vor Probleme stellen kann.

In der Gefahrenzone empfiehlt es sich, nur mit soliden Blättern in die Reizung zu gehen. Ihre Karte sollte deshalb neben den nach der Culbertson-Regel geforderten Spielstichen auch genügend Figurenpunkte (wenigstens knappe Eröffnungsstärke) enthalten. Besonders verletzlich sind Sie, wenn sich der Gegner im Gegensatz zu Ihnen nicht in der Gefahrenzone befindet, weil er dann mit dem Strafkontra schnell bei der Hand ist.

Der Partner des Zwischenreizers sollte seine Aktionen davon abhängig machen, ob ihm dessen Farbe paßt oder nicht. Mit einem Fit sollte er aggressiv reizen und nicht zögern, seinen Partner - evtl. sogar im Sprung - zu unterstützen.

♠ D84 ♡ 763 ◇ KD97 ♣ 952

Ihr Partner hat über die Treff-Eröffnung links von Ihnen »1 Pik« geboten, und der Gegner rechts von Ihnen hat gepaßt. Zögern Sie nicht, Ihren Partner auf »2 Pik« zu heben. Sie machen es damit dem Eröffner sehr schwer, noch eine weitere Ansage zu finden. Schlechte Taktik wäre es, mit Ihrem Blatt zunächst zu passen, um dann später mit einer Pik-Unterstützung aktiv zu werden. Meist ist es dann zu spät, weil sich die Gegner bereits auf relativ niedriger Bietstufe verständigt haben.

♠ KB976 ♡ 4 ◇ A52 ♣ 10873

Bei gleichem Beginn der Reizung sollten Sie hier auf »3 Pik« springen. Hält Ihr Partner ein attraktives Blatt, kann er volles Spiel ausbieten; andernfalls paßt er.

Lassen Sie sich nicht durch den Gedanken irritieren, daß Ihr Partner seinen Kontrakt wegen Ihrer aggressiven Reizung nicht mehr erfüllen könnte. Wenn er ein- oder zweimal fällt, weil Sie seine Zwischenreizung gehoben haben, ist das kein Unglück; denn ohne Ihre Unterstützung hätten die Gegner wahrscheinlich einen Teilkontrakt oder gelegentlich sogar Partie gereizt und erfüllt, womit sie mehr Punkte verdient hätten als an Ihren Fallern.

Ohne Unterstützung für die zwischengereizte Farbe ist Vorsicht geboten. Es droht ein sog. Mis-Fit; und der Partner des Zwischenreizers sollte nur mit einer sehr guten eigenen Farbe oder einem starken Blatt etwas unternehmen. Mit

♠ 4 ♡ D873 ◇ A8632 ♣ K54

passen Sie am besten, wenn Ihr Partner über die Coeur-Eröffnung links »1 Pik« zwischengereizt und der Gegner rechts gepaßt hat. In derartigen Situationen sollten Sie sich mit schwächeren oder schwachen Blättern davor hüten, in einer anderen Farbe einen besseren Fit zu suchen. Sie haben wenig zu gewinnen und viel zu verlieren. Bestenfalls könnten Sie einen Teilkontrakt erfüllen, statt auf niedriger Bietstufe in der Farbe Ihres Partners einoder zweimal zu fallen. Meist landen Sie jedoch in einem totalen Mis-Fit, stürzen im Kontra mindestens dreimal und verlieren viele Punkte.

Mit einem Doubleton in der Farbe Ihres Partners und guten Deckungen in den drei übrigen Farben können Sie einen Teilkontrakt oder Partie in Sans-Atout suchen. Ihre Entscheidung hängt hierbei nicht nur von der Stärke Ihres eigenen Blattes ab, sondern auch davon, ob Ihr Partner in der Gefahrenzone zwischengereizt hat oder nicht. Im letzteren Fall dürfen Sie nämlich bei ihm nicht allzu viel erwarten.

## Farbgebot im Sprung

Halten Sie eine gute lange Farbe und mindestens Eröffnungsstärke, können Sie mit einem Sprunggebot zwischenreizen. Ihre Farbe sollte so stabil sein, daß Sie kaum Unterstützung durch Ihren Partner brauchen, also etwa AKDBx, KD109xx o. ä. Wenn Sie sich in der Gefahrenzone befinden oder auf die Dreierstufe springen müssen, sollte Ihr Blatt stärker als eine normale Eröffnung sein:

♠ A5 ♡ AKB1084 ◇ 762 ♣ D5

Über eine gegnerische Karo-Eröffnung können Sie unabhängig von der Gefahrenlage auf »2 Coeur« springen. Hat Ihr Gegner jedoch mit Pik eröffnet, sollten Sie in der Gefahrenzone nur »2 Coeur« bieten, während nicht in der Gefahrenzone ein Sprung auf »3 Coeur« angebracht ist.

Der Partner des Zwischenreizers kann nach einem Sprung in Unterfarbe auch mit relativ schwachen Blättern volles Spiel in Sans-Atout riskieren, falls er eine Haltung in der vom Gegner eröffneten Farbe besitzt. Ist eine Edelfarbe im Sprung zwischengereizt worden, darf der Partner auch mit zwei kleinen Trümpfen oder einem blanken Trumpf-Bild und bescheidenen Werten heben bzw. mit einem etwas besseren Blatt volles Spiel ausbieten.

## Hochansagen

Mit einer sehr langen Farbe können Sie im Doppelsprung zwischenreizen oder eine noch höhere Ansage machen. Nach Möglichkeit sollte Ihre Farbe mit Mittelwerten gut gepolstert sein und wenigstens sieben Karten enthalten. Bei Ihrem Gebot sollten Sie sich nach der Culbertson-Regel von 2 und 3 richten, also 500 Punkte als Maximalverlust einkalkulieren. Nicht in der Gefahrenzone können Sie also mit dem folgenden Blatt über eine gegnerische Karo-Eröffnung »3 Coeur« zwischenreizen:

♠ 762 ♡ KDB10752 ◇ 5 ♣ B8

Nicht immer hat eine hohe Zwischenreizung nur destruktiven Charakter; ein Sprung auf volles Spiel in Edelfarbe wird häufig mit einer guten Hand in der Hoffnung gemacht, mit minimalen Werten beim Partner Partie erfüllen zu können. Über eine gegnerische Coeur-Eröffnung reizen Sie deshalb mit

♠ AKDB10842 ♡ 7 ◇ DB8 ♣ 8

sofort volles Spiel in Pik.

Mit einer langen, geschlossenen Unterfarbe und einer Haltung in der Farbe des Gegners können Sie auch einen Sprung auf volles Spiel in Sans-Atout riskieren.

♠ K7 ♡ 63 ◇ AKDB985 ♣ D8

Über eine gegnerische Pik-Eröffnung ist es ein gesundes Risiko, auf »3 Sans-Atout« zu springen. Die konservative Ansage von »3 Karo« hat den Nachteil, daß Ihr Partner zwar gewisse Werte, aber keine Pik-Deckung halten könnte. Er würde dann entweder passen, obwohl volles Spiel in Sans-Atout unverlierbar ist, oder Partie in Karo suchen, die möglicherweise fällt.

## Sans-Atout als Gegenreizung

Falls Sie mit »1 Sans-Atout« zwischenreizen, sind Sie gegen ein Kontra viel ungeschützter als bei einem Farbgebot. Sie müssen deshalb ein gutes Blatt (16-18 Punkte) und nach Möglichkeit eine doppelte Haltung in der gegnerischen Farbe besitzen. Die Sans-Atout-Zwischenreizung wird also genauso wie eine Eröffnung von »1 Sans-Atout« behandelt, und der Partner antwortet entsprechend. Es müßte allerdings Klarheit darüber bestehen, ob nach einer Sans-Atout-Zwischenreizung auch die Stayman-Konvention Anwendung finden soll. Über diesen Punkt müßten sich die Partner vor dem Spiel einigen.

## Das Kontra in der Gegenreizung

Was würden Sie mit

♠ K763 ♡ 5 ◇ AD84 ♣ KD96

reizen, wenn der Gegner rechts von Ihnen mit »1 Coeur« eröffnet hat?

Trotz der 16 Punkte (14 Figurenpunkte und 2 Punkte für das Singleton) haben Sie scheinbar keine vernünftige Ansage, weil Ihr Blatt keine Fünferfarbe enthält und es nicht ratsam ist, eine Ihrer Viererfarben zu nennen. Ihr Blatt ist jedoch zu stark, um damit zu passen. In dieser schwierigen Lage ist die wohl wichtigste Konvention im Bridge der einzige gute Ausweg, nämlich das sog. Informationskontra.

Schon in den Anfangsjahren des Kontrakt-Bridge hatte man schnell herausgefunden, daß es sich nur in den seltensten Fällen lohnt, auf die gegnerische Farberöffnung Strafkontra zu geben. Seit der Zeit spielt man das Kontra in derartigen Situationen als künstliches Gebot, um ein Blatt mit Eröffnungsstärke und nach Möglichkeit *Kürze* in der eröffneten Farbe zu zeigen.

Sie werden zu diesem Thema wahrscheinlich schon gehört haben, daß man mit eigener Eröffnungsstärke Informationskontra geben soll. Diese knappe Definition ist ziemlich ungenau. Die Mehrzahl der Bridge-Experten gibt folgende Empfehlungen:

Sie sollten nach Möglichkeiten eine Kürze (Chicane, Singleton oder eventuell Doubleton) in der Farbe des Eröffners halten. Die hohen Figuren Ihres Blattes sollten sich nicht in der eröffneten Farbe konzentrieren, sondern sich auf die übrigen Farben verteilen. Über eine Edelfarb-Eröffnung sollten Sie wenigstens vier

Karten in der anderen Edelfarbe besitzen. Fehlen die genannten Voraussetzungen, dürfen Sie nur mit einem starken Blatt (16 Punkte oder mehr) informatorisch kontrieren.

Geben Sie nach Möglichkeit kein Informationskontra, wenn Sie eine gute Fünferfarbe, aber keine ausreichenden Unterstützungen in den anderen Farben halten. Was reizen Sie mit den folgenden Blättern über eine gegnerische Coeur-Eröffnung?

a) ♠ B7 ♡ A83 ♢ 76432 ♣ AKD
b) ♠ D1097 ♡ 4 ♢ AB96 ♣ KB105
c) ♠ A43 ♡ KD5 ♢ B762 ♣ A65
d) ♠ AK1083 ♡ A52 ♢ 764 ♣ D9

Bei Hand a) ist Ihre schwache Fünferfarbe nicht bietbar. In der anderen Edelfarbe halten Sie nur zwei Karten. Trotz Ihrer 14 Figurenpunkte sollten Sie passen.

Blatt b) eignet sich sehr gut für ein Informationskontra; denn es besitzt eine ideale Verteilung, nämlich vier Karten in allen drei anderen Farben.

Hand c) ist an sich für Sans-Atout geeignet; es fehlen jedoch 2 Figurenpunkte an dem erforderlichen Minimum von 16 Punkten. Gegen ein Informationskontra spricht, daß Sie die andere Edelfarbe nicht zu viert halten, daß sich drei Karten und 5 Figurenpunkte in der Eröffnungsfarbe konzentrieren und schließlich die ungünstige 4-3-3-3 Verteilung. Passen Sie deshalb.

Mit Hand d) sollten Sie trotz der Eröffnungsstärke schlicht »1 Pik« zwischenreizen; ein Informationskontra würde die Güte Ihrer Pik-Farbe verschweigen und bessere Unterstützung in den beiden Unterfarben versprechen.

Halten Sie einen guten Zweifärber mit Eröffnungsstärke, sollten Sie nach Möglichkeit kein Informationskontra geben. Wenn nämlich der Gegner hinter Ihnen die Farbe des Eröffners im Sprung unterstützt, stünden Sie nach einem Informationskontra vor dem Dilemma, entweder auf hohem Bietniveau eine Ihrer beiden Farben aufs Geratewohl nennen zu müssen oder resignierend zu passen. Mit

♠ AD764 ♡ AK1092 ♢ 5 ♣ 76

sollten Sie über eine gegnerische Karo-Eröffnung also nicht informatorisch kontrieren, sondern »1 Pik« reizen, um später erforderlichenfalls Ihre Coeurs zu nennen.

Der Partner des Kontrierenden darf mit einem schwachen Blatt dann passen, wenn der Gegner rechts von ihm ein Gebot abgibt. Paßt der Gegner jedoch, hat der Partner des Kontrierenden eine große Verantwortung. *Er darf nämlich nicht passen,* weil sonst der Eröffner seinen Kontrakt im Kontra spielen und wahrscheinlich hoch gewinnen würde. Von dieser eisernen Regel gibt es nur eine, allerdings recht seltene Ausnahme: Der Partner des Kontrierenden darf nur passen, falls er in der Eröffnungsfarbe eine so außergewöhnlich gute Trumpflänge wie etwa KDB1073 hält (sog. Strafpassen). In allen anderen Fällen muß er etwas bieten:

Mit etwa 0-7 Punkten reizt er seine beste Farbe, selbst wenn es sich dabei nur um eine *Dreierfarbe* handelt. Mit 8-10 Punkten nennt er seine beste Farbe im Sprung und zeigt damit das Vorhandensein einer gewissen Stärke an. Hält er 11 gute Punkte oder mehr, reizt er die vom Gegner eröffnete Farbe. Dies ist ein künstliches Gebot, das bis zur Partie forciert.

Mit einer doppelten Haltung in der Farbe des Gegners bietet der Antwortende mit 6-9 Punkten »1 Sans-Atout«, mit 10-12 Punkten »2 Sans-Atout« und mit 13 und mehr Punkten »3 Sans-Atout«.

Hat der Gegner zur Rechten etwas geboten, sollte der Partner des Kontrierenden nur mit 7 oder mehr Punkten (auf hohem Bietniveau mit noch stärkerem Blatt) in die Reizung eingreifen.

Was reizen Sie mit den folgenden Händen, nachdem Ihr Partner die gegnerische Coeur-Eröffnung kontriert und der Gegner rechts gepaßt hat?

a) ♠ 764 ♡ K10742 ◇ 53 ♣ 863
b) ♠ B762 ♡ 53 ◇ AK6 ♣ AB103
c) ♠ K1072 ♡ 643 ◇ AD42 ♣ 108
d) ♠ B8 ♡ AD9 ◇ B976 ♣ K1085

Mit Blatt a) müssen Sie wohl oder übel »1 Pik« reizen; denn Ihr Partner hat Sie hierzu gezwungen. Die Karte ist für ein Passen ungeeignet, weil Ihre Coeurs nicht gut genug sind, um den hinter Ihnen sitzenden Eröffner in Verlegenheit zu bringen. Für die Ansage von »1 Sans-Atout« müßten Sie 6-9 Punkte halten.

Hand b) enthält eine eigene Eröffnung, so daß Sie auf volles Spiel gehen sollten. Zeigen Sie die große Stärke Ihrer Karte durch das forcierende konventionelle Gebot von »2 Coeur«. Reizt Ihr Partner jetzt Pik, können Sie ihn auf volles Spiel in dieser Farbe heben.

Mit Hand c) sollten Sie auf »2 Pik« springen, weil Sie 10 Punkte halten.

Das Blatt d) ist mit einem Sprung auf »2 Sans-Atout« am besten beschrieben; denn Sie halten 11 gute Punkte und einen doppelten Stopper in der gegnerischen Farbe. Vor den Piks brauchen Sie keine Angst zu haben, weil Ihr Partner höchstwahrscheinlich vier Pik-Karten besitzt.

Wie unterscheidet man das Informationskontra vom Strafkontra? Sie können sich an die folgende verhältnismäßig einfache Regel halten: Solange der Partner des Kontrierenden noch kein positives Gebot abgegeben, über ein Informationskontra seines Partners strafgepaßt oder selbst ein Informationskontra abgegeben hat, ist jedes Kontra unterhalb des vollen Spiels informatorischer Natur; der Kontrierende kann also sein Informationskontra wiederholen, wenn der Gegner links von ihm etwas geboten und sein Partner daraufhin gepaßt hat.

Hat Ihr Partner eine Farbe zwischengereizt, sollten Sie ein gegnerisches Gebot nur dann kontrieren, wenn Sie das gegnerische Spiel allein zu Fall bringen können. Die Zwischenreizung Ihres Partners garantiert keine Defensivstiche, sondern nur Spielstiche.

## Überruf in der gegnerischen Farbe

Gelegentlich sitzen Sie mit einer so starken Karte hinter dem Eröffner, daß Ihnen volles Spiel sicher ist und ein Schlemm durchaus im Bereich der Möglichkeiten liegt. In der Regel werden Sie in der eröffneten Farbe Chicane sein oder das blanke As halten (evtl. auch ein Singleton oder das As doubleton) und einen sehr starken Zwei- oder Dreifärber besitzen. Diese Hände sind für ein Informationskontra zu stark und sollten durch ein konventionelles Gebot (sog. Überruf) der eröffneten Farbe gezeigt werden. Reizen Sie also mit jedem der drei folgenden Blätter über eine gegnerische Coeur-Eröffnung »2 Coeur«:

♠ AKB7 ♡ — ◇ KDB93 ♣ ADB10
♠ AD ♡ 4 ◇ AKD1094 ♣ KDB9
♠ ADB107 ♡ A5 ◇ — ♣ AKD752

Ihre Ansage ist unbedingt zwingend zum vollen Spiel. Ihr Partner muß deshalb die Reizung bis zur Partie selbst mit schwächsten Blättern offenhalten.

Es gibt noch eine andere Bietsituation, in der ein Überruf in der gegnerischen Farbe gemacht werden sollte: Hat Ihr Partner nach der gegnerischen Eröffnung ein Farbgebot abgegeben, werden Sie mit einem starken Blatt hin und wieder Probleme haben, falls Sie weder ausreichende Trumpfunterstützung für Ihren Partner noch eine Deckung in der Eröffnungsfarbe besitzen. In dieser schwierigen Lage sollten Sie die gegnerische Farbe überrufen. Sie zeigen damit Ihrem Partner an, daß Sie auf volles Spiel gehen wollen, und bitten ihn, sein Blatt näher zu beschreiben. Mit einem Stopper in der gegnerischen Farbe sollte der Partner Sans-Atout bieten.

♠ B7 ♡ A963 ◇ 105 ♣ AKD104

Ihr Partner hat in der Gefahrenzone über die Karo-Eröffnung des Gegners links von Ihnen »1 Pik« gereizt, worauf der Gegner rechts paßte. Bieten Sie »2 Karo«, um die Stärke Ihres Blattes zu zeigen. Wenn Ihr Partner seine Piks wiederholt oder Coeur bietet, sollten Sie ihn auf volles Spiel in Edelfarbe heben. Reizt er jedoch »2 Sans-Atout«, können Sie auf »3 Sans-Atout« gehen. Auch ein Gebot von »3 Treff« wäre kein Fehler; denn Ihr Partner weiß ja durch Ihren vorangegangenen Karo-Überruf, daß Sie auf volles Spiel wollen.

Wird die gegnerische Farbe auf der Dreierstufe überrufen, sprechen sich viele Experten dafür aus, daß der Partner des Überrufenden auch mit einer sog. Halbdeckung (z. B. Dx oder Bxx) »3 Sans-Atout« bieten sollte.

♠ B64 ♡ B1083 ◇ D9 ♣ AK76

Wenn Ihr Partner über eine gegnerische Pik-Eröffnung auf »3 Karo« gesprungen ist und der Gegner rechts gepaßt hat, können Sie nicht ins Blaue »3 Sans-Atout« ansagen. Nach einer Hebung auf »4 Karo« sind Sie bereits für volles Spiel in Sans-Atout zu hoch. Passen können Sie auch nicht, weil Ihr Blatt dafür viel zu stark ist. Machen Sie deshalb mit dem Überruf »3 Pik« einen Versuch. Ihr Partner wird mit einem Blatt wie ♠ Dx ♡ Ax ◇ AKB10xxx ♣ xx Partie ins Sans-Atout ausreizen. Hält er stattdessen ♠ xx ♡ Ax ◇ AKB10xxx ♣ Dx, sucht er volles Spiel in Unterfarbe. In beiden Fällen wird der beste Kontrakt erreicht.

## Wann soll man passen?

Passives Verhalten am Bridge-Tisch zahlt sich in der Regel nicht aus. Wir haben uns deshalb mit den vielen Möglichkeiten befaßt, wie man in die gegnerische Reizung eingreifen kann. Es gibt aber auch Situationen, in denen man trotz einer relativ starken Hand passen muß. Hierzu zählen in erster Linie die Blätter, bei denen man eine Länge in der Farbe des Eröffners hält. Über eine gegnerische Pik-Eröffnung sollten Sie deshalb mit

♠ AD1087 ♡ 5 ◇ AK7 ♣ 8653

ohne langes Überlegen passen (sog. Stärkepaß). Kontrieren dürfen Sie nicht, weil Ihr Partner diese Ansage als Informationskontra auffassen und entsprechend reagieren würde. Wenn nach der Pik-Eröffnung alle passen, haben Sie nicht viel verloren; denn der Gegner wird voraussichtlich ein- bis zweimal fallen, und Ihre Seite dürfte keine Partie erfüllen können, nachdem Ihr Partner nicht in die Reizung gegangen ist.

Ihr Passen wird gelegentlich reich belohnt. Wenn der Gegner links paßt und Ihr Partner Informationskontra gibt, können Sie strafpassen und einen beachtlichen Gewinn buchen.

♠ 54 ♡ AKD ◇ B632 ♣ A763

Nach einer gegnerischen Coeur-Eröffnung ist es am besten, mit dieser Karte zu passen. Für »1 Sans-Atout« ist die Hand 2 Punkte zu schwach, und ein Informationskontra würde Unterstützung in der anderen Edelfarbe versprechen, die hier fehlt. Noch schlechter wäre es, eine der beiden schwachen Unterfarben auf der Zweierstufe zu nennen.

♠ AK1084 ♡ 5 ◇ AK972 ♣ 107

Es kann ohne weiteres vorkommen, daß der Gegner links »1 Karo« eröffnet, Ihr Partner paßt und der Gegner rechts »1 Pik« bietet. Hier können Sie nur noch passen.

## Kampfbetonte Reizung

Die meisten Bridge-Spieler möchten gerne gewinnen. Falls sie vorgeben, nur zu ihrem Vergnügen zu spielen, ist das nicht einmal eine Lüge; denn ihr Vergnügen besteht gerade im Gewinn. Sie empfinden es als schmerzlich, wenn die Gegner einen Kontrakt reizen und erfüllen, obwohl sie durch Höherbieten diesen Verlust hätten mindern oder ganz vermeiden können. Schon um den Teilkontrakt zu kämpfen, kann sich lohnen.

♠ K864 ♡ 8 ◇ D1096 ♣ KB94

Die Coeur-Eröffnung rechts hat Ihr Gegner links mit »2 Coeur« unterstützt, und Ihr Partner und der Eröffner haben gepaßt. Es sollte Ihnen zu denken geben, daß die Gegner offensichtlich zu schwach sind, um auf volles Spiel zu gehen. Sie können deshalb bei Ihrem Partner mit einer gewissen Stärke (ca. 7-11 Punkten) rechnen und sollten den Gegnern ihren Teilkontrakt nicht zu billig überlassen. Ihre beste Ansage ist zu kontrieren. Dieses verspätete Informationskontra ist jetzt korrekt, obwohl Sie unmittelbar nach der Coeur-Eröffnung zu schwach dafür waren.

Im Kampf um den Teilkontrakt ist es eine gute Taktik, den Gegner zu »treiben«. Der Gegner steht vor der Entscheidung, entweder Sie spielen zu lassen oder höher zu bieten und vielleicht zu fallen. Bei dieser Taktik sollten Sie nach Möglichkeit nicht über die Dreierstufe hinausgehen und in der Gefahrenzone etwas zurückhaltend sein.

Interessant wird der Kampf auf Partiehöhe. Hier haben Sie oft genug Gelegenheit, durch ein Opfergebot billiger davonzukommen, als wenn die Gegner Partie oder Rubber gemacht hätten. Das sog. Verteidigende Bieten ist eine Kunst und setzt viel Erfahrung und gute Blattbeurteilung voraus. Ein Opfergebot lohnt sich, wenn Sie ungefährlich oder in der gleichen Gefahrenlage wie Ihre Gegner sind, über sehr wenig Defensivstiche verfügen und entweder eine lange Farbe oder einen guten Fit zusammen mit Ihrem Partner halten.

♠ 764 ♡ 3 ◇ D964 ♣ KD852

Ihre Gegner und Sie sind beide in der Gefahrenzone. Über die Pik-Eröffnung links von Ihnen hat Ihr Partner »2 Karo« und der Gegner rechts »4 Pik« geboten. Reizen Sie »5 Karo«. Die Gegner würden ihr Pik-Spiel wahrscheinlich leicht erfüllen; denn Ihr Defensivpotential ist sehr gering, weil Sie die Treff-Figuren wegen der Länge der Farbe kaum als Stich rechnen können und Ihre vier Karokarten ein Indiz dafür sind, daß hohe Karten Ihres Partners in dieser Farbe schon beim ersten oder zweiten Mal vom Gegner getrumpft werden. Ihre »5 Karo« werden voraussichtlich nur einmal fallen oder sogar erfüllt werden, weil Ihr Partner kaum mehr als ein Singleton in Pik hält und Ihr Blatt wegen der Zweitrundenkontrollen in Coeur und Treff offensiv sehr wertvoll ist.

Würden Sie stattdessen ♠ KD10 ♡ D3 ◇ 9642 ♣ 8752 halten, sollten Sie passen. Jetzt ist es nämlich gar nicht mehr sicher, ob die Gegner überhaupt ihren Pik-Kontrakt erfüllen, während Sie andererseits in »5 Karo« zwei- bis dreimal fallen können, weil Sie in Coeur und Treff kaum Unterstützung für den Partner bereithalten und Ihre Pik-Bilder ihm wahrscheinlich nicht helfen werden.

Besitzen Sie einen guten Fit zusammen mit Ihrem Partner und können Sie schon bei Beginn der Reizung übersehen, daß Sie im weiteren Verlauf ein verteidigendes Gebot abgeben werden, sollten Sie es ohne Umschweife tun. Der Gegner ist dann gezwungen, seine Entscheidung auf hohem Bietniveau ohne genügende vorherige Verständigung mit dem Partner zu treffen.

♠ 4 ♡ 76 ◇ KD107 ♣ D109642

Der Gegner befindet sich in der Gefahrenzone, Sie nicht. Links von Ihnen wurde »2 Treff« eröffnet (künstliches Gebot, forcierend zum vollen Spiel). Ihr Partner reizte »2 Karo«, und der Gegner rechts paßte. Höchstwahrscheinlich werden die Gegner volles Spiel in Edelfarbe erfüllen können. Im Endeffekt haben Sie ohnehin vor, mit »5 Karo« ein billiges Opfergebot abzugeben. Am besten springen Sie gleich auf »5 Karo«. Durch diese gut kalkulierte Ansage stellen Sie den Eröffner vor eine schwierige Entscheidung. Er weiß jetzt nicht, ob seine Seite auf Schlemmhöhe oder Fünferstufe einen lukrativen Kontrakt erfüllen kann oder ob ein Kontra angezeigt ist. Würden Sie aus Ihrem Blatt die Treff-Dame wegnehmen und durch eine kleine Karokarte ersetzen, wäre sogar ein Sprung auf »6 Karo« eine gute Wette. In den USA und in England nennt man ein derartiges Manöver »Advance Sacrifice«.

Halten Sie gute Defensivstiche, sollten Sie eine Zwischenreizung Ihres Partners nicht unbedingt unterstützen; denn möglicherweise wird er später auf der Fünferstufe ein Opfergebot abgeben, obwohl der Gegner sein Spiel gar nicht erfüllen kann (engl. »Phantom Sacrifice«). Hier ein Beispiel:

♠ 762 ♡ B85 ◇ AK972 ♣ 53

Die Gegner sind in Gefahrenzone, Sie nicht. Über die Pik-Eröffnung links hat Ihr Partner »2 Coeur« geboten; der Gegner rechts hat mit »2 Pik« unterstützt. Wenn Sie jetzt Ihren Partner auf »3 Coeur« heben, wird er vielleicht später über ein gegnerisches Pik-Spiel mit »5 Coeur« verteidigen. Reizen Sie deshalb »3 Karo«, um den Besitz von Defensivstichen in dieser Farbe anzuzeigen. Ihr Partner kann dann viel leichter entscheiden, ob er den Gegner Partie in Pik spielen lassen oder verteidigen soll.

*»Was mir gerade so in den Sinn kommt? Neulich halte ich Pik-As zu sechst, Single Coeur, die Honneurs in Karo ohne das As und ...« »Halt, halt, Bridge-Geschichten kosten doppeltes Honorar!«*

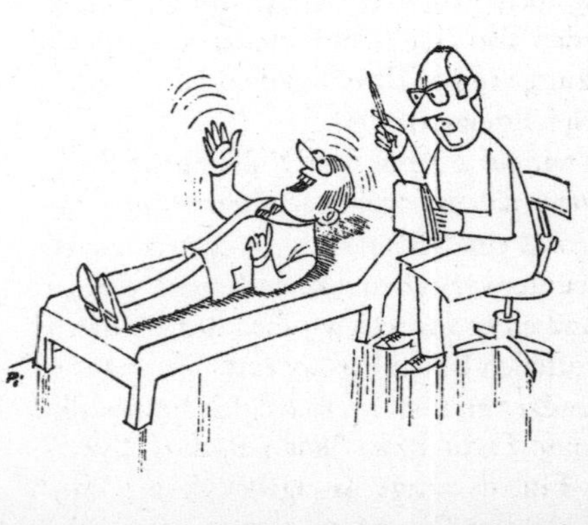

# Konventionen

Wohl kaum ein Thema hat im Bridge so viele Diskussionen ausgelöst wie das ständig wachsende Ausmaß der Konventionen. Die Konservativen möchten zurück zur natürlichen Reizung und prangern die durch die Inflation von neuen Konventionen geschaffene babylonische Sprachverwirrung und die hoffnungslose Überforderung des normalen Bridge-Spielers an. Sie befürchten, daß Bridge zu einem überkomplizierten Geistessport für eine elitäre Expertengruppe wird, daß die breite Masse der Bridge-Anhänger die Freude am Spiel verliert und Bridge schließlich an der uferlosen Ausweitung durch Konventionen zugrunde gehen wird.

Das fortschrittliche Lager belächelt die Konservativen als rückständig und hebt die Notwendigkeit hervor, das allgemeine Bridge-Niveau durch eine wissenschaftliche Durchdringung der Materie und die mit der Anwendung von Konventionen verbundene Exaktheit zu heben; es sei falsch, daß man wegen der Konventionen die Lust verlieren müsse, vielmehr sei das Gegenteil der Fall: Gerade mit Hilfe der Konventionen könne ein Spieler mit seinem Partner auch dort den besten Endkontrakt ausreizen, wo er mit der natürlichen Reizung allein gescheitert wäre; Konventionen würden also eine sichere Beherrschung der Reizung ermöglichen und damit die Freude am Spiel steigern.

Ehe wir auf das Für und Wider dieser Kontroverse näher eingehen, sollten wir uns fragen, was eine »Konvention« überhaupt ist. Hierunter versteht man eine Ansage, die auf Grund einer vorher zwischen den Partnern getroffenen Vereinbarung eine Information gibt oder verlangt, ohne sich hierbei auf die gereizte Farbe bzw. Sans-Atout zu beziehen. Eine derartige Ansage ist »künstlich«, weil sie – im Gegensatz zu einem »natürlichen« Gebot – nicht die Bereitschaft zum Ausdruck bringt, einen Kontrakt in dieser Bezeichnung spielen zu wollen.

In dem Meinungsstreit zwischen Konservativen und Modernen gibt es keinen eigentlichen Sieger. Wie so oft, haben sich auch hier die extremen Gruppen nicht durchsetzen können. Bei den Konservativen sind die »Puristen« inzwischen verschwunden, die Konventionen für unethisch hielten und nur natürliche Ansagen zulassen wollten (ihr wohl berühmtester Vertreter war der legendäre englische Colonel Buller). Kein vernünftig Denkender wird heute auf die drei wichtigsten Konventionen verzichten wollen, nämlich das Informationskontra, eine zwingende Eröffnung mit konventioneller Ablehnung und die As- und Königsfrage.

Auf der anderen Seite haben die Ultramodernen ihre Vorstellungen nicht verwirklichen können, wonach die Bridge-Öffentlichkeit jede neu erfundene Konvention widerspruchslos zu akzeptieren hatte. Man hat die Gefahr erkannt, daß auch ein geübter Bridge-Spieler vor der unübersehbaren Fülle von Konventionen kapitulieren muß. Eine künstliche Reizung ist ohne besondere Hilfe nur für die beiden Partner verständlich, die sich vorher hierüber abgesprochen haben. Als »Dolmetscher« für die Gegner dient eine sog. »Konventionskarte«, auf der alle vereinbarten künstlichen Ansagen beschrieben sein müssen. Würde eine Konventionskarte eine große Zahl von wenig oder gar nicht bekannten Konventionen aufführen, könnten die Gegner deren Bedeutung nur verstehen, wenn sie sich der zeitraubenden Mühe unterzögen, den endlos langen Katalog von Erklärungen durchzulesen. Der Spielfluß wäre entscheidend gehemmt, und an die Konzentration der Gegner würden höchste Anforderungen gestellt. Man ist deshalb den vernünftigen Weg gegangen, für Paarturniere nur bestimmte Konventionen zuzulassen. Diese Beschränkungen können für Teamkämpfe und von erfahrenen Spielern besuchte große Meisterschaften gelockert oder aufgehoben werden.

In den folgenden Abschnitten werden wir uns mit vielen bekannten und auch weniger gebräuchlichen Konventionen befassen, wobei angemerkt wird, ob die jeweilige Konvention auf Paarturnieren des Deutschen Bridge-Verbandes (DBV) erlaubt ist.

Vorher jedoch eine kleine Warnung:
Bei jedem künstlichen Gebot, das Sie mit Ihrem Partner vereinbaren, müssen Sie zwangsläufig auf die entsprechende natürliche Ansage verzichten. Mit Hilfe der Konventionen können Sie jetzt zwar manches schwierige Bietproblem meistern; auf der anderen Seite kann es Ihnen aber passieren, daß Sie durch eine simple Hand vor unerwartete Probleme gestellt werden, weil die natürliche Reizung nicht mehr verfügbar ist. Spielen Sie deshalb nur solche Konventionen, bei denen der Verzicht auf das natürliche Gebot durch die Vorteile der Konvention mehr als aufgewogen wird.

Vereinbaren Sie nach Möglichkeit nicht zu viele Konventionen. Die Erfahrung hat gezeigt, daß selbst Experten häufig genug im Eifer des Gefechts eine mit ihrem Partner vereinbarte Konvention vergessen haben; die Folgen waren meist katastrophal. Wenn Sie und Ihr Partner alle vereinbarten Konventionen im Gedächtnis parat halten und anwenden wollen, erfordert dies ein erhebliches zusätzliches Maß an Konzentration, das Sie vielleicht mit mehr Erfolg auf Spieldurchführung und Gegenspiel verwandt hätten.

Für gutes Bridge ist nicht die Zahl der gespielten Konventionen, sondern ein ausgewogenes Urteilsvermögen entscheidend. Prüfen Sie also das Überangebot an Konventionen mit der gebotenen Skepsis, anstatt sich und Ihren Partner zu überfordern.

# Konventionen für den Eröffner und seinen Partner

## Künstliche Gebote von 1-in-Farbe

Viele Bietsysteme sind auf einer konventionellen Eröffnung von »1 Treff« aufgebaut, die forcierend für eine Runde ist. Diese Ansage zeigt entweder ein starkes Blatt (*Precision Club* ab 16, *Schenken* und *Neapolitanische Treff* bzw. *Blue Club* ab 17 Punkten) oder verneint den Besitz einer Fünfer-Edelfarbe (z.B. *Kleine Treff*, *Better Minor*). Daneben gibt es die *Große Treff*, bei der der Eröffner durch einen Sprung in Edelfarbe in der zweiten Bietrunde ein starkes Blatt mit einer langen, guten Oberfarbe zeigt.

Bei fast allen künstlichen Treff-Eröffnungen muß der Antwortende mit schwachem Blatt (ca. 0-7 Punkte) konventionell mit »1 Karo« ablehnen.
Gelegentlich (z.B. im *Blue Club*) zeigt er durch Antworten in Stufen die Anzahl seiner Kontrollen (As = 2 Kontrollen, König = 1 Kontrolle; »1 Karo« = 0-2 Kontrollen und weniger als 6 Punkte, »1 Coeur« = 0-2 Kontrollen nebst 6 oder mehr Punkten, »1 Pik« = 3 Kontrollen usw.).

Manche Systeme verwenden künstliche Treff- und Karo-Eröffnungen nebeneinander, um den Besitz einer Fünfer-Edelfarbe zu verneinen. »1 Treff« zeigt ca. 12-15 Punkte, während die Eröffnung von »1 Karo« für die stärkeren Hände (ab 16 Punkte) reserviert ist. Im letzteren Fall ist »1 Coeur« die konventionelle Ablehnung.

Der Deutsche Bridge-Verband hat künstliche Eröffnungen von 1-in-Unterfarbe unter der Bedingung zugelassen, daß hierauf *eine* bestimmte künstliche Antwort erfolgen darf. Weitere konventionelle Gebote, insbesondere in der zweiten Bietrunde, sind nicht zulässig.

Konventionelle Eröffnungen von 1-in-Edelfarbe sind auf Turnieren des Deutschen Bridge-Verbandes nicht erlaubt. So darf z.B. die von dem Engländer Terence Reese erfundene *Little Major* nicht gespielt werden, bei der eine Eröffnung von »1 Coeur« entweder ein Blatt von 20 Punkten und mehr oder ein sehr schwaches Blatt mit 2-5 Punkten zeigt und »1 Pik« eine auf ca. 12-15 Punkte limitierte Eröffnungsansage mit beiden Unterfarben ist.

Halb-künstlich ist der von dem französischen Experten Pierre Albarran entwickelte Canapé-Stil, der in Frankreich viele Anhänger gefunden hat und Bestandteil einiger italienischer Bietsysteme ist. Albarran gab folgende Definition: Ein Zweifärber von gewisser Stärke (etwa ab 16 Punkten) wird mit der höheren Farbe eröffnet, falls diese eine Viererfarbe ist; enthält die höhere Farbe mehr als vier Karten, wird sie erst in der zweiten Bietrunde genannt.

♠ AKB76 ♡ KB83 ◇ A2 ♣ 94

Im Canapé-System wird die Hand mit »1 Coeur« eröffnet, um ggf. später die Piks zu nennen. Wenn Sie in Karo das As durch eine kleine Karte ersetzen, müssen Sie die Hand mit »1 Pik« eröffnen, um später die Piks zu wiederholen. Die Coeurs dürfen Sie nicht zeigen, weil Ihnen der Partner sonst mindestens fünf Coeurs und ein besseres Blatt geben würde.

Ein interessantes Kapitel ist die Bluff-Erstansage von 1-in-Farbe, bei der der Eröffner entweder nicht über die erwartete Mindestpunktstärke verfügt oder kurz in der von ihm eröffneten Farbe ist; auch beides ist kombiniert möglich. Auf Paarturnieren des Deutschen Bridge-Verbandes sind Bluff-Eröffnungsgebote in erster oder zweiter Hand verboten (ausgenommen ist die M-Klasse bei Wertungsturnieren oder bei Deutschen Meisterschaften). Für eine Eröffnung mit 1-in-Farbe in erster oder zweiter Hand muß das Blatt 12 Figurenpunkte oder 2½ Quick-Tricks enthalten (zulässige Ausnahmen: 11 Figurenpunkte mit Fünferfarbe oder 4-4-4-1 Verteilung; 10 Figurenpunkte bei neun Karten in zwei Farben; 9 Figurenpunkte bei zehn Karten in zwei Farben bzw. 8 Figurenpunkte bei mindestens elf Karten in zwei Farben). Ein zwischen den Partnern vereinbarter Bluff ist eine unzulässige Geheimkonvention; im Zeitpunkt der Erstansage darf also der Partner des Eröffners ebenso wenig wie die Gegner wissen, daß geblufft worden ist.

Manche Bietsysteme (z.B. *Kaplan-Sheinwold* und *Roth-Stone*) verwenden sog. »disziplinierte Bluffs« :In erster oder zweiter Hand darf ein Blatt mit einer bietfähigen Farbe und 3-6 Figurenpunkten mit einem Bluff eröffnet werden, wenn in den Nebenfarben kein As oder König gehalten wird. Forciert der Antwortende durch einen Sprung in einer neuen Farbe, zeigt der Eröffner seinen Bluff dadurch, daß er seine Farbe wiederholt oder, falls dies billiger ist, Sans-Atout bietet. Ebenfalls forcierend ist ein Sprung des Antwortenden auf »2 Sans-Atout«, der 21-22 Punkte (!) zeigt.

Im Bereich des Deutschen Bridge-Verbandes und vielen anderen Ländern (z.B. in England) sind disziplinierte (»kontrollierte«) Bluffs nicht zugelassen, weil der Partner des Bluffers nicht bessergestellt werden soll als seine Gegner.

## Antworten auf natürliche Eröffnungen von 1-in-Farbe

Sehr beliebt wegen ihrer Sperrwirkung sind sog. *Limit-Bids.* Entgegen der üblichen Praxis ist eine Unterstützung der eröffneten Farbe im Sprung nicht mehr forcierend; der Eröffner darf also mit einem minimalen Blatt passen. Von einer Konvention im engeren Sinne kann man hier kaum sprechen, weil der Antwortende gerade zum Ausdruck bringt, daß er sich mit neun Stichen begnügt, wenn sein Partner keine Zusatzwerte hält. Ebenfalls limitiert ist ein Sprung auf »2 Sans-Atout« (11-12 Punkte, evtl. gute 10 Punkte) oder »3 Sans-Atout« (13-14 Punkte).

Limit-Bids sind Bestandteil des *Acol*-Systems, können aber auch in andere Bietsysteme eingebaut werden. Hier ein Beispiel:

♠ D1073 ♡ 85 ◇ 73 ♣ A10843

Auf die Pik-Eröffnung seines Partners kann der Antwortende »3 Pik« reizen. Der Gegner hinter ihm hat es jetzt sehr schwer, in den Bietprozeß einzugreifen. Der Antwortende kann sich bei Limit-Bids zur genaueren Blattbeurteilung anstelle der Punktzählung der sog. *Verlierer-Rechnung* bedienen, mit der wir uns im nächsten Abschnitt näher befassen werden.

Gibt der hinter dem Eröffner sitzende Gegner ein Informationskontra, kann die »*Truscott*«-Konvention gute Dienste leisten: Mit einem Sprung auf »2 Sans-Atout« zeigt der Antwortende ein Blatt, das mindestens zwei Defensivstiche enthält und mit dem er ohne das Informationskontra die Eröffnungsfarbe durch ein Limit-Bid auf die Dreierstufe gehoben hätte.

a) ♠ D972 ♡ AK4 ◇ 65 ♣10873
b) ♠ K984 ♡5 ◇ DB973 ♣984

Wird die Pik-Eröffnung Ihres Partners informatorisch kontriert, reizen Sie mit a) »2 Sans-Atout« und mit b) »3Pik«. Der Eröffner erhält so eine wichtige Information, die ihm bei einer späteren Entscheidung helfen kann, ob er die in die Reizung eingreifenden Gegner kontrieren oder höher bieten soll.

Ziemlich ungewöhnlich ist der schwache Sprung nach Partner-Eröffnung (*Weak Jump-Shift*). Wenngleich im klassischen Bietstil starke Sprünge für die Schlemmreizung sehr hilfreich sein können, bringt die Neuerung zwei große Vorteile: Die eigene Hand wird mit *einer* Ansage genau beschrieben, darüber hinaus wird der Bietraum der Gegner nicht unerheblich eingeschränkt. Ein schwacher Sprung der antwortenden Hand auf Zweierstufe zeigt etwa 3-6 Punkte und eine Sechserlänge, während ein Sprung auf die Dreierhöhe eine Farbe zu siebt verspricht. Auf 1◇ des Partners kann man mit ♠ KB10843 ♡76 ◇ 85 ♣743 auf 2♠ springen. Der Eröffner wird mit starkem Blatt noch einen Vollspielversuch unternehmen, indem er die Partnerfarbe hebt oder mit Doubleton 2SA reizt (mit Minimum wiederholt der Antwortende nun seine Farbe).

Reizt der Gegner zwischen, kann man eine ähnliche Konvention anwenden, nämlich *Nonforcing Free Bid*: Mit etwa 5-8 Punkten nennt man seine lange Farbe auf der Zweierstufe. Der Eröffner darf jetzt passen. Nach z.B. 1♣-1♠ bietet man mit ♠ 73 ♡ DB9864 ◇ K106 ♣ 94 nicht-forcierende 2♡. Hält der Antwortende nach Zwischenreizung eine gute Hand, muß er – auch mit langer Farbe – negativ kontrieren.

Im Bereich der Unterfarb-Hebungen verdient die vom Deutschen Bridge-Verband zugelassene Konvention *Inverted Minors* Beachtung: Eine einfache Hebung zeigt ein gutes Blatt mit 9 oder mehr Figurenpunkten und forciert für eine Runde, während eine

Sprungunterstützung als Sperransage wirkt und mindestens fünf Trümpfe in der eröffneten Farbe und höchstens 8 Figurenpunkte verspricht. In beiden Fällen darf der Antwortende keine Edelfarbe zu viert oder länger besitzen. Der Antwortende kann also mit z.B.

♠ 2 ♡ 853 ◇ DB9874 ♣ D72

nach einer Karo-Eröffnung seines Partners auf »3 Karo« springen und so den Gegnern das Leben schwer machen, während er mit einem guten Blatt wie

♠ KB7 ♡ 84 ◇ K1063 ♣ AB72

»2 Karo« reizt und mit dieser den Partner forcierenden einfachen Hebung das Bietniveau niedrig hält. Eröffner und Antwortender können jetzt die Farben von unten nach oben ansagen, in denen sie Stopper besitzen, um herauszufinden, ob der Endkontrakt besser in Sans-Atout oder in Unterfarbe gespielt werden soll.

Eine ähnliche Idee liegt den Sans-Atout-Antworten im *Baron*-System zugrunde. Ein Sprung auf »3 Sans-Atout« zeigt 12-14 Punkte und eine schwächere Hand als die Antwort »2 Sans-Atout«, die 16-18 Punkte verspricht und Schlemminteresse zum Ausdruck bringt.

Oft zahlt es sich aus, in dritter oder evtl. auch vierter Hand ein Blatt mit einer guten Edelfarbe selbst dann zu eröffnen, wenn es nicht die erforderliche Punktstärke hat. Hält der Antwortende etwa 10-12 Punkte, interessiert es ihn zu erfahren, ob sein Partner eine normale Eröffnung besitzt. Hier ist die vom Deutschen Bridge-Verband zugelassene Konvention *Drury* eine gute Hilfe. Der Antwortende fragt mit dem konventionellen Gebot von »2 Treff« nach der Qualität der Erstansage. Durch das künstliche Gebot von »2Karo« zeigt der Eröffner, daß er unterwertig aufgemacht hat. Jede andere Ansage ist normal und verspricht eine echte Eröffnung.

(Terence Reese hält den umgekehrten Weg für besser und modifiziert Drury wie folgt: Wiederholung der Eröffnungsfarbe zeigt eine unterwertige Erstansage, während das künstliche Gebot von »2 Karo« eine normale Eröffnung verspricht.)

Die Konvention SNAP (strong no trump after passing) dient ähnlichen Zwecken wie Drury. Ein gepaßter Partner zeigt mit der Antwort von »1 Sans-Atout« eine relativ gute Hand von 9-12 Punkten. SNAP schafft allerdings Probleme, wenn der Antwortende etwa 6-8 Punkte hält. Er behilft sich damit, daß er mit 6 Punkten paßt und mit 8 Punkten eine Farbe auf der Zweierstufe bietet; für Hände mit 7 Punkten gibt es allerdings kaum eine befriedigende Lösung. Im Gegensatz zu Drury darf SNAP auf Paarturnieren des Deutschen Bridge-Verbandes nicht gespielt werden.

Lediglich am Rande erwähnt werden sollen die Reizungen, die auf dem *Relay*- oder *Interrogator*-Prinzip aufgebaut sind, das sich z.B. in dem von dem Franzosen Ghestem erfundenen System *Monaco* oder im schwedischen *Efos* befindet. Der Antwortende fragt durch immer neue, meist auf sparsamster Bietstufe abgegebene Gebote den Eröffner nach Punktstärke, Blattverteilung und evtl. auch bestimmten Schlüsselkarten. Derartige Reizungen sind auf Paarturnieren des Deutschen Bridge-Verbandes nicht zugelassen.

## Wiedergebote des Eröffners und seines Partners

Ein wichtiges Hilfsmittel für die Blattbewertung bei Farbkontrakten ist die sog. *Verlierer-Rechnung*, die genauer ist als die (bei Sans-Atout-Kontrakten bessere) Punktzählung. Der verstorbene englische Experte Harrison-Gray hat diese Methode näher erläutert*.

* M. Harrison-Gray »The Losing Trick Count«, wiederabgedruckt in Bridge Magazine, Februar 1973, S. 92.

Der Eröffner zählt seine Verlierer wie folgt: Eine Chicane oder ein blankes As ist kein Verlierer; jedes andere Singleton, Ax oder Kx ist ein Verlierer; jedes andere Doubleton zählt als zwei Verlierer. In jeder Farbe von drei oder mehr Karten (einschließlich der Trumpffarbe) wird für jede fehlende Hochfigur (A, K oder D) ein Verlierer gerechnet; mehr als drei Verlierer pro Farbe werden nicht gezählt. Eine Farbe mit AB10 an der Spitze wird nur als ein Verlierer gerechnet.

Dxx wird mit drei Verlierern bewertet, es sei denn, daß die Farbe vom Partner geboten oder unterstützt worden ist oder ein As in einer Nebenfarbe für einen Ausgleich sorgt. DBx gelten als zwei Verlierer.

Wenn der Antwortende den Eröffner mit vier Trümpfen unterstützen kann, zählt er seine Verlierer auf die gleiche Weise; hierbei kann er allerdings Dxx nicht nur durch ein As, sondern auch durch einen König in einer Nebenfarbe »ausbalancieren«. Hält der Antwortende mehr als vier Trümpfe, darf er wegen der Trumpfkontrolle einen Verlierer abziehen. Mit nur drei Trümpfen sollte der Antwortende einen Verlierer addieren, es sei denn, daß der Eröffner seine Farbe wiederholt hat oder er aus anderen Gründen mindestens eine Fünferfarbe halten muß.

Sowohl der Eröffner als auch sein Partner dürfen bei guter Qualität ihres Blattes (Schwergewicht in Assen oder Königen; Singleton in einer wichtigen Nebenfarbe) einen Verlierer abziehen.

Dreh- und Angelpunkt der Verlierer-Rechnung ist die sog. *18er Regel*: Man errechnet die Höhe des noch erfüllbaren Endkontraktes dadurch, daß man die Summe der von beiden Partnern gehaltenen Verlierern von 18 abzieht. Diese Regel ist nicht rein empirischer Natur; sie läßt sich vielmehr einleuchtend begründen: Die höchstmögliche Verliererzahl in beiden Händen ist 24; hiermit erzielt man keinen einzigen Stich. Mit sechs Verlierern weniger, also 18, wird gerade das »Buch« gemacht, und mit 17 gemeinsamen Verlierern kann schon ein Kontrakt auf der Einerstufe erfüllt werden.

Unterstützt der Antwortende den Eröffner, kalkuliert er ein, daß eine Minimaleröffnung etwa 7 Verlierer enthält. 9 Verlierer rechtfertigen eine einfache Hebung, 8 Verlierer eine Unterstützung im Sprung und 7 Verlierer nach einer Edelfarberöffnung das Ausbieten der Partie.

a) ♠ 63 ♡ K874 ♢ 104 ♣ 98752
b) ♠ A76 ♡ D84 ♢ K8752 ♣ 94
c) ♠ 10832 ♡ B9762 ♢ A4 ♣ 85
d) ♠ 103 ♡ K973 ♢ AB1083 ♣ 42

Was reizen Sie mit den obigen Blättern über die Coeur-Eröffnung Ihres Partners?

Mit a) heben Sie auf »2 Coeur« (9 Verlierer). Hand b) dürfte auf 8 Verlierer einzutaxieren sein (der für den fehlenden vierten Trumpf abzuziehende Verlierer wird durch die Qualität des Blattes etwa ausgeglichen). Weil eine Sprungunterstützung mindestens vier Trümpfe voraussetzt, Ihr Blatt jedoch für eine einfache Hebung etwas zu stark ist, sollten Sie »2 Karo« bieten. Mit c) können Sie unbesorgt »3 Coeur« reizen, weil Sie von Ihren 9 Verlierern einen für Trumpfkontrolle abziehen dürfen. Mit Blatt d) bieten Sie das volle Spiel aus, weil Sie nur 7 Verlierer halten.

Hält der Antwortende weniger als 7 Verlierer, ist die Verlierer-Rechnung nicht mehr so genau. Es kommt jetzt auf das Vorhandensein wichtiger Kontrollen (Asse und Chicanes, Könige und Singletons) an, mit deren Ermittlung wir uns im Abschnitt über Schlemmreizungen befassen werden.

Der Eröffner sollte nach einer einfachen Hebung mit 7 Verlieren passen. Mit 5 Verlierern und guten Kontrollen kann er volles Spiel sofort ausbieten. Hält er allerdings nur vier Trümpfe, dann sollte er mit 5 oder 6 Verlierern und guter Punktstärke ein einladendes Gebot von »2 Sans-Atout« abgeben, weil sein Partner möglicherweise nur drei Trümpfe besitzt.

Zu den Grenzfällen rechnen Blätter mit 6 Verlierern und guten Kontrollen nach einer einfachen Hebung der eröffneten Edelfarbe. Hier sondiert der Eröffner die Lage durch ein *Trial Bid*. Er reizt auf nächsthöherer Stufe die Nebenfarbe (zu dritt oder länger), in der er auf die Mithilfe seines Partners angewiesen ist. Ohne ausreichende Unterstützung (insbesondere xxx) wiederholt der Antwortende die eröffnete Farbe auf Dreierstufe (sog. Sign-Off). Mit einer guten Hilfe für die angefragte Farbe – z.B. Kx oder Singleton – sowie mindestens vier Trümpfen reizt der Antwortende volles Spiel aus. Kann er die gefragte Farbe stützen, hat er aber nur drei Trümpfe, bietet er die Nebenfarbe, in der er gute Werte hält. Der Eröffner weiß jetzt, daß sein Partner zwar positiv ist, aber nur drei Atouts besitzt.

♠ AD10874 ♡ 3 ♢ AD9 ♣ 872

Nach der einfachen Hebung seiner Pik-Erstansage gibt der Eröffner das Trial Bid von »3 Treff« ab. Mit ♠ KBxx ♡ Kxxx ♢ xx ♣ xxx muß sich der Antwortende mit »3 Pik« begnügen, weil er die angefragte Treff-Farbe nicht unterstützen kann. Das folgende, an Punkten schwächere Blatt ♠ 9xxx ♡ Bxxx ♢ Kxxx ♣ x ist hingegen eine ausgezeichnete Hilfe für die Treff-Schwäche des Eröffners, und der Antwortende bietet volles Spiel aus.

Kaplan und Sheinwold haben vorgeschlagen, ein Trial-Bid in der Farbe zu machen, in der der Eröffner keine Unterstützung braucht (z.B. dort, wo er ein Singleton hält). Der Antwortende gibt dann mit überflüssigen Werten in der angefragten Farbe – etwa KDBx – ein Sign-Off, während er mit kleinen Karten bzw. kleinen Karten nebst As volles Spiel ausreizt.

Trial Bids in langer Farbe und in kurzer Farbe können miteinander kombiniert werden (ROMEX oder EWEN Two-Way Game-tries). Diese Konvention verwendet jedoch nach 1♡-2♡ und nach 1♠-2♠ die so wichtige Ansage 2SA (ausgeglichenes Blatt, etwa 18-19 Punkte) als künstliches Gebot, so daß sich Vor- und Nachteile etwa die Waage halten dürften.

A) 1♡-2♡-2♠ (Relais) -2SA (Relais) als Einleitung für Trial Bids in langer Farbe (3♣, 3♢, 3♡ für ♣, ♢, ♠).
Trial Bids in kurzer Farbe werden nach 1♡-2♡ abgegeben durch 2SA, 3♣, 3♢ für ♠, ♣, ♢.

B) 1♠-2♠-2SA (Relais) -3♣ (Relais) als Einleitung für Trial Bids in langer Farbe (3♢, 3♡, 3♠ für ♢, ♡, ♣).
Trial Bids in kurzer Farbe erfolgen nach 1♠-2♠ durch 3♣, 3♢, 3♡ für ♣, ♢, ♡.

Gute Dienste leistet die Konvention *Vierte Farbe forciert*, die Bestandteil des *Acol*-Systems ist, aber auch in andere Bietsysteme eingebaut werden kann. Sieht der Antwortende Chancen für ein volles Spiel, gibt er in der vierten Farbe ein künstliches Gebot ab, das weder eine echte Farbe noch den Besitz einer Hochfigur verspricht. Der Eröffner wird aufgefordert, sein Blatt näher zu beschreiben, insbesondere mit einer ausreichenden Haltung in der vierten Farbe Sans-Atout zu bieten. Diese Konvention kann als forcierend für eine Runde oder als Partieforcing gespielt werden. Hier ein Beispiel:

♠ A5 ♡ 643 ♢ 962 ♣ AKD105

Ihr Partner hat mit Pik eröffnet und über Ihre Treff-Antwort »2 Coeur« geboten. Nach Standard-Methoden haben Sie keine gute Ansage mehr: Die Coeurs können Sie nicht heben, weil der Eröffner möglicherweise nur eine Viererfarbe hält. »3 Treff« würde eine relativ schwache, einseitige Treff-Hand zeigen. Hier hilft nur das konventionelle Gebot von »3 Karo«. Mit einer Karo-Haltung (z.B. ♠ KDxxx ♡ Dxxx

♢ Ax ♣ Bx) bietet Ihr Partner »3 Sans-Atout«. Mit ♠ KBxxx ♡ AKxxx ♢ Bx ♣ x wiederholt er seine Coeurs, und Sie können ihn jetzt auf Partie heben. Wenn er seine Piks wiederholt oder Ihre Treffs unterstützt, können Sie in dieser Farbe auf volles Spiel gehen.

Nennt der Antwortende die vierte Farbe auf der Zweierstufe, hat der Eröffner mehr Möglichkeiten, sein Blatt auch hinsichtlich der Stärke zu differenzieren: Nach z.B. 1♡-1♠-2♣-2♢ sind folgende Wiedergebote des Eröffners denkbar:

a) 2♡ verneint einen Karo-Stopper und eine Dreier-Pik
b) 2♠ zeigt eine Dreier-Pik und Minimum (3-5-1-4 Verteilung)
c) 2SA verspricht Karo-Deckung und Minimum; der Antwortende darf jetzt mit ca. 11 Punkten passen
d) 3♣ Fünfer-Coeur und Fünfer-Treff
e) 3♢ zeigt eine 0-5-4-4 Verteilung
f) 3♡ ist Fünfer-Coeur mit 15-17 Punkten ohne Karo-Stopper und ohne Dreier-Pik
g) 3♠ zeigt Dreier-Pik und 14+-17 Punkte
h) 3SA Karo-Deckung und Maximum (15-17)

Es gibt auch die Konvention *Dritte Farbe forciert* – sowohl für Wiedergebote des Eröffners als auch für Zweitgebote des Antwortenden. Weit verbreitet ist, daß eine vom Eröffner auf Einerstufe gebotene neue Farbe (z.B. 1♣-1♡-1♠) den Antwortenden zwingt, auch mit schwachem Blatt die Reizung offenzuhalten. Weniger gebräuchlich ist, die Wiedergebote des Eröffners auf Zweierhöhe ohne Revers-Reizung oder Sprunggebot als Rundenforcing zu spielen. Will der Antwortende jetzt mit absolutem Minimum nicht eine Stufe höher reizen, muß er notgedrungen selbst dann auf die vom Eröffner zuerst gebotene Farbe zurückgehen, wenn er hierin weniger Karten hält. Diese etwas unnatürliche Reizung (engl. »False Preference«) kommt gelegentlich auch in natürlichen Systemen als eine improvisierte Notansage vor:

♠ B10 ♡ D1096 ♢ 862 ♣ K972

Ihr Partner hat mit Karo eröffnet und ist nach Ihrer Coeur-Antwort auf »3 Treff« gesprungen. Auf dieses forcierende Gebot dürfen Sie nicht passen. Die natürliche Hebung auf »4 Treff« hat den Nachteil, daß jetzt nicht mehr »3 Sans-Atout« gespielt werden können. Behelfen Sie sich deshalb mit der falschen Ausbesserung auf »3 Karo«, um Ihrem Partner Gelegenheit zu geben, mit einer Pik-Haltung »3 Sans-Atout« zu bieten.

Viel gespielt wird *Dritte Farbe forciert* bei den Wiedergeboten des Antwortenden in einer Unterfarbe (*New Minor Forcing*). Nach Bietfolgen wie 1♣-1♠-1SA oder 1♣-1♠-2♣ kann der Antwortende, wenn er seinen Partner forcieren will, nicht die Vierte Farbe forciert-Konvention anwenden, weil erst *zwei* Farben gereizt sind. Hier kann man sich dadurch helfen, daß man die andere Unterfarbe – in unserem Beispiel 2♢ – oder nach einer Sequenz 1♡-1♠-1SA irgendeine Minore reizt. Diese künstliche Ansage ist forcierend für eine Runde. Der Antwortende verspricht mindestens 11 Punkte und in der Regel eine Fünfer-Oberfarbe. Der Eröffner ist nun aufgefordert, sein Blatt näher zu beschreiben. Nach der Reizung 1♣-1♠-1SA-2♢ hat der Eröffner folgende Möglichkeiten:

a) 2♡ = Vierer-Coeur
b) 2♠ = Dreier-Pik und Minimum
c) 2SA = Doubleton Pik und Minimum
d) 3♠ = Dreier-Pik und Maximum
e) 3SA = Doubleton Pik und Maximum.

Dagegen zeigt die Reizung einer neuen *Ober*-Farbe durch den Antwortenden (z.B. 1♣-1♠-1SA-2♡) lediglich eine schwache Hand mit fünf Piks und mindestens vier

Coeurs, wie etwa ♠ KB763 ♡ DB95 ◇ 65 ♣ 94. Der Eröffner soll nun passen oder auf 2♠ ausbessern.

Nicht ungewöhnlich ist auch eine partnerschaftliche Vereinbarung, daß dann, wenn der ungepaßte Partner des Eröffners eine neue Farbe auf der Zweierstufe nennt, die Reizung bis 2SA offengehalten werden muß. Nach 1♠-2◇-2♠ muß der Antwortende also noch einmal sprechen. Der Eröffner kann mit Blättern im 14-16 Punktebereich wie z.B. ♠ AK10873 ♡ A106 ◇ K9 ♣ B7 in Ruhe seine Farbe wiederholen, ohne aus Angst, der Partner werde passen, einen ungesunden Sprung auf 3♠ riskieren zu müssen. Nach *Zwei-über-Eins forciert bis 2SA* gibt es also kein Sign-Off auf Zweierhöhe. Reizt der Eröffner über 2SA des Antwortenden eine neue Farbe, ist dies künstlich und forciert bis zum vollen Spiel.

Reizt ein Gegner zwischen, kann ein Überruf in dieser Farbe je nach der vereinbarten Konvention eine verschiedene Bedeutung haben. Hier die beiden Hauptvarianten: Beim *Directional Asking Bid* wird der Partner aufgefordert, mit einer Halbdeckung in der gegnerischen Farbe (vorzugsweise Dx oder Bxx, evtl. auch K oder 10xxx) Sans-Atout zu reizen. Der Fragende kann also herausfinden, ob er zusammen mit der Halbdeckung seines Partners einen vollwertigen Stopper hält. Sitzt der Fragende mit einer normalen Deckung wie Axx oder Kxx hinter der vom Gegner zwischengereizten Farbe, kann er mit Hilfe der Konvention dafür sorgen, daß sein Partner mit Dx oder Bxx den Sans-Atout-Kontrakt von der günstigen Seite spielt.

Sie halten

♠ A43 ♡ 107 ◇ KDB1063 ♣ AK

Über Ihre Karo-Eröffnung hat Ihr Partner mit »1 Coeur« geantwortet und der Gegner rechts »1 Pik« zwischengereizt. Mit dem Directional Asking Bid von »2 Pik« können Sie testen, ob evtl. auch Ihr Partner die Hand in Sans-Atout spielen kann. Hält er etwa ♠ Dx ♡ A9xx ◇ xxx ♣ 97xx, ist Partie in Sans-Atout nur von seiner Seite erfüllbar, weil jetzt Pik-Dame gegen einen Pik-Angriff geschützt ist.

Die andere bekannte Konvention ist das sog. *Western Cue-Bid*, das keinerlei Deckung in der gegnerischen Farbe, sondern nur allgemeine Stärke verspricht. Der Partner darf jetzt nur mit einer vollwertigen Deckung Sans-Atout reizen.

Beide Konventionen können wie folgt miteinander kombiniert werden: Ein Überruf auf der Zweierstufe ist ein Western Cue-Bid. Wenn der Partner darauf nicht Sans-Atout reizt, kann die gegnerische Farbe auf der Dreierstufe abermals geboten werden. Der zweite Überruf ist ein Directional Asking Bid und bittet den Partner, mit einer Halbdeckung Partie in Sans-Atout auszureizen.

Nur geringe Bedeutung haben die *Okuneff*-Konvention und das *East Coast Cue-Bid.* Okuneff fragt den Partner durch einen Überruf in der gegnerischen Farbe, ob er eine Halbdeckung oder eine vollwertige Deckung besitzt. Mit einer Halbdeckung bietet er die niedrigste ungereizte Farbe und mit einem vollwertigen Stopper Sans-Atout. Das East Coast Cue-Bid zeigt eine gute Hand und eine Kontrolle in der gegnerischen Farbe.

Aut Paarturnieren des Deutschen Bridge-Verbandes ist es zulässig, die gegnerische Farbe zu überrufen, wenn die Bedeutung dieser Ansage auf der Konventionskarte erläutert wird.

## Sans-Atout-Eröffnungen und konventionelle Antworten

Es gibt nur wenige Ansagen im Bridge, mit denen so viel experimentiert worden ist wie mit der Sans-Atout-Eröffnung. So zeigte die *Stern-Ohne* 18 oder mehr Punkte mit beliebiger Verteilung (diese Eröffnung war Bestandteil des von dem Österreicher Dr. Paul Stern bereits im Jahre 1935 geschaffenen Wiener Systems). Der Partner zeigte ein schwaches Blatt von 0-7 Punkten durch die konventionelle Ablehnung »2 Treff« oder durch einen negativen Sprung in einer Sechserfarbe. Diese Idee hat der Amerikaner Dr. Rosenkranz mit der Konvention *Dynamic No Trump* aufgegriffen, die 18-21 Punkte und eine unausgeglichene Verteilung verspricht. Der Partner zeigt Kontrollen (Asse und Könige) ähnlich wie in der Neapolitanischen Treff durch stufenweise Antworten.

Ziemlich ungewöhnlich ist das von den Italienern Mario Franco und Michele Giovine entwickelte *Marmic*-System, in dem ein Passen in erster oder zweiter Hand ein ausgeglichenes Blatt mit 16 guten bis 19 Punkten zeigt.

Es sind viele Versuche unternommen worden, die Punkterfordernisse für eine Sans-Atout-Eröffnung immer weiter zu senken. Auf Paarturnieren des Deutschen Bridge-Verbandes ist eine Sans-Atout-Eröffnung jedoch nur zulässig, wenn sie mindestens 12 Figurenpunkte enthält und die Spanne zwischen der Unter- und Obergrenze maximal 5 Figurenpunkte beträgt. Grundsätzlich ist eine ausgeglichene Verteilung erforderlich; Sans-Atout-Eröffnungen mit unausgeglichenem Blatt (z.B. einer Chicane oder einem Singleton) müssen auf der Konventionskarte ausdrücklich vermerkt werden.

Aus diesem Wirrwarr von Varianten sind inzwischen zwei Favoriten hervorgegangen, nämlich der *starke Sans-Atout* (meist 16-18 Punkte, gelegentlich auch 15-17, 16-19 oder 17-20 Punkte) und der *schwache Sans-Atout* (12-14 Punkte, bisweilen 12-15 oder 13-15 Punkte). Unerschrockene Anhänger des schwachen Sans-Atout spielen diese Eröffnung unabhängig von der jeweiligen Gefahrenlage. Etwas Vorsichtigere variieren, indem sie in Gefahrenzone den starken Sans-Atout spielen (»1/2«), den starken Sans-Atout nur bei ungünstiger Gefahrenlage, also Gefahr gegen Nichtgefahr, anwenden (»3/4 schwach«) oder schließlich mit dem starken Sans-Atout nur in der ersten, zweiten und dritten Hand bei Gefahr gegen Nichtgefahr eröffnen (»13/16 schwach«).

Ehe wir uns mit den konventionellen Antworten beschäftigen, wollen wir auf die Besonderheiten des schwachen Sans-Atout näher eingehen. Diese Ansage hat zwei nicht zu unterschätzende Vorteile. Zum einen brauchen ausgeglichene Blätter an der unteren Grenze einer Erstansage nicht mehr mit einem vorbereitenden Gebot in einer Unterfarbe eröffnet zu werden, das den Gegnern zu viel Spielraum lassen würde.

♠ D764 ♡ K76 ♢ B93 ♣ AK4

Die schwache Sans-Atout-Eröffnung beschreibt diese Hand viel besser als die wegen der Schwäche der Piks improvisierte Notansage von »1 Treff«. Wenn Ihr Partner z.B. ♠ Kxx ♡ Axx ♢ AKx ♣ DBxx hält, wird er es nach einer Treff-Eröffnung sehr schwer haben, aus einem aussichtslosen Schlemm herauszubleiben. Nach der schwachen Sans-Atout-Eröffnung hat er hingegen keine Probleme, weil er genau weiß, daß zwei ausgeglichene Blätter mit einer addierten Stärke von 29-31 Punkten keinen Schlemm schaffen. Der Antwortende bietet also volles Spiel in Sans-Atout aus.

Ein noch wesentlicherer Vorteil des schwachen Sans-Atout ist die für die Gegner geschaffene Ungewißheit. Der Gegner hinter dem Eröffner sitzt in der sog. *Sand-*

*wich-Position*, kann nur auf der Zweierstufe in die Reizung gehen und ist einem Strafkontra des hinter ihm sitzenden Spielers ausgeliefert. Auch der Gegner rechts vom Eröffner hat es nicht viel besser; denn der Partner des Eröffners wird Blätter bis zu 10 oder 11 Punkten ohne eine lange Farbe passen. Wer also in vierter Hand die Reizung wieder beleben will, weiß nicht, ob sich das Gros der fehlenden Punkte beim Partner oder beim Gegner rechts befindet. Ist das letztere der Fall, dann liegt der Partner des Eröffners meist schon mit dem Kontra auf der Lauer.

Keine Rose ohne Dornen: Die Achillesferse des schwachen Sans-Atout sind Nullblätter des Antwortenden. Der Eröffner kann in solchen Fällen kontriert einige Male fallen. Es kommt jetzt darauf an, den drohenden Verlust in Grenzen zu halten. Eine einfache Regel für den Antwortenden ist, mit einem sehr schwachen Blatt aus dem Sans-Atout-Kontrakt herauszugehen, ehe der Gegner hinter ihm kontriert hat. Die Begründung ist einleuchtend. Ein Sans-Atout-Kontrakt läßt sich viel leichter strafkontrieren als ein Farbspiel. Wenn der Gegner in letzter Hand auf Ihre Farbantwort Kontra gibt, hat dieses Kontra informatorische Bedeutung. Nur sehr selten hat der Gegner rechts von Ihnen (also links vom Eröffner) ein Blatt, mit dem er strafpassen kann.

a) ♠ 85 ♡ 76432 ◇ 93 ♣ 10542
b) ♠ B962 ♡ B98 ◇ 9642 ♣ 32
c) ♠ 532 ♡ 763 ◇ DB108 ♣ 643

Hat der Gegner rechts von Ihnen über die schwache Sans-Atout-Eröffnung Ihres Partners gepaßt, sollten Sie mit a) »2 Coeur« bieten. Mit Hand b) reizen Sie am besten »2 Treff« (Stayman-Konvention), um anschließend auf jede Antwort des Eröffners zu passen. Wenn er nicht unglücklicherweise eine 3-3-2-5 Verteilung aufgemacht hat, erreichen Sie mit Sicherheit mindestens einen 4-3 Fit. Für den Gegner ist es schwer, diesen Kontrakt zu kontrieren. Mit Hand c) können Sie die Antwort von »2 Karo« riskieren. Zugegebenermaßen wird ein Karospiel einmal mehr fallen als der Sans-Atout-Kontrakt; die Gefahr, daß die Gegner strafkontrieren, ist jedoch wesentlich geringer.

Falls der Gegner hinter dem Eröffner bereits kontriert, hat der Antwortende mit einem sehr schwachen Blatt nicht mehr so gute Chancen, der drohenden Katastrophe zu entgehen; denn jetzt ist jedes weitere Kontra der Gegner auf ein Farbangebot ein Strafkontra und kein Informationskontra mehr. Verhälnismäßig unproblematisch ist die Situation, wenn der Antwortende eine Fünferfarbe bieten kann. Hält er keine Fünferfarbe und 5 oder mehr Punkte, sollte er passen. Mit 4 oder weniger Punkten hingegen ist die Flucht nach vorn die einzige Chance. Der Antwortende sollte auf sparsamster Bietstufe auf eine Vierer- oder sogar Dreierfarbe herausgehen. Es kann der Glücksfall eintreten, daß der Gegner hinter ihm in der gereizten Farbe sehr kurz ist und selbst ein Farbangebot abgibt.

♠ B1094 ♡ 32 ◇ 853 ♣ 8762

Hat der Gegner rechts die schwache Sans-Atout-Eröffnung Ihres Partners kontriert, sollten Sie »2 Treff« bieten. Es ist richtig, daß Sie sozusagen aus dem Regen in die Traufe kommen können, aber dieses Risiko müssen Sie laufen, um überhaupt eine Chance zu haben, der drohenden Gefahr zu entrinnen. Wird Ihre Ansage kontriert, können Sie auf »2 Pik« herausgehen.

Lange Erfahrungen mit der schwachen Sans-Atout haben gezeigt, daß Fälle, in denen die Eröffnung zu einem hohen Verlust geführt hat, eine große Seltenheit sind. Gelegentliche Einbußen von 300 oder 500 Punkten werden oft dadurch kompensiert, daß die Gegner volles Spiel hätten reizen und erfüllen können.

Hält der Antwortende ein gutes Blatt (etwa ab 9 Punkten), kann er den Spieß umdrehen, indem er nach einem Kontra auf die schwache Sans-Atout-Eröffnung seines Partners rekontriert. Da die Erfüllung dieses Kontraktes als volles Spiel zählt und sehr teuer werden kann, wenn Überstiche hinzukommen, werden die Gegener wahrscheinlich eine Farbe bieten und jetzt selbst in ein Strafkontra hineinlaufen.

Interessant ist folgende Konvention: Nach 1SA-X zwingt ein Passen des Antwortenden den Eröffner zu rekontrieren, falls der Gegner rechts auch paßt (*Pass Forcing zum Rekontra*). Der Antwortende gibt also nicht sofort zu erkennen, ob er mit Stärke im Rekontra des Eröffners bleiben oder aus Schwäche herauslaufen wird.

Nun zu den konventionellen Antworten: Die *Stayman*-Konvention haben wir bereits in ihren Grundzügen kennengelernt. Hier sind so viele Varianten in Mode gekommen, daß es unmöglich ist, alle aufzuzählen. Stayman wird nach dem starken Sans-Atout meist als forcierend bis zur Partie gespielt, während nach dem schwachen Sans-Atout »Nonforcing Stayman« üblich ist. Eine interessante Idee ist auch, 2♣ als Nonforcing Stayman und 2♢ als Forcing Stayman zu spielen (sog. »Two-way Stayman«). Im letzteren Fall zeigt das Wiedergebot von 2SA, daß der Eröffner keine Edelfarbe zu viert und keine Fünfer-Unterfarbe (diese würde er auf Dreierhöhe nennen) besitzt. Der Antwortende kann nun mit 3♣ nach weiterer Verteilung fragen. Mit einem 4-3-3-3 Blatt und einer Vierer-Treff reizt der Eröffner 3SA, mit einer Vierer-Karo 3♢. Mit beiden Unterfarben zu viert nennt er seine Dreier-Oberfarbe.

Um Rebidproblemen zu entgehen, wird (auch auf hoher internationaler Ebene) die starke SA-Eröffnung (meist 15-17 Punkte) auch mit einer *Fünfer*-Oberfarbe angewandt. Spielt man Two-way Stayman, so antwortet der Eröffner über 2♢ mit 3♡, wenn er eine Fünfer-Coeur hält. Mit fünf Piks und einem Coeur-Doubleton reizt er 3♠ und mit fünf Piks nebst drei Coeurs 3SA.

Eine weitere Möglichkeit, nach einer evtl. vorhandenen Fünfer-Oberfarbe zu fragen, bietet *Auron* (Auhagens Baron), das mit einem 2♢-Jacoby-Transfergebot (siehe S. 89) eingeleitet wird. Auf das erzwungene 2♡-Relaisgebot des Eröffners bietet der Antwortende nun 2♠ und fordert damit den Eröffner auf, seine Hand näher zu beschreiben, also eine Art Baron. Mit beliebiger 4-3-3-3 Verteilung bietet der Eröffner 2SA. (Hierauf kann der Antwortende mit 3♣ nach der Viererfarbe fragen.) Mit einer Fünfer-Treff oder vier Treffs mit einer weiteren Viererfarbe reizt der Eröffner 3♣. Mit einer Fünfer-Karo oder vier Karos nebst Vierer-Oberfarbe bietet er 3♢. Hält der Eröffner eine Fünfer-Edelfarbe, reizt er sie. Mit beiden Majoren zu viert bietet der Eröffner 3SA. (Man kann *Auron* auch „verkürzt" spielen, indem man über 1 SA sofort 2♠ bietet; dann würde man aber auf die Möglichkeit verzichten, diese Bietfolge anderweitig – z.B. für Stayman for the Minors - zu nutzen.)

Nicht leicht zu reizen sind nach einer Sans-Atout-Eröffnung Hände, bei denen der Antwortende eine unausgeglichene Hand mit Schwerpunkt in den Unterfarben hält. Im Paarturnier ist die Sache nicht allzu problematisch, weil man – allerdings etwas spekulativ – den lukrativeren Sans-Atout-Kontrakt reizen wird. Im Teamturnier (oder im Rubber-Bridge mit einem eingespielten Partner) sollte man es sich allerdings nicht so leicht machen. Hier ist die folgende Stayman-Variante eine gute Hilfe:

Die Antwort von »2 Karo« forciert zum vollen Spiel und zeigt eine unausgeglichene Unterfarb-Hand mit einer Chicane oder einem Singleton, die keine Edelfarbe zu viert enthält. Der Eröffner nennt eine Dreier- oder Viererfarbe mit konzentrierter Stärke (z.B. AKB), während er mit gleichmäßig verteilter Stärke »2 Sans-Atout« bietet. Wenn der Antwortende dort kurz ist, wo der Eröffner konzentrierte Stärke gezeigt hat, weiß er, daß die Hand in Sans-Atout zu spielen ist, weil ein Unterfarbkontrakt wegen der Wertverdopplung ungünstig wäre.

Auch *Conot* kann man spielen. Der Antwortende reizt konventionell »2 Sans-Atout« und fordert den Eröffner auf, seine bessere Unterfarbe zu nennen. Danach paßt der Antwortende mit einem schwachen Unterfarbblatt, während er mit einer guten Unterfarbhand die Edelfarbe bietet, in der er sehr kurz ist. Mit einer doppelten Haltung hierin geht der Eröffner auf »3 Sans-Atout« und reizt andernfalls Partie in Unterfarbe.

*Stayman for the Minors* ist auch so spielbar: Der Antwortende reizt konventionell 2♠ als Frage nach den Unterfarben. Der Eröffner bietet seine Minore, falls vorhanden (andernfalls 2SA). Mit schwachem Blatt paßt der Antwortende bzw. bietet über 2SA 3♣. Mit guter Hand reizt der Antwortende einen Edelfarbstopper (ohne Edelfarbdekkung 3SA). Der Eröffner kann jetzt wählen, ob er Vollspiel in Unterfarbe oder SA spielen will.

Beliebt sind sog. *Transfer*-Gebote, mit deren Hilfe der Eröffner Alleinspieler in der Farbe des Antwortenden werden kann. Das hat den Vorteil, daß die vom Eröffner erfahrungsgemäß gehaltenen Gabelpositionen und ungeschützten Könige nicht auf den Tisch zu liegen kommen, wo sie durch den gegnerischen Angriff sofort unterspielt werden könnten.

Will der Antwortende den Eröffner Partie in seiner Edelfarbe spielen lassen, wendet er die (vom Deutschen Bridge-Verband ausdrücklich zugelassene) *Texas*-Konvention an und reizt die darunterliegende Farbe auf Viererstufe. Der Eröffner sagt jetzt in der darüberliegenden Edelfarbe den Endkontrakt an. Um zu vermeiden, daß der Eröffner die Konvention vergißt und über »4 Coeur« aus Versehen paßt, ist auch *Südafrikanisches Texas* gebräuchlich, wo eine Coeur-Hand mit »4 Treff« und eine Pik-Hand mit »4 Karo« geboten wird. In diesen Fällen muß man allerdings auf die As-Frage nach Gerber verzichten.

Viel flexibler ist *Jacoby* Transfer (Texas auf Zweierstufe)*. Diese im Deutschen Bridge-Verband zugelassene Konvention wird auf der Zweierstufe gespielt, wenn der Gegner nicht zwischenreizt. Über »2 Karo« muß der Eröffner Coeur reizen und über »2 Coeur« Pik bieten. Jacoby kann auch auf die Unterfarben ausgedehnt werden: Nach »2 Pik« muß der Eröffner Treff reizen, während ein Karo-Kontrakt nach zwei Transfer-Geboten, genannt »die lange Reise«, erreicht wird: Über »2 Coeur« bietet der Eröffner zunächst Pik, um anschließend über »3 Treff« Karo zu reizen. Statt der etwas umständlichen »langen Reise« kann auch »3 Treff« als ein Transfer-Gebot für Karo gespielt werden; diese Variante hat allerdings den Nachteil, daß der Antwortende eine Trefflänge mit Schlemminteresse nicht mehr durch einen Sprung auf »3 Treff« zeigen kann.

Jacoby schützt nicht nur die Gabelpositionen des Eröffners, sondern hat daneben noch weitere Vorteile. Der Antwortende steht mit einer Edelfarblänge vor einem Problem, wenn seine Punktstärke im Grenzbereich zwischen Teilkontrakt und Partie liegt und/oder seine Edelfarbe zu fünft und schwach ist. Hier leistet Jacoby gute Dienste, wie die beiden folgenden Hände zeigen:

---

* Diese Konvention wird dem amerikanischen Experten Oswald Jacoby zugeschrieben, der sie im Jahre 1956 in den USA populär gemacht hat. Entwickelt worden ist sie allerdings schon drei Jahre vorher von dem Schweden Olle Willner.

a) ♠ D108764 ♡ 83 ◇ AK6 ♣ 75

b) ♠ B7632 ♡ AK7 ◇ B2 ♣ KD5

Über die schwache Sans-Atout-Eröffnung Ihres Partners reizen Sie mit a) »2 Coeur« und heben die Pik-Antwort auf »3 Pik«. Dies ist ein einladendes Gebot und fordert den Partner auf, mit Maximum auf volles Spiel in Pik zu gehen.

Auch mit Hand b) bieten Sie »2 Coeur« und springen dann über die erzwungene Pik-Antwort Ihres Partners auf »3 Sans-Atout«. Hiermit zeigen Sie genügend Punkte für volles Spiel und eine schwache Fünfer-Pik. Der Eröffner kann jetzt entscheiden, ob er Partie in Sans-Atout oder Pik spielen will. Wenn Sie in b) ein Treff-Bild durch eine kleine Treff-Karte ersetzen, hätten Sie nach der Pik-Antwort des Eröffners nur »2 Sans-Atout« angeboten. Der Eröffner kann jetzt mit einem Minimum passen oder »3 Pik« bieten und sich mit einem Maximum für Partie in Sans-Atout oder Pik entscheiden.

Jacoby läßt Ihnen auch die Wahl, ob Sie oder Ihr Partner die Hand spielen.

a) ♠ 76 ♡ AKDB832 ◇ 843 ♣ 6

b) ♠ AD4 ♡ D1097642 ◇ K5 ♣ 4

Über eine schwache Sans-Atout-Eröffnung reizen Sie mit a) »2 Karo« und heben die Coeur-Antwort des Eröffners auf volles Spiel. Mit b) hingegen reizen Sie selbst »4 Coeur«, weil jetzt Ihre Pik-Gabel und Ihr Karo-König vor dem gegnerischen Angriff geschützt werden müssen.

Mit *Jacoby* können Sie auch Zweifärber reizen, indem Sie über die vom Partner erzwungene Antwort Ihre andere Farbe nennen. Sie müssen sich allerdings darauf einigen, ob diese Bietsequenz zum Vollspiel forciert oder nur einlädt.

Reizt der Gegner hinter dem SA-Eröffner, hilft dem Antwortenden die Konvention *Lebensohl*: Über eine Gegenreizung von 2-in-Farbe ist Kontra Strafkontra, ein Farbgebot auf Zweierhöhe schwach, doch eine Farbansage auf der Dreierstufe (z.B. 1SA-2♠-3♡) Gameforcing. Die Antwort von 2SA ist künstlich und zwingt den Eröffner, 3♣ als Relais zu bieten. Mit langen Treffs und schwachem Blatt paßt der Antwortende. Reizt er *unter* Gegners Farbe, muß der Eröffner passen; geht er über die Gegnerfarbe (z.B. 1SA-2♡-2SA-pass-3♣-pass-3♠), ist dies nur einladend. Über eine Zwischenreizung auf *Dreier*stufe sind Farbgebote forcierend. Kontra kann man als negative double spielen. Hält der Antwortende genug Punkte für volles Spiel, jedoch keine lange Farbe, gibt er nach der Zwischenreizung 1SA-2♠ (2♡) dem Eröffner durch, ob er die andere Edelfarbe zu viert und einen Stopper in Gegners Farbe hat: direktes Cue-Bid in gegnerischer Farbe zeigt beides, direkte 3SA nur Stopper. Mit der anderen Majore ohne Stopper verzögertes Cue-Bid in Gegners Farbe nach Einschaltung von 2SA-3♣, ohne Stopper und ohne andere Edelfarbe verzögerte 3SA (ebenfalls nach Zwischenschaltung von 2SA-3♣).

Nachteil von Lebensohl: die natürliche Reizung 1SA-2♠-2SA ist nicht mehr möglich.

Nach einer Eröffnung von »2 Sans-Atout« sind die Konventionen *Baron* und *Flint* eine gute Hilfe; beide sind vom Deutschen Bridge-Verband zugelassen. Man kann diese Konventionen auch nach der Bietfolge 2♣-2◇-2SA spielen, die 23-24 Punkte versprechen kann.

*Baron* fordert den Eröffner durch ein konventionelles Gebot von »3 Treff« dazu auf, seine Farben von unten nach oben zu reizen oder »3 Sans-Atout« zu bieten, wenn Treff seine einzige Farbe ist. Der Antwortende nennt ebenfalls seine Farben von unten nach oben, bis ein Fit gefunden worden ist. Hierbei darf der Antwortende allerdings mit einem schwachen Blatt nicht über »3 Sans-Atout« hinausgehen. Mit Baron kann auch ein Unterfarben-Fit gefunden werden – ein entscheidender Vorteil bei Schlemmhänden im Grenzbereich:

♠ K843 ♡ A84 ◇ 76 ♣ KD105

Über die »2 Sans-Atout«-Eröffnung Ihres Partners (20-22 Punkte) haben Sie konventionell »3 Treff« gereizt und als Antwort »3 Sans-Atout« bekommen. Der Eröffner könnte z.B. ♠ ADx ♡ KDx ◇ Axx ♣ ABxx halten. Schlemm in Sans-Atout ist nur zu erfüllen, wenn die gegnerischen Piks 3-3 stehen, während ein Treff-Schlemm so gut wie sicher ist. Baron ist auch nach der Sequenz 2♣-2◇-3SA (25-27 Punkte) auf der Viererstufe spielbar.

Da viele Paare »2 Sans-Atout« auch mit einer Fünfer-Oberfarbe eröffnen, kann man die Baron-Konvention auch primär als Frage nach einer Majore zu fünft spielen. Eine Fünfer-Oberfarbe nennt der Eröffner direkt. Mit Treff als einziger Länge bietet er 3SA, sonst reizt er 3◇. Der Antwortende nennt nun seine Vierer-Edelfarbe; falls er keine hat, geht er auf 3SA.

*Flint.* Diese von dem englischen Experten Jeremy Flint entwickelte Konvention dient dazu, nach einer Eröffnung von »2 Sans-Atout« mit sehr schwachen Edelfarblängen auf der Dreierstufe stehen zu bleiben. Über die künstliche Antwort von »3 Karo« muß der Eröffner konventionell »3 Coeur« bieten und dann auf jede weitere Reizung seines Partners passen.

Wenn der 2SA-Eröffner Maximum und ein für eine oder sogar beide Edelfarben besonders gut geeignetes Blatt hält, kann er auf Partie gehen. Mit guten Piks hebt er nach der Sequenz 2SA-3◇-3♡-3♠ seinen Partner auf volles Spiel. Mit guten Coeurs reizt er nach 2SA-3◇ unter bewußter Abweichung von der normalen Flint-Konvention »3 Pik«. Hält sein Partner ein schwaches Pik-Blatt, muß er passen; ist hingegen Coeur seine Farbe, geht er hierin auf volles Spiel. Wenn der Eröffner sogar beide Edelfarben hält, bietet er nach 2SA-3◇ »3 Sans-Atout«, und der Antwortende reizt Partie in seiner Edelfarbe.

Diese Varianten (sog. Extended Flint) können auch auf den folgenden Fall ausgedehnt werden: Mit einer Karolänge und Schlemminteresse reizt der Antwortende nach 2SA-3◇-3♡ (oder 2SA-3◇-3♠) »3 Sans-Atout«. Hält der Eröffner eine gute Karounterstützung, sollte er dies mit »4 Karo« zeigen, wonach die weitere Reizung zum Schlemm führen kann.

Nach der Sequenz 2SA-3◇-3SA kann der Antwortende sein Karo-Blatt natürlich nicht mehr mit »3 Sans-Atout« deklarieren; das ist jedoch kein großer Nachteil, weil der Eröffner kaum einen starken Karo-Anschluß hält, wenn er zwei gute Vierer-Edelfarben besitzt.

Anstelle der Flint-Konvention kann man auch *Jacoby* Transfer-Gebote nach einer 2SA-Eröffnung spielen. Auf die Antwort von 3◇ soll der Eröffner 3♡ reizen bzw. auf 3♡ das Gebot 3♠ abgeben. Mit sehr schwachem Blatt paßt der Antwortende nun. Ab ca. 4 Punkten bietet er mit einer Fünferlänge 3SA, während er mit einer Sechserlänge auf Vollspiel in Edelfarbe hebt. Mit Fünfer-Coeur und Vierer-Pik und genügender Stärke für ein volles Spiel (ab 4 Punkten) bietet der Antwortende erst 3◇, um dann über die 3♡ des Eröffners mit 3♠ auch noch seine Viererfarbe zu zeigen. Hat der Antwortende jedoch umgekehrt eine Fünfer-Pik mit einer Vierer-Coeur, reizt er direkt 3♠. In allen Fällen kann die starke Hand nun den Endkontrakt bestimmen.

## Zwingende Ansagen und Dreifärber

Wir haben uns bereits mit der Standard-Methode befaßt, starke Blätter zu eröffnen: »2 Treff« ist konventionelles Partie-Forcing mit künstlicher Karo-Ablehnung, während andere Zweieransagen natürlich und forcierend* für eine Runde sind (mit konventioneller Sans-Atout-Ablehnung). Hiernach wird gelegentlich auch die *Herbert*-Ablehnung gespielt, nämlich ein künstliches Gebot in der nächsthöheren Farbe als negative Antwort (eine Pik-Zweieransage wird mit »3 Treff« abgelehnt). Herbert hat den Vorteil, daß die starke Hand einen Sans-Atout-Kontrakt spielen kann, jedoch den Nachteil, daß der Antwortende mit einem positiven Blatt die nächsthöhere Farbe nicht zeigen kann. Er behilft sich, indem er konventionell »2 Sans-Atout« reizt oder in seiner Farbe springt. Hält er also die Piks, reizt er über eine Zweieransage in Coeur entweder »2 Sans-Atout« oder »3 Pik«.

Interessant ist die von dem Franzosen Albarran entwickelte Methode, mit der konventionellen »2 Treff«-Eröffnung sofort nach den Assen zu fragen. Mit einem schwachen Blatt ohne As lehnt der Partner mit »2 Karo« ab und bietet »2 Sans-Atout«, wenn er 8 oder mehr Punkte, aber kein As hält. Mit einem oder zwei Assen gibt der Partner die folgenden Antworten:

2♡ = Coeur-As
2♠ = Pik-As
3♣ = Treff-As
3◇ = Karo-As
3♡ = zwei gleichfarbige Asse
3♠ = zwei Edel- oder Unterfarb-Asse
3SA = zwei »gemischte« Asse

Für die Reihenfolge der Antworten mit zwei Assen gibt es die französische Merkregel »CRÈME« (C = couleur, R = range, M = mélangé). Nach den Königen wird mit »4 Sans-Atout« gefragt (Antworten wie bei Blackwood).

*Albarran* (vom Deutschen Bridge-Verband ausdrücklich zugelassen) ist eine gute Hilfe, wenn der Eröffner ein sehr unausgeglichenes Blatt mit einer Chicane hält.

* Oft werden Zweieransagen selbst dann als »Semi-Forcing« bezeichnet, wenn gar keine konventionelle Ablehnung vorgesehen ist und der Antwortende passen darf. Die Bezeichnung ist in diesem Zusammenhang falsch, weil im Grunde gar kein Forcing vorliegt.

♠ AKDB10763 ♡— ◇4 ♣KDB10

Meldet der Partner ein Unterfarb-As, können »6 Pik« gespielt werden. Hält er zwei Asse, weiß der Eröffner nach »3 Coeur« (zwei rote Asse) und nach »3 Sans-Atout« (Coeur- und Treff-As), daß für den Groß-Schlemm ein Unterfarb-As fehlt. Nach der Antwort von »3 Pik« (beide Unterfarb-Asse) sagt er Groß-Schlemm an.

Ein Nachteil der Methode Albarran ist, daß sie zu Schwierigkeiten führt, falls der Eröffner keine erstklassige Farblänge besitzt oder der Gegner zwischenreizt.

Der Eröffner steht mit einer langen, geschlossenen Edelfarbe und einer guten Hand oft vor einem Dilamma: Beginnt er mit einer forcierenden Zweieransage, können sich die Gegner leicht in die Reizung einmischen. Wählt er jedoch eine hohe Sperransage, könnte evtl. ein Schlemm versäumt werden, weil der Partner paßt. Hier hilft *Südafrikanisches Texas* (vom Deutschen Bridge-Verband ausdrücklich zugelassen): Lange Edelfarben ohne Schlemminteresse werden normal mit »4 Coeur« oder »4 Pik« eröffnet. Starke Hände mit einer sehr langen, guten Edelfarbe werden hingegen mit »4 Treff« (zeigt Coeur) bzw. »4 Karo« (zeigt Pik) aufgemacht. Hält der Partner eine schwache Hand, antwortet er mit einem Sign-Off in der von dem Eröffner versprochenen langen Farbe. Ist er hingegen an einem Schlemm interessiert, gibt er ein Cue-Bid ab, indem er eine Farbe reizt, in der er das As oder eine Chicane hält. Daraufhin kann auch der Eröffner vorhandene Erstrundenkontrollen mit Cue-Bids zeigen.

Starke Blätter mit einer 4-4-4-1 oder 5-4-4-0 Verteilung (sog. *Dreifärber*) sind nach der Standard-Methode nicht leicht zu reizen. Hier hilft eine von italienischen Experten entwickelte künstliche Eröffnung von »2 Karo«, die einen Dreifärber mit 17 oder mehr Figurenpunkten zeigt. Die konventionelle Antwort von »2 SA« ist positiv und forciert zur Partie. Der Eröffner reizt jetzt die Farbe *unter* seiner Kürze, worauf der Antwortende in der Farbe der Kürze nach Kontrollen (A = 2, K = 1) fragt. Die Kontrollen werden in Schritten genannt (1. Schritt = 6 Kontrollen, 2. Schritt = 7 Kontrollen usw.). Ist der Antwortende schwach, ist jede Farbantwort von ihm natürlich und nicht forcierend. Der Eröffner kann diese Ansage mit Maximum unterstützen. Hat der Antwortende die Kürze des Eröffners gereizt, bietet der Eröffner die nächsthöhere Farbe.

Systeme, in denen die Eröffnung von »1 Treff« forcierend ist, können schwache Dreifärber (12-16 Figurenpunkte) konventionell mit »2 Treff« eröffnen.

Die Systeme *Blue Club* und *Neapolitanische Treff* spielen die Konventionen etwas abgewandelt: »2 Karo« zeigt einen 4-4-4-1 Dreifärber mit 17-24 Punkten. Die positive Antwort ist »2 Coeur« und fordert den Eröffner auf, seine Stärke (entweder 17-20 oder 21-24 Punkte) und ein Singleton in *einer* Ansage zu deklarieren. 2♠, 2SA oder 3♣ zeigen ein Singleton in Edelfarbe, Treff oder Karo im unteren Punktbereich, während 3♢, 3♡, 3♠ oder 3SA ein Singleton in Coeur, Pik, Treff oder Karo im oberen Punktbereich versprechen.

## Sperransagen, Weak-Two und Zweifärber

Sperransagen können nach dem *Texas*-Prinzip gemacht werden, indem mit einer Hochansage in der Farbe *unter* der Länge eröffnet wird. Etwa beim Partner befindliche Gabelpositionen sind jetzt gegen den gegnerischen Angriff geschützt. Bei der Konvention *Verdi* sind 3♣, 3♢, 3♡ bzw. 3SA schwache Sperransagen in ♢, ♡, ♠ bzw. ♣, während 3♠ eine geschlossene Minorfarbe zu siebt ohne Nebenwerte zeigt.

Weitverbreitet in den USA, jedoch nicht so häufig in Europa, sind Sperransagen mit 2-in-Farbe (ausgenommen in Treff), sog. *Weak-Two.* Der Eröffner hält ein in der Defensive schwaches Blatt mit einer Sechserfarbe und ungefähr 6-10 Figurenpunkten. Eine einfache Hebung des Antwortenden ist schwach und schraubt die Sperransage eine Stufe höher. Ein Sprung auf volles Spiel kann sowohl konstruktiv sein (der Antwortende ist stark und rechnet damit, daß der Kontrakt erfüllt wird), als auch destruktiven Charakter haben (der Antwortende erhöht die Sperransage um zwei Stufen, um es dem Gegner hinter ihm äußerst schwer zu machen). Antworten in neuer Farbe sind konstruktiv und forcierend für eine Runde. Mit Interesse an vollem Spiel bietet der Antwortende 2SA. Mit Minimum wiederholt der Eröffner seine Farbe, während er mit Maximum einen Nebenwert (feature) auf Dreierhöhe zeigt.

Nach einer sehr populären, von Harold *Ogust* eingeführten Methode ist allein die Antwort von 2SA auf eine Weak-Two-Eröffnung forcierend. Mit schlechter Farbe zeigt der Eröffner Minimum bzw. Maximum durch 3♣/3♢, mit guter Farbe hingegen durch 3♡ bzw. 3♠.

In den letzten Jahren sehr in Mode gekommen sind sogenannte *Multi*-Eröffnungen (engl. *multi-coloured two diamonds*). »2 Karo« kann entweder ein Weak-Two in einer Edelfarbe oder aber bestimmte Typen von starken Händen zeigen. Die Bedeutung dieser »buntschillernden« Eröffnung ergibt sich erst aus den folgenden, oft konventionellen Geboten, wobei der Phantasie keine Grenzen gesetzt sind (z.B. Dreifärber mit 17-23 Punkten, Semiforcing in einer Unterfarbe, SA-Verteilung mit 27-28 Punkten etc.). Erwartet der Antwortende gegenüber einem Weak-Two kein Vollspiel, reizt er »2 Coeur« (mit langen Coeurs und Kürze in Pik »2 Pik«). Mit einem Weak-Two paßt der Eröffner auf »2 Coeur«, wenn dies seine

Farbe ist, bzw. bietet sonst »2 Pik«. Starke Blätter zeigt der Eröffner durch konventionelle Ansagen; z.B. kann »2SA« einen Dreifärber, »3-in-Unterfarbe« ein Semiforcing in der betreffenden Farbe oder »3SA« ausgeglichene 27-28 Punkte bedeuten.

Mit Interesse am Vollspiel reizt der Antwortende 2SA. Der Eröffner zeigt auch hier durch konventionelle Antworten, welchen Blatt-Typus er hält: z.B. 3♣ = Weak-Two in Coeur, Maximum; 3♢ = Weak-Two in Pik, Maximum; 3♡ bzw. 3♠ = jeweils Minimum-Weak-Two in der gebotenen Edelfarbe; 3SA = Dreifärber.

Kontriert der Gegner die »2 Karo«-Eröffnung, paßt der Antwortende mit mindestens vier Karo-Karten, so daß der Eröffner mit drei oder mehr Karo-Karten ebenfalls passen kann.

Für die schwierig zu behandelnden Blätter mit vier Piks und fünf Coeurs im Bereich von 12-15 Punkten (vgl. S. 38) hat der Amerikaner *Flannery* eine künstliche Eröffnung von »2 Karo« entwickelt. Mit einem schwachen Blatt macht der Partner ein Sign-Off, indem er eine der beiden Edelfarben auf der Zweierstufe bietet. Ein Sprung auf 3-in-Edelfarbe ist einladend zur Partie. Eine Unterfarb-Antwort auf der Dreierstufe fordert den Eröffner auf, mit Deckung in dieser Farbe (mindestens Ax, Kx oder Dxx) Partie in Sans-Atout auszubieten.

Multi-Enthusiasten können derartige Hände natürlich nicht mit »2 Karo« eröffnen; sie bieten stattdessen »2 Coeur«.

Parallel dazu ist spielbar »2 Pik« als *Flannery for the minors*. Der Antwortende bietet mit einem schwachen Blatt 3-in-Unterfarbe, während er mit einer Edelfarblänge auf die Eröffnung paßt bzw. »3 Coeur« reizt. Sprünge auf 4-in-Unterfarbe sind Einladungen zum vollen Spiel. Einziges Partieforcing ist »2SA«. Die konventionellen Gebote des Eröffners sind Vereinbarungssache. Z.B. kann er eine Edelfarbe zu Dritt reizen bzw. mit einer 2-2-4-5 Verteilung »3 Treff«, »3 Karo« bzw. »3SA« bieten, je nachdem, ob seine Eröffnung im unteren, mittleren oder oberen Bereich liegt.

Konventionelle *Zweifärber*-Eröffnungen mit 2-in-Farbe oder 2SA sind zwar nur für Teamturniere des DBV zugelassen, jedoch ist auf allen DBV-Turnieren die von Kelsey entwickelte Konvention *Tartan** erlaubt: »2 Treff« ist normales Partie-Forcing mit Karo-Ablehnung. »2 Karo« ist Römische Treff und zeigt einen Dreifärber (5-4-4-0 mit 16-20 Punkten oder 4-4-4-1 mit 17-21 Punkten). »2 Coeur« kann drei Bedeutungen haben, nämlich a) schwacher Zweifärber in Coeur und einer Unterfarbe, b) ausgeglichene Hand mit 20-22 Punkten und c) normale Zweiereröffnung in Coeur. »2 Pik« ist a) ein schwacher Zweifärber in Pik und einer anderen Farbe oder b) eine normale Zweieransage in Pik. »2 Sans-Atout« ist ein schwacher Minor-Zweifärber.

Nach zwei Coeur fordert »2 Pik« den Eröffner auf, sein Blatt zu deklarieren. Hier die Wiedergebote: a) 3-in-Unterfarbe zeigt die zweite Farbe des schwachen Zweifärbers, b) »2 Sans-Atout« verspricht 20-22 Punkte und c) »3 Coeur« oder jedes höhere Gebot zeigt eine starke Coeur-Hand.

Nach »2 Pik« lautet die Relay-Antwort »2 Sans-Atout«. Mit a) zeigt der Eröffner die zweite Farbe seines schwachen Zweifärbers auf der Dreierstufe. Hält er b), reizt er »3 Pik« oder gibt ein höheres Gebot ab, um die starke Pik-Eröffnung zu deklarieren.

Keine Probleme für den Antwortenden bestehen nach der »2 Sans-Atout«-Eröffnung. Er wählt die Unterfarbe aus und bestimmt die Höhe des Endkontraktes. Mit gewisser Stärke und gleicher Länge in beiden Unterfarben kann er konventionell auf »4 Sans-Atout« springen und den Eröffner entscheiden lassen.

---

* H.W. Kelsey »Tartan Two Bids« Bridge Magazine, November 1968, S. 294 (vgl. auch G. Foster Taylor »Rainbow Two Bids« Bridge Magazine, Dezember 1971, S. 364).

# Schlemmreizung

Keine Partnerschaft wird ohne As- und Königsfragen auskommen können. Hier gibt es ein großes Angebot von Konventionen. Die beiden bekanntesten, nämlich *Blackwood* und *Gerber*, haben wir in ihrer Grundform bereits kennengelernt. Mit einigen Erweiterungen oder Abwandlungen wollen wir uns jetzt befassen. Wer mit seinem Partner Blackwood spielt, sollte für die drei folgenden Situationen klare Vereinbarungen treffen:

Gelegentlich kommt es vor, daß die Gegner nach der As-Frage zwischenreizen. Die übliche Praxis ist, daß der Antwortende mit keinem As paßt, mit einem As die nächsthöhere Farbe bietet und mit zwei Assen die übernächste Farbe reizt. Ein Kontra ist in dieser Situation Strafkontra. Daneben gibt es noch *Dopi-Ropi* (vom Deutschen Bridge-Verband inzwischen zugelassen): Nach einer Zwischenreizung kontriert der Antwortende mit keinem As (double 0 = DO) und paßt mit einem As (pass 1 = PI). Die Reizung der nächsthöheren Farbe verspricht zwei Asse usw. Falls der Gegner die As-Frage kontriert, wird mit keinem As rekontriert und mit einem As gepaßt (redouble 0 = RO; pass 1 = PI). Das Gebot der nächsthöheren Farbe zeigt zwei Asse usw. Entsprechendes gilt bei der Königs-Frage.

Wenn Treff (evtl. auch Karo) die vereinbarte Trumpffarbe ist, stellt der Fragende gelegentlich fest, daß für einen Schlemm zwei Asse fehlen, die Reizung aber bereits höher ist als ein Gebot in der vereinbarten Farbe auf der Fünferstufe. Die einzige Chance, einer Katastrophe zu entrinnen, ist ein Endkontrakt von »5 Sans-Atout«. Der Fragende steht vor der Schwierigkeit, daß *er* dieses Gebot nicht abgeben darf, weil sein Partner es als Königs-Frage auffassen würde. Ein guter Ausweg ist, eine bisher noch nicht gereizte Farbe auf der Fünferstufe zu nennen, wonach der Antwortende »5 Sans-Atout« ansagen muß.

Kann der Antwortende nach der As-Frage eine Chicane zeigen? Im normalen Blackwood geht es nur um die Zahl der Asse; trotzdem kann man vereinbaren, daneben auch eine Chicane zu melden. Eine gute Methode ist, mit einem As und einer Chicane »6 Treff« und mit zwei Assen und einer Chicane »6 Karo« zu antworten.

Eine beliebte Abwandlung ist *Roman Blackwood** mit den folgenden Antworten:

5 ♣ = kein As oder drei Asse
5 ♢ = ein As oder vier Asse
5 ♡ = zwei Asse in gleicher Farbe oder gleichem Rang
5 ♠ = zwei gemischte Asse (Pik-Karo oder Coeur-Treff)

Anschließend wird mit »5 Sans-Atout« in gleicher Weise nach den Königen gefragt.

Die Antwort von »5 Coeur« kann doppeldeutig sein; man kann deshalb Roman Blackwood etwas abwandeln:

5 ♡ = zwei Asse in gleicher Farbe
5 ♠ = zwei Asse in gleichem Rang
5 SA = zwei gemischte Asse

Bei dieser Variante muß man allerdings auf die anschließende Königs-Frage verzichten, wenn die Antwort »5SA« lautete. (Ein Ausweg ist, »6 Treff« als Königs-Frage zu verabreden.) Eine weitere Idee ist, bei Roman Blackwood durch »5 Coeur« zwei Asse *ohne* Schlemminteresse und durch »5 Pik« zwei Asse *mit* Schlemminteresse zu zeigen. Hier werden also nicht die beiden Asse spezifiziert, sondern die allgemeine Stärke der Hand.

Auch Gerber kann man variieren. Hier die Antworten bei *Roman Gerber*:

4 ♢ = kein As oder drei Asse
4 ♡ = ein As oder vier Asse
4 ♠ = zwei Asse

Der Fragende kann sich durch Reizen der nächsthöheren Farbe nach den Königen (später in gleicher Weise nach den Damen) erkundigen. Fragt er stattdessen in der übernächsten Farbe weiter, bittet er um nähere Erläuterungen der vorausgegangenen Antwort. Hält der Antwortende ein oder drei Asse, reizt er das As, das er hält bzw. welches ihm fehlt. Mit zwei Assen reizt er nach Stufen, je nachdem, ob er Asse in der gleichen Farbe, im gleichen Rang oder zwei gemischte Asse hält. Bei der Königs-Frage kann entsprechend verfahren werden.
Etwas anders ist die *Südamerikanische As-Frage* aufgebaut. Die Antworten auf »4 Treff« lauten:

4 ♢ = kein As
4 ♡ = Coeur-As
4 ♠ = Pik-As
4 SA = Karo-As

---

* Komplizierter ausgearbeitet ist *Byzantine Blackwood* (Jack Marx, Bridge Magazine, April 1972, S. 208).

5 ♣ = Treff-As
5 ♢ = zwei Asse gleicher Farbe
5 ♡ = zwei Asse im gleichen Rang
5 ♠ = zwei gemischte Asse
5 SA = drei Asse ohne König
6 ♣ = drei Asse und ein König usw.

Wenn zwei oder weniger Asse gezeigt worden sind, kann in der nächsthöheren Farbe weiter nach den Königen gefragt werden.

Bei der *San Francisco*-Konvention (auch *Warren* genannt) zeigt der Antwortende nach der Frage von »4 Sans-Atout« Asse und Könige in *einer* Ansage, wobei er für ein As 3 Punkte und für einen König 1 Punkt zählt:

5 ♣ = weniger als 3 Punkte
5 ♢ = 3 Punkte
5 ♡ = 4 Punkte
5 ♠ = 5 Punkte
5 SA = 6 Punkte usw.

In bestimmten Bietsituationen ist nicht ganz klar, ob ein Gebot von »4 Sans-Atout« eine natürliche Reizung (sog. quantitative Hebung) oder Blackwood ist:

| West | Ost | West | Ost |
|---|---|---|---|
| 1 ♢ | 1 ♠ | 1 ♡ | 2 ♣ |
| 2 SA | 4 SA | 3 SA | 4 SA |

Für derartige Zweifelsfälle ist *Super Blackwood* entwickelt worden. Wenn Ost in den beiden obigen Fällen nach den Assen fragen will, bietet er statt »4 Sans-Atout« die niedrigste, nicht gereizte Farbe auf der Viererstufe, bei der ersten Hand also »4 Treff« und bei der zweiten »4 Karo«. Die Antworten erfolgen wie bei Gerber in Stufen. Die erste Stufe zeigt kein As oder vier Asse, die zweite ein As usw. Nach den Königen kann dann mit »5 Sans-Atout« gefragt werden.

Bereits Anfang der Dreißiger Jahre hatte Culbertson eine ziemlich anspruchsvolle Konvention geschaffen, nämlich *4-5 Sans-Atout*. Diese Konvention gibt und verlangt zugleich Information. Ein Gebot von »4 Sans-Atout« verspricht drei Asse oder zwei Asse und einen König in einer von der Partnerschaft gereizten Farbe, wobei nur echte Farben zählen, nicht hingegen künstliche Ansagen. Wenn der Antwortende weder ein As noch die Könige in allen von der Partnerschaft gereizten Farben hält, gibt er ein Sign-Off, indem er die niedrigste von der Partnerschaft gereizte Farbe auf der Fünferstufe bietet. Hält er ein As oder eine Chicane in einer ungereizten Farbe, bietet er diese Farbe auf der Fünferstufe. Mit einem As in einer gereizten Farbe oder mit allen Königen in den gereizten Farben bietet er die vereinbarte Trumpffarbe auf der Sechserstufe. Hält er zwei Asse oder ein As und alle Könige in den gereizten Farben, muß er »5 Sans-Atout« antworten. In allen geschilderten Fällen kann er stattdessen auch ein Sign-Off geben, wenn er infolge der Schwäche seines Blattes keine Schlemmchancen sieht. Hält ein Partner alle vier Asse, reizt er »4Sans-Atout« und bietet nach dem Sign-Off des Partners »5 Sans-Atout«. Eine sofortige Ansage von »5 Sans-Atout« zeigt wenigstens drei Asse und einen König in einer gereizten Farbe. Sieht der Partner keine Chancen für Groß-Schlemm, gibt er ein Sign-Off, indem er die vereinbarte Trumpffarbe auf der Sechserstufe nennt.

Gebräuchlicher ist es, das Gebot von »5 Sans-Atout« in der Weise zu spielen, daß der Antwortende auf Groß-Schlemm geht, wenn er zwei der drei obersten Trümpfe (Top-Figuren) in der vereinbarten Trumpffarbe hält. Diese Konvention nennt man *Josephine*, weil Culbertson's Frau über die von ihrem Mann entwickelte Konvention im Jahre 1936 einen Artikel in der Bridge World veröffentlicht hatte.

Man kann sofortige »5 Sans-Atout« auch in der Weise spielen, daß der Antwortende ähnlich wie bei Blackwood die Anzahl seiner Tops in Atout (A, K und D) in Stufen nennt. Ist vereinbarte Trumpffarbe eine Minore, kann man sparsamer mit »5 Pik« (statt 5SA) die Tops erfragen.

Blackwood und die 5SA-Frage nach den Tops lassen sich dann miteinander kombinieren, wenn man nach den Königen »rollend«, also in der nächsthöheren von der Partnerschaft nicht gereizten Farbe fragt.

Eine weitere Methode, sich nach der Güte der Atouts zu erkundigen, sind sog. *Key-Card*-Fragen. Schlüsselkarten sind die vier Asse und der Trumpf-König. Die Antworten erfolgen wie bei Blackwood oder Gerber in Stufen. Möglich ist auch, mit sechs Schlüsselkarten zu operieren (vier Asse und Trumpf-Mariage). Die Antworten können jetzt ähnlich wie bei Roman-Blackwood stufenweise erfolgen und 0 oder 3, 1 oder 4, 2 oder 5 bzw. 3 oder 6 Schlüsselkarten zeigen. Hier ein Beispiel dafür, wie man mit 4SA bei feststehendem Atout-Fit nach den „fünf Assen“ (Trumpf-König fungiert als 5. As) fragt: Der Antwortende zeigt mit 5♣ 0 oder 3 Asse, mit 5♢ 1 oder 4 Asse, mit 5♡ 2 oder 5 Asse und schließlich mit 5♠ 2 Asse und die Atout-Dame. Nach den Antworten 5♣ oder 5♢ fragt man rollend nach Königen in den Nebenfarben, jedoch mit 5SA nach der Trumpf-Dame. Auf die Antworten 5♡ oder 5♠ ist 5SA die Königsfrage (die Frage nach der Atout-Dame ist hier ja bereits geklärt).

Ein weiterer Weg, sich nach der Güte der Atouts zu erkundigen, ist der *Baron*-Schlemmversuch. Ein Gebot der unmittelbar unter der vereinbarten Trumpffarbe liegenden Farbe auf der Fünfer- oder Sechserstufe fordert den Partner dazu auf, mit guten Trümpfen Klein- bzw. Großschlemm auszureizen. Wenn z.B. Pik als Trumpffarbe vereinbart worden ist, lädt eine Ansage von »5 Coeur« zu »6 Pik« und ein Gebot von »6 Coeur« zu »7 Pik« ein. Was unter guten Trümpfen zu verstehen ist, hängt von der vorangegangenen Reizung ab. Der Antwortende muß sich fragen, ob seine Trümpfe deutlich besser sind als die Trumpfhaltung, die er seinem Partner mindestens versprochen hat.

Zu den umfangreichsten und wohl bestausgearbeiteten Konventionen gehören die *Fragegebote* nach Culbertson, die vom Deutschen Bridge-Verband ausdrücklich zugelassen sind. Ein Fragegebot kann auf zwei verschieden Weisen abgegeben werden:

a) Man reizt eine neue Farbe auf der Viererstufe oder einem höheren Niveau unmittelbar, nachdem eine Farbe unterstützt worden ist.

b) Ein unnötiger Sprung in einer neuen Farbe auf der Dreierstufe oder höher ist ebenfalls ein Fragegebot (»unnötig« bedeutet eine Stufe höher als für ein normales forcierendes Sprunggebot üblich).

Die unmittelbar vor dem Fragegebot gereizte Farbe ist die vereinbarte Trumpffarbe.

Gefragt wird nach Erstrundenkontrollen (As oder Chicane), Zweitrundenkontrollen (König oder Singleton) und evtl. Drittrundenkontrollen (Dame oder Doubleton). Die Antwort auf ein Fragegebot hängt von zweierlei ab, nämlich der Kontrolle in der gefragten Farbe und den Kontrollen in den übrigen Farben. Hier die Antwort auf das *erste Fragegebot*:

a) Ohne Erstrundenkontrolle in irgendeiner Farbe oder ohne Erst- und Zweitrundenkontrolle in der gefragten Farbe gibt der Antwortende ein Sign-Off in der Trumpffarbe.

b) Mit Erst- oder Zweitrundenkontrolle in der gefragten Farbe und zwei Assen im Blatt reizt der Antwortende Sans-Atout auf niedrigster Bietstufe.

c) Mit Erst- oder Zweitrundenkontrolle in der gefragten Farbe und drei Assen im Blatt springt der Antwortende in Sans-Atout.

d) Mit Erst- oder Zweitrundenkontrolle in der gefragten Farbe und einer Erstrundenkontrolle bietet der Antwortende die Farbe der Erstrundenkontrolle (hält er das Trumpf-As, springt er in der Trumpffarbe).

e) Mit einer Chicane in der gefragten Farbe und zwei Assen im Blatt springt der Antwortende in der billigeren der beiden übrigen Farben (also weder in der gefragten Farbe noch in Trumpf).

Beim ersten Fragegebot ist zu beachten, daß eine Chicane dann nicht als As zählt, wenn in Sans-Atout geantwortet wird.

*Weitere Fragegebote* können auf vier verschiedene Weisen abgegeben werden:

a) Fragegebot in der gleichen Farbe nach einem Sign-Off. Der Partner zeigt eine Zweitrundenkontrolle ohne As, indem er Sans-Atout auf niedrigster Stufe bietet. Mit einer Drittrundenkontrolle reizt er irgendeine Erstrundenkontrolle (Trumpf-As im Sprung). Ohne Zweitrundenkontrolle in der gefragten Farbe und ohne Erstrundenkontrolle in einer anderen Farbe gibt der Antwortende abermals ein Sign-Off in der Trumpffarbe.

b) Fragegebot in einer neuen Farbe nach einem Sign-Off. Die Antworten sind die gleichen wie nach dem ersten Fragegebot.

c) Ein Fragegebot in der gleichen Farbe nach einer positiven Antwort fragt nach Drittrundenkontrolle. Die negative Antwort ist ein Sign-Off in der Trumpffarbe. Als positive Antwort wird eine Chicane oder eine Zweitrundenkontrolle in einer anderen Farbe gereizt oder Sans-Atout auf sparsamster Stufe geboten.

d) Ein Fragegebot in einer neuen Farbe nach einer positiven Antwort fragt nach Zweitrundenkontrolle. Auch hier besteht die negative Antwort in einem Sign-Off in der Trumpffarbe. Andernfalls bietet der Antwortende eine bisher noch nicht gezeigte Zweitrundenkontrolle oder Chicane oder er reizt Sans-Atout auf niedrigster Stufe. Ein drittes Fragegebot in dieser Farbe erkundigt sich nach Drittrundenkontrolle.

Culbertson-Fragegebote sind nicht einfach, setzen eine Menge Fingespitzengefühl voraus und sollten nur von erfahrenen Spielern benutzt werden, die eine ständige Partnerschaft bilden. Die Gefahr dieser Konvention besteht darin, daß nach einer positiven Antwort oft unerfüllbare Schlemms erreicht werden, weil zwar die erforderlichen Kontrollen vorhanden sind, jedoch die allgemeine Blattstärke, also die Substanz, fehlt.

Die italienischen *Fragegebote (Roman Asking Bids)* erkundigen sich nur nach einer Erst- oder Zweitrundenkontrolle in der gefragten Farbe. Die Antworten werden in Stufen gegeben: Stufe 1 zeigt keine Kontrolle, Stufe 2 ein Singleton, Stufe 3 den König, Stufe 4 das As, Stufe 5 eine Chicane und Stufe 6 As und König oder As und Dame. In einer anderen Version der römischen Fragegebote zeigt Stufe 1 keine Kontrolle, Stufe 2 eine Zweitrundenkontrolle, Stufe 3 eine Erstrundenkontrolle und Stufe 4 As und König oder As und Dame oder das blanke As.

In der *Römischen Treff* kann sich der Eröffner auch nach Trumpfunterstützung in seiner Farbe erkundigen, indem er nach der künstlichen Treff-Eröffnung in seiner Farbe springt. Durch in Stufen erfolgende Antworten gibt dann der Partner genaue Aufschlüsse über seine Trumpfunterstützung.

Die verschiedenen auf einer Frage beruhenden Konventionen (Frage nach Assen, Königen, Schlüsselkarten und Top-Figuren sowie Culbertson-Fragegebote) sind vom Deutschen Bridge-Verband auf Vierer- und Fünferstufe in beliebiger Form für zulässig erklärt worden, wenn sie auf der Konventionskarte genau erläutert sind. Alle bisherigen Schlemmkonventionen beruhen auf dem Prinzip, daß eine Information verlangt wurde und der Gefragte in der Regel ohne eigenen Ermessensspielraum zu antworten hatte. Die folgenden Konventionen gehen den umgekehrten Weg. Sie geben eine Information und lassen den Partner über die weitere Entwicklung der Reizung mitentscheiden.

Zu den wichtigsten Schlemmkonventionen gehören die sog. *Cue-Bids* (Spitzenansagen). Sobald die Trumpffarbe feststeht, verspricht die Reizung einer Farbe, in welcher die Partnerschaft offensichtlich nicht spielen will, die Erstrundenkontrolle, also As oder Chicane, und zeigt Schlemminteresse. Ein Cue-Bid wird meist auf der Vierer- oder Fünferstufe abgegeben. Cue-Bids auf der Dreierstufe sind selten und zeigen meist in der angesagten Farbe eine gewisse Stärke, um den Partner zur Partie in Sans-Atout einzuladen. Zur Erläuterung einige Reizungen:

| a) | | b) | | c) | | d) | |
|---|---|---|---|---|---|---|---|
| 1 ♠ | 3 ♠ | 1 ♢ | 2 ♡ | 1 ♡ | 2 ♢ | 1 ♡ | 2 ♣ |
| 4 ♢ | | 3 ♡ | 4 ♣ | 4 ♢ | 4 ♡ | 3 ♣ | 3 ♠ |

a) Hier zeigt der Eröffner mit einem Cue-Bid von »4 Karo«, daß er an einem Schlemm interessiert ist, nachdem Pik als Trumpffarbe feststeht.

b) »4 Treff« ist ein Cue-Bid des Antwortenden, der Interesse an einem Coeur-Schlemm hat.

c) »4 Coeur« ist kein Cue-Bid, sondern zeigt Coeur-Unterstützung.

d) »3 Pik« ist ebenfalls kein Cue-Bid, sondern zeigt eine Pik-Farbe oder Pik-Haltung und stellt dem Eröffner anheim, mit Karo-Deckung auf volles Spiel in Sans-Atout zu gehen.

Es ist üblich, mit zwei oder mehr Erstrundenkontrollen die Cue-Bids von unten nach oben zu machen. In Hand a) verneint der Eröffner also Erstrundenkontrolle in Treff. Auf ein Cue-Bid kann der Partner seinerseits ebenfalls ein Cue-Bid abgeben; er muß dies jedoch nicht, wenn er die Schlemmaussichten als ungünstig beurteilt. In diesem Fall gibt er ein Sign-Off in der vereinbarten Trumpffarbe. Ein Sign-Off ist insbesondere bei einer sog. Wertverdopplung geboten (ein Partner macht z.B. ein Cue-Bid mit Chicane in einer Farbe, in der der andere Partner As und König hält).

Ein zweites Cue-Bid in derselben Farbe oder in einer Farbe, in der der Ansagende kein As halten kann, verspricht eine Zweitrundenkontrolle.

| West | Ost |
|---|---|
| 1 ♠ | 3 ♠ |
| 4 ♢ | 4 ♡ |
| 5 ♣ | |

»4 Karo« und »4 Coeur« waren Cue-Bids und zeigten Erstrundenkontrollen. Wests »5 Treff« ist ein Zweitrunden-Cue-Bid; denn wenn West in Treff das As oder Chicane hielte, hätte er auf der Viererstufe mit einem Cue-Bid in Treff beginnen müssen.

In der folgenden Hand kann die Partnerschaft mit Hilfe von Cue-Bids aus einem unerfüllbaren Schlemm herausbleiben:

| West | | Ost |
| --- | --- | --- |
| ♠ D97 | N | ♠ AKB1085 |
| ♡ B8 | W O | ♡ D7 |
| ◇ AKD102 | S | ◇ B6 |
| ♣ B84 | | ♣ AK3 |

| West | Ost |
| --- | --- |
| 1 ◇ | 2 ♠ |
| 3 ♠ | 4 ♣ |
| 4 ◇ | 5 ♣ |
| 5 ◇ | 5 ♠ |
| pass | |

Durch wiederholte Cue-Bids haben Ost und West die Erst- und Zweitrundenkontrollen in Treff bzw. Karo gezeigt. Ost begnügt sich jetzt mit »5 Pik«, weil er die Coeurs nicht kontrollieren kann. Auch West hat keine Coeur-Kontrollen und paßt deshalb*.

Es gibt Fälle, in denen auf Grund der vorangegangenen Reizung feststeht, daß ein Schlemm in Edelfarbe allein davon abhängt, ob der Partner in der vom Gegner gereizten Farbe eine Erst- oder Zweitrundenkontrolle hält. Ein Sprung auf die Fünferstufe in der vereinbarten Trumpffarbe fordert den Partner auf, mit einer entsprechenden Kontrolle Klein-Schlemm zu bieten. Mit einem guten Blatt und einer Erstrundenkontrolle in der gegnerischen Farbe kann der Partner ein Cue-Bid abgeben und Interesse an einem Groß-Schlemm bekunden.

♠ 76 ♡ AD542 ◇ — ♣ AKB874

Über Ihre Treff-Eröffnung hat Ihr Partner »1 Coeur« und der Gegner rechts »1 Pik« gereizt. Mit »5 Coeur« können Sie Ihr Blatt am besten beschreiben. Ohne Erst- oder Zweitrundenkontrolle in Pik muß Ihr Partner passen. Entschließt er sich zu einem Cue-Bid von »5 Pik«, sollten Sie Groß-Schlemm in Coeur ausbieten.

Ein Cue-Bid kann normalerweise erst dann gegeben werden, wenn die Trumpffarbe durch Unterstützung bestätigt worden ist. Daneben gibt es auch das sog. *vorgelegte Cue-Bid (Advance Cue Bid)*, das eine Erstrundenkontrolle zeigt, noch ehe die Trumpffarbe festgelegt worden ist. Der Partner versteht diese zunächst doppeldeutige Aussage erst in der nächsten Bietrunde, nämlich wenn seine Farbe unterstützt wird. Sie halten

♠ AKD1085 ♡ K6 ◇ 4 ♣ K873

Nach Ihrer Pik-Eröffnung hat Ihr Partner »2 Coeur« geantwortet und über Ihr Sprung-Wiedergebot in Pik »4 Treff« gereizt, die Sie auf »5 Treff« gehoben haben. Jetzt bietet Ihr Partner »5 Pik« und zeigt Ihnen damit, daß er keinen Zweifärber in Coeur und Treff hält, sondern mit »4 Treff« ein vorgelegtes Cue-Bid abgegeben hat. Da Sie eine wichtige Zweitrundenkontrolle in Karo halten, sollten Sie Klein-Schlemm in Pik ansagen. Ihr Partner könnte z.B. ♠ Bxx ♡ ADxxx ◇ xxx ♣ Ax halten.

Eine gute Gelegenheit für ein vorverlegtes Cue-Bid ergibt sich dann, wenn der Antwortende auf eine Sans-Atout-Eröffnung eine Farbe auf der Dreierstufe nennt. Hält der Eröffner einen guten Trumpfanschluß und Maximum, kann er Schlemminteresse dadurch zeigen, daß er auf niedrigster Stufe ein Cue-Bid abgibt. Mit dem folgenden Blatt

♠ KB73 ♡ AK102 ◇ A5 ♣ K107

haben Sie »1 Sans-Atout« (16-18 Punkte)

* Ost hätte nach der Pik-Unterstützung seines Partners ein Bluff-Cue-Bid in Coeur abgeben können, um den Besitz einer Erstrundenkontrolle in dieser Farbe vorzutäuschen. Routinierte Gegner lassen sich aber durch einen derartigen Trick nur selten irreführen und greifen trotzdem Coeur gegen den Schlemm an.

eröffnet. Ihr Partner springt auf »3 Pik«. Sie sollten jetzt mit »4 Karo« Ihre vorzügliche Trumpfunterstützung und Interesse am Schlemm zeigen.

Eine Abwandlung des vorgelegten Cue-Bids ist die Methode, eine Chicane und gute Trumpfunterstützung für die Farbe des Partners durch einen unnötigen Sprung in der Farbe der Chicane zu zeigen (*Void Showing Bid*).

| West | Ost | West | Ost | West | Nord | Ost |
|---|---|---|---|---|---|---|
| 1♠ | 4♢ | 1♢ | 1♡ | 1♡ | 1♠ | 3♠ |
| | | 4♣ | | | | |

In allen drei Reizungen zeigt die letzte Ansage eine Chicane und einen guten Fit in der Farbe des Partners. Void Showing Bids können allerdings dann nicht gespielt werden, wenn Gebote auf der Viererstufe schon für andere Konventionen reserviert worden sind (z.B. Gerber oder Swiss).

Die Konvention kann auch in der Weise gespielt werden, daß der ungewöhnliche Sprung eine Chicane *oder* ein Singleton zeigt (sog. *Splinter Bid*).

Eine interessante Erweiterung ist eine Konvention, die zum Vollspiel oder zum Schlemm einladende *Splinter*-Gebote miteinander kombiniert (*Two-way splinter*).

A) Die Reizung 1♡-2♠ bzw. 1♠-2SA zeigt mindestens eine 4 Karten-Unterstützung für die eröffnete Oberfarbe mit einem Singleton. Die Blattstärke liegt entweder bei 8 losern (vgl. Verlierer-Rechnung S. 81f.) mit etwa 7-9 Punkten – Einladung zum Vollspiel – oder bei 6 losern mit Eröffnungsstärke und mindestens einer Top-Figur in der Trumpffarbe – schlemmeinladend –, wobei im letztgenannten Fall statt des Singletons auch eine Chicane möglich ist.
   1) Auf 1♡-2♠ muß der Eröffner jetzt 2SA (Relais) bieten. Mit 8 losern zeigt der Antwortende nun sein Singleton auf der Dreierhöhe (mit Pik-Singleton reizt er 3♡), während er mit 6 losern seine Kürze auf höherem Niveau (3♠, 4♣, 4♢) durchgibt.
   2) Auf 1♠-2SA hat der Eröffner 3♣ als Relais zu reizen. Der Antwortende zeigt nun sein Singleton auf Dreierstufe (3♠ = Singleton-Treff) mit Interesse an Partie oder auf Viererhöhe als Schlemmvorschlag.

B) Direkte Splintergebote (z.B. 1♡-3♠ oder 1♠-4♢) versprechen etwa 13 Punkte, 6 loser, Kürze in der genannten Farbe, aber nur vier Atouts ohne Topfigur in der eröffneten Oberfarbe.

C) Hat man Splintergebote vereinbart, kann man durch 1♡-3SA bzw. 1♠-3SA etwa 13-14 Punkte mit gutem Trumpfanschluß, 7 losern und ohne Kürze im Blatt zeigen.

Hin und wieder kann es vorkommen, daß die Gegner gegen ein Spiel auf der Fünferstufe oder einen ausgereizten Schlemm ein Verteidigungsgebot auf der Sechser- oder Siebenerstufe abgeben. Wenn der nächste Spieler paßt, verspricht er damit eine Erstrundenkontrolle in der gegnerischen Farbe und stellt seinem Partner anheim, mit entsprechend gutem Blatt in den übrigen Farben Klein- bzw. Großschlemm zu reizen (sog. *Forcing Pass*).

Zu empfehlen ist das sog. *Fragment Bid*, bei dem ein Doppelsprung in einer neuen Farbe in der zweiten Bietrunde einen Fit in der vom Partner gereizten Farbe und eine Kürze in der vierten Farbe (Singleton oder Chicane) zeigt. Die Farbe, in der das Fragment Bid abgegeben worden ist, besteht in der Regel nur aus zwei oder drei Karten. Sie halten

♠3 ♡KB97 ♢AD8752 ♣A4

Über Ihre Karo-Eröffnung hat Ihr Partner »1 Coeur« geantwortet. Ihren guten Coeur-Fit und Ihr Pik-Singleton können

Sie jetzt durch das Fragment Bid von »4 Treff« zeigen. Dies kann für Ihren Partner eine wertvolle Information sein. Mit ♠xxx ♡ADxxx ◇Kx ♣Dxx weiß er, daß er keine Angst vor den Piks zu haben braucht und alle seine Karten von Wert sind. Andererseits wäre er mit einem nach Figurenpunkten stärkeren Blatt wie ♠KDx ♡Axxx ◇xx ♣KDxx davor gewarnt weiterzugehen, weil seine Stärke jetzt in den falschen Farben liegt (Wertverdopplung in Pik, kein Karo-Anschluß).

Weit verbreitet ist die *Schweizer Konvention (Swiss)*. Nach einer Edelfarb-Eröffnung zeigt ein Sprung auf 4-in-Unterfarbe (evtl. auch auf 3SA) einen guten Trumpfanschluß, Schlemminteresse und eine bestimmte Anzahl von Assen mit oder ohne Singleton bzw. Chicane. Von den zahlreichen Swiss-Varianten hier nur zwei:

a) »4 Treff« zeigt zwei Asse und ein Singleton, »4 Karo« verspricht zwei Asse ohne Singleton, jedoch gute Punktstärke, also »viel Material«. Der Eröffner kann jetzt mit »4 Sans-Atout« nach den Königen fragen.

b) »4 Treff« zeigt ein As ohne Singleton oder Chicane; danach ist »4 Sans-Atout« die Königs-Frage.

Die Antwort von »3 Sans-Atout« verspricht ein oder zwei Asse mit einem Singleton oder einer Chicane. Der Eröffner fragt jetzt mit »4 Treff« nach dem Singleton oder der Chicane. Hier die Antworten:

| | | |
|---|---|---|
| 4-in-Trumpf | = | Kürze in Treff |
| 4 ◇ | = | Kürze in Karo |
| 4-in-Edelfarbe | = | Kürze in Edelfarbe |

Danach kann der Eröffner mit »4 Sans-Atout« eine spezielle As-Frage stellen, die wie folgt beantwortet wird:

| | | |
|---|---|---|
| 5 ♣ | = | ein As mit Singleton |
| 5 ◇ | = | zwei Asse mit Singleton |
| 5 ♡ | = | ein As mit Chicane |
| 5 ♠ | = | zwei Asse mit Chicane |

(Zusätzlich kann man noch die Variante spielen, daß der Eröffner über »3 Sans-Atout« mit »4 Karo« eine As-lose Hand mit allen Zweitrundenkontrollen zeigt; der Antwortende muß jetzt mit zwei Assen und einer Chicane Klein-Schlemm und in allen anderen Fällen Partie reizen.)*

Zum Schluß ist noch eine Schlemmkonvention zu erwähnen, die von einigen *Acol*-Spielern angewendet wird, nämlich das sog. *Delayed Game Raise*. Über eine Edelfarb-Eröffnung seines Partners reizt der Antwortende eine neue Farbe und springt anschließend auf Partie in der eröffneten Edelfarbe. Hiermit zeigt er starke Trumpfunterstützung mit mindestens vier Karten und ein stärkeres Blatt, als für eine sofortige Hebung auf volles Spiel erforderlich gewesen wäre. Dies gilt allerdings dann nicht, wenn der Eröffner seine Farbe wiederholt hat, weil eine Hebung auf volles Spiel jetzt auch mit z.B. Dx oder xxx erfolgt sein kann. Heutzutage wird das Delayed Game Raise kaum noch gespielt, weil die modernen Varianten der Schweizer Konvention präziser sind.

## Konventionelles Kontra und Rekontra

Mit dem sog. Wiederbelebungskontra haben wir uns schon beschäftigt. Wenn Sie

♠ AB73 ♡ KB1072 ◇ 4 ♣ AK6

halten und der Gegner links über Ihre Coeur-Eröffnung »2 Karo« gereizt hat, können Sie nach zweimaligem Passen kontrieren. Ihr Partner kann jetzt die Coeurs unterstützen, eine schwarze Farbe nennen oder mit z.B. mit ♠xxx ♡x ◇D108xx ♣xxxx strafpassen.

Falls der Gegner nach einer Eröffnung des Partners zwischenreizt, ist ein Kontra nach der Standard-Methode ein Strafkontra. Im

* Die Variante ist von Dirk Schroeder ausgearbeitet worden (DISS = Dirk-Schroeder-Swiss).

Jahre 1957 haben die Amerikaner Roth und Stone die sog. *Sputnik*-Konvention entwikkelt, wonach ein Kontra auf bestimmte Zwischenreizungen informatorischen Charakter hat, auch *Negatives Kontra (negative double)* genannt. Dieses Kontra wird zum Strafkontra, wenn der *Eröffner* strafpaßt. Er muß sich dann aber darüber klar sein, daß er mit seinen Atouts *vor* dem Gegner sitzt. Die Anwendungsbreite des Negativen Kontras ist der Phantasie der Partner überlassen, die ihre präzisen Absprachen natürlich auf der Konventionskarte vermerken müssen. Viele spielen z.B. negative double nach 1♣-1♡-X, um damit eine *Vierer*-Pik zu zeigen, während sie eine Pikfarbe zu fünft bieten würden. Häufig wird das negative Kontra auch über höhere Zwischenreizungen (z.B. bis 3♠), insbesondere Weak Jump Overcalls, angewandt. Hält der Antwortende ein Strafkontra (z.B. ♠4 ♡K103 ♢D962 ♣AB976 nach Gegners 2♣-Gebot über Partners Pik-Eröffnung), muß er *passen*. Der Eröffner sollte mit *Kürze* in Gegners Farbe trotz Minimum ein Wiederbelebungskontra geben, um dem Antwortenden ein Strafpassen zu ermöglichen. Wenn Sie also negative double vereinbart haben, müssen Sie nach 1♠-2♣-pass-pass mit ♠AK762 ♡D94 ♢K853 ♣2 gegen Ihren Bridge-Instinkt kontrieren, während Sie mit ♠KD73 ♡A74 ♢K53 ♣B92 passen würden.

Normalerweise zeigt ein Rekontra, daß man den vom Gegner strafkontrierten Kontrakt zu gewinnen gedenkt. In zwei Ausnahmefällen kann das Rekontra als SOS-Ruf (nach seinen schwedischen Erfindern auch *Kock-Werner* genannt) verwendet werden. Der eine Fall ist gegeben, wenn nach einem Informationskontra des Gegners links der Partner paßt und der Gegner rechts strafpaßt. Mit einer schwachen Farbe und guter Unterstützung in den übrigen Farben kann der Eröffner jetzt rekontrieren.

♠A743 ♡A105 ♢KD8 ♣B72

Nach einer konventionellen oder vorbereitenden Treff-Eröffnung wäre es äußerst gefährlich, das gegnerische Kontra stehen zu lassen. Der Eröffner rekontriert und bittet seinen Partner, eine der übrigen drei Farben zu nennen.

Der andere Fall liegt vor, wenn die Gegner eine schwache Sans-Atout-Eröffnung strafkontriert haben und der Antwortende oder sein Partner auf eine Farbe herausgegangen sind. Wird diese strafkontriert, kann der Partner durch ein SOS-Rekontra gebeten werden, eine der drei übrigen Farben zu reizen. Sie halten

♠10743 ♡9854 ♢B842 ♣7

Die schwache Sans-Atout-Eröffnung ist vom Gegner rechts kontriert worden. Eine gute Taktik ist, auf »2 Treff« herauszugehen und auf das mit hoher Wahrscheinlichkeit zu erwartende nächste Kontra der Gegner Rekontra zu sagen. Der Eröffner muß jetzt eine der drei übrigen Farben nennen (notfalls eine Dreierfarbe). Auf diese Weise haben Sie gute Aussichten, einen 4-4 Fit zu erreichen, wonach das Schlimmste überstanden sein dürfte.

Eine weitere Gelegenheit, das Rekontra sinnvoll anzuwenden, ergibt sich auf ein gegnerisches Informationskontra. Hier unterscheidet man zwei Schulen. Nach der einen verspricht der Antwortende 10 oder mehr Punkte (evtl. gute 9 Punkte), ohne sein Blatt näher zu spezifizieren. Die zweite Schule ist konstruktiver: Das Rekontra auf ein gegnerisches Informationskontra zeigt *Kürze* in der eröffneten Farbe und die Bereitschaft, den Gegner in allen drei übrigen Farben strafkontrieren zu können. Sie halten

♠4 ♡AD103 ♢D975 ♣K1084

Wenn der Gegner rechts die Pik-Eröffnung Ihres Partners kontriert hat, sollten Sie Rekontra geben. Ihr Blatt ist ideal dazu geeignet, jedes Farbgebot der Gegner zu doppeln. Ihr Partner sollte aus Ihrem Rekontra nur dann herausgehen, wenn er ein für die Defensive ungeeignetes Blatt hält, also z.B. eine sehr lange Farbe, einen Zweifärber oder eine unterwertige Eröffnung. Mit einer Normaleröffnung und ca. 2½ Defensivstichen muß er passen und abwarten, ob sich die Gegner aus ihren Schwierigkeiten herauswinden können.

# Konventionen in der Gegenreizung

## Einfärber, Zweifärber

Nach der Standard-Methode verspricht eine Farbzwischenreizung im Sprung eine gute Farblänge und ungefähr Eröffnungsstärke, während ein Farbgebot ohne Sprung schwächer ist.

Die entgegengesetzte Schule empfiehlt, gute Blätter konstruktiv zu reizen und ökonomisch vorzugehen, also ein Farbgebot ohne Sprung abzugeben. Die Partnerschaft hat so mehr Spielraum für den Austausch von Informationen. Schwache Blätter mit einer Sechserfarbe (evtl. auch einer Siebenerfarbe oder guten Fünferfarbe) eignen sich hingegen für ein destruktives Vorgehen: sie werden im Sprung geboten. Der schwache Sprungüberruf (engl. *Weak Jump Overcall*) kann bei günstiger Gefahrenlage (Nichtgefahr gegen Gefahr) mit einem sehr schwachen Blatt gemacht werden, während bei ungünstiger Gefahrenlage Vorsicht am Platze ist und die Karte etwas stärker sein sollte.

a) ♠ KB9642 ♡ 3 ◇ 863 ♣ 974
b) ♠ 85 ♡ A7642 ◇ K83 ♣ D76
c) ♠ D93 ♡ AKB94 ◇ A106 ♣ 84
d) ♠ AKDB96 ♡ A5 ◇ KD2 ♣ 54

Sie halten die obigen Blätter; jedesmal hat der Gegner rechts von Ihnen »1 Treff« eröffnet. Mit a) passen Sie in Gefahrenzone und springen nicht in Gefahr auf »2 Pik«.

Hand b) hat nur ungefähr zwei Spielstiche, andererseits aber auch knapp zwei Defensivstiche. Für eine Zwischenreizung ist die Karte nicht stabil genug; passen Sie also. c) ist ein typisches Blatt für eine konstruktive Zwischenreizung von »1 Coeur«. Hand d) ist allerdings zu stark für eine Pik-Zwischenreizung auf der Einerstufe. Geben Sie Informationskontra, um später in Pik zu springen.

Der schwache Sprungüberruf kann den Gegner in erhebliche Verlegenheit bringen, weil er ihm Bietraum wegnimmt. Der Partner des Eröffners wird mit gewissen Werten vor dem Problem stehen, entweder seine Karte durch ein zu hohes Gebot zu überreizen oder aber zu passen, wonach der Eröffner vielleicht nichts mehr unternimmt und der Gegner den Kontrakt spielen darf. Es kann auch vorkommen, daß der Eröffner und sein Partner nach dem schwachen Sprungüberruf infolge fehlenden Bietraums nicht den richtigen Endkontrakt finden. Der Partner des Eröffners kann z.B. mit

♠ 82 ♡ D7643 ◇ 98 ♣ KD84

nach der Treff-Eröffnung seines Partners über die schwache Zwischenreizung von »2 Pik« kaum mehr als »3 Treff« bieten. Hält der Eröffner jetzt ein gutes Blatt, wird er mit nur einer Pik-Deckung wahrscheinlich Partie in Sans-Atout ansagen, obwohl möglicherweise volles Spiel in Coeur viel aussichtsreicher ist.

Als Waffe gegen den schwachen Sprungüberruf kann Sputnik (Negatives Kontra) gespielt werden; in diesen Fällen kann sich der Zwischenreizende jedoch in Sicherheit wiegen, weil ihm kein unmittelbares Strafkontra mehr droht (allenfalls ein Strafpassen nach einem Wiederbelebungskontra).

Eine ganze Reihe von Konventionen ist speziell für (meist schwache) Zweifärber entwickelt worden. Die künstliche Zwischenreizung beschreibt das Blatt mit *einer*

Ansage, wonach die weitere Initiative meist beim Partner liegt, der in der Regel die Farbe und die Höhe des Endkontraktes bestimmt.

Die bekannteste Konvention ist *Unusual No Trump* (ungewöhnlicher Überruf in Sans-Atout). Nach einer gegnerischen Edelfarb-Eröffnung verspricht die Zwischenreizung von »2 Sans-Atout« einen Zweifärber in den Unterfarben. Wenn der Eröffner und sein Partner zwei Farben geboten haben, zeigt »Unusual« die beiden anderen Farben. Man kann die Konvention auch nach einer Unterfarb-Eröffnung in der Weise spielen, daß sie die beiden Edelfarben deklariert. In Anbetracht der vielen künstlichen Treff- und auch Karo-Eröffnungen ist diese Methode jedoch nicht allgemein üblich.

Unusual No Trump ermöglicht es dem Partner, eine billige Verteidigungsansage zu finden. Die Konvention sollte *nicht* angewandt werden, wenn der Zwischenreizende über gute Defensivstiche verfügt oder ein Sans-Atout-Kontrakt nicht ausgeschlossen ist. Mit den beiden folgenden Händen

a) ♠ A ♡ K5 ♢ AB964 ♣ B9762

b) ♠ 74 ♡ B ♢ AKD107 ♣ D8764

sollten Sie über eine gegnerische Pik-Eröffnung »2 Karo« und nicht »2 Sans-Atout« reizen. Hand a) hält 2½ Defensivstiche, davon 1½ in den kurzen Farben; eine Verteidigung auf der Fünferstufe gegen einen gegnerischen Kontrakt dürfte eine schlechte Wette sein. Im Fall b) können »3 Sans-Atout« zu gewinnen sein, wenn Ihr Partner ein gutes Blatt und ausreichende Deckungen in den Oberfarben hält. Wenn Sie stattdessen »2 Sans-Atout« reizen, kann Ihr Partner Sie zwar auf »3 Sans-Atout« heben; jetzt spielt jedoch die falsche Hand, weil die Stopper des Partners durch den gegnerischen Angriff sofort unterspielt werden.

♠ 3 ♡ 8 ♢ DB9652 ♣ KD1085

Dieses Blatt ist hingegen vorzüglich dazu geeignet, eine gegnerische Edelfarb-Eröffnung mit »2 Sans-Atout« zu überrufen; denn es enthält etwa acht Spielstiche, jedoch nur etwa ½ Defensivstich. Ein Verteidigungsgebot gegen ein gegnerisches volles Spiel ist jetzt ein guter Vorschlag für den Partner.

Der Partner des Zwischenreizenden kann den Eröffner häufig durch ein *vorverlegtes Opfergebot* (engl. *Advance Sacrifice*) vor eine schwierige Entscheidung stellen. Sie halten

♠ 872 ♡ DB97 ♢ B1083 ♣ KD

Über die Pik-Eröffnung links hat Ihr Partner »2 Sans-Atout« und der Gegner rechts »3 Coeur« geboten. Mit diesen guten Anschlüssen für die beiden Unterfarben Ihres Partners sollten Sie sofort »5 Karo« ausbieten. Dieser Kontrakt wird wahrscheinlich nur ein- oder zweimal fallen. Der Eröffner weiß jetzt nicht, ob er Sie kontrieren, seine Piks wiederholen oder die Coeurs seines Partners unterstützen soll. Ihr Partner tut gut daran, die weitere Entscheidung Ihnen zu überlassen. Bietet der Eröffner »5 Coeur«, ist es am sichersten, die Gegner unkontriert spielen und down gehen zu lassen.

Nun zu einigen weiteren, allerdings nicht immer auf Paarturnieren des Deutschen Bridge-Verbandes zugelassenen Zweifärber-Konventionen, die hinsichtlich der Punktstärke unterschiedlich gespielt werden (schwach, unlimitiert oder relativ stark).

*Michaels Cue Bid*. Ein Überruf in einer vom Gegner eröffneten Unterfarbe zeigt etwa 6-11 Punkte und mindestens neun Karten in den Edelfarben. Der Überruf einer Edelfarb-Eröffnung ist hingegen nach Punkten nicht limitiert und verspricht die andere Edelfarbe und eine Unterfarbe. Wenn der Partner keine Unterstützung für die andere Edelfarbe hält, fordert er durch ein Sans-Atout-Gebot den Zwischenreizenden dazu auf, seine Unterfarbe zu nennen.

*Schroeder* (vom Deutschen Bridge-Verband zugelassen). Der Überruf in einer gegnerischen Unterfarbe zeigt einen Zweifärber in einer Edelfarbe und der anderen Unterfarbe, während der Überruf einer Edelfarberöffnung die andere Edelfarbe und eine Unterfarbe verspricht. Da die Treff-Eröffnung sehr häufig künstlich oder vorbereitend sein kann, bedeutet der Überruf von »2 Treff« eine echte Treff-Farbe, während der Sprung auf »3 Treff« der Schroeder–Überruf ist. Über die Punktstärke sagt die Konvention nichts aus.

*Roman Jump Overcall.* Eine Farbzwischenreizung im Sprung verspricht einen Zweifärber in der zwischengereizten und der nächsthöheren Farbe, wobei die Farbe des Eröffners nicht mitrechnet. Der Sprung wird mit Eröffnungsstärke oder einem etwas besseren Blatt gemacht. Sehr starke Zweifärber werden mit 2SA überrufen. Wenn der Gegner z.B. mit Karo eröffnet, zeigt 2♡ ♡/♠, 2♠ ♠/♣, 3♣ ♣/♡ und 2SA einen sehr starken, nicht näher deklarierten Zweifärber.

*Ghestem* (vom DBV zugelassen). Zeigt über eine gegnerische Eröffnung einen beliebigen Zweifärber (mindestens 5-5): Überruf der Gegnerfarbe für die auseinanderliegenden Farben, 2SA für die niedrigsten ungereizten Farben und »3 Treff« für die höchsten ungereizten Farben.

Hält man in den Minoren einen *unechten Zweifärber* (z.B. 6-4 verteilt) sollte man erst die lange Farbe bieten. Ist Treff die kürzere Farbe, kann man sie bei Gelegenheit später noch nennen. Bei kürzeren Karos hilft »delayed unusual«: Mit ♠65 ♡4 ◇KB93 ♣AK10872 bietet man nach z.B. 1♠-2♣-2♠-pass-pass jetzt 2SA und zeigt damit neben den langen Treffs eine Vierer-Karo.
Mit einem unechten Zweifärber, der aus 5-6 Karten in einer Minore und 4 oder auch nur 3 Karten in einer Edelfarbe besteht, ist *Canapé* in der Gegenreizung spielbar: So würde man mit ♠KD6 ♡42 ◇ADB972 ♣73 über eine gegnerische Treff-Eröffnung 1♠ zwischenreizen.

## Sans-Atout-Gegenreizung

Nach der Standard-Methode verspricht die Zwischenreizung »1 Sans-Atout« ein Blatt mit ca. 16-18 Punkten und einer guten Haltung in der gegnerischen Farbe. Die meisten Turnierspieler folgen der Standard-Methode; viele von ihnen machen jedoch hiervon zwei Ausnahmen, nämlich in der sog. *Protective*- und in der *Sandwich-Position.* Wenn auf die Farb-Eröffnung des Gegners links die nächsten beiden Spieler passen, kann auch mit einem schwächeren Blatt »1 Sans-Atout« geboten werden. Die genaue Punktstärke ist Vereinbarungssache zwischen den Partnern (z.B. ungefährlich 11-12 bzw. gefährlich 12-14 Punkte). Eine Deckung in der gegnerischen Farbe ist nicht unbedingt erforderlich; denn wenn der Gegner rechts die Eröffnung nicht unterstützt hat, ist es sehr oft möglich, daß der hinter dem Eröffner sitzende Partner eine oder mehrere Figuren in dessen Farbe hält.

Haben der Eröffner und dessen Partner je eine Farbe auf der Einerstufe genannt, spielen viele die Zwischenreizung von »1 Sans-Atout« als »Unusual«, also um einen relativ schwachen Zweifärber zu zeigen. Mit einem starken Blatt und Interesse für die beiden ungereizten Farben wird Informationskontra gegeben.

So gut wie gar nicht durchgesetzt hat sich die Konvention, die Zwischenreizung »1 Sans-Atout« als Informationskontra zu spielen. In der Tat ist nicht einzusehen, welchen Vorteil es haben soll, auf die natürliche Sans-Atout-Zwischenreizung zugunsten einer Konvention zu verzichten, für die es bereits das Informationskontra gibt.

Ausdrücklich zugelassen vom Deutschen Bridge-Verband ist eine vom Engländer Nico Gardener erfundene Konvention, nämlich *Comic No Trump (Sans-Atout Comique)*. Die Zwischenreizung von »1 Sans-Atout« ist doppeldeutig und zeigt entweder eine starke Sans-Atout-Eröffnung (16-18 bzw. 15-17 Punkte) oder eine schwache Hand mit einer langen Farbe. Hat der Partner Interesse am vollen Spiel, fragt er mit der künstlichen Ansage von »2 Treff«, welcher der beiden Fälle vorliegt. Der Zwischenreizende bietet mit einem starken Blatt »Sans-Atout« (mit Maximum sogar »3 Sans-Atout«) und reizt mit einer schwachen Hand seine lange Farbe (ist diese Treff, paßt er). Diese Konvention ist primär nicht etwa dazu entwickelt worden, die Gegner zu bluffen oder zu verwirren, sondern um schwache Farblängen reizen zu können, sofern man sich mit der Konvention Weak Jump Overcall nicht anfreunden will und die starke Sprungzwischenreizung bevorzugt.

♠ 83 ♡ 76 ◇ KB10973 ♣ 962

Wenn Sie nicht Weak Jump Overcall spielen, können sie mit diesem Blatt nach der Standard-Methode über eine gegnerische Treff-Eröffnung nicht »1 Karo« zwischenreizen, weil sie damit gewissen Werte versprechen und den Partner irreführen würden. Mit der Sans-Atout Comique können Sie jedoch »1 Sans-Atout« reizen und den Gegner hinter Ihnen damit Bietraum wegnehmen, ohne dem Partner irgendwelche Werte zu versprechen.

Ein gewisser Nachteil der Sans-Atout Comique ist, daß der Partner mit »2 Treff« nicht mehr Stayman reizen kann.

## Reizung gegen eine Sans-Atout-Eröffnung

Bei einer starken Sans-Atout-Eröffnung des Gegners (etwa 16-18 Punkte) haben Sie verhältnismäßig wenig Probleme. Die Gefahr, daß Sie und Ihr Partner ein volles Spiel versäumen, ist gering. Im Regelfall sollten Sie daher passen. Mit einem Farbgebot in die Reizung zu gehen, riskieren Sie am besten nur dann, wenn Sie eine gute, lange Farbe halten und ein Strafkontra des Gegners hinter Ihnen aushalten können.

Falls Sie Ihrerseits die starke Sans-Atout-Eröffnung kontrieren, ist dies ein Strafkontra. Hierfür sollten Sie entweder 17 oder mehr Punkte halten oder eine lange Farbe mit Entrées in den Nebenfarben besitzen. Mit jedem der beiden folgenden Blätter können Sie Kontra geben:

a) ♠ AB8 ♡ K972 ◇ AD5 ♣ K108

b) ♠ A4 ♡ A73 ◇ KDB1076 ♣ 1073

Hand a) ist ungefähr gleich stark wie das Blatt des Eröffners; Ihr Vorteil ist, daß Sie mit den wichtigen hohen Karten hinter dem Gegner sitzen.

Im Falle b) liegt Ihr Vorteil darin, daß Sie mit Ihrer langen Farbe angreifen können.

Der Partner des Kontrierenden sollte mit einem gleichmäßig verteilten Blatt auch dann passen, wenn er *keinen Punkt* hält. Es ist nämlich in der Regel teurer, ohne einen Fit auf die Zweierstufe zu gehen und in ein gegnerisches Strafkontra hineinzulaufen, als dem Gegner die Erfüllung seines kontrierten Teilkontraktes zu gestatten. Mit einer punktlosen, jedoch unausgeglichenen Hand darf der Partner aus dem Kontra herausgehen und seine lange Farbe bieten.

Sehr viel schwieriger ist die Reizung gegen eine schwache Sans-Atout-Eröffnung (12-14 Punkte). Da der Partner des Eröffners sowohl mit 0 als auch mit 10-11 Punkten passen kann, ist es für Sie und Ihren Partner nur sehr schwer abzuschätzen, ob Sie in die Reizung eingreifen sollen oder nicht. Sie stehen vor dem Dilemma, entweder durch Passivität ein volles Spiel zu versäumen oder durch Aktivität im falschen Augenblick in ein Strafkontra hineinlaufen. Man hat deshalb eine ganze Reihe von Waffen gegen die schwache Sans-Atout-Eröffnung entwickelt. Die ideale Konvention, der »Stein der Weisen«, ist allerdings noch nicht gefunden worden. Jede der nachstehenden Konventionen, die insbesondere im Paarturnier auch gegen den starken Sans-Atout angewandt werden können, hat ihre Licht- und Schattenseiten.

Allen Konventionen ist gemeinsam, daß sie vorwiegend für Hände entwickelt worden sind, die etwas zu schwach für ein Strafkontra sind. Die schwache Sans-Atout-Eröffnung sollte mit einer ausgeglichenen Hand von 15 und mehr Punkten oder einem geringfügig schwächeren Blatt mit einer verwertbaren langen Farbe strafkontriert werden. Auch hier ist es die beste Taktik, wenn der Partner mit einer ausgeglichenen Hand ohne Rücksicht auf die von ihm gehaltenen Punkte das Kontra stehen läßt. Doch nun zu den Konventionen im einzelnen:

*Landy.* Die Zwischenreizung von »2 Treff« bedeutet ein Informationskontra und verspricht die Bereitschaft, einen Edelfarb-Kontrakt zu spielen. Nach einer brauchbaren Faustregel sollte ein Landy-Gebot bei nur vier Karten in jeder Edelfarbe wenigstens 13 Punkte stark sein. Für jede weitere Edelfarbkarte kann die Mindestpunktzahl um zwei Punkte gesenkt werden.

a) ♠ KB82 ♡ KD105 ♢ A82 ♣ 76
b) ♠ D10953 ♡ KB842 ♢ 7 ♣ K3
c) ♠ AD83 ♡ DB108 ♢ K84 ♣ A3

Über eine schwache Sans-Atout-Eröffnung reizen Sie mit a) und b) »2 Treff«, während c) mit 16 Punkten besser für ein Strafkontra als für Landy geeignet ist.

Der Partner reizt mit einem schwachen Blatt seine bessere Edelfarbe (falls nötig eine Dreierfarbe) auf der Zweierstufe. Mit 9 Punkten und einer Edelfarbe zu viert kann er auf die Dreierstufe springen. Hält der Partner genug Punkte für volles Spiel, jedoch keine Edelfarbe zu viert, zeigt er dies durch das konventionelle Gebot von »2 Sans-Atout«. Der Landy-Reizer nennt jetzt eine Edelfarbe zu fünft, andernfalls seine beste Unterfarbe, und der Partner legt den Endkontrakt fest.

*Astro* (genannt nach den Erfindern Allinger, Stern und Rosler). Die Konvention verspricht nach einer gegnerischen Sans-Atout-Eröffnung einen Zweifärber (mindestens 5-4 Verteilung). »2 Karo« bedeutet vier oder fünf Pik-Karten und eine Nebenfarbe, die auch Coeur sein kann, während »2 Treff« vier oder fünf Coeur-Karten und eine Unterfarbe verspricht. Im ersten Fall ist Pik, im zweiten Coeur die sog. »Anker-Farbe«. Die Punkterfordernisse bei Astro sind etwa die gleichen wie bei Landy.

Der Antwortende reizt mit einem schwachen Blatt die Anker-Farbe, wenn er hierin vier (evtl. drei gute) Karten hält. Ohne Unterstützung für die Anker-Farbe muß der Antwortende mit einem schwachen Blatt die nächsthöhere Farbe reizen (mit sechs oder mehr Karten in der konventionell zwischengereizten Unterfarbe kann der Antwortende allerdings passen). Ist der Antwortende stark genug für volles Spiel, kann er ähnlich wie bei Landy konventionell »2 Sans-Atout« bieten oder in der Anker-Farbe springen.

*Sastro* (Schroeders Astro). Auch diese Konvention zeigt einen Zweifärber (mindestens 5-4). »2 Karo« verspricht die beiden Oberfarben und »2 Treff« beide Unterfarben. Im letztgenannten Fall kann der Partner mit einem schwachen Blatt passen, wenn er bessere Treffs hält.

*Ripstra.* Diese Konvention verspricht, ähnlich wie Landy, mindestens vier Karten in beiden Edelfarben. Der Unterschied zu Landy liegt darin, daß nicht »2 Treff«, sondern die bessere Unterfarbe geboten wird. »2 Treff« zeigt also Kürze in Karo und »2

Karo« Kürze in Treff. Mit einer 4-4-3-2 Verteilung sollte der Zwischenreizende etwa 12 Punkte halten. Mit 5-4-3-1 oder 4-4-4-1 können die Punkterfordernisse gesenkt werden.

Der Antwortende reizt mit einem schwachen Blatt eine Edelfarbe zu viert (evtl. auch mit drei guten Karten) und paßt andernfalls auf die vom Partner gebotene Unterfarbe. Geht er hingegen auf die andere Unterfarbe heraus, zeigt er damit eine sehr lange Farbe, die er auch gegenüber einem Singleton spielen kann.

Mit stärkeren Blättern verfährt der Antwortende bei Ripstra ähnlich wie bei Landy.
Häufig wird Ripstra nur unmittelbar nach der Sans-Atout-Eröffnung gespielt, während in vierter Position eine Unterfarbreizung natürlich ist und ein Kontra informatorische Bedeutung hat und Interesse an einem Edelfarbkontrakt bekundet.

Landy, Astro und Ripstra sind vom Deutschen Bridge-Verband (im Gegensatz zu den beiden folgenden Konventionen) ausdrücklich zugelassen.

*Aspro.* Diese von dem englischen Experten Terence Reese empfohlene Astro-Variante zeigt mit »2 Treff« die Coeurs und irgendeine andere Farbe und mit »2 Karo« die Piks und eine Unterfarbe. Bei Aspro ist die Antwort von »2 Sans-Atout« natürlich, während die zur Partie einladende konventionelle Antwort durch Hebung der künstlich zwischengereizten Unterfarbe erfolgt.

*Brozel* (entwickelt von dem Amerikaner Bernard Zeller). Ein Kontra zeigt einen Einfärber (Uni-Color). Wenn der Partner aus dem Kontra herausgehen will, reizt er konventionell »2 Treff« und paßt auf jedes weitere Gebot des Kontrierenden.

Eine Zwischenreizung auf der Zweierstufe zeigt einen Zweifärber:

2 ♣ = Coeur und Treff
2 ♢ = Coeur und Karo
2 ♡ = Coeur und Pik
2 ♠ = Pik und eine Unterfarbe
2 SA = beide Unterfarben

Ein Sprung auf die Dreierstufe zeigt in dieser Farbe ein Singleton oder Chicane und starke Unterstützung für die drei anderen Farben.

## Reizung gegen Sperransagen

Kaum eine Situation im Bridge kann so frustrierend sein wie eine gegnerische Eröffnung auf Dreier- oder Viererstufe, wenn Sie ein gutes Blatt ohne eine stabile lange Farbe halten. Sie haben die Wahl zwischen zwei Übeln: Passen Sie, kann Ihre Seite ein volles Spiel, vielleicht sogar einen Schlemm versäumen. Ergreifen Sie jedoch die Initiative, haben Sie kaum genügend Bietraum für einen Informationsaustausch mit dem Partner und landen möglicherweise in einem sehr schlechten Kontrakt, ganz zu schweigen von der Gefahr, daß der Partner des Eröffners ein starkes Blatt hält und mit einem vernichtenden Kontra bereits auf der Lauer liegt.

Unterschwellig werden Sie leicht den Eindruck haben, der Gegner nehme Ihnen mit seiner Sperransage einen guten Kontrakt weg. Hüten Sie sich vor dem Gefühl, über jede Sperransage mit einem einigermaßen guten Blatt unbedingt in die Reizung eingreifen zu müssen. Ihnen ergeht es sonst wie der Sorte von Poker-Spielern, die sich nie herausbluffen lassen wollen; sie sind die ständigen Verlierer. Sie müssen die Tatsache akzeptieren, daß Sie nach einer Sperransage wahrscheinlich nicht mehr Ihren besten Kontrakt erreichen können*. Sie sollten

* Dem englischen Experten Terence Reese zeigte jemand ein gutes Blatt und fragte ihn, was er damit gegen eine hohe Sperransage unternehmen würde. Reese antwortete trocken: »I pass and resign with the bad result.«

versuchen, mit Ihren guten Karten einen vernünftigen Plusscore zu schreiben, nicht jedoch das theoretische Maximum anzustreben. Die Bridge-Experten sind natürlich nicht müde geworden, Konventionen gegen Sperransagen zu entwickeln. Eine narrensichere Methode ist allerdings noch nicht gefunden worden. Sperransagen zählen deshalb nach wie vor zu den wirksamsten Waffen des Eröffners. Nun zu den wichtigsten Methoden:

*Optional Double.* Das Kontra nach einer gegnerischen Sperransage ist in erster Linie informatorisch und soll vom Partner nur dann in ein Strafkontra verwandelt werden, wenn dieser Stärke in der eröffneten Farbe besitzt. Das Kontra sollte in zweiter Position nur mit mindestens 16 Punkten gemacht werden, während in vierter Hand 13 Punkte genügen dürften. Der Kontrierende verspricht vier Karten in der anderen Edelfarbe bzw. nach einer Unterfarb-Sperransage ausreichende Unterstützung für beide Edelfarben (falls nicht, sollte der Kontrierende zusätzliche Punktstärke besitzen). Ein Blatt mit 18 oder mehr Punkten, einer nach Möglichkeit doppelten Haltung in der eröffneten Farbe und relativ wenig Unterstützung für einen Edelfarb-Kontrakt eignet sich für ein Gebot von »3 Sans-Atout«.

*Fishbein* (genannt nach dem Amerikaner Harry Fishbein). Ein Kontra auf eine Dreieransage ist ein Strafkontra, das der Partner stehenlassen sollte. Ein konventionelles Gebot in der nächsthöheren Farbe zeigt etwa 16 oder mehr Figurenpunkte sowie gute Unterstützung für mindestens zwei der übrigen Farben. Über eine Pik-Sperransage lautet das konventionelle Gebot »4 Treff«. Die Ansage von »3 Sans-Atout« ist hingegen natürlich.

Der Partner muß auf das konventionelle Gebot auf jeden Fall die Reizung offenhalten, weil der Zwischenreizende auch einen Zweifärber besitzen könnte. Die Fishbein-Konvention wird in vierter Hand nicht gespielt; hier ist ein Optional Double üblich.

a) ♠ KB73 ♡ AK72 ♢ 4 ♣ AB72
b) ♠ KB6 ♡ A82 ♢ DB3 ♣ KD82

Über eine gegnerische Eröffnung von »3 Karo« können Sie mit a) Fishbein reizen, indem Sie »3 Coeur« bieten, weil Sie eine starke Hand mit guter Unterstützung für die drei übrigen Farben besitzen. Mit Blatt b) sollte Sie trotz der 16 Punkte passen, weil Sie zu wenig für einen Edelfarb-Kontrakt mitbringen. Mit einem Strafkontra haben Sie keine Gewähr, den Kontrakt schlagen zu können. Auch »3 Sans-Atout« wären ziemlich riskant.

Ein gewisser Nachteil von Fishbein ist, daß über eine Sperransage in einer roten Farbe kein natürliches Gebot mehr in der nächsthöheren Edelfarbe abgegeben werden kann. Diesen Nachteil versucht die nächste Konvention zu vermeiden:

*Harvey* (auch *Lower Minor* oder *Cheaper Minor* genannt). Der Unterschied zu Fishbein besteht lediglich darin, daß das künstliche, ein Informationskontra ersetzende Gebot nicht in der nächsthöheren Farbe, sondern in der niedrigsten Unterfarbe abgegeben wird, also »3 Karo« über eine Sperransage in Treff und »4 Treff« über die übrigen Dreieransagen. Wie bei Fishbein sind Kontra und «3 Sans-Atout« echt. Im Gegensatz zu Fishbein wird Harvey meist auch in vierter Position gespielt. Die Partnerschaft kann selbstverständlich auch in zweiter Position Harvey und in letzter Hand Optional Double vereinbaren.

Optional Double, Fishbein und Harvey sind vom Deutschen Bridge-Verband ausdrücklich zugelassen worden. Daneben gibt es noch die folgenden Methoden, die auf der Konventionskarte näher erläutert werden müßten:

*Weiss* (genannt nach dem Amerikaner Larry Weiss). Diese Konvention verzichtet auf ein Strafkontra und verwendet gleichzeitig Optional Double (für ausgeglichene Hände) und Harvey (für unausgeglichene Hände). Auch hier sind »3 Sans-Atout« echt.

a) ♠ B84 ♡ D107 ◇ AD5 ♣ AK103
b) ♠ 73 ♡ AB973 ◇ A52 ♣ 865
c) ♠ KD95 ♡ 4 ◇ AK93 ♣ KB107

Über eine gegnerische Sperransage von »3 Coeur« kontrieren Sie mit a), während Sie mit b) passen und mit c) »4 Treff« reizen.

*Reese.* Nach einer Edelfarbsperransage ist »3 Sans-Atout« ein künstliches Gebot und hat die Bedeutung eines Informationskontras; das Kontra ist in dieser Situation echt. Über eine Unterfarbsperransage sowie in letzter Hand wird Optional Double gespielt; »3 Sans-Atout« ist jetzt eine natürliche Reizung.

*Zweifärber-Reizung.* Nach einer Edelfarb-Sperransage zeigt ein Unterfarbgebot auf der Viererstufe die gereizte Farbe und die andere Edelfarbe. Daneben wird Optional Double gespielt. Mit einer langen Unterfarbe kann man auf die Fünferstufe springen, »3 Sans-Atout« riskieren oder passen. Ein Minor-Zweifärber kann durch einen Sprung auf »4 Sans-Atout« deklariert werden. Diese Konvention ist in zweiter und letzter Hand spielbar.

Ein Kontra gegen Sperransagen auf höherer Stufe ist nicht eindeutig und ein Mittelding zwischen Optional Double und Strafkontra. Der Antwortende sollte ohne gute eigene Farbe passen. Ein Kontra auf »4 Pik« ist in der Regel Strafkontra, auf »4 Coeur« jedoch eher Optional Double mit Toleranz für einen Pik-Kontrakt. Über »4 Pik« verspricht »4 Sans-Atout« Unterstützung für die drei übrigen Farben oder einen Zweifärber. Der Antwortende sollte von unten nach oben reizen. Nach einer Vieransage in Coeur zeigt »4 Sans-Atout« vorzugsweise ein gutes Unterfarbblatt.

## Waffen gegen künstliche Gebote

Gegen künstliche Reizungen zu spielen ist unbequem. Es kostet nicht nur zusätzliche Konzentration, sich mit der Bedeutung der gegnerischen Ansagen vertraut zu machen, sondern man steht darüber hinaus oft genug vor einem Bietproblem, wenn man die eigene Farbe nicht mehr nennen kann, weil der Gegner hierin bereits sein künstliches Gebot abgegeben hat.

Im Rubber-Bridge ist die Welt noch in Ordnung, weil hier so gut wie ausschließlich natürlich gereizt wird. Der Turnier-Spieler sollte sich hingegen etwas einfallen lassen. So wie im Wettrüsten gegen fast jeden Raketentyp Antiraketen entwickelt worden sind, kann man auch gegen jede künstliche Reizung Gegenmaßnahmen erfinden. Hier sind der Phantasie keine Grenzen gesetzt. Namentlich in einem Teamkampf, wo eine größere Anzahl von Händen gegen dieselben Gegner gespielt wird, sollten die Partner kurz vor Beginn das gegnerische System mit seinen Tücken studieren und sich auf bestimmte Abwehrmaßnahmen einigen, wobei oft improvisiert werden muß. Nachstehend einige Ideen als Anregung, die beliebig abgewandelt und ergänzt werden können:

Nach eigener Edelfarberöffnung kann eine 2SA-Gegenreizung (Unusual No Trump, zeigt beide Unterfarben) recht störend sein. Der Partner des Eröffners reizt nun wie folgt: Kontra zeigt allgemeine Stärke (9+ Punkte oder mehr) mit Interesse an einem späteren Strafkontra. 3♣ ist künstlich und entspricht einer normalen Unterstützung der Eröffnerfarbe (limit bid). Eine direkte Hebung der eröffneten Majore ist schwach (6-9 Punkte). 3♢ ist künstlich und verspricht die andere Edelfarbe mindestens zu sechst, ohne zum Vollspiel zu forcieren. Bietet der Antwortende die andere Oberfarbe direkt, zeigt er wenigstens eine Fünferlänge und forciert zur Partie.

Ähnlich kann sich der Antwortende wehren, wenn der Gegner die Edelfarbe des Eröffners überruft, um einen Zweifärber (die andere Edelfarbe und eine Minore) zu zeigen (*Michaels Cue-Bid, Schroeder*). Ein Kontra zeigt allgemeine Stärke und Interesse an späterem Strafkontra. Die direkte Unterstützung der eröffneten Majore ist schwach (6-9 Punkte). Ein Gebot in der anderen Edelfarbe entspricht einer normalen Hebung der Eröffnungsfarbe (limit bid).

Gegen eine schwache Zweiereröffnung in Edelfarbe (echte *Weak-Two*) bietet sich die folgende Verteidigung an:
Kontra ist Informationskontra. 2SA zeigt 15+-18 Punkte, ausgeglichene Verteilung und Stopper in der Gegnerfarbe. Ein Cue-Bid in der eröffneten Farbe gibt man mit einem guten Zweifärber in der anderen Oberfarbe und in einer Minore ab. Bieten Sie also mit ♠4 ♡AKB96 ♢105 ♣ADB104 über eine 2♠-Eröffnung 3♠.

Verteidigung gegen 2♢ (*Multi*)
Gegen diese in Europa sehr populäre Eröffnung haben sich hauptsächlich die beiden nachfolgend vorgestellten Gegenreizungen bewährt:

A) Kurze Oberfarbe

a) Kontra in zweiter Position zeigt entweder eine ausgeglichene Hand mit 13-15 Punkten oder ein sehr starkes Blatt ab etwa 19 Punkten.

b) 2♡ oder 2♠ in zweiter Position verspricht Kürze (höchstens ein Doubleton) in der künstlich gebotenen Edelfarbe und eine Vierer- oder Fünferlänge in der anderen Majore mit Eröffnungsstärke. Mit ♠B9743 ♡4 ♢AD5 ♣AK63 oder ♠5 ♡KD94 ♢AK83 ♣D1085 können Sie also über gegnerische 2♢ (Multi) 2♡ bzw. 2♠ bieten.
In vierter Position – nach der Reizung 2♢-pass-2♡ – zeigt Kontra mindestens eine Vierer-Coeur und Eröffnungsstärke. Die Ansage von 2♠ entspricht dagegen einem Informationskontra mit einer Vierer- oder Fünfer-Pik.
Nach 2♢-pass-2♠ zeigt Kontra mindestens vier Piks und Eröffnungsstärke.

c) 2SA deklariert – in zweiter wie in vierter Position – eine ausgeglichene Verteilung mit 15+-18 Punkten. Danach sollte man dieselben Konventionen wie nach einer eigenen 2SA-Eröffnung spielen.

d) Bietet man nach zweimaligem Passen (z.B. nach 2♢-pass-2♡-pass-pass) 2SA, zeigt man einen Zweifärber in den Minoren (mindestens 5-4).

e) Ein Kontra nach vorangegangenem Passen verspricht eine gute Hand mit beiden Edelfarben (mindestens 4-4) und ist im Prinzip Strafkontra. Der Partner sollte es nur mit mindestens fünf Karten in der anderen Oberfarbe herausnehmen.

f) Sämtliche Ansagen auf Dreierhöhe sind echt und erfordern mindestens eine Sechserlänge mit Eröffnungsstärke.

B) Lange Oberfarbe

a) Kontra in zweiter Hand zeigt auch hier entweder ein ausgeglichenes Blatt mit 13-15 Punkten oder Stärke (ab 19 Punkten).

b) 2♡ oder 2♠ sind echt (mindestens Fünferlängen mit Eröffnungsstärke).

c) Kontra in vierter Position (also nach 2♢-pass-2♡) ist ein normales Informationskontra mit einer Vierer- oder Fünfer-Pik. Die Ansage von 3♡ bzw. 3♠ zeigt mindestens eine Sechserlänge mit guter Eröffnungsstärke. Kontra (nach vorherigem Passen) in der »6. Hand« (also 2♢-pass-2♡-pass-pass) oder sogar in der 8. Position (2♢-pass-2♡-pass-2♠-pass-pass) ist ebenfalls ein informatorisches Kontra mit jeweils einer Viererlänge in der anderen Oberfarbe. Man wartet hier also erst einmal ab, welche Majore der Multi-Eröffner hat.

d) Die übrigen Ansagen entsprechen in ihrer Bedeutung denen unter A) c), d) und f).

Starke künstliche Treff-Eröffnungen (16+ Punkte) beruhen auf der Grundidee, auf niedrigster Stufe nützliche Informationen auszutauschen. Für die Gegner besteht die beste Verteidigung darin, offensiv zwischenzureizen, wobei allerdings die jeweilige Gefahrenlage angemessen berücksichtigt werden muß. In den letzten Jahren wurden daher die unterschiedlichsten Störmanöver entwickelt, auf die hier zum Teil näher eingegangen wird:

a) Eine Möglichkeit besteht in der Kombination von Einfärbern oder Zweifärbern auf niedrigster Stufe:
Kontra = Einfärber in ♢ oder ♡/♠-Zweifärber
1♢ = Einfärber in ♡ oder ♠/♣-Zweifärber
1♡ = Einfärber in ♠ oder ♣/♢-Zweifärber
1♠ = bloßes Störgebot (speziell abhängig von der Gefahrensituation)
1SA = Einfärber in ♣ oder ♢/♡-Zweifärber
2♣ = ♣/♡-Zweifärber
2♢ = ♢/♠-Zweifärber
Sonstige Farbansagen im Sprung zeigen schwache Hände mit mindestens einer Sechserfarbe (Weak Jump Overcall)

b) Kombination von Ein- oder Zweifärbern erst auf höherer Bietstufe:
1SA = Einfärber in ♣ oder ♢/♡-Zweifärber
2♣ = Einfärber in ♢ oder ♡/♠-Zweifärber
2♢ = Einfärber in ♡ oder ♠/♣-Zweifärber
2♡ = Einfärber in ♠ oder ♣/♢-Zweifärber
2♠ = ♠/♢-Zweifärber
2SA = ♡/♣-Zweifärber
Sämtliche Zwischenreizungen auf Einerstufe sind natürlich und dienen speziell dazu, dem Partner eine Ausspielmarke zu geben (auch gute Viererfarben können geboten werden). Kontra zeigt normales Informationskontra.

Gegen eine konventionelle Unterfarb-Eröffnung kann man Fishbein spielen. Ein Kontra zeigt also, daß man die künstlich eröffnete Farbe selbst hält, während ein konventionelles Gebot in der nächsthöheren Farbe als Informationskontra dient.

Man kann auch ohne Fishbein auskommen, indem man eine Länge in der vom Gegner konventionell eröffneten Unterfarbe auf der Zweier- oder Dreierstufe nennt.

Nach einer zur Partie forcierenden »2 Treff«-Eröffnung kann man wegen der Stärke des Gegners auf ein Informationskontra verzichten und sich damit begnügen, durch ein Kontra eine eigene Treff-Länge zu zeigen.

Wenn auf die gegnerische Sans-Atout-Eröffnung rechts eine Jacoby-Transfer-Ansage auf der Zweierstufe folgt, sollte man mit einem ausgeglichenen Blatt passen und die weitere Entwicklung abwarten. Mit einem Zweifärber kann man sofort mit den folgenden konventionellen Geboten in die Reizung gehen: »2 Sans-Atout« verspricht die Unterfarben. Ein Kontra zeigt die vom Gegner künstlich gereizte Farbe und die übernächste Farbe. Ein Cue-Bid in der nächsthöheren, also der echten Farbe des Gegners zeigt die beiden verbleibenden Farben; hierbei verspricht also ein rotes Cue-Bid einen schwarzen Zweifärber und ein schwarzes Cue-Bid einen roten Zweifärber.

Unbequem ist eine künstliche 2SA-Eröffnung des Gegners, die ein schwaches Blatt mit beiden Unterfarben zeigt (6-11 Punkte). Hiergegen kann man folgendes spielen: Kontra ist allgemeine Stärke mit ausgeglichener Hand, guten Defensivwerten (ca. 15+-19 Punkten) und Tendenz zu späterem Strafkontra. 3♣ und 3♢ dienen jeweils als Informationskontra für die Edelfarben (mit normaler Stärke bzw. mit 16+ Punkten). Falls man erst paßt und dann kontriert, ist es ein Strafkontra.

Gegen Transfer-Sperransagen (*Verdi*) zeigt Kontra allgemeine Stärke und die vom Gegner konventionell eröffnete Farbe. Ein Cue-Bid in der tatsächlich vom Gegner gehaltenen langen Farbe bedeutet Informationskontra. Kontriert man nach anfänglichem Passen die wirkliche Farbe des Eröffners, ist dies ein Strafkontra. Nach einer starken Texas-Sperransage (Südafrikanische Texas) kann man mit einem Kontra hohe Karten in der künstlich eröffneten Farbe zeigen (sog. Ausspielkontra).

## Kontra und Rekontra

Mit dem Informationskontra und den Antworten hierauf hatten wir uns bereits bei der Standard-Methode eingehend befaßt. Nachzutragen sind noch die folgenden konventionellen Antworten:

Es ist allgemeine Praxis, daß der Partner des Eröffners nach einem Informationskontra die eröffnete Farbe auch mit relativ schwachen Werten auf die Zweier- oder Dreierstufe hebt, um zu sperren. Der Spieler in letzter Hand hält oft einige hohe Karten, kann aber mangels bietfähiger Farbe keine befriedigende Ansage mehr machen. Hier hilft das sog. *Responsive Double*, das vom Deutschen Bridge-Verband ausdrücklich zugelassen ist. Die Mindestpunktstärke richtet sich nach der Blattstruktur und der Biethöhe. Wenn eine gegnerische Karo-Eröffnung nach dem Informationskontra Ihres Partners auf die Zweierstufe gehoben, können Sie bereits mit

♠ 10874 ♡ D862 ♢ 5 ♣ K943

ein Responsive Double abgeben. Falls Sie eine ausgeglichene Verteilung halten und eine gegnerische Pik-Eröffnung im Sprung gehoben worden ist, sollten Sie mindestens 9 Punkte besitzen.

Nach Vereinbarung kann das Responsive Double auch nur in ganz bestimmten Bietsituationen gespielt werden (z.B. bis höchstens »3 Karo« oder nur in dem Fall, daß eine gegnerische Pik-Eröffnung auf die Zweierstufe gehoben worden ist).

Nach einem Informationskontra des Partners kann ein schwaches Blatt durch ein künstliches Gebot in der nächsthöheren Farbe gezeigt werden (*Herbert*). Der Nachteil dieser Methode ist, daß eine unnötige Bietrunde verschenkt wird, falls der Antwortende tatsächlich die nächsthöhere Farbe hält.

Eine verblüffende Methode haben italienische Bridge-Experten entwickelt: Wenn nach einem Informationskontra des Partners der nächste Gegner paßt, reizt der Antwortende seine *kürzeste* Farbe, wenn dies auf der Einer- oder Zweierstufe möglich ist. Diese Methode (engl. *Exclusion*

*Bid*) hat einen Transfer-Effekt, weil danach wahrscheinlich die starke Hand den Endkontrakt spielen wird.
Mit dem sog. *Ausspielkontra (Lightner*-Kontra gegen Schlemm, Kontra nach Blackwood- und Gerber-Geboten, Kontra gegen Sans-Atout-Kontrakte) werden wir uns im Abschnitt über das Gegenspiel noch eingehend beschäftigen.

Haben der Gegenreizende und sein Partner einen guten Fit gefunden, stehen sie nach einer Schlemmreizung des Eröffners und seines Partners vor der meist schwierigen Entscheidung, entweder höher zu bieten oder den Schlemm spielen zu lassen. Hier ist das Nullstichkontra (*Negative Slam Double*, auch »undouble« genannt) eine gute Hilfe. Wer in dieser Situation kontriert, zeigt damit, daß er *keinen* Defensivstich hält. Der Partner des Kontrierenden kann dann auf Sechserstufe mit zwei sicheren Stichen (auf Siebenerstufe mit einem) strafpassen, andernfalls noch eine Stufe höher verteidigen. Hier ein Beispiel: Niemand ist in Gefahrenzone, und Sie halten

♠7 ♡108643 ◇2 ♣B97642

Auf die Pik-Eröffnung links hat Ihr Partner »2 Coeur« und der Gegner rechts »4 Pik« gereizt. Sie haben »5 Coeur« geboten, links von Ihnen kamen »5 Pik«, die rechts von Ihnen auf »6 Pik« gehoben worden sind. Sie sollten jetzt konventionell kontrieren und hiermit anzeigen, daß Sie keinen Defensivstich besitzen. Hält Ihr Partner weniger als zwei sichere Stiche, muß er jetzt mit »7 Coeur« verteidigen.

Wenn Sie in dem obigen Blatt Klein-Karo durch Karo-As ersetzen, müssen Sie passen. Die Reizung läuft jetzt zu Ihrem Partner durch. Hält dieser ebenfalls einen Defensivstich, paßt er auch. Ohne Defensivstich gibt er das konventionelle Kontra, und Sie gehen auf »7 Coeur«. Die Konvention verringert die Gefahr, daß Sie gegen einen unerfüllbaren Schlemm verteidigen, erheblich.

Hat der Partner auf der Einer- oder Zweierstufe zwischengereizt und ist vom Gegner rechts kontriert worden, können Sie mit Chicane oder Singleton in seiner Farbe konventionell rekontrieren (*Kock-Werner*). Diese Ansage verspricht die Bereitschaft, in den übrigen Farben spielen zu können. Hierbei ist auch die links von Ihnen eröffnete Farbe nicht ausgeschlossen, falls es sich bei ihr um eine Vichererfarbe oder um ein vorbereitendes Gebot handeln kann.

♠— ♡D10832 ◇KD93 ♣B1097

Ihr Partner hat über eine gegnerische Treff-Eröffnung »1 Pik« geboten und ist kontriert worden. Sie können jetzt das Kock-Werner SOS-Rekontra geben und Ihren Partner auffordern, eine andere Farbe zu nennen.

Das SOS-Rekontra ist dann nicht ohne Nachteil, wenn Ihr Partner mit einer Sechserfarbe zwischengereizt hat und nur wenige Karten in den übrigen Farben hält. Ihr Partner steht dann vor dem Dilemma, entweder unter Verstoß gegen die Konvention im Rekontra zu bleiben oder evtl. ein Doubleton zu reizen. Bevor man SOS-Rekontra gibt, sollte man sich vergewissern, ob das gegnerische Kontra ein Strafkontra oder ein Negatives Kontra (Sputnik) war.

## Einige Bietsysteme

Seit Harold S. Vanderbilt das Kontrakt-Bridge erfunden hat, sind unzählige Bietsysteme entwickelt worden. Sie alle sind letztlich nichts anderes als eine mehr oder weniger geglückte Kombination von natürlichen mit künstlichen Ansagen. Weite Verbreitung haben auf die Dauer nur die Systeme gefunden, bei denen das Schwergewicht auf den natürlichen Geboten liegt. Wenn in ein System eine Fülle von künstlichen Ansagen eingebaut ist, schrecken die meisten davor zurück, sich in einem mühevollen Lernprozeß mit den Feinheiten des

Systems vertraut zu machen. Diskussionen über die Qualität eines Bietsystems sind im Grunde müßig. Ob ein System gut oder schlecht ist, ist von zweitrangiger Bedeutung. Entscheidend ist, ob eine Partnerschaft das von ihr gespielte System gut, weniger gut oder kaum beherrscht. Mit den Systemen ist es wie mit den Autos. Ein Wagen ist immer nur so gut wie der Fahrer, der hinter seinem Steuer sitzt. Ein einfaches und vorwiegend auf natürlichen Ansagen aufgebautes System ist einigermaßen narrensicher. Ein kompliziertes System mit einer verwirrenden Fülle künstlicher Ansagen zu spielen ist, als ob man einen hochgezüchteten Rennwagen fährt. Man ist zwar dreimal so schnell wie ein VW, der kleinste Fahrfehler kann jedoch bereits zu einer Katastrophe führen. Außerdem sind Rennwagen im Straßenverkehr ebensowenig zugelassen wie hochspezialisierte künstliche Systeme auf normalen Paarturnieren.

Mittelmäßige Spieler, die ein simples System seit zehn Jahren spielen und in- und auswendig kennen, werden in der Reizung meist besser abschneiden als stärkere Spieler, die erst seit kurzer Zeit ein »besseres« System spielen und mit ihm noch nicht vertraut sind.

Nach dieser kurzen Einleitung möchte ich Ihnen kurz einige der bekanntesten Bietsysteme vorstellen. Eine genaue Beschreibung jedes einzelnen Systems würde den Rahmen dieses Buches bei weitem sprengen. Ich möchte Ihnen lediglich einen kleinen Einblick vermitteln, falls Sie und Ihr Partner daran interessiert sind, Ihr System zu wechseln. Die Umstellung auf ein neues System lohnt sich nur für eine auf Dauer angelegte Partnerschaft; denn während der Umstellung müssen Sie eine gewisse Zeit mit gelegentlichen Rückschlägen rechnen.

Prüfen Sie auch, ob Ihnen das neue System vom Stil her liegt. Jedes System hat sein Publikum: Der intuitiv handelnde, mit viel Flair begabte Naturspieler ist am besten mit einem natürlichen System beraten. Ein mathematisch-analytisch veranlagter Spieler, der gewohnt ist, nach der deduktiven Methode zu lernen und abstrakt zu denken, kann ein künstliches System mit allen Varianten und Feinheiten in sich aufnehmen. Aggressive Spieler bevorzugen ein System mit vielen Limit-Bids (z.B. *Acol*), bei dem das destruktive Element (Ausschalten der Gegner aus der Reizung) ein nicht unbeträchtliches Gewicht hat und oft durch Verzicht auf Genauigkeit im Detail erkauft wird.

Zu den bekanntesten Systemen gehören *Culbertson* und *Goren*, die bis auf geringfügige Abweichungen dem in diesem Buch geschilderten natürlichen Bietsystem entsprechen. Im folgenden werde ich Sie mit den Grundzügen von *Acol, Precision Club, Blue Club, Kleine Treff* und *Better Minor* bekannt machen, die zu den in Deutschland wohl am häufigsten gespielten Systemen zählen. Gelegentlich werden auch *Mindener Karo* (Fünfer-Edelfarben, 1♢ = konventionell ab 16 Punkten) und *Kaplan-Sheinwold* (Fünfer-Edelfarben, Antwort 1SA = forcierend für eine Runde, schwache SA-Eröffnung) gespielt. Von den ausländischen Systemen sind vor allem die *Neapolitanische Treff* (später *Blue Club*) und die *Römische Treff* zu erwähnen. In den Vereinigten Staaten spielt man neben *Goren* und *American Standard* auch *Schenken* (1♣ ab 17 Punkten, Vierer-Edelfarben, starker SA, Weak-Two, 2♢ As-Frage à la Albarran, 2SA Minor-Zweifärber) und *Roth-Stone* (Solide Eröffnungen und Fünfer-Edelfarben in erster und zweiter Hand, starker SA, Antwort von 1SA forcierend, Weak-Two). In Frankreich sind natürliche Systeme gebräuchlich (entweder Tendenz Canapé oder longue d'abord, also »längere Farbe zuerst«).

BLUE CLUB

Dieses auch *Blue Team Club* genannte System baut im wesentlichen auf der maßgeblich von Benito Garozzo entwickelten *Neapolitanischen Treff* auf. Für DBV-Turniere ist die im Verbands-Blatt (Okt. 1980, S. 331 f.) beschriebene Fassung zugelassen. Nachstehend eine kurze Übersicht des in der Praxis sehr erfolgreichen Blue Club:

1SA = *Two Way No Trump*, entweder 13-15 mit exakt 3-3 in den Edelfarben und einer Treff-Farbe (also präzise 3-3-3-4, 3-3-2-5 verteilt) *oder* 16-17
Antworten: 2♣ ist konventionelle Anfrage mit 8-11 Punkten. Der Eröffner bietet mit 13-15 2♢, mit Vierer-Pik und 16-17 *ohne* Vierer-Coeur 2♠, mit Vierer-Coeur (evtl. einschließlich Vierer-Pik) und 16-17 2♡, mit 3-3-2-5 Verteilung und 15 Punkten 2SA sowie schließlich mit 16-17 ohne Vierer-Edelfarbe 3♣. 2♢ ist ebenfalls eine künstliche Anfrage (12 oder mehr Punkte, Gameforcing). Die Wiedergebote des Eröffners sind gleich, nur 2SA zeigt 13-15. Weitere Fragen des Antwortenden nach genauer Stärke und Blattverteilung des Eröffners werden nach 1SA-2♢-2SA mit 3♣ bzw. nach 1SA-2♢-3♣ mit 3♢ gestellt. Die Antworten 2♡/2♠ über 1SA sind schwach und zeigen eine Fünferlänge, während 3♣/3♢/3♡/3♠ 6-7 Punkte und eine Sechserlänge mit 2 Top-Figuren versprechen.

2SA = 21-22, ausgeglichene Verteilung (3♣ = Flint, modifiziert; 3♢ = Stayman)

3SA = stehende Unterfarbe mit gewissen Nebenwerten (»gambling«)

1♡, 1♠ = mindestens *Viererf*arbe 11-16

1♢ = in der Regel mindestens Viererfarbe 11-16 (gelegentlich Dreierfarbe möglich)
Der Eröffner reizt mit zwei gleichlangen Farben die höhere zuerst. Mit zwei Farben von unterschiedlicher Länge beginnt er grundsätzlich mit der *kürzeren* (*Canapé*-Stil), es sei denn, er hält nur Minimum (11-13) *und* seine höhere Farbe ist die längere.
Antworten: Fast alle Antworten sind natürlich. Hebungen im Sprung sind limitiert (Limit Bids). Die Antwort von 2SA ist einladend und zeigt 11-12 und eine 4-3-3-3 Verteilung. Eine neue Farbe im Sprung verspricht eine sehr gute Farbe und 13 oder mehr Punkte. Mit starken Blättern reizt der Antwortende im *Canapé*-Stil, wobei die vom Antwortenden genannte erste Farbe künstlich sein kann, wenn die zweitgenannte höher ist. Eine Antwort auf Zweierstufe forciert für eine Runde bzw. bis 2SA. Der Eröffner muß eine Fünfer-Farbe wiederholen, wenn er eine besitzt.
Wiedergebote des Eröffners: Hält er eine Eröffnung im oberen Bereich (14-16), kann er einen Sprung machen oder Reverse reizen. Im Grenzbereich (13-14) wertet der Eröffner sein Blatt auf, wenn seine hohen Karten sich auf die gereizten Farben konzentrieren.

2♣ = 12-16 mit Sechser-Treff oder guter Fünfer-Treff (hält der Eröffner eine zweite Farbe, sollte er 15-16 Punkte haben)
Antworten: 2♢ ist künstlich und fordert den Eröffner auf, sein Blatt zu beschreiben. Er nennt eine zweite Farbe, falls vorhanden, oder reizt 2SA mit Stoppern in zwei Farben oder 3♣ mit einem Stopper. Gebote von 2♡ oder 2♠ des Antwortenden sind nicht forcierend. Sprung-Antworten forcieren zum Vollspiel.

2♢ = 17-24, starker Dreifärber
Antworten: Mit schwachem Blatt (0-5 Punkte) und 3 oder mehr Piks gibt der Antwortende ein Sign-Off durch 2♠. Mit 5-6 Punkten und schwacher Sechserfarbe antwortet der Partner mit 3-in-Farbe. Mit langer und guter Farbe (6-7 Punkten) reizt der Antwortende 2SA. Will der Antwortende den Blatt-Typus des Eröffners erfragen, muß er konventionell 2♡ reizen.

2♡/2♠ = solides Weak-Two (8-11)
Einzige forcierende Antwort: 2SA

3♣ = relativ starke Sperransage (sieben Spielstiche, ein Stich außerhalb Treff)

1♣-*Eröffnung*

1♣ = 17 und mehr (mit sehr guter Verteilungshand auch 16 oder 15+ möglich; mit ausgeglichenen 17 wird 1SA aufgemacht)
Antworten: nach Kontrollen (A = 2, K = 1), die in Stufen (steps) gezeigt werden. 1♢ = 0-2 Kontrollen (weniger als 6 Punkte), 1♡ = 0-2 Kontrollen (6 und mehr Punkte), 1♠ = 3 Kontrollen, Gameforcing, 1SA = 4 Kontrollen, 2♣ = 5 Kontrollen (forcierend bis 4SA), 2♢ = 6 Kontrollen (Slam-Forcing), 2SA = 7 Kontrollen; 2♡/2♠ = Sechserfarbe (3-5 Punkte mit zwei Bildern). Reizt der Gegner über 1♣ zwischen, zeigt Passe bzw. Kontra Antworten der Stufen 1 und 2. Gebote des Antwortenden (außer 2♡/2♠) zeigen Kontrollen.
Die 1♣-Eröffnung forciert über 1♢ bis 1SA bzw. über 1♡ bis 2SA. Mit sehr starkem Blatt forciert der Eröffner zum Vollspiel durch ein Sprunggebot. Falls er auf 2SA springt, kann der Antwortende Stayman reizen. Der Antwortende nennt im Prinzip seine beste Farbe und zeigt später Werte (features).

## PRECISION CLUB

Dieses System wurde von dem Chinesen C. C. Wei entwickelt und fand weltweite Beachtung, als das Team von Formosa bei den Weltmeisterschaften 1969 und 1970 den zweiten Platz belegte. Precision Club ist seit seiner Erfindung mannigfach abgewandelt worden. Hier eine Kurzfassung:

*SA-Eröffnungen*

1 SA = 13-15 (hiernach 2 ♣ Nonforcing Stayman und 2 ♢ Forcing Stayman)
2 SA = 22-24 (hiernach kann z. B. Baron und Flint gespielt werden)
3 SA = stehende Unterfarbe mit gewissen Nebenwerten

*Farb-Eröffnungen*

1 ♡, 1 ♠ = mindestens Fünferfarbe 11-15

1 ♢ = in der Regel Viererfarbe 11-15, notfalls auch drei Karten oder sogar Doubleton
*Antworten:* Nach Edelfarberöffnung forciert 1 SA für eine Runde, während 3 SA eine starke Hebung mit ausgeglichener Blattverteilung zeigt. Sprung auf 2 SA zeigt 16 oder mehr. Edelfarbunterstützungen sind Limit-Bids. Über 1 ♢ Inverted Minor. Nach Edelfarberöffnung zeigt ein Doppelsprung in neuer Farbe eine Unterstützung von vier Atouts und Singleton oder Chicane in der gereizten Farbe (Splinter Bid).

2 ♣ = mindestens fünf gute Treffs, unausgeglichene Verteilung 11-15
*Antworten:* 2 ♢ konventionell (Eröffner bietet mit Minimum Viereredelfarbe, mit Deckung in zwei Farben 2SA und ohne zwei Stopper 3 ♣; mit Maximum springt Eröffner in Viereredelfarbe, hebt mit fünf Karos auf 3 ♢ oder springt mit stabiler Trefflänge auf 3 SA). Andere Antworten natürlich.

2 ♢ = 4-4-1-4 oder 4-4-0-5 mit Singleton oder Chicane in Karo 11-15; bei schwacher Fünfer-Treff auch 4-3-1-5 oder 3-4-1-5 ebenfalls Singleton Karo 11-15
*Antworten:* 2 SA ist konventionell und bittet Eröffner, Blattverteilung und Punktstärke zu spezifizieren (Wiedergebote: 3 ♡/3 ♠ = 4-4-1-4 11-13/14-15, 3 SA = 4-4-1-4 mit Singleton Karo-König oder -As und 14-15, 4 ♣/4 ♢ = 4-4-0-5 11-13/14-15; 3 ♣/3 ♢ = 3-4-1-5/ 4-3-1-5, wonach 3 ♣ 3 ♢?/3 ♢ 3 ♡? nach Punkten fragt, Antworten in 2 Stufen, Stufe 1 = 11-13, Stufe 2 = 14-15). Andere Antworten sind natürlich und nicht forcierend.

2 ♡, 2 ♠ = Weak-Two 8-10 (Antwort in neuer Farbe forciert), 2 SA fragt nach Singleton oder Chicane

4 ♣, 4 ♢ = Südafrikanisches Texas (solide Edelfarbe zu siebt mit einem As oder einem König in einer Nebenfarbe)

*1 ♣-Eröffnung*

1 ♣ = 16 oder mehr, beliebige Verteilung (aber keine 2 SA-Eröffnung)
*Antworten:* 1 ♢ Ablehnung 0-7; 1 SA/2 SA/3 SA = 8-10/11-13/14-15 ohne Fünferfarbe (evtl. mit *schwacher* Unterfarbe zu fünft); 1 ♡, 1 ♠, 2 ♣, 2 ♢ = mindestens Fünferfarbe (die Unterfarbe muß *gut* sein) 8 oder mehr (forcierend bis 2 SA). 4-4-4-1 Blätter mit 8 oder mehr werden durch 1 ♢ (sog. *Impossible Negative*) gezeigt; der Antwortende springt in der nächsten Runde in der Farbe seines Singletons bzw. in SA, falls das Singleton in der Farbe des Eröffners ist. 2 ♡, 2 ♠ = Sechserfarbe 4-7, 3 ♣, 3 ♢, 3 ♡, 3 ♠ = Siebenerfarbe 4-7 (Punkte im wesentlichen in der langen Farbe). Nach gegnerischer Farbzwischenreizung 0-4 paß, 5-8 Gebot in langer Farbe oder Negatives Kontra, mit 6-8 und einer Haltung in Gegnerfarbe SA auf niedrigster Stufe, mit guter Deckung und 9-11 Sprung in SA; 9 oder mehr sonst Negatives Kontra oder Cue-Bid in Gegnerfarbe (Zwei- oder Dreifärber mit Singleton oder Chicane in Gegnerfarbe). Nach gegnerischem Kontra Reizung normal (Ausnahme paß = negativ und lange Treffs, Rekontra = beide Oberfarben).

*Wiedergebote:* Nach 1 ♢ 1 SA/2 SA/3 SA = 16-18/19-21/25-27; Farbansage ohne Sprung nicht forcierend, im Sprung Partie-Forcing, falls Eröffner Farbe nicht auf Dreierstufe wiederholt. Nach positiver Antwort Reizung natürlich (Ausnahme: sofortige Hebung der Farbe des Antwortenden fragt nach Länge und Atout-Tops gleichzeitig; Antworten in Stufen: Stufe 1 ohne Tops, Stufe 2 Fünferlänge mit 1 Top, Stufe 3 Fünferlänge mit 2 Tops, Stufe 4 Sechserlänge mit 1 Top, Stufe 5 Sechserlänge mit 2 Tops, Stufe 6 alle 3 Tops.

*Konventionen*

Stayman nach allen SA-Antworten *und* SA-Wiedergeboten (auf höherer Stufe auch Baron und Flint möglich). Daneben nach 1 ♣ und positiver Antwort Fragegebote nach Kontrollen oder nach Assen.

## ACOL

Dieses System wurde bereits im Jahre 1934 von den Engländern M. Harrison-Gray, I. MacLeod, J.C.H. Marx, T. Reese und S.J. Simon entwickelt, die es nach einem heute nicht mehr existierenden Londoner Bridge-Club in der Acol Road nannten. *Acol* kennt viele Limit-Bids und ist ein System, das bisweilen auf Genauigkeit im Detail verzichtet, um den gegnerischen Bietraum einzuengen. Es ist in England sehr populär und wird auch in anderen Ländern viel gespielt.

1SA = 12-14 (evtl. 13-15) Der Eröffner kann 15-16 dadurch zeigen, daß er nach einer Farberöffnung auf der Einerstufe das Wiedergebot von 1SA abgibt. In Gefahrenzone verspricht die 1SA-Eröffnung meist 16-18 (evtl. 15-17). Die Details sind Vereinbarungssache.
2SA = 20-22 (hiernach sind Baron und Flint üblich)
3SA = stehende lange Unterfarbe mit Deckung in wenigstens zwei anderen Farben

1♣, 1♢ = Grundsätzlich mindestens Viererfarbe; gelegentlich auch Dreierfarbe, wenn das Blatt keine bietfähige Edelfarbe enthält und zu stark oder zu schwach für die Eröffnung 1SA ist.

1♡, 1♠ = Mindestens Viererfarbe; Eröffnungsgebote können schwächer als nach der Standard-Methode sein, wenn der Eröffner eine gute Edelfarbe zu sechst hält (er zeigt Schwäche, indem er die eröffnete Farbe wiederholt, sog. Sign-Off); auch mit zwei Edelfarben zu fünft kann ziemlich schwach eröffnet werden; zwei Edelfarben zu viert: Eröffnung 1♡.
*Antworten*: Neue Farbe auf Zweierstufe kann bereits mit 8 Punkten genannt werden, wenn es sich um eine Fünferfarbe handelt (Sechserfarbe bereits ab 7); 1♠-2♡ zeigt mindestens fünf Coeurs; Limit-Bids bei Farbunterstützung und SA-Antworten (1SA/2SA/3SA = 6-9/ gute 10-12/13-14); vierte Farbe forciert.

2♣ = Partieforcing (Ausnahme: 2♣-2♢-2SA = 23-24), Ablehnung 2♢ (weniger als 1½ Quick-Tricks)
2♢, 2♡, 2♠ = mindestens acht Spielstiche mit guter Sechserfarbe oder zwei guten Fünferfarben; Ablehnung 2SA (auch Herbert kann gespielt werden); einfache Hebung konstruktiv und zum Schlemm einladend (verspricht neben Trumpfunterstützung mindestens ein As)

## KLEINE TREFF

Grundidee: Edelfarben werden nur mindestens zu fünft eröffnet. Das System ist in Deutschland sehr verbreitet und wird mit allen möglichen Varianten gespielt. Hier eine Kurzfassung, die hinsichtlich den Punkterfordernisse im Detail abgewandelt werden kann.

1SA = 17-20 (evtl. auch 12-14 oder 15-17)
2SA = 21-24 (evtl. auch 20-22)
3SA = 25-27 (stattdessen kann auch die »gambling«-3SA mit langer, stehender Unterfarbe und gewissen Nebenwerten vereinbart werden)

1♢ = mindestens Viererfarbe, keine Edelfarbe zu fünft oder länger
1♡, 1♠ = Edelfarbe mindestens zu fünft oder länger
2♣ = Partieforcing, Ablehnung 2♢
2♢, 2♡, 2♠ = »Semiforcing«, auf das mit sehr schwachem Blatt gepaßt werden darf

1♣ = keine Edelfarbe zu fünft oder länger (mindestens Treff-Doubleton) *oder* Große Treff (Sprunggebot des Eröffners in nächster Bietrunde zeigt gute Farblänge und forciert zum vollen Spiel) *Antworten*: 1♢ Ablehnung 0-7 (evtl. schlechte 8 ohne Edelfarbe zu viert oder länger); 1♡, 1♠ = Edelfarbe mindestens zu viert, 8 oder mehr; 2♣, 2♢ = Treff- oder Karolänge, 10 oder mehr, forciert den Eröffner für eine Runde; 1SA/2SA/3SA = gute 8-11/12-13/14-15 ohne Edelfarbe zu viert oder länger.

## BETTER MINOR

Gleiche Grundidee wie *Kleine Treff* mit folgenden Abweichungen: Ohne Edelfarbe zu fünft wird die *bessere* Unterfarbe eröffnet, auch wenn sie nur zu dritt ist. Es gibt keine konventionelle Ablehnung; der Antwortende paßt mit 0-5 Punkten. 1SA wird meist schwach (12-14) gespielt. Die Variante *Große Treff* gibt es hier nicht.

*Tatsächlich passiert in London:*
*Für ein großes Paarturnier wird in letzter Minute ein Ersatzpaar gesucht. Es finden sich zwei Rubber-Bridge-Spieler. Da es ihr erstes Turnier ist, wird ihnen eingeschärft, sie müßten alle konventionellen Absprachen alertieren, also ihre Gegner auf Besonderheiten aufmerksam machen. Bald ist der Kampf in vollem Gange. Einer der beiden spielt gegen »4 Pik« die Karo-Fünf aus; der andere alertiert brav. Der Alleinspieler erkundigt sich und hört: »Die Karo-Fünf ist ein Singleton«. Verblüffung und die erstaunte Frage: »Wieso?« »Wenn wir mit der linken Hand ausspielen, zeigen wir ein Singleton, wenn wir rechts angreifen, nicht!«*

*Streitgespräche während des historischen Bridge-Matches (»Battle of the Century«) Josephine und Ely Culbertson gegen Sidney Lenz-Oswald Jacoby im Dezember 1931 im Chatham-Hotel, New York.*
*Culbertson zu Lenz: »Sidney, Du tätest mir einen großen Gefallen, wenn Du das Culbertson-System spielen würdest.«*
*Lenz: »Ich kenne es nicht und bezweifle, ob Du es überhaupt kennst.«*
*Culbertson, entrüstet: »Aber Sidney, ich habe Dir doch kürzlich erst zwei Exemplare meines »Blue Book« geschickt!«*
*Jacoby kommt seinem Partner zu Hilfe: »Ely, warum hast Du sie mir nicht gegeben? Ich könnte sie gut gebrauchen – als Unterlage für meinen wackeligen Tisch zuhause.«*

*Vor vielen Jahren riskierte ein Gegner gegen die in Wuppertaler Bridge-Kreisen noch gut bekannte Thea Leitzen, eine respekteischende ältere Dame mit leichtem Adele-Sandrock-Einschlag, eine Blufferöffnung in Pik. Mitten im Spiel stellt sie verblüfft fest: »Sie haben ja nur zwei kleine Piks.« Der Gegner erklärte: »Gnädige Frau, ich habe geblufft.« Sie, kategorisch: »An meinem Tisch wird nicht geblufft!«*

*Tragischer Zwischenfall auf einem Individualturnier: Ein Teilnehmer erliegt einem Herzschlag. Große Bestürzung; das Turnier wird sofort abgebrochen. Da der Verstorbene in Bridge-Kreisen sehr beliebt war, finden sich auch zahlreiche Bridge-Spieler bei der Trauerfeier ein. Ein Experte zum anderen: »Der arme X. Mit mir hat er zwei Tops geschrieben, und nun hat er nichts davon gehabt. Warten Sie, wenn wir gleich in der Kapelle sind, erzähle ich Ihnen die beiden Hände.«*

*Bridge-Olympiade. Ein Spieler knüpft Beziehungen zu einer attraktiven Ausländerin an. In den nächsten Tagen Bestürzung in der Mannschaft: Der von Amors Pfeil Getroffene reizt zwei Schlemms, obwohl beide Male zwei Asse fehlen. Ratschlag eines Team-Mitgliedes: »Hier hilft nur ein Keuschheitsgürtel. Den Schlüssel kriegt der Partner, und er darf ihn erst wieder rausrükken, wenn X. nach den Assen fragt.« (Jetzt verstehe ich endlich den Begriff »Schlüsselkarten«.)*

*Von Dagobert Lindlau notiert: Im Münchner Bridge-Club wird eine hohe Rubber-Bridge-Partie gespielt. Ein unbekannter Kiebitz setzt sich hinter George Salmoni, einen der führenden Spieler des Clubs. Als »Georgie« Schlemm in Coeur reizt, mischt er sich ungefragt ein: »Cohn will ich heißen, wenn die Partie geht.« Georgie sieht ihn eine Sekunde nachdenklich an und fragt: »Wie heißen Sie denn?« Der Fremde: »Von Schlitzkitz.« Darauf Georgie: »Na, viel verlieren Sie nicht.«*

*Bon mot (oder mauvais mot) eines Teilnehmers an der Süddeutschen Team-Meisterschaft 1969 nach einem Spiel zum Kellner: »Für mich einen Kaffee und für meinen Partner Zyankali!«*

*»Übrigens, da fällt mir ein, neulich hatte ich mit meinem Partner eine kleine Diskussion. Ich eröffne ein Ohne, er springt auf vier Ohne, ich passe und dieser Narr behauptet doch, er hätte Blackwood gereizt.«*

# Das Spiel der Karte

Gemütliche Spiele, die sich sozusagen von selbst gewinnen, sind im Bridge selten. Das raffinierte Prämiensystem verführt dazu, die Karte soweit auszureizen, daß sich der Spieler meist auf dem schmalen Grat zwischen Sieg und Absturz befindet. Schon ein Stich mehr oder weniger kann entscheidend sein. Das Spiel der Karte ist deshalb von ebenso großer Bedeutung wie die Reizung. Mancher gewagte Kontrakt wird durch gutes Spiel gewonnen, und geschickte Verteidigung kann Spiele zu Fall bringen, die der Alleinspieler schon erfüllt glaubte.

Man kann Bridge viel genauer spielen als die meisten anderen Kartenspiele und braucht weniger zu raten. Im Gegensatz etwa zu Rommé, Canasta und Poker sind alle 52 Karten im Spiel; es gibt keinen »Skat«, in dem zwei nicht bekannte Karten verborgen sind, und man weiß im Gegensatz zum Doppelkopf von vornherein, mit wem man zusammenspielt. Einschließlich der nach dem Ausspiel auf den Tisch gelegten Karten des Strohmanns (Dummy) sieht jeder Mitspieler 26 Karten und kann danach planen. Die vorangegangene Reizung gibt oft wertvolle Hinweise auf Punktstärke und Blattverteilung der gegnerischen Karten. Während des Spiels ist es möglich, aus bestimmten, vom Gegner gespielten oder auch nicht gespielten Karten Schlußfolgerungen zu ziehen.

Beim Spiel der Karte ist das Glücksmoment weitgehend ausgeschaltet, und die beträchtliche Spannweite im individuellen Können kommt zum Tragen. Sich auf diesem Gebiet zu verbessern, bringt reiche Früchte. Mein Buch soll den Lernenden mit der Materie vertraut machen und dem erfahrenen Spieler Gelegenheit geben, sein Wissen zu überprüfen.

## Die Spieldurchführung

### Grundlagen

Für die Spieldurchführung gibt es kein Patentrezept, keine Faustregel, nach der der Spieler seine Kontrakte automatisch abspielen kann. Er kann zwar einzelne Spieltechniken systematisch erlernen, dagegen nicht ihre Anwendung in der Praxis, weil kein Spiel dem anderen gleicht. Unmittelbar nach dem Ausspiel muß er prüfen, wie er sein Spiel anlegen will. Ohne Plan frisch drauflos zu spielen, bringt nichts ein. Hier ein typischer Fall:

| | | |
|---|---|---|
| ♠ A96 | N | ♠ 4 |
| ♡ KDB1075 | W O | ♡ 642 |
| ◇ KDB | S | ◇ 863 |
| ♣ 10 | | ♣ KD8743 |

Sie sind West und haben »4 Coeur« zu spielen. Nord greift mit der Pik-Dame an.

Falsch wäre es, nach Gewinn des Stiches klein-Pik am Tisch zu verstechen. Bei vorausschauender Planung werden Sie erkennen, daß diese Spieldurchführung nicht gut ist. Da der Verlust von drei Assen unvermeidlich ist, dürfen Sie keinen Pik-Stich abgeben. Wenn Sie zunächst einen Pik-Verlierer am Tisch stechen, können Sie nicht in Ihre Hand zurückkehren, ohne den Gegner ans Spiel kommen zu lassen. Ist der Gegner klug, wird er Trumpf-As und klein-Trumpf spielen. Jetzt hat der Tisch kein Atout mehr, um Pik stechen zu können, und das Spiel geht verloren.

Der richtige Plan ist, ein kleines Pik auf ein Treff-Bild abzuwerfen. Spielen Sie deshalb zur Vorbereitung im zweiten Stich Treff. Die Gegner können zwar zwei Trumpf-Runden spielen; Sie stechen jedoch dann mit dem letzten Trumpf einen Pik-Verlierer und werfen den anderen auf das hochgespielte Treff-Bild ab.

| West | | Ost |
|---|---|---|
| ♠ 732 | N | ♠ AK54 |
| ♡ KB3 | W O | ♡ A7 |
| ◇ DB1092 | S | ◇ A5 |
| ♣ 85 | | ♣ A7632 |

Nord greift gegen Ihren Kontrakt von »3 Sans-Atout« mit der Coeur-Vier an. Wenn Sie am Tisch Coeur-Sieben legen, gefährden Sie völlig unnötig einen unverlierbaren Kontrakt.

Hier der richtige Plan: Zur Erfüllung brauchen Sie neun Stiche. Mit den vier Assen und den beiden Edelfarb-Königen haben Sie bereits sechs sichere Stiche. Die drei fehlenden Stiche können Sie erzielen, wenn Sie Ihre Karo-Länge hochspielen, indem Sie Karo-As ziehen und solange Karo weiterspielen, bis einer der Gegner den König nimmt. Zur Verwertung der hochgespielten Karos müssen Sie in Ihre Hand kommen können. Halten Sie deshalb den Coeur-König in Reserve, indem Sie beim ersten Stich Coeur-As einsetzen. Hätten Sie leichtsinnigerweise das Ausspiel in der Hand genommen und anschließend die Karos hochgespielt, wäre Ihr Spiel in Gefahr geraten. Sie verlieren, wenn die Gegner die schwarzen Farben attackieren und Sie nicht mehr zurück in die Hand lassen.

Nach dieser Einleitung werden wir uns mit einigen grundlegenden Spieltechniken befassen: Schneiden und Expass, Behandlung der Verbindungen zwischen Tisch und Hand sowie Abspiel von Farb- und Sans-Atout-Kontrakten, Auszählen des Blattes und Rückschlüsse aus der Reizung. Danach werden wir uns speziellen Techniken, Strategien und Coups zuwenden.

## Schneiden (Impass und Expass)

Zu den wichtigsten Grundtechniken beim Spiel der Karte gehört das Schneiden. Es ist ein Versuch, einen günstigen Stand der gegnerischen Karten in der Weise auszunutzen, daß der Spieler mit einer eigenen Karte einen Stich macht oder diese Karte hochspielt. Hierbei werden die gegnerischen Karten, auf deren günstigen Stand der Spieler hofft, sozusagen »in die Mitte genommen«. Man unterscheidet zwischen dem direkten und indirekten Schneiden (Impass und Expass). In der Umgangssprache der Bridge-Spieler heißt das direkte Schneiden »Schnitt« und das indirekte Schneiden »Expass«.

Beginnen wir mit einem schon beinahe klassischen Beispiel für einen Schnitt:

| | | |
|---|---|---|
| | ◇ ? | |
| (West) ◇ 72 | | ◇ AD (Ost) |
| | ◇ ? | |

West hofft, daß Nord den Karo-König hält und spielt klein-Karo. Nord legt klein und Ost die Dame. Hat Süd den Karo-König, mißlingt der Schnitt. Steht der König hingegen bei Nord, glückt das

Manöver: Es werden *zwei* Karo-Stiche erzielt.

West: ♣ 643 Ost: ♣ AD10

West spielt klein-Treff und legt, wenn Nord klein zugibt, die Zehn. Gewinnt diese Karte den Stich, geht der Spieler in einer anderen Farbe in die West-Hand zurück und spielt klein-Treff zur Dame. Wenn ♣ KB bei Nord stehen, macht West insgesamt *drei* Treff-Stiche. Hält Süd beide Treff-Bilder, mißlingen beide Schnitte; sind die Treff-Bilder bei den Gegnern verteilt, kommt der Spieler zu zwei Treff-Stichen.

Beim Schnitt spielt also die Seite mit den niedrigen Karten zur gegenüberliegenden Seite, die die höheren Karten hält. Der Spieler hofft auf einen günstigen Kartenstand, also darauf, daß er eine oder mehrere dazwischenliegende gegnerische Karten durch den Schnitt in die Mitte nehmen kann. Er *versucht*, durch Schneiden einen oder mehrere zusätzliche Stiche zu erzielen; eine Erfolgsgarantie hat er nicht.

West: ♠ AB62 Ost: ♠ D754

Wenn der Spieler vier Pik-Stiche machen möchte, muß er klein-Pik zum Buben spielen und dann Pik-As ziehen in der Hoffnung, daß bei Süd der Doubleton-König fällt.

West: ♡ KB10 Ost: ♡ A63

Hier kann der Spieler nach beiden Seiten schneiden und muß ohne nähere Anhaltspunkte raten, welcher Gegner Coeur-Dame hält. Ist es Nord, legt West Coeur-Buben zum Schnitt vor; hält Süd die Dame, spielt Ost klein-Coeur zum Buben (oder zur Zehn).

West: ♠ AD9 Ost: ♠ 643

Der »normale« Schnitt zur Dame ist hier nicht der beste: Richtig ist, klein-Pik zur Neun zu spielen. Hierdurch nutzt der Spieler die Zusatzchance, daß Süd ♠ B10x halten könnte; jetzt zwingt nämlich die Neun Nords König heraus. Es hilft Süd nichts, wenn er ein Bild einsetzt. Wests Dame verliert zwar den Stich an den König, aber beim nächsten Mal kann das andere Bild bei Süd herausgeschnitten werden.

West: ♢ KB9 Ost: ♢ A54

Normalerweise spielt Ost Karo-As und schneidet dann klein zum Buben. Vermutet der Spieler jedoch die Dame - z. B. auf Grund der vorangegangenen Reizung - bei Nord, setzt er den Buben vor, Nord legt die Dame, Ost nimmt mit dem As und schneidet dann zurück zur Neun in der Hoffnung, daß Süd die Zehn hält (engl. »Backward Finesse«).

West: ♣ A Ost: ♣ DB103

Nehmen wir an, daß Coeur Trumpf ist. Der Spieler zieht Treff-As, geht herüber zur Ost-Hand und setzt ein Treff-Bild vor in der Hoffnung, daß Süd den König hält. Bleibt Süd klein, wirft West irgend etwas ab; spielt Süd den König, trumpft West (engl. »Ruffing Finesse«).

Ein Expass ist ein Versuch, durch einen indirekten Schnitt von der günstigen Position einer oder mehrerer gegnerischer Karten dadurch zu profitieren, daß man niedrige Karten spielt, damit die hinter den höheren Karten des Gegners placierten eigenen Karten Stiche machen können. Ein geglückter Expass ist die Kehrseite eines mißglückten gegnerischen Schnitts.

| | | |
|---|---|---|
| | ♡ ? | |
| (West) ♡ 72 | | ♡ K5 (Ost) |
| | ♡ ? | |

West spielt klein-Coeur und setzt den König ein, wenn Nord klein bleibt. Hält Nord das Coeur-As, macht der König einen Stich.

West: ♠ D76 Ost: ♠ A42

Eine typische Expass-Situation: Ost spielt Pik-As und dann klein zur Dame, um zwei Stiche zu machen, wenn Süd den König hält. Der klassische Anfängerfehler ist es, aus der West-Hand die Dame zum »Schnitt« vorzulegen: Hält Nord den König, setzt er ihn ein und Ost-West machen nur das As. Sitzt der König jedoch bei Süd, mißlingt der »Schnitt« ohnehin.

◇ B98

West: ◇ K652 Ost: ◇ D743

◇ A10

Errät der Spieler den Kartenstand, gibt er nur einen Karo-Stich ab: Ost spielt klein-Karo, Süd legt die Zehn und West den König. West setzt Karo fort, Ost bleibt klein und Süd muß mit dem As nehmen. Würde stattdessen Nord das As doubleton halten, müßte der Spieler klein-Karo zur Dame spielen.

Im nächsten Fall kann man dieses Manöver nur nach einer Seite machen.

West: ♣ D76432 Ost: ♣ K5

Hier kann der Spieler nicht falsch raten: Fünf Stiche macht er nur, wenn *Nord* das Treff-As doubleton hält. Er spielt also klein-Treff zum König und dann klein-Treff aus beiden Händen.

Schnitt und Expass kommen auch kombiniert vor.

West: ♡ K104 Ost: ♡ D63

West spielt klein-Coeur zur Dame (Expass) und später klein-Coeur zur Zehn (Schnitt). Hält Süd den Buben (oder Nord ♡ AB blank), macht der Spieler zwei Coeur-Stiche.

West: ♠ 532 Ost: ♠ KB4

West spielt klein-Pik zum Buben (Schnitt auf die Dame) und beim nächsten Mal klein-Pik zum König (Expass). Hält Nord beide Bilder, macht der Spieler zwei Pik-Stiche. Bei verteilten Pik-Figuren wird ein Stich erzielt; stehen beide Bilder bei Süd, ist die Sache aussichtslos.

Nicht selten muß sich der Spieler zwischen Schnitt und Expass entscheiden.

West: ◇ K42 Ost: ◇ 1098

Der sofortige Expass zum König verliert in der Hälfte aller Fälle an Nords As. Chancenreicher ist ein doppelter Schnitt in der Hoffung, daß Süd Karo-Dame oder Karo-Bube hält. Ost legt eine Karo-Karte vor und West bleibt klein, wenn Süd kein Bild einsetzt. Beim nächsten Mal wird dieses Manöver wiederholt. Der Doppelschnitt mißlingt nur dann, wenn Nord alle drei Bilder hält oder ◇ DB bei Nord stehen und Süd die Nerven besitzt, beide Male klein zu bleiben.

West: ♣ D109 Ost: ♣ A43

Hier stehen dem Spieler viele Möglichkeiten offen. Gute Chancen gewährt der Doppelschnitt, nämlich erst Treff-Zehn und später Treff-Dame vorzulegen. Fast genauso gut ist es, klein-Treff zur Dame zu spielen (Expass) und bei Mißlingen später Treff-Zehn zum Schnitt vorzulegen. Die erste Methode verliert, wenn beide Treff-Bilder bei Süd stehen, während der zweite Weg erfolglos ist, wenn Nord Treff-König und Süd Treff-Bube hält.

Es gibt noch eine dritte Möglichkeit, die aus psychologischen Gründen am stärksten sein dürfte: Ost spielt klein-Treff in der Absicht, mit der Zehn (oder Neun) auf den bei Süd erhofften Buben zu schneiden. Steht der Bube bei Nord, kann der Spieler beim nächsten Mal auf den König schneiden. Die Zusatzchance besteht darin, daß Süd mit ♣ Kx höchstwahrscheinlich den König legen und dem Spieler das Raten abnehmen wird.

Zum Schluß dieses Abschnitts einige Tests. Wie spielen Sie die folgenden Kartenkombinationen, bei denen Sie über genügend Übergänge zwischen der West- und Ost-Hand verfügen? Beim letzten Test ist Pik Trumpf.

| | |
|---|---|
| 1. West: ♢ AB9 | Ost: ♢ 632 |
| 2. West: ♣ 532 | Ost: ♣ KB10 |
| 3. West: ♠ 1076432 | Ost: ♠ D5 |
| 4. West: ♡ KB8 | Ost: ♡ 1052 |
| 5. West: ♣ D52 | Ost: ♣ A104 |
| 6. West: ♢ — | Ost: ♢ DB109 |

**Nr. 1** Spielen Sie klein-Karo zur Neun. Wenn der Schnitt an ein hohes Bild verloren geht, schneiden Sie beim nächsten Mal zum Buben. Hält Nord nur ein Karo-Bild, stehen Ihre Chancen 2 : 1, daß es König oder Dame ist. Der Schnitt zur Neun ist deshalb aussichtsreicher als zum Buben.

**Nr. 2** Schneiden Sie Treff zur Zehn in der Hoffnung, daß Nord die Dame hält.

**Nr. 3** Spielen Sie klein-Pik zur Dame. Wenn Nord ♠ AB, ♠ KB oder ♠ AKx hält, geben Sie nur zwei Pik-Stiche ab.

**Nr. 4** Setzen Sie die Zehn vor. Wenn Süd mit der Dame deckt und Ihr König an Nords As verlorengeht, können Sie beim nächsten Mal zur Acht schneiden.

**Nr. 5** Spielen Sie klein-Treff zur Dame. Mißlingt der Expass, haben Sie noch eine zweite Chance, nämlich den Schnitt zur Zehn.

**Nr. 6** Sie spielen Karo aus der Ost-Hand. Bleibt Süd klein, werfen Sie etwas ab. Erscheint bei Süd ein Bild, trumpfen Sie. Später wiederholen Sie das Manöver.

## Die Verbindung zwischen Tisch und Hand

Sie können das englische Wort »Bridge« als ein Symbol für die Brücke zwischen Tisch und Hand auffassen. Der Alleinspieler sollte sorgfältig darauf achten, daß diese Verbindung nach Möglichkeit nicht abgeschnitten wird. Um von der einen zur anderen Seite zu gelangen, braucht der Spieler einen Einstich, auch Übergang oder Entrée genannt, nämlich eine Karte, die einen Stich gewinnt.

Hand: ♢ A76 Tisch: ♢ K43 (♢ D43)

Karo-König ist ein sicherer Einstich zum Tisch, Karo-Dame nur dann, wenn der Expass gelingt.

Hand: ♠ AKD74 Tisch: ♠ 10986

Pik ist Trumpf. Die gegnerischen Atouts stehen 3-1. Der Spieler will alle gegnerischen Trümpfe ziehen. Gute Technik ist, auf ♠ AKD vom Tisch ♠ 1098 zuzugeben. Jetzt befindet sich der Spieler in einer flexiblen Position: Je nach Bedarf kommt er mit Pik-Sechs zum Tisch oder mit Pik-Sieben zur Hand.

Hand: ♡ AKDB1095 Tisch: ♡ 82

Coeur ist Trumpf. Der Spieler braucht einen Einstich zum Tisch. Der Gegner greift eine Farbe an, die der Spieler nicht besitzt. Sticht er gedankenlos mit Coeur-Fünf, kann er nicht mehr mit Trumpf-Acht zum Tisch kommen.

Entrées sind nicht immer leicht zu erkennen.

Hand: ♣ ADB6 Tisch: ♣ K752

Der Spieler braucht zwei Einstiche zum Tisch. Er zieht Treff-As und -Dame. Wenn beide Gegner bedienen, kann er in der dritten Runde den Buben mit dem König übernehmen und später mit Treff-Sieben ein zweites Mal zum Tisch kommen.

Der Spieler kann versuchen, sich durch einen Schnitt ein dringend erforderliches zusätzliches Entrée zu verschaffen.

Hand: ♢ K7 Tisch: ♢ AB

Will der Spieler in Karo unbedingt zweimal zum Tisch kommen, spielt er die Karo-Sieben zum Buben. Das Manöver gelingt, wenn der Gegner links Karo-Dame hält und klein zugibt.

| West | | Ost |
|---|---|---|
| ♠ KDB10632 | N | ♠ A8 |
| ♡ A7 | W O | ♡ 952 |
| ♢ B85 | S | ♢ KD104 |
| ♣ A | | ♣ DB85 |

Nach der Karo-Eröffnung Ihres Partners

sind Sie als West schließlich in »6 Pik« gelandet. Nord greift mit Coeur-König an. In Ihrem etwas überreizten Schlemm laufen Sie Gefahr, zwei Stiche in den roten Farben abgeben zu müssen. Eine Erfüllungschance haben Sie nur, wenn Süd Treff-König hält und es Ihnen gelingt, mit einer sog. »Ruffing Finesse« einen Treff-Stich hochzuspielen und hierauf Ihren Coeur-Verlierer abzuwerfen. Für dieses Manöver brauchen Sie *zwei* Übergänge zum Tisch. Ihre beste Chance besteht darin, nach Abzug von Treff-As auf die Pik-Neun zu schneiden! Glückt dieses Wagnis, setzen Sie ein Treff-Bild vor. Falls Süd den König spielt, stechen Sie, gehen mit Trumpf-As zum Tisch und werfen auf das andere Treff-Bild Coeur ab. Das Ganze mag Ihnen etwas abenteuerlich vorkommen, aber mit einer anderen Spieldurchführung hätten Sie so gut wie gar keine Chance gehabt.

Der Spieler sollte vermeiden, sich beim Abspiel einer Farbe zu blockieren.

Hand: ♠ KDB73 Tisch: ♠ A2

Würde der Spieler erst den König und dann das As spielen, wäre die Farbe blockiert. Die restlichen drei Pik-Karten könnten nur verwertet werden, wenn die Hand einen Einstich hat. Die ökonomische Spielweise ist natürlich klein-Pik zum As und Pik zurück.

Hand: ♢ 9863 Tisch: ♢ AKD52

Nehmen wir einmal an, Sie hätten in den anderen Farben keinen Einstich zum Tisch. Sind die gegnerischen Karos 3-1 verteilt, droht eine Blockierung. Sie müssen in den ersten drei Runden ♢ 986 aus der Hand spielen, damit der Tisch die vierte Runde mit Karo-Fünf gewinnen kann. Sie heben sich also die wichtige Karo-Drei bis zur vierten Runde auf.

Hand: ♣ K104 Tisch: ♣ AD983

Auch hier hat der Tisch kein Entrée in einer Nebenfarbe. Stehen die gegnerischen Karten 3-2, haben Sie keine Probleme. Hält jedoch der Gegner links von Ihnen ♣ Bxxx, droht eine Blockade. Korrekt ist, Treff-Zehn mit einem Bild des Tisches zu übernehmen und klein-Treff zum König zu spielen. Bedient der Gegner rechts nicht mehr, spielen Sie Treff-Vier und schneiden. Hätten Sie stattdessen noch Treff-Zehn, wäre der Schnitt ohne Wert, weil Sie in der Hand bleiben würden; denn der Gegner legt natürlich nicht den Buben.

Hand: ♢ AD104 Tisch: ♢ B93

Gehen wir davon aus, daß Sie nur einmal zum Tisch kommen können und vier Karo-Stiche brauchen. Mit welcher Karo-Karte beginnen Sie den Schnitt? Nur die Neun ist richtig, wenn der König im Schnitt sitzt und mit mindestens drei kleinen Karten besetzt ist. Bleibt der Gegner rechts klein, geben Sie aus der Hand die Vier und spielen den Buben vom Tisch nach. Wenn der Gegner erneut klein bleibt, können Sie mit der Zehn unter dem Buben bleiben und anschließend zum dritten Mal schneiden. Falsch wäre es, mit dem Buben anzufangen. Der Gegner rechts bleibt klein, und Sie sind bereits in Schwierigkeiten: Wenn Sie die Vier spielen, müssen Sie den nächsten Schnitt in der Hand nehmen und kommen nicht mehr zum Tisch zurück. Legen Sie jedoch die Zehn unter den Buben, deckt der Gegner die nachgespielte Neun mit dem König und muß einen Karo-Stich machen.

| | | |
|---|---|---|
| ♠ 73 | N | ♠ D962 |
| ♡ AKDB106 | W O | ♡ 83 |
| ♢ A85 | | ♢ K62 |
| ♣ 54 | S | ♣ KD73 |

Sie spielen »4 Coeur«. Nord greift mit der Karo-Dame an. Sie können Ihren Karo-Verlierer nur dann los werden, wenn Nord das Treff-As hält und Sie sich einen Treff-Stich entwickeln können. Die Hand enthält eine boshafte Falle. Wenn Sie zunächst alle gegnerischen Trümpfe ziehen und dann klein-Treff zum Tisch spielen, bleibt Nord klein und Sie können nicht mehr zurück in die Hand kommen, um das Treff-Manöver zu wiederholen. Der Gegner kommt zu Stich, spielt abermals Karo und bringt Ihren Kontrakt zu Fall. Richtig ist, Karo-Dame in der Hand zu nehmen, höchstens *eine* Trumpf-Runde zu spielen und mit klein-Treff fortzusetzen. Bleibt der Tisch mit einem Treff-Bild bei Stich, ziehen Sie die restlichen Trümpfe und spielen abermals Treff. Karo-König ist das Entrée zu der hochgespielten Treff-Karte, auf die Sie Ihren Karo-Verlierer abwerfen.

| | | |
|---|---|---|
| ♠ A9 | N | ♠ B732 |
| ♡ 76 | W O | ♡ AK84 |
| ◇ AD3 | S | ◇ 76542 |
| ♣ AK8654 | | ♣ — |

Sie sind in »3 Sans-Atout« gelandet. Nord greift mit Pik-Sechs an, der Tisch legt klein, Süd spielt die Zehn und Sie nehmen mit dem As. Ihre Aussichten sind nicht gerade rosig. Noch am besten ist es, wenn Sie darauf hoffen, daß Karo-König im Schnitt sitzt und die Karos 3-2 verteilt sind. Auch bei diesem günstigen Kartenstand müssen Sie wegen der Übergangsschwierigkeiten zwischen Tisch und Hand sehr vorsichtig spielen. Sie können es sich nicht leisten, mit Coeur zum Tisch zu gehen, in Karo erfolgreich zu schneiden und dann Karo-As und klein-Karo zu spielen. Der Gegner nimmt und spielt nur noch Coeur oder Pik, damit Sie nicht zu Ihren hohen Treffs in die Hand kommen.

Richtig ist, sofort Karo-Drei aus der Hand zu spielen. Jetzt sind Sie Herr der Lage und können - mit Coeur am Tisch - in Karo schneiden, Karo-As und die beiden hohen Treffs abziehen, um anschließend mit dem anderen Coeur-Bild und den beiden hochgespielten Karos auf insgesamt neun Stiche zu kommen.

| | | |
|---|---|---|
| ♠ A | N | ♠ KD7 |
| ♡ AKD653 | W O | ♡ 1094 |
| ◇ AK6 | S | ◇ 8532 |
| ♣ AK5 | | ♣ 963 |

Wie spielen Sie »6 Coeur«, nachdem Nord mit dem Pik-Buben angegriffen hat? (Test Nr. 1)

| | | |
|---|---|---|
| ♠ AKB10 | N | ♠ 743 |
| ♡ AK | W O | ♡ D6 |
| ◇ K3 | S | ◇ AB10962 |
| ♣ DB1073 | | ♣ 98 |

Gegen »3 Sans-Atout« greift Nord klein-Coeur an. Wie planen Sie Ihr Spiel? (Test Nr. 2)

| | | |
|---|---|---|
| ♠ AB | N | ♠ 7 |
| ♡ B103 | W O | ♡ A95 |
| ◇ 732 | S | ◇ AKDB10 |
| ♣ AKD42 | | ♣ 9765 |

Sie haben nicht den Traumkontrakt von »7 Treff« erreicht, sondern spielen »6 Sans-Atout«. Nord greift mit Pik-König an. Wie müssen Sie spielen? (Test Nr. 3)

**Nr. 1** Nach Pik-As dürfen Sie nicht zwei hohe Trümpfe ziehen. Wenn nämlich der Bube nicht fällt, ist der Schlemm verloren. Richtig ist, nur einen hohen Trumpf zu spielen und dann mit klein-Atout fortzusetzen. So kommen Sie auf jeden Fall in der dritten Trumpf-Runde zum Tisch und können auf die hohen Piks zwei Verlierer abwerfen. Sie haben also einen Trumpf-Stich für zwei Pik-Stiche eingetauscht.

**Nr. 2** Coeur-Dame ist das verborgene Entrée zur Karo-Länge. Ziehen Sie deshalb Karo-König und dann Karo-As, um auf den Karo-Buben das Coeur-As abzuwerfen! Der Gegner nimmt und kann Coeur nicht mehr spielen, ohne Sie zu den hohen Karos zu lassen. Die Gegner setzen deshalb Treff oder Pik fort. Sie müssen jetzt je drei Stiche in den schwarzen Farben machen und erfüllen zusammen mit Coeur-König und den beiden hohen Karos Ihren Kontrakt.

**Nr. 3** Dieses Spiel hat seine Tücken. Wenn Sie Pik-As sofort mitnehmen, ist die Treff-Länge bei einer 3-1 Verteilung der gegnerischen Karten blockiert. Das Ei des Kolumbus ist, zum ersten Stich den Pik-Buben zuzugeben. Was der Gegner jetzt nachspielt, ist gleichgültig; denn Sie können auf Pik-As eine Treff-Karte des Tisches abwerfen und so die Blockierung aufheben. Jetzt machen Sie zwölf Stiche und nicht nur elf.

## Farbkontrakte

Bei der Planung der meisten Farbkontrakte hilft Ihnen eine einfache Überlegung: Sie zählen die Ihnen drohenden Verlierer und versuchen, sie auf das notwendige Minimum zu begrenzen. Hier ein einfaches Beispiel:

| | | |
|---|---|---|
| ♠ DB1083 | N | ♠ K96 |
| ♡ A5 | W O | ♡ KB7 |
| ◇ A63 | S | ◇ 954 |
| ♣ KB4 | | ♣ D1095 |

Sie spielen »4 Pik«. Nord greift mit Karo-König an. Außer den beiden schwarzen Assen haben Sie zwei Karo-Verlierer, dürfen aber nur drei Stiche abgeben. Wenn Sie zunächst Trumpf spielen, haben Sie verloren, weil die Gegner vier Stiche abziehen. Die einzige Chance, einen Ihrer Verlierer los zu werden, bietet ein erfolgreicher Schnitt in Coeur. Spielen Sie also Coeur-As und dann klein-Coeur zum Buben. Falls der Impass gelingt, können Sie auf Coeur-König ein kleines Karo abwerfen. Mißlingt der Schnitt, fallen Sie wahrscheinlich zweimal. Sinnlos wäre es, Ihre Gewinner zu zählen: Vier Trumpfstiche, Coeur-As und -König, Karo-As und drei Treff-Stiche ergeben zusammen zwar zehn Stiche; die Gegner erzielen jedoch ihrerseits vier Stiche, ehe Sie zehn gemacht haben, falls Sie nicht den Coeur-Schnitt riskierten.

Fast bei jedem Farbkontrakt stehen Sie vor der Frage, ob Sie die gegnerischen Trümpfe ziehen sollen oder nicht. Die Antwort lautet nein, wenn Sie die Atouts des Tisches oder der Hand noch für besondere Aufgaben brauchen. Häufig müssen Sie mit Trümpfen Verlierer verstechen. Auch als Übergänge zwischen Tisch und Hand können Atouts von Nutzen sein. Trümpfe des Tisches dienen bisweilen als Stopper, wenn der Gegner versucht, die Hand durch wiederholtes Spielen seiner langen Farbe in Trumpf zu kürzen.

Stellen Sie fest, daß Sie Ihre Trümpfe nicht für irgendwelche Sonderaufgaben brauchen, müssen Sie unbedingt die gegnerischen Atouts ziehen. Jetzt gilt das alte Scherzwort: »Ein Lord hat schon einmal seinen Sohn enterbt, weil er keine Trümpfe zog.«

| | | |
|---|---|---|
| ♠ AKDB2 | N | ♠ 763 |
| ♡ A73 | W O | ♡ 5 |
| ◇ K85 | S | ◇ 97632 |
| ♣ A4 | | ♣ B875 |

Sie spielen den riskanten Kontrakt von »4 Pik«. Nord greift mit Trumpf-Zehn an. Die Atouts des Tisches müssen zwei Sonderaufgaben bewältigen, nämlich die Coeur-Verlierer der Hand zu verstechen und als Übergang zu dienen, damit Sie vom Tisch den Expass zum Karo-König spielen können. Sie dürfen deshalb auf keinen Fall Trumpf ziehen. Nach Coeur-As stechen Sie Coeur am Tisch, gehen mit Treff-As in die Hand, stechen erneut Coeur und spielen jetzt Karo in der Hoffnung, daß Süd das As hält. Wenn alles gut geht, verlieren Sie nur zwei Stiche in Karo und einen in Treff.

Ein Fehler wäre es gewesen, schon nach dem ersten Coeur-Schnapper Karo vom Tisch zu spielen; denn der Gegner könnte jetzt Karo-As einsetzen und Trumpf spielen, worauf Ihr Kontrakt fällt.

| | | |
|---|---|---|
| ♠ A72 | N | ♠ 86 |
| ♡ KD1074 | W O | ♡ AB3 |
| ◇ B84 | S | ◇ 1093 |
| ♣ 83 | | ♣ AKD72 |

Sie spielen »4 Coeur«. Nord greift mit Pik-Dame an. Welchen Plan machen Sie sich?

Stehen die gegnerischen Atouts 5-0 oder 4-1, müssen Sie alle Trümpfe ziehen und dann hoffen, daß die gegnerischen Treffs 3-3 verteilt sind. Bei einer 3-2 Verteilung der Trümpfe können Sie sich gegen einen 4-2 Stand der Treffs schützen, indem Sie die dritte Treff-Runde stechen. Allerdings muß ein Trumpf als Entrée am Tisch bleiben. Sie nehmen also Pik-As und ziehen Coeur-As. Wenn ein Gegner nicht bedient, setzen Sie mit Coeur-Bube fort, ziehen anschließend die restlichen Trümpfe und wechseln auf Treff. Bedienen jedoch erwartungsgemäß beide Gegner, spielen Sie Coeur-Drei. Stehen die Trümpfe 4-1, müssen sie gezogen werden. Falls jedoch beide Gegner bedienen, sollten Sie zwei hohe Treff-Bilder abziehen, klein-Treff mit einem hohen Coeur stechen, mit Coeur-Bube zum Tisch zurückgehen und auf die beiden hohen Treffs zwei Verlierer abwerfen.

Zur Abwechslung sehen Sie hier einmal alle 52 Karten:

| | | |
|---|---|---|
| | ♠ K10943 | |
| | ♡ 74 | |
| | ◇ 87 | |
| | ♣ D1042 | |
| ♠ B8752 | N | ♠ A |
| ♡ AD108 | W O | ♡ KB92 |
| ◇ 4 | S | ◇ B965 |
| ♣ AK7 | | ♣ 9653 |
| | ♠ D6 | |
| | ♡ 653 | |
| | ◇ AKD1032 | |
| | ♣ B8 | |

Sie spielen »4 Coeur«. Nord greift Karo-Acht an. Süd nimmt und spielt Trumpf zurück.

Hier können Sie mit den Trümpfen von Tisch und Hand Verlierer hin- und herstechen (engl. »Cross Ruff«). Ausnahmsweise zählen Sie Ihre Gewinner: Neben den drei hohen Karten in den schwarzen Farben und dem bereits erzielten Trumpfstich müssen Sie die Ihnen verbliebenen sechs Trümpfe einzeln verstechen, um auf die erforderlichen zehn Stiche zu kommen. Vor Beginn des Cross Ruff müssen Sie alle hohen Karten in den Nebenfarben abspielen, weil Sie sonst Gefahr laufen, daß sie zum Schluß vom Gegner weggestochen werden. Spielen Sie deshalb Treff-As und -König sowie Pik-As, um anschließend drei Karo-Verlierer in der Hand und drei Pik-Verlierer am Tisch zu stechen. Wenn Sie vergessen, die beiden hohen Treffs rechtzeitig zu spielen, kann Süd im Verlauf des Cross Ruff ♣ B8 abwerfen und Ihren Kontrakt zweimal schlagen.

Goethe soll einmal gesagt haben: »Wer den ersten Knopf verfehlt, kommt mit dem Zuknöpfen nicht mehr zurecht.« Ähnlich ist es in der nächsten Hand:

| | | |
|---|---|---|
| ♠ A | N | ♠ K872 |
| ♡ B7654 | W O | ♡ A |
| ◇ AB97 | S | ◇ KD102 |
| ♣ B72 | | ♣ A653 |

Sie befinden sich in dem vorzüglichen Kontrakt von »5 Karo«. Nord greift unangenehmerweise Trumpf an. Was nun? Durch Hin- und Herstechen können Sie elf Stiche erzielen. Wichtig ist, Coeur-As *vor* dem Pik-As zu spielen. Bei umgekehrter Reihenfolge können Sie Ihren Kontrakt nicht erfüllen. Falsch ist, zunächst Pik-As zu ziehen, mit Coeur-As zum Tisch zu gehen und Treff-As und Pik-König abzuspielen. Wenn Sie anschließend Pik in der Hand, Coeur am Tisch, wiederum Pik in der Hand und erneut Coeur am Tisch stechen, befinden Sie sich in der folgenden Endposition dummerweise am Tisch.

| | | |
|---|---|---|
| ♠ — | N | ♠ — |
| ♡ B7 | W O | ♡ — |
| ◇ A | S | ◇ K |
| ♣ B | | ♣ 653 |

Der Tisch muß wohl oder übel mit Treff fortsetzen. Der Gegner nimmt und spielt natürlich Trumpf, worauf Sie einmal fallen. Wenn Sie richtigerweise mit Coeur-As begonnen hätten, um - mit Pik-As in der Hand - Coeur zu schnappen, würden Sie sich in der obigen Endposition in der Hand befinden und könnten Coeur stechen, also die beiden letzten Trümpfe separat verwerten und die Partie gewinnen.

Es gibt Spiele, bei denen Sie darauf achten müssen, die Trumpfkontrolle zu behalten, nämlich dann, wenn die Gegner durch wiederholtes Spielen ihrer langen Farbe versuchen, Sie in Trumpf zu kürzen.

| | | |
|---|---|---|
| ♠ KDB1093 | N | ♠ 6 |
| ♡ 3 | W O | ♡ 74 |
| ◇ K4 | S | ◇ D87532 |
| ♣ AD74 | | ♣ KB86 |

Nord greift gegen Ihre »4 Pik« mit Coeur-As an und setzt mit dem Coeur-König fort. Wie planen Sie Ihr Spiel? Sie müssen selbstverständlich stechen. Würden Sie anschließend Trumpf spielen, wäre dies sehr riskant, wenn die gegnerischen Trümpfe 4-2 verteilt sind. Ein Gegner nimmt Trumpf-As und spielt wiederum Coeur. Sie stechen, ziehen alle gegnerischen Trümpfe sowie die hohen Treffs und spielen schließlich Karo. Hält derselbe Gegner Karo-As und noch eine Coeur-Karte, fallen Sie einmal, weil Sie kein Atout mehr haben. Richtig ist, bereits zum dritten Stich Karo zu spielen. Sollte der Gegner nach Karo-As Coeur fortsetzen, kann der Tisch stechen. Die unscheinbare Pik-Sechs ist also ein wichtiger Stopper, der die Gegner daran hindert, Sie durch wiederholtes Coeur-Spiel in Trumpf zu schwächen.

| | | |
|---|---|---|
| ♠ AD8742 | N | ♠ 53 |
| ♡ KD763 | W O | ♡ AB10 |
| ◇ 62 | S | ◇ 8543 |
| ♣ — | | ♣ D963 |

Ihr Kontrakt ist »4 Coeur«. Nord spielt Karo-König, dann Karo-Dame und schließlich Karo-Sieben. Süd legt den Buben. Sie stechen, gehen mit Trumpf-Zehn zum Tisch und schneiden erfolgreich in Pik, um danach Pik-As zu ziehen; beide Gegner bedienen. Wie setzen Sie fort?

Zweifärber sind besonders anfällig für den Verlust der Trumpfkontrolle. Wenn Sie jetzt Pik mit dem Coeur-Buben stechen und bei Abspiel des Coeur-Asses feststellen, daß ein Gegner nicht mehr bedient, bricht Ihr Spiel zusammen und

Sie fallen zweimal. Sie stechen besser Pik mit dem As und übernehmen den Coeur-Buben mit der Dame. Stehen die gegnerischen Trümpfe 4-1, ziehen Sie Coeur-König und spielen anschließend solange Pik, bis der Gegner sticht und Sie die restlichen Stiche machen*.

| West | | Ost |
|---|---|---|
| ♠ AD2 | N | ♠ 763 |
| ♡ A74 | W O | ♡ K |
| ◇ 105 | S | ◇ A86432 |
| ♣ AK653 | | ♣ DB7 |

Sie sind in dem gewagten Schlemm von »6 Treff« gelandet. Nord greift mit dem Coeur-Buben an. Wie planen Sie Ihr Spiel? (Test Nr. 1)

| West | | Ost |
|---|---|---|
| ♠ KB93 | N | ♠ A1085 |
| ♡ A643 | W O | ♡ B97 |
| ◇ A742 | S | ◇ D |
| ♣ 8 | | ♣ AB742 |

Gegen Ihre »4 Pik« greift Nord mit der Karo-Fünf an. Süd legt Karo-König. Wie spielen Sie? (Test Nr. 2)

**Nr. 1** Am besten ist, wenn Sie auf eine 3-2 Verteilung der Karos und der Trümpfe hoffen. Sie nehmen den Angriff am Tisch und setzen klein-Karo fort. Falls z. B. Süd zu Stich kommt und Pik durchspielt, nehmen Sie mit dem As, spielen Karo zum As, stechen Karo mit einem hohen Trumpf, ziehen den anderen hohen Trumpf und dann Atout-Dame und -Bube am Tisch, damit Sie anschließend auf die drei hochgespielten Karo-Karten alle Verlierer abwerfen können.

**Nr. 2** Die besten Chancen bietet ein Cross Ruff. Sie nehmen den Angriff und ziehen Coeur- und Treff-As. Danach stechen Sie Treff mit Pik-Drei, Karo mit Pik-Fünf, Treff mit Pik-Neun und Karo mit Pik-Acht. Wenn bis dahin keiner der Gegner mit Pik-Dame überstochen hat, haben Sie bereits sicher gewonnen. Sie schnappen Treff mit Pik-König, Karo mit Pik-As und zu guter letzt Treff mit dem Pik-Buben. Sollte Nord jetzt mit Pik-Dame überstehen, macht Pik-Zehn einen Stich.

## Zerstörung von Verbindungen in Sans-Atout-Kontrakten

Während Farbspiele meist durch die Macht der hohen Karten entschieden werden, findet bei Sans-Atout-Kontrakten in der Regel ein Wettrennen zwischen Verteidigung und Spieler statt, bei dem es darum geht, wer zuerst seine Farbe hochgespielt hat. Der Zeitfaktor, das »Tempo«, spielt die entscheidende Rolle. Die Verteidigung hat hierbei die Vorhand und greift in der Regel von ihrer längsten und besten Farbe an, um hierin Stiche zu entwickeln. Der Spieler versucht nach Kräften zu verhindern, daß die Gegner die in ihrer Farbe hochgespielten kleinen Karten verwerten können. Eine wirkungsvolle Waffe des Spielers ist die Zerstörung der gegnerischen Verbindungen.

| | | |
|---|---|---|
| | ♠ KDB105 | |
| ♠ A73 | | ♠ 84 (Tisch) |
| | ♠ 962 | |

Nord greift gegen Ihren Sans-Atout-Kontrakt mit Pik-König an. Wenn Sie zweimal klein bleiben (»ducken«) und Pik-As erst beim dritten Mal mitnehmen, kann Süd seinen Partner nicht mehr in Pik ans Spiel bringen, weil die Verbindung in dieser Farbe unterbrochen ist. Gelingt es Ihnen im weiteren Spielverlauf, Nord nicht zu Stich kommen zu

* Es wäre nicht so gut gewesen, nach geglücktem Pik-Schnitt mit klein-Pik fortzusetzen. Bei einer 3-2 Verteilung der Coeurs und einem 4-1 Stand der Piks können Sie nicht gewinnen; denn Süd macht den Stich und spielt Karo-As.

lassen, können Ihnen die beiden bei Nord verbliebenen hohen Pik-Karten nichts anhaben. Besonders wirksam ist das Ducken beim sog. »Bath-Coup«.

West: ◇ AB4 Ost: ◇ 73

Falls Nord mit Karo-König angreift, geben Sie die Vier. Nord steht vor einem Dilemma: Wechselt er auf eine andere Farbe, bleibt Ihre Karo-Haltung intakt; setzt er Karo fort, spielt er in die Gabel und schenkt Ihnen einen Stich.

Es gibt viele Haltungen (Stopper), bei denen dem Spieler das Gesetz des Handelns mehr oder weniger aufgezwungen wird.

West: ♣ A3 Ost: ♣ 752

Wenn Nord Treff angreift, können Sie nur einmal klein bleiben und die gegnerischen Verbindungen bei einem 5-3 Stand der Treffs nicht zerstören*.

West: ◇ K73 Ost: ◇ 52

Nord greift klein-Karo an, und Süd legt die Dame. Sie müssen den Stich wohl oder übel nehmen, weil Sie sonst Gefahr laufen, bei Karo-Fortsetzung Ihren König an Nords As zu verlieren. Theoretisch könnte Süd zwar ◇ ADx halten; hierauf dürfen Sie sich jedoch nicht verlassen.

| West | | Ost |
|---|---|---|
| ♠ K952 | N | ♠ A87 |
| ♡ AB5 | W O | ♡ K10 |
| ◇ KB6 | S | ◇ 752 |
| ♣ D98 | | ♣ AB1063 |

Sie spielen »3 Sans-Atout«. Nord greift Karo-Vier an, und Süd legt die Dame. Wie planen Sie Ihr Spiel? Der natürliche Impuls ist, die gegnerische Dame sofort mitzunehmen. Wenn Sie anschließend in Treff schneiden, können Sie eine unangenehme Überraschung erleben. Sollte der Schnitt mißlingen und Nord ◇ A10xxx halten, spielt Süd Karo durch, Nord schneidet Ihren Buben heraus und der Kontrakt fällt einmal.

Richtig ist, den ersten Stich nicht zu nehmen. Süd wird natürlich Karo fortsetzen, aber Nord kommt später nicht mehr ans Spiel, wenn er fünf Karos hatte. Sind die gegnerischen Karos jedoch 4-3 verteilt, haben Sie Ihr Spiel ebenfalls gewonnen, weil die Verteidigung bei Mißlingen des Treff-Schnitts höchstens drei Karo-Stiche erzielt.

West: ♣ 10743 Ost: ♣ A9

Nord greift Treff-Fünf an. Nehmen Sie das As oder nicht? Wenn Nord von einer Fünferlänge angegriffen hat, hält Süd so gut wie sicher eine Figur doubleton; denn mit ♣ KDB52 hätte Nord höchstwahrscheinlich den Treff-König ausgespielt. Sie müssen deshalb Treff-As sofort einsetzen. Hält Süd nach diesem Stich ein blankes Bild und Nord zwei Bilder mit zwei kleinen Karten, ist die Treff-Farbe blokkiert. Nord kann später das Bild seines Partners nicht übernehmen, ohne daß Ihre Treff-Zehn zu einem Stopper wird.

Hier noch ein »Blockade-Problem«:

| West | | Ost |
|---|---|---|
| ♠ KB7 | N | ♠ 103 |
| ♡ K102 | W O | ♡ A76 |
| ◇ B105 | S | ◇ KD963 |
| ♣ KD73 | | ♣ A84 |

Süd hat über die Karo-Eröffnung Ihres Partners »1 Pik« zwischengereizt. Sie haben auf West »3 Sans-Atout« ausgeboten. Nord greift mit Pik-Zwei an, Süd nimmt das As und spielt die Sechs nach.

Sie sind in einer schwierigen Lage. Hält Süd ♠ ADxxx, müssen Sie schneiden. Falls Nord von ♠ Dxx angegriffen hat, setzen Sie am besten den König ein, um die gegnerische Verbindung zu blockieren. Pflegen Ihre Gegner nur unter einer Figur mit einer kleinen Karte anzugreifen, sollten Sie Pik-Dame bei Nord ver-

* Der Engländer Victor Mollo bemerkt zu dieser Konstellation treffend: »The spirit is willing, but the doubleton is short.«

muten und den König legen.

Häufig haben Sie einen doppelten Halt in der angegriffenen Farbe, müssen aber die Gegner in den anderen Farben zweimal zu Stich kommen lassen. Meist können Sie sich mit drei einfachen Regeln helfen:

**Regel 1:** *Versuchen* Sie, beim ersten Mal den Gegner mit der Länge in der Angriffsfarbe und beim zweiten Mal den Gegner mit der Kürze ans Spiel kommen zu lassen.

**Regel 2:** Sind Sie *sicher,* daß Ihnen dieser Versuch *ganz oder teilweise* gelingt, nehmen Sie den ersten Stich sofort mit und bleiben erst dann klein, wenn der Gegner die angegriffene Farbe abermals spielt.

**Regel 3:** Ist es *ungewiß,* welcher Gegner zu Stich kommt, müssen Sie in der angegriffenen Farbe schon zu Anfang kleinbleiben.

| | | |
|---|---|---|
| ♠ 10852 | N | ♠ KD4 |
| ♡ A4 | W O | ♡ K72 |
| ◇ D1076 | S | ◇ AB984 |
| ♣ AK7 | | ♣ 52 |

Sie spielen »3 Sans-Atout«. Nord, der nicht in Gefahr »2 Treff« zwischengereizt hat, greift mit Treff-Dame an. Wie planen Sie Ihr Spiel?

Wenn der Karo-Schnitt nicht sitzt, müssen Sie sich Ihren neunten Stich in Pik entwickeln. Es ist ungewiß, welcher Gegner Pik-As hält, aber sicher, daß Sie einen Karo-Stich nur dann verlieren, wenn Süd, also der Gegner mit der Treff-Kürze, den Karo-König hält.

Entsprechend Regel 1 richten Sie es so ein, daß Süd in Karo - wenn überhaupt - erst beim zweiten Mal zu Stich kommt. Sie müssen also zunächst Pik spielen. Nach Regel 2 nehmen Sie den Treff-Angriff sofort mit, damit die Gegner nicht auf Coeur wechseln. In Treff ducken Sie erst dann, wenn ein Gegner mit Pik-As ans Spiel gekommen ist und Treff fortsetzt. Später schneiden Sie in Karo. Mißlingt der Schnitt, kann Süd Treff nicht mehr bringen.

Hält Nord z. B. ♠ Axx ♡ B109x ◇ x ♣ DB10xx, kann der Kontrakt fallen, wenn Sie gegen die Regel 1 oder 2 verstoßen. Mit dem Karo-Schnitt zu beginnen, ist falsch, weil Süd den Stich nimmt und Treff spielt. Sie können sich jetzt den neunten Stich in Pik nicht entwickeln, ohne Nord ans Spiel kommen zu lassen. Wenn Sie Treff-Angriff nicht sofort nehmen, kann Nord auf Coeur wechseln und Ihren Kontrakt zu Fall bringen.

| | | |
|---|---|---|
| ♠ AK6 | N | ♠ 532 |
| ♡ A104 | W O | ♡ KB2 |
| ◇ D1073 | S | ◇ KB9 |
| ♣ K105 | | ♣ DB96 |

Gegen Ihren Kontrakt von »3 Sans-Atout« greift Nord mit dem Pik-Buben an. Süd legt Pik-Dame. Wie spielen Sie? Um auf neun Stiche zu kommen, müssen Sie die Gegner mit ihren Assen zweimal ans Spiel kommen lassen. Hält Nord fünf Piks und beide Asse, ist der Kontrakt unerfüllbar. Interessant wird es, wenn Nord nur ein As besitzt. Sie können natürlich nicht wissen, welches As er hat. Hier hilft Regel 3: Sie bleiben im ersten Stich klein, nehmen die Pik-Fortsetzung und spielen eine Unterfarbe. Kommt Süd, also der Gegner mit der Pik-Kürze, beim ersten oder zweiten Mal zu Stich, kann er Pik nicht mehr bringen, und der Kontrakt ist gewonnen.

Nichtbeachtung von Regel 3 würde sich unangenehm auswirken, wenn Nord z. B. ♠ B109xx ♡ xxx ◇xx ♣ Axx hält und der Spieler den Pik-Angriff sofort mitnimmt, um die »falsche« Unterfarbe fortzusetzen, nämlich Karo. Süd nimmt und spielt Pik. Später kommt Nord mit Treff-As ans Spiel, zieht seine hohen Piks ab und schlägt den Kontrakt.

| | | |
|---|---|---|
| ♠ A83 | N | ♠ K76 |
| ♡ AK7 | W O | ♡ D432 |
| ◇ DB62 | S | ◇ 4 |
| ♣ D108 | | ♣ AB932 |

Gegen Ihren Kontrakt von »3 Sans-Atout« greift Nord mit Karo-Fünf an. Süd nimmt mit dem König und setzt Karo-Neun fort. Wie planen Sie Ihr Spiel? (Test Nr. 1)

| | | |
|---|---|---|
| ♠ AB92 | N | ♠ D107 |
| ♡ A76 | W O | ♡ K2 |
| ◇ KD9 | S | ◇ B1082 |
| ♣ D72 | | ♣ A1053 |

Sie spielen »3 Sans-Atout«. Nord greift mit Coeur-Fünf an. Wie gehen Sie vor? (Test Nr. 2)

**Nr. 1** Sie sollten klein bleiben. Wenn Sie ein Bild einsetzen, wird Nord mit ◇ A108xx ducken, und der Kontrakt fällt, falls der Treff-Schnitt mißglückt und Süd Karo durchspielt.

**Nr. 2** Sie müssen Karo-As und eventuell Pik-König abgeben. Sie können es so einrichten, daß beim ersten Mal der Gegner mit der Coeur-Länge, also höchstwahrscheinlich Nord, ans Spiel kommt. Sie setzen Coeur-König ein und schneiden in Pik. Kommt Nord zu Stich und setzt Coeur fort, bleiben Sie einmal klein, um später Karo zu spielen. Hält Süd Karo-As, kann er Coeur nicht mehr bringen, wenn Nord fünf oder mehr Coeur-Karten hielt. Steht hingegen neben Pik-König unglücklicherweise auch noch Karo-As bei Nord, ist der Kontrakt kaum zu gewinnen.

## Auswertung von Informationen

Ein guter Spieler gibt sich nicht damit zufrieden, seinen Spielplan allein auf den für ihn sichtbaren 26 Karten von Tisch und Hand aufzubauen. Versuchen Sie alle Informationen optimal zu nutzen. Oft genug können Sie aus der vorangegangenen Reizung Ihre Schlüsse ziehen. Auch wenn Sie herausfinden, welcher Gegner bestimmte hohe Karten hält, oder sich die gegnerischen Blätter auszählen, können Sie Ihr Spiel besser planen. Am häufigsten sind direkte Informationen: Die Gegner machen bestimmte Ansagen oder spielen bestimmte Karten. Sie sollten aber auch nicht die indirekten Informationen übersehen: Warum hat z. B. ein Gegner statt zu reizen gepaßt oder weshalb hat er eine bestimmte Karte *nicht* gespielt?

| | | |
|---|---|---|
| ♠ AD10532 | N | ♠ KB6 |
| ♡ K98 | W O | ♡ AB3 |
| ◇ D107 | S | ◇ KB8 |
| ♣ 4 | | ♣ 8762 |

Nach Süds schwacher Sans-Atout-Eröffnung (12-14 Punkte) sind Sie schließlich in »4 Pik« gelandet. Nord greift mit Treff-As an, und Süd gibt den König zu. Nord setzt mit klein-Treff fort, und Süd legt den Buben.

Auf Grund der Reizung muß Süd neben ♣ KDB das Karo-As und die Coeur-Dame halten. Der normale Coeur-Schnitt hat deshalb keine Aussicht auf Erfolg. Nach Abzug der gegnerischen Trümpfe sollten Sie den Coeur-Buben zum Schnitt vorlegen (Backward Finesse). Spielt Süd die Dame, schneiden Sie anschließend auf die bei Nord erhoffte Coeur-Zehn. So gewinnen Sie Ihr Spiel, wenn Süd etwa folgendes Blatt hält: ♠ 9xx ♡ Dxx ◇ Axxx ♣ KDB.

| | | |
|---|---|---|
| ♠ DB1074 | N | ♠ A985 |
| ♡ 72 | W O | ♡ D104 |
| ◇ KDB5 | S | ◇ A6 |
| ♣ B6 | | ♣ KD103 |

Nach der Treff-Eröffnung von Ost hat Süd in Gefahrenzone »1 Coeur« geboten. Sie reizten »1 Pik« und gingen nach Unterstützung durch den Partner auf »4 Pik«. Nord greift Coeur-As an und setzt mit Coeur-Neun fort. Süd nimmt die Zehn des Tisches mit dem Buben und zieht Coeur-König. Sie stechen mit Pik-Dame. Nord wirft klein-Karo ab. Wie spielen Sie weiter?

Es ist klar, daß Nord nicht den Trumpf-König hält, sonst hätte er Ihre Dame überstochen. Deshalb müssen Sie Trumpf-As in der Hoffnung abziehen, daß bei Süd der blanke Atout-König fällt.

Erfolgreiche Spieler versuchen bei jeder Hand, die unsichtbaren Blätter auszuzählen. Dieses Verfahren ist im Grunde sehr einfach, weil jeder Spieler mit 13 Karten beginnt und jede Farbe 13 Karten hat. Es mag Ihnen merkwürdig vorkommen, daß die »Kunst« des Zählens nur von einem Teil der Bridge-Spieler beherrscht wird. Die Erklärung hierfür ist einfach: Vielen ist diese kleine Mühe lästig; sie wollen zwar gewinnen, aber sich nicht hierfür anstrengen.

| West | | Ost |
|---|---|---|
| ♠ AD9 | N | ♠ KB106 |
| ♡ 1083 | W O | ♡ KD |
| ◇ K1052 | S | ◇ AD73 |
| ♣ K84 | | ♣ AD6 |

Teiler West, niemand in Gefahr

| West | Nord | Ost | Süd |
|---|---|---|---|
| 1SA | pass | 2 ♣ | 3 ♡ |
| pass | pass | 6SA | pass |
| pass | pass | | |

Nach Ihrer schwachen Sans-Atout-Eröffnung hat Ihr Partner Stayman gereizt und über Süds Zwischenruf Klein-Schlemm ausgeboten. Nord greift Coeur-Sieben an. Süd nimmt mit dem As und spielt klein-Coeur zurück. Nord wirft klein-Treff ab. Sie spielen zunächst drei Runden Pik, auf die beide Gegner bedienen. Wie setzen Sie fort?

Sie wissen bereits, daß Süd sieben Coeurs und drei Piks hält, also nur drei Karten in den Unterfarben besitzt. Um weitere Informationen zu erhalten, ziehen Sie Treff-As und -Dame. Bedient Süd beim ersten oder zweiten Mal nicht, muß er in Karo drei bzw. zwei Karten haben. Die Karos stehen dann günstig, und Ihr Schlemm ist leicht gewonnen.

Kritisch wird es, wenn Süd beide Male in Treff bedient. Jetzt kann er höchstens eine Karo-Karte haben. Sie spielen Karo-Drei zum König. Wenn bei Süd die Karo-Neun (oder Karo-Acht) erschienen ist, legen Sie Karo-Zehn zum Schnitt vor. Nord spielt den Buben und der Tisch nimmt. Mit dem sorgfältig verwahrten Treff-König gehen Sie in Ihre Hand zurück und schneiden in Karo zur Sieben.

Wenn also Süd z. B. ♠ xxx ♡ AB9xxxx ◇ 8 ♣ xx hielt, konnten Sie den Schlemm nur durch exaktes Auszählen gewinnen.

Sie sollten alle Möglichkeiten ausschöpfen, um ein Höchstmaß an Information zu gewinnen.

| West | | Ost |
|---|---|---|
| ♠ AKB85 | N | ♠ D962 |
| ♡ 74 | W O | ♡ K53 |
| ◇ DB4 | S | ◇ K76 |
| ♣ AB5 | | ♣ K103 |

Ost hat gegeben. Nach zweimaligem Passen eröffneten Sie »1 Pik«, Ost sprang auf »3 Pik« und Sie haben »4 Pik« ausgeboten. Nord greift Coeur-Zehn an, die bei Stich bleibt, und setzt klein-Coeur fort. Sie legen den König, Süd nimmt mit dem As und spielt Coeur-Dame nach. Sie stechen mit einem hohen Trumpf. Nord gibt Coeur-Neun zu. Danach ziehen Sie die gegnerischen Trümpfe in drei Runden; Süd wirft zweimal Coeur ab. Wie planen Sie Ihr Spiel?

Ehe Sie blind raten, wo Treff-Dame steht, sollten Sie zunächst Karo-As heraustreiben. Hält Süd diese Karte, steht Treff-Dame so gut wie sicher bei Nord; denn Süd hätte mit ♡ ADBxx ◇ A in zweiter Hand bestimmt nicht gepaßt, wenn er zusätzlich die Treff-Dame gehalten hätte.

Erscheint Karo-As bei Nord, sollten Sie die Karos abspielen. Stellt sich heraus, daß ein Gegner in Karo nur ein Doubleton hält, können Sie sich ausrechnen, daß er fünf Karten in Treff halten muß. Mit der größeren Wahrscheinlichkeit werden Sie Treff-Dame bei der Länge finden; die Chancen stehen 5:2.

| W | | O |
|---|---|---|
| ♠ AKD | N | ♠ 8543 |
| ♡ AKDB76 | W O | ♡ 10532 |
| ◇ A2 | S | ◇ D74 |
| ♣ AD | | ♣ 95 |

Sie spielen »6 Coeur«. Nord greift Coeur-Neun an. Wie planen Sie Ihren Schlemm?

Sie gewinnen, wenn entweder die gegnerischen Piks 3-3 ausfallen oder der Karo-Expass oder der Treff-Schnitt gelingt. Um alle Chancen zu nutzen, müssen Sie sich in der richtigen Reihenfolge über den Kartenstand informieren. Sie ziehen die gegnerischen Trümpfe und lassen Atout-Zehn am Tisch. Es folgen die drei hohen Pik-Karten. Wenn die Farbe nicht ausfällt, spielen Sie Karo-As und klein-Karo zur Dame. Sollte Süd den König halten, können Sie immer noch den Treff-Schnitt versuchen.

Falsch wäre es gewesen, vor Abzug der Piks mit dem Karo-Expass zu beginnen. Gewinnt Süd den Stich mit dem König und spielt Treff durch, wissen Sie nicht, ob Sie schneiden oder auf einen 3-3 Stand der gegnerischen Piks hoffen sollen.

West: ◇ KB9 Ost: ◇ A102

Wenn Sie ohne nähere Anhaltspunkte Karo-Dame finden müssen, können Sie sich eine wichtige Information verschaffen, indem Sie aus der Hand den Buben vorlegen. Hält Nord die Dame, wird er sie wahrscheinlich einsetzen. Bleibt Nord klein, übernehmen Sie mit dem As und schneiden zur Neun, weil Sie die Dame jetzt bei Süd vermuten dürfen. Völlig sicher ist dieses Verfahren natürlich nicht; Ihre Chancen dürften aber besser als 50 % sein.

West: ♠ DB10843 Ost: ♠ A5

Nehmen wir an, daß Sie in einem Pik-Kontrakt keinen Trumpf-Stich abgeben dürfen. Wenn Sie aus der Hand ein Bild vorsetzen und Nord den König spielt, wissen Sie nicht, ob er den König blank oder ♠ K9 hält. Im ersten Fall ist es richtig, auf Süds ♠ 9762 zu schneiden, während Sie im anderen Fall die Atouts »auf den Kopf« spielen. Sie machen sich die Sache etwas leichter, wenn Sie nicht Pik-Dame, sondern nur die Zehn vorsetzen. Spielt Nord jetzt den König, war er wahrscheinlich blank.

Falls Sie selbst eine Farbe spielen, sollten Sie Ihrem Gegner so wenig Informationen wie möglich geben.

♣ D54

♣ KB108762 ♣ A3 (Tisch)

♣ 9

Sie sind West und befinden sich in einem Sans-Atout-Kontrakt. Beim Versuch, die Treffs hochzuspielen, haben Sie das As und den König abgezogen und wollen die Farbe fortsetzen, um Nords Dame herauszutreiben. An sich ist hierfür jede Karte recht, doch wenn Sie z. B. Treff-Zwei spielen, weiß Süd genau, daß Sie eine Siebener-Länge halten. Der Bube ist die richtige Karte. Jetzt geben Sie Süd keine Information darüber, wieviel Treffs Sie halten.

| | | |
|---|---|---|
| ♠ D6 | N | ♠ 1072 |
| ♡ ADB97 | W O | ♡ K1086 |
| ◇ 83 | S | ◇ KB5 |
| ♣ KD52 | | ♣ A87 |

Teiler Nord, niemand in Gefahr

Sie haben nach dreimaligem Passen »1 Coeur« eröffnet. Über Nords Pik-Zwischenreizung springt Ost auf »3 Coeur« und Sie gehen auf »4 Coeur«. Nord spielt Pik-As aus und setzt mit dem König fort. Beim zweiten Mal fällt bei Süd der Bube. Nord spielt wiederum Pik, Süd sticht und Sie übertrumpfen. Sie ziehen die gegnerischen Atouts in zwei Runden; Nord wirft beim zweiten Mal klein-Pik ab. Wie spielen Sie die Karos? (Test Nr. 1)

| | | |
|---|---|---|
| ♠ DB4 | N | ♠ 73 |
| ♡ 6 | W O | ♡ AB3 |
| ◇ AD10872 | S | ◇ B963 |
| ♣ D92 | | ♣ AB104 |

Nach Nords Coeur-Eröffnung paßten die nächsten beiden Spieler. Sie boten »2 Karo« und sind schließlich - ohne weitere gegnerische Reizung - in »5 Karo« gelandet. Nord greift mit dem Coeur-König an. Wie spielen Sie? (Test Nr. 2)

**Nr. 1** Die Reizung gibt Ihnen den indirekten Hinweis, daß Nord wahrscheinlich nicht Karo-As hält; denn mit ♠ AK9xxx ♡ x und einem zusätzlichen As hätte er wahrscheinlich nicht gepaßt, sondern »1 Pik« eröffnet. Spielen Sie deshalb klein-Karo zum Buben in der Hoffnung, daß Nord die Dame hält.

**Nr. 2** Diese Hand enthält zwei indirekte Informationen. Hielte Nord ♠ AK, hätte er wahrscheinlich Pik und nicht Coeur angegriffen. Süd hat also eine hohe Pik-Figur. Wenn Süd außerdem den Trumpf-König halten würde, hätte er mit 6 bzw. 7 Punkten auf die Eröffnung seines Partners wohl kaum gepaßt. Atout-König steht deshalb so gut wie sicher bei Nord. Spielen Sie also Karo-As in der Hoffnung, einen bei Nord stehenden blanken König zu fangen. Haben Sie damit Glück, können Sie durch anschließenden Treff-Schnitt Ihre gewagte Partie gewinnen.

# Spezielle Techniken, Strategien und Coups

Wir hatten uns mit den Grundlagen der Spieldurchführung beschäftigt und wollen uns nun einer Reihe von interessanten Teilbereichen zuwenden.

## Ausschaltung eines bestimmten Gegners

Oft müssen Sie einen Gegner mehr fürchten als den anderen. Ich denke jetzt nicht daran, daß einer Ihrer Gegner stärker spielt, aggressiver reizt oder sich schlechter benimmt als sein Partner, sondern an die Situationen, bei denen viel davon abhängt, ob der Gegner links oder rechts von Ihnen zu Stich kommt. Oft kann der eine Gegner Ihnen nichts anhaben, während der andere nur darauf wartet, Ihnen zu schaden. Dieser gefährliche Gegner kann z. B. durch am Tisch oder in der Hand befindliche Gabelpositionen oder ungeschützte Figuren hindurchspielen, seinem Partner einen Schnapper geben, hochgespielte Karten abziehen oder boshafterweise dann Trumpf spielen, wenn Sie die Atouts noch dringend brauchen, um Verlierer zu verstechen. Sie müssen also den gefährlichen Gegner ausschalten und es vermeiden, daß er ans Spiel kommt (engl. »Avoidance Play«).

| | | |
|---|---|---|
| ♠ A73<br>♡ KB5<br>◇ AD1095<br>♣ 106 | N<br>W O<br>S | ♠ K5<br>♡ 74<br>◇ B85<br>♣ AKB983 |

Nord greift gegen Ihre »3 Sans-Atout« mit Coeur-Sechs an, Süd legt die Dame und Sie nehmen mit dem König. Schneiden Sie in Treff oder in Karo?

Süd ist der gefährliche Gegner. Wenn er zu Stich kommt, kann es sehr unangenehm werden; denn er spielt Coeur durch, damit Nord Ihren Buben herausschneiden und seine hohen Coeur-Karten abspielen kann. Falls stattdessen Nord ans Spiel kommt, kann er gegen Ihre aus ♡ B5 bestehende Deckung nichts ausrichten. Sie gehen deshalb mit einer der schwarzen Farben zum Tisch und machen den Karo-Schnitt, um mit mindestens fünf Stichen in den roten Farben sowie den schwarzen Assen und Königen sicher zu gewinnen.

Der Treff-Schnitt auf die Dame wäre ein völlig unnötiges Risiko gewesen. Wenn der Schnitt mißlingt und Nord ♡ A10xxx(x) hält, fallen Sie ein- bzw. zweimal.

Beim Hochspielen bestimmter Farbkombinationen können Sie Einfluß darauf nehmen, welcher Gegner den Stich macht. Sie müssen herausfinden, wo der gefährliche Gegner sitzt, und es dann nach Möglichkeit so einrichten, daß der andere Gegner ans Spiel kommt.

West: ♣ KB63 Ost: ♣ A1094

Nehmen wir an, daß Sie mit drei Treff-Stichen bereits zufrieden sind und Süd der gefährliche Gegner ist. Sie ziehen Treff-As und schneiden anschließend. Wenn umgekehrt von Nord Gefahr ausginge, würden Sie Treff-König abziehen und den Buben zum Schnitt vorlegen.

West: ◇ 743 Ost: ◇ AK952

Sie brauchen vier Karo-Stiche und hoffen auf einen günstigen 3-2 Stand. Wollen Sie Nord ausschalten, spielen Sie klein-Karo aus der West-Hand und legen am Tisch die Neun, falls Nord klein bleibt. Setzt Nord unangenehmerweise ein Bild ein, übernehmen Sie am Tisch, gehen in die Hand zurück und spielen nochmals Karo. Erscheint erneut ein Bild bei Nord, übernehmen Sie abermals und spielen Karo weiter. Nord kommt nur dann zu Stich, wenn er ◇ DB10 hält.

Droht von Süd Gefahr, spielen Sie Karo zum Tisch und bleiben klein, wenn Nord die Dame legt. Andernfalls nehmen Sie den Stich, gehen in die Hand zurück und spielen erneut Karo. Erscheint bei Nord die Dame, bleiben Sie klein. Falls nicht, nehmen Sie am Tisch und spielen eine dritte Karo-Runde. Auf diese Weise können Sie Süd ausschalten, wenn er ein Doubleton oder drei Karos ohne die Dame hält. Mit einem Karo-Bild vom Tisch zu beginnen, wäre ein Fehler: Nord könnte ◇ Dx halten und die Dame legen - ein deblockierendes Manöver, um Süd mit ◇ Bxx zu Stich kommen zu lassen.

| | | |
|---|---|---|
| ♠ KD7<br>♡ AB2<br>◇ B943<br>♣ K95 | N<br>W O<br>S | ♠ 53<br>♡ KD74<br>◇ A6<br>♣ AB432 |

Sie spielen »3 Sans-Atout«. Nord greift Pik-Sechs an, Süd legt den Buben und Sie nehmen mit dem König. Acht Stiche sind Ihnen bereits sicher. Die besten Chancen für den neunten Stich bieten die Treffs. Süd darf allerdings nicht zu Stich kommen, weil sein Pik-Rückspiel Ihren Kontrakt schlagen würde, wenn Nord fünf oder sechs Piks mit dem As an der Spitze hält. Der normale Treff-Schnitt auf den Buben ist hier zu gefährlich. Besser ist, klein-Treff zum As zu spielen und anschließend zur Neun zu schneiden. Legt Süd die Zehn, nehmen Sie mit dem König und spielen Treff nach. Auf diese Weise können Sie Süd bei der Entwicklung der Treffs ausschalten, falls er nicht gerade ♣ D10x(x) besitzt. In diesem Fall müssen Sie auf einen 4-4 Stand der gegnerischen Piks hoffen.

In einem Farbkontrakt können Sie beim Hochspielen einer bestimmten Farbe manchmal den Stich dadurch an den ungefährlichen Gegner abgeben, daß Sie ihn in einer ganz anderen Farbe ans Spiel lassen. Der Einfachheit halber sehen Sie alle 52 Karten:

| | | |
|---|---|---|
| | ♠ 42<br>♡ DB963<br>◇ A1082<br>♣ B9 | |
| ♠ AD98763<br>♡ —<br>◇ K73<br>♣ K84 | N<br>W O<br>S | ♠ KB10<br>♡ 1087<br>◇ 54<br>♣ A7632 |
| | ♠ 5<br>♡ AK542<br>◇ DB96<br>♣ D105 | |

Nach einer hektischen Reizung müssen Sie als West »5 Pik« spielen. Nord-Süd hatten »5 Coeur« geboten, die nur einmal gefallen wären. Nord greift Coeur-Dame an, und Süd übernimmt geschickt mit dem König, weil er Karo durchspielen will.

Sie müssen natürlich verhindern, daß bei der Entwicklung Ihrer Treffs Süd zu Stich kommt. Sie trumpfen, gehen mit Atout zum Tisch und legen Coeur-Acht vor. Süd spielt das As, Sie stechen, gehen erneut mit Trumpf an den Tisch und spielen die Coeur-Zehn. Süd hat keine hohe Karte mehr, und Sie werfen Treff ab, damit der ungefährliche Gegner, also Nord, ans Spiel kommt. Nord setzt Treff fort, Sie ziehen Treff-König, Treff-As und stechen Treff, um mit dem letzten Trumpf zum Tisch zu kommen, auf die beiden hohen Treffs zwei Karo-Verlierer abzuwerfen und Ihren Kontrakt genau zu erfüllen.*

| | | |
|---|---|---|
| ♠ K73<br>♡ AKDB1097<br>◇ K6<br>♣ A | N<br>W O<br>S | ♠ 5<br>♡ 642<br>◇ 9752<br>♣ D9853 |

Teiler Nord, alle in Gefahr

| Nord | Ost | Süd | West |
|---|---|---|---|
| 1 ♠ | pass | 2 ♠ | 4 ♡ |
| 4 ♠ | pass | pass | 5 ♡ |
| pass | pass | pass | |

Nach Ihrem mutigen Alleingang greift Nord mit Karo-Dame an, Süd nimmt mit dem As und spielt Coeur-Fünf, auf die Nord Pik abwirft. Wenn Sie jetzt gedankenlos klein-Pik fortsetzen, kommt Süd zu Stich und spielt erneut Trumpf. Jetzt fallen Sie einmal, weil Sie nur einen Pik-Verlierer verstechen können. Gegen dieses unrühmliche Ende können Sie sich leicht dadurch schützen, daß Sie Pik-König spielen. Nach der Reizung muß Nord das Pik-As halten, zumal das Karo-As bei Süd stand. Der Stich geht an Nord, also den Gegner, der nicht Trumpf spielen kann. Jetzt haben Sie Gelegenheit, Ihre beiden Pik-Verlierer zu verstechen, und gewinnen leicht.

Zu den hübschesten Ausschaltungsmanövern gehört der *»Scissors-Coup«*. Sein Zweck ist meist, in einem Farbkontrakt einen drohenden Schnapper dadurch zu verhindern, daß man den gefährlichen Gegner, der seinen Partner trumpfen lassen möchte, nicht mehr zu Stich kommen läßt. Der Coup bewirkt, daß die Verbindungen der Verteidigung wie mit einer Schere zerschnitten werden. Sie werfen einen Verlierer in der Farbe, in der Sie die Verbindung zwischen Ihren Gegner zerstören wollen, auf einen Verlierer in einer anderen Farbe ab.

| | | |
|---|---|---|
| ♠ 94<br>♡ DB10964<br>◇ AB3<br>♣ AB | N<br>W O<br>S | ♠ B76<br>♡ A3<br>◇ KD1074<br>♣ D73 |

Teiler Süd, Nord-Süd in Gefahr

| Süd | West | Nord | Ost |
|---|---|---|---|
| 1 ♠ | 2 ♡ | pass | 2 ♠ |
| pass | 4 ♡ | pass | pass |
| pass | | | |

Nord greift mit Pik-Zwei an, Süd nimmt mit dem As und spielt Karo-Zwei nach. Diese Karte ist mit ziemlicher Wahrscheinlichkeit ein Singleton. Wenn Süd mit Coeur-König zu Stich kommt, kann er seinen Partner in Pik ans Spiel bringen, damit dieser Karo bringt und Süd stechen kann. Hiergegen können Sie sich schützen, wobei Sie davon ausgehen, daß Süd als Eröffner die ausstehenden hohen Karten mit Ausnahme einer Pik-Figur hält. Sie nehmen Karo am Tisch, schneiden in Treff, ziehen Treff-As, gehen mit Coeur-As zum Tisch und werfen auf die Treff-Dame klein-Pik ab. Süd macht den Stich mit Treff-König, kann jedoch seinen Partner nicht mehr in Pik ans Spiel bringen. Die Verteidigung macht jetzt nur noch den Trumpf-König. Dieser Scissors-Coup (von Culbertson noch »Coup without a name« genannt) war die einzige Möglichkeit, den Kontrakt zu erfüllen, wenn Süd etwa ♠ AD10xx ♡ Kxx ◇ 2 ♣ Kxxx gehalten hat.

| | | |
|---|---|---|
| ♠ A9752<br>♡ KB6<br>◇ AB3<br>♣ 63 | N<br>W O<br>S | ♠ K3<br>♡ 72<br>◇ 1065<br>♣ AD8542 |

Gegen Ihre etwas gewagten »3 Sans-Atout« greift Nord Coeur-Fünf an, Süd legt die Dame und Sie nehmen mit dem König, um klein-Treff zur Dame zu spielen. Zu Ihrer Erleichterung gelingt der Schnitt. Was nun? (Test Nr. 1)

| | | |
|---|---|---|
| ♠ K63<br>♡ 104<br>◇ D87632<br>♣ D9 | N<br>W O<br>S | ♠ D2<br>♡ AK5<br>◇ A9<br>♣ AK10743 |

Teiler Ost, Ost-West in Gefahr

| Ost | Süd | West | Nord |
|---|---|---|---|
| 1 ♣ | pass | 1 ◇ | 1 ♠ |
| 2 ♠ | pass | 2SA | pass |
| 3SA | pass | pass | pass |

Nord greift mit Pik-Sieben an. Wie planen Sie Ihr Spiel? (Test Nr. 2)

**Nr. 1** Sie können Ihren Kontrakt nur gewinnen, wenn die gegnerischen Treffs 3-2 verteilt sind. Selbst dann haben Sie noch das Problem, daß Sie Süd aus dem Spiel halten müssen, damit er nicht Coeur durchspielt. Gehen Sie deshalb mit Pik-As in die Hand und spielen abermals Treff. Erscheint bei Nord der König, bleiben Sie am Tisch klein. Wenn Nord hingegen klein-Treff zugibt, übernehmen Sie mit dem As und spielen Treff nach. So können Sie es einrichten, daß Süd sowohl mit ♣ Bxx als auch mit ♣ Bx nicht zu Stich kommt.

**Nr. 2** Korrekte Technik ist, am Tisch Pik-Dame zu legen. Legt Süd klein, ist ♠ Kx nur geschützt, falls *Nord* ans Spiel kommt. Sie schneiden deshalb klein-Treff zur Neun, um sich gegen ♣ Bxxx bei Süd abzusichern.

Sollte jedoch Süd Pik-Dame mit dem As nehmen und Pik nachspielen, bleiben Sie einmal klein, nehmen dann mit Pik-König, ziehen Treff-Dame und lassen anschließend Treff-Neun zum Schnitt laufen. Auf diese Weise gewinnen Sie selbst dann, wenn Nord ♣ Bxxx halten sollte.

Es wäre unnötiger Leichtsinn gewesen, die Treffs in der Erwartung eines günstigen Standes auf den Kopf zu spielen. Wenn Süd z. B. ♠ 108x ♡ Dxx ◇ Bxx ♣ Bxxx oder aber ♠ A9x ♡ B9xxxx ◇ 10xx ♣ x hält, führt nur die angegebene Spielweise zum Erfolg.

## Verlierer auf Verlierer

Aus Ihren Verluststichen können Sie keine Gewinner machen, aber Sie haben es oft in der Hand, wann und wie Sie einen Stich abgeben. Die Technik, einen Verlierer auf einen in einer anderen Farbe abzugebenden Stich abzuwerfen (engl. »Loser on Loser«), kann Ihnen in einer ganzen Reihe von Situationen Vorteile bringen.

| | | |
|---|---|---|
| | ♠ D10<br>♡ D98542<br>◇ B72<br>♣ D5 | |
| ♠ AK9752<br>♡ K<br>◇ A63<br>♣ A92 | N<br>W O<br>S | ♠ 843<br>♡ B763<br>◇ K95<br>♣ 874 |
| | ♠ B6<br>♡ A10<br>◇ D1084<br>♣ KB1063 | |

Sie sitzen wie immer auf West und spielen den an sich nicht zu gewinnenden Kontrakt von »4 Pik«. Nord greift mit Coeur-Fünf an, Süd nimmt mit dem As und macht den Fehler, Coeur-Zehn zurückzuspielen. Jetzt haben Sie eine Chance: Sie werfen klein-Treff ab, damit Coeur-Bube hoch wird. Nord nimmt und versucht, durch Nachspiel der Coeur-Neun Sie zu dem Fehler zu verleiten, jetzt schon den Buben zu legen. Sie sind jedoch auf der Hut und spielen eine kleine Coeur-Karte vom Tisch. Süd versucht zu retten, was zu retten ist, und sticht mit dem Trumpf-Buben, um für seinen Partner einen Atout-Stich freizuspielen, falls Sie überstechen sollten. Sie werfen jedoch eine kleine Karte in den Unterfarben ab (Verlierer auf Verlierer). Der Kontrakt ist jetzt gewonnen; denn Sie können die gegnerischen Trümpfe ziehen und den letzten Verlierer auf den hochgewordenen Coeur-Buben abwerfen.

| | | |
|---|---|---|
| ♠ AKDB4<br>♡ 3<br>◇ AK5<br>♣ KD74 | N<br>W O<br>S | ♠ 632<br>♡ A8742<br>◇ 643<br>♣ 93 |

Nord greift gegen Ihre »4 Pik« mit der Coeur-Dame an. Sie nehmen am Tisch und spielen klein-Treff zur Dame. Süd gibt die Zehn und Nord nimmt mit dem As, um Atout-Neun nachzuspielen. Sie ziehen den Treff-König, und bei Süd fällt der Bube. Wenn Sie jetzt klein-Treff am Tisch trumpfen würden, bestünde die Gefahr, daß Süd übersticht und Atout nachspielt, wonach Sie nicht mehr gewinnen können. Sie werfen deshalb auf die dritte Treff-Runde am Tisch klein-Karo ab (Verlierer auf Verlierer). Sollte Nord jetzt abermals Trumpf spielen, können Sie den *Karo*-Verlierer am Tisch verstechen. Auch wenn Nord eine vierte Treff-Runde spielt, lassen Sie sich nicht zum Stechen verleiten, sondern werfen erneut Karo vom Tisch ab. Wenn Süd z. B. ♠ 108x ♡ Kxxx ◇ Bxxx ♣ B10 hielt, konnten Sie nur mit der Loser-on-Loser-Technik Ihren Kontrakt gewinnen.

Zur Abwechslung einmal ein Teilkontrakt:

| | | |
|---|---|---|
| | ♠ 104<br>♡ D5<br>♢ A762<br>♣ KD1093 | |
| ♠ AD72<br>♡ A86<br>♢ KD1085<br>♣ B | N<br>W O<br>S | ♠ KB9<br>♡ B432<br>♢ B94<br>♣ 742 |
| | ♠ 8653<br>♡ K1097<br>♢ 3<br>♣ A865 | |

Sie spielen »3 Karo«. Nord greift mit Treff-König an und spielt klein-Treff nach. Süd legt das As. Stechen Sie?

Um nicht die Kontrolle in Trumpf zu verlieren, sollten Sie auf die zweite und dritte Treff-Runde Ihre Coeur-Verlierer abwerfen. Anschließend ziehen Sie Atout und machen die restlichen Stiche, nachdem Nord sein As genommen hat.

Wenn Sie die zweite Treff-Runde stechen und anschließend Trumpf ziehen, können Sie bei gutem Gegenspiel verlieren: Nord nimmt die dritte Trumpf-Runde und spielt weiter Treff. Sie können zwar Ihre beiden Coeur-Verlierer abwerfen; Nord spielt jedoch zum fünftenmal Treff, damit Sie Ihren letzten Trumpf verstechen und Nord noch einen Atout-Stich macht.

| | | |
|---|---|---|
| | ♠ K1098<br>♡ B85<br>♢ K109<br>♣ 1043 | |
| ♠ 542<br>♡ K10732<br>♢ AD4<br>♣ D2 | N<br>W O<br>S | ♠ A763<br>♡ AD4<br>♢ 73<br>♣ AK96 |
| | ♠ DB<br>♡ 96<br>♢ B8652<br>♣ B875 | |

In einem Paarturnier greift Nord gegen Ihre »4 Coeur« mit Pik-Zehn an. Wie schaffen Sie den wichtigen Überstich? Sie nehmen am Tisch (Süd gibt die Dame) und spielen drei Treff-Runden, um einen Pik-Verlierer abzuwerfen. Wenn Sie jetzt in Karo schneiden, wird es nichts mit dem Überstich: Nord nimmt und spielt klein-Pik zum Buben seines Partners, der natürlich auf Treff wechselt. Jetzt muß Nord im Sur-Coup einen Trumpf-Stich machen.

Diesen Triumph brauchen Sie Ihren Gegnern nicht zu gönnen; das Ei des Kolumbus ist, zunächst auf die vierte Treff-Runde den anderen Pik-Verlierer loszuwerden. Sie stechen das Pik-Rückspiel, gehen mit Atout zum Tisch, schneiden in Karo, stechen erneut Pik, ziehen Karo-As, schnappen den Karo-Verlierer mit Coeur-Vier und ziehen Trumpf-As, um danach mit Coeur-König den letzten Stich zu machen. Entscheidend war, daß Sie durch die Loser-on-Loser-Technik die drohende Gefahr vermieden haben, von Nords Coeur-Buben überstochen zu werden.

| | | |
|---|---|---|
| ♠ 104<br>♡ AKD10642<br>♢ A<br>♣ A42 | N<br>W O<br>S | ♠ A863<br>♡ B95<br>♢ B72<br>♣ 1065 |

Nord hat die Reizung mit »3 Pik« eröffnet; Sie boten »4 Coeur« und alle paßten. Nord greift mit Pik-König an. Wie planen Sie Ihr Spiel? (Test Nr. 1)

| | | |
|---|---|---|
| ♠ K6543<br>♡ 73<br>♢ A52<br>♣ 632 | N<br>W O<br>S | ♠ DB2<br>♡ AKD4<br>♢ 863<br>♣ KDB |

Gegen Ihre »4 Pik« greift Nord mit Treff-Zehn an. Süd nimmt mit dem As und wechselt auf Karo-Dame. Wie führen Sie Ihr Spiel durch? (Test Nr. 2)

**Nr. 1** Sie müssen nach Nords Sperransage befürchten, daß Süd in Pik chicane ist. Bleiben Sie deshalb am Tisch klein. Wenn Nord Pik fortsetzt, müssen Sie erneut das As schonen. Auch auf eine dritte Pik-Runde gibt der Tisch klein zu, Sie stechen, ziehen die gegnerischen Trümpfe und werfen - mit Coeur-Buben am Tisch - auf das mit Hilfe der Loser-on-Loser-Technik gerettete Pik-As einen Treff-Verlierer ab.

**Nr. 2** Der Anfang ist leicht: Sie nehmen mit Karo-As und spielen drei Coeur-Runden, um einen Karo-Verlierer abzuwerfen. Wenn beide Gegner bedient haben, kommt erst jetzt die Pointe: Sie sollten auf den letzten Coeur abermals klein-Karo abwerfen (Verlierer auf Verlierer). Würden Sie stattdessen nach der dritten Coeur-Runde Trumpf spielen, riskierten Sie auch bei einem 3-2 Stand der gegnerischen Trümpfe, einen zweiten Atout-Stich zu verlieren. Nord könnte z. B. die letzte Coeur-Karte und ♠ A9x halten. Er spielt ◇ K und Coeur, damit Süd mit der Zehn trumpfen und einen zweiten Atout-Stich für die Verteidigung entwickeln kann. Auch wenn Süd die letzte Coeur-Karte hält, kommen Sie in Schwierigkeiten: Süd könnte mit Karo-Buben oder Pik-As ans Spiel kommen, Coeur bringen und den Kontrakt schlagen, falls Nord Sie überstechen kann.

## Sicherheitsspiel

Der Ruf nach Sicherheit ist in Mode. Der Gesetzgeber fordert unfallsichere Autos, der Sparer Sicherheit vor der Inflationsrate und der Lehrling wird demnächst an die Sicherung seiner Altersversorgung denken. Deshalb sollten Sie auch im Bridge sozusagen mit Sicherheitsgurt fahren. Was ist überhaupt ein Sicherheitsspiel? Im allgemeinsten Sinne wäre es eine Spieldurchführung, die die Gefahr, den Kontrakt zu verlieren, auf ein Minimum begrenzt. Danach wäre praktisch jedes korrekte Alleinspiel gleichzeitig ein Sicherheitsspiel. Der Begriff muß also enger definiert werden, um überhaupt aussagefähig zu sein: Unter »Sicherheitsspiel« (engl. »Safety Play«) versteht man eine auf eine bestimmte Farbe beschränkte Spieldurchführung, durch die sich der Spieler gegen eine schlechte Verteilung dieser Farbe schützt und dadurch seinen Kontrakt erfüllt oder zumindest seine Erfüllungschancen erhöht. Beim Sicherheitsspiel im eigentlichen Sinne nimmt der Spieler bewußt das - möglicherweise unnötige - Opfer eines Stiches in Kauf.

| West | | Ost |
|---|---|---|
| ♠ AK | N | ♠ 75 |
| ♡ A1096 | W O | ♡ 873 |
| ◇ AD64 | S | ◇ 87532 |
| ♣ K43 | | ♣ A85 |

Gegen Ihre »3 Sans-Atout« greift Nord mit dem Pik-Buben an. Zur Erfüllung Ihres Kontraktes brauchen Sie vier Karo-Stiche. Wenn die gegnerischen Karos 3-1 verteilt sind, muß Karo-König im Schnitt sitzen. Dabei können Sie sich gegen einen bei Nord blank stehenden Karo-König schützen, indem Sie Karo-As ziehen. Fällt der König nicht, gehen Sie mit Treff zum Tisch und spielen Karo gegen die Dame. Für diese Zusatzchance verzichten Sie auf einen möglichen Überstich, falls Süd ◇ Kx hält.

West: ♣ K9532 Ost: ♣ AB6

Sie brauchen vier Treff-Stiche; zwischen Tisch und Hand sind genügend Übergänge vorhanden. Korrekt ist, Treff-As zu ziehen und später klein-Treff zum Buben zu spielen, falls Nord klein bleibt. Bedient Nord nicht, können Sie Süds Zehn herausschneiden. So schützen Sie sich dagegen, daß ein Gegner ♣ D10xx hält.

West: ♠ K10532 Ost: ♠ A974

Wenn Sie es sich leisten können, einen Stich in Pik abzugeben, schneiden Sie klein-Pik zur Neun (oder von der Ost-Hand klein-Pik zur Zehn), falls der Gegner mit einer kleinen Karte bedient.

West: ♢ A54 Ost: ♢ KB72

Sie brauchen nur drei Karo-Stiche und verfügen über ein Entrée zur Ost-Hand. Korrekt ist, Karo-König, Karo-As und dann klein-Karo zum Buben zu spielen. So schützen Sie sich gegen eine bei Süd stehende Doubleton-Dame.

| West | | Ost |
|---|---|---|
| ♠ AKB872 | N | ♠ D109 |
| ♡ AK753 | W O | ♡ 104 |
| ♢ 4 | S | ♢ A763 |
| ♣ A | | ♣ 9752 |

Sie spielen »6 Pik«. Nord greift Karo-Dame an. Sie nehmen am Tisch und spielen klein-Coeur zum As. Beide Gegner bedienen. Wie setzen Sie fort?

Sie sollten sich nicht über den versäumten Groß-Schlemm ärgern, sondern einkalkulieren, daß Ihr Spiel bei einem 5-1 Stand der gegnerischen Coeurs in Gefahr ist. Wenn Sie jetzt den Coeur-König ziehen, haben Sie Ihren Schlemm verloren, falls ein Gegner sticht und Trumpf spielt. Sie können nämlich die drei verbleibenden Coeur-Verlierer nicht mit den beiden restlichen Atouts des Tisches verstechen. Setzen Sie deshalb mit klein-Coeur fort, um erforderlichenfalls zwei Coeur-Verlierer am Tisch stechen zu können.

Beim Sicherheitsspiel im eigentlichen Sinne verzichten Sie (oft unnötig) auf einen Stich, um Ihre Chancen zu verbessern. Dieser Stich ist sozusagen eine kleine Versicherungsprämie, die Sie für die Erfüllung Ihres Spiels zu zahlen bereit sind.

Im Bridge-Sprachgebrauch hat es sich allerdings eingebürgert, auch das korrekte Spiel bestimmter Figurenkombinationen einer Farbe als »Sicherheitsspiel« zu bezeichnen. Dies ist ungenau, weil es nur darum geht, richtig zu spielen, nicht aber aus Sicherheitsgründen das Opfer eines Stiches in Kauf zu nehmen. Hier einige typische Beispiele für ein Sicherheitsspiel im weiteren Sinne.

West: ♡ DB942 Ost: ♡ K853

Spielen Sie aus der West-Hand ein Bild, um sich die Möglichkeit offenzuhalten, nach beiden Seiten auf die Zehn schneiden zu können, wenn ein Gegner ♡ A1076 hält.

West: ♣ A976542 Ost: ♣ KB3

Hier müssen Sie mit dem As anfangen, um erforderlichenfalls ♣ D108 bei Nord herausschneiden zu können. Wenn Süd alle Treffs hält, können Sie den Verlust eines Stiches nicht vermeiden.

West: ♢ K7643 Ost: ♢ AD95

Beginnen Sie mit dem König, um notfalls zweimal gegen ♢ B1082 bei Nord schneiden zu können. Hält Süd den Buben zu viert, muß er immer einen Stich machen.

West: ♠ KB5 Ost: ♠ D742

Wenn Sie über genügend Übergänge verfügen, spielen Sie zweimal von Ost klein-Pik gegen Ihre Bilder, um sich gegen ein Doubleton-As bei Süd abzusichern.

West: ♢ B97642 Ost: ♢ AD85

Wie spielen Sie diese Farbkombination, wenn Sie keinen Stich abgeben dürfen? (Test Nr. 1)

West: ♣ AKD865 Ost: ♣ 103

Wie spielen Sie die Treffs, wenn Sie nur fünf Stiche brauchen und über genügend Übergänge zwischen Tisch und Hand verfügen? (Test Nr. 2)

| West | | Ost |
|---|---|---|
| ♠ D4 | N | ♠ AK |
| ♡ AKB763 | W O | ♡ D1085 |
| ◇ 94 | S | ◇ A5 |
| ♣ K73 | | ♣ 86542 |

Gegen Ihre »4 Coeur« greift Nord mit Treff-Zehn an, Süd nimmt mit dem As und setzt mit Treff-Dame fort. Wie planen Sie Ihr Spiel? (Test Nr. 3)

| West | | Ost |
|---|---|---|
| ♠ K75 | N | ♠ AD3 |
| ♡ AB6 | W O | ♡ KD8 |
| ◇ AK643 | S | ◇ 1072 |
| ♣ 85 | | ♣ AD73 |

Sie spielen »6 Sans-Atout«. Nord greift mit dem Pik-Buben an. Sie nehmen in der Hand und ziehen Karo-As, worauf bei Süd die Dame fällt. Spielen Sie jetzt klein-Karo, um sich gegen ◇ B984 bei Nord zu schützen, oder ziehen Sie Karo-König in der Hoffnung, daß Süd den blanken Buben zugeben muß? (Test Nr. 4)

**Nr. 1** Sie müssen den Karo-Buben zum Schnitt vorlegen, um sich gegen ◇ K103 bei Nord zu schützen.

**Nr. 2** Spielen Sie klein-Treff zur Zehn. Wenn Nord alle Treffs hält, muß die Zehn einen Stich machen. Sollte Nord nicht bedienen, verliert Ihre Zehn zwar an Süds ♣ B9742; später können Sie jedoch Süds Neun zu viert herausschneiden.

**Nr. 3** Sie müssen sich gegen ♣ ADB9 bei Süd schützen und klein bleiben. Süd setzt zwar Treff fort und Nord sticht Ihren König weg, Sie haben anschließend aber genügend Zeit, eine vierte Treff-Runde zu trumpfen und auf den hochgespielten letzten Treff des Tisches Ihren Karo-Verlierer abzuwerfen.

Es wäre zu gefährlich gewesen, Treff-König bereits im zweiten Stich einzusetzen. Wenn Nord trumpft und Karo zurückspielt, haben Sie Ihren Kontrakt verloren.

**Nr. 4** Hier müssen Sie erst herausfinden, ob Sie sich ein Sicherheitsspiel in Karo überhaupt leisten können. Beginnen Sie mit dem Treff-Schnitt. Mißglückt er, brauchen Sie fünf Karo-Stiche und müssen Karo-König ziehen. War der Schnitt jedoch erfolgreich, kommen Sie mit vier Karo-Stichen aus und können es sich erlauben, den Expass zur Zehn zu spielen.

## Dummy Reversal

Für diesen englischen Begriff gibt es keinen deutschen Ausdruck; frei übersetzt bedeutet er »Umkehrung von Tisch und Hand«. Zu den »Ur-Instinkten« des Bridge-Spielers gehört es, Verlierer der Hand am Tisch zu stechen, weil er so in der Regel zusätzliche Trumpfstiche macht. Mit der Trumpflänge zu stechen, bringt im Normalfall nichts ein. Eine Ausnahme ist der Dummy Reversal: Mit den längeren Atouts in der Hand werden so viele Verlierer des Tisches gestochen, daß die Hand schließlich kürzer in Atout ist als der Tisch. Danach können die gegnerischen Atouts mit den Trümpfen des Tisches gezogen werden, und die Hand kann Verlierer abwerfen. Der Spieler macht sich diese Technik am besten dadurch klar, daß er im Geist um den Tisch herumgeht, gegenüber Platz nimmt und von dort so spielt, wie er es sonst gewohnt ist.

| West | | Ost |
|---|---|---|
| ♠ AD876 | N | ♠ KB109 |
| ♡ 4 | W O | ♡ A732 |
| ◇ AB10 | S | ◇ 542 |
| ♣ ADB4 | | ♣ K7 |

Sie spielen den stolzen Kontrakt von »7 Pik«. Nord greift mit der Coeur-Dame an. Normalerweise würden Sie die gegnerischen Trümpfe in zwei Runden ziehen, auf die Treffs zwei Karos am Tisch abwerfen und Ihre beiden Karo-Verlierer am Tisch verstechen. Die Sache hat leider den Haken, daß die gegnerischen Atouts möglicherweise 3-1 oder sogar 4-0 stehen. Jetzt können Sie nicht alle Atouts ziehen, sondern haben nur die Hoffnung, daß Ihnen die vierte Treff-Runde nicht weggestochen wird. Die Technik des Dummy Reversal gibt Ihnen eine fast 100 %ige Chance: Sie nehmen am Tisch, stechen Coeur in der Hand, gehen mit Trumpf zum Tisch, schnappen erneut Coeur, erreichen abermals den Tisch mit Trumpf und stechen auch das letzte Coeur. Es folgt klein-Treff zum König. Der Tisch spielt die beiden letzten Trümpfe, die Hand wirft beide Karo-Verlierer ab und macht anschließend mit ♣ ADB Rest.

Bisweilen zwingen die Gegner Ihnen die Dummy-Reversal-Technik durch den Versuch auf, Sie in Trumpf zu kürzen:

| | | |
|---|---|---|
| ♠ AK1072 | N | ♠ DB4 |
| ♡ B75 | W O | ♡ D103 |
| ◇ D | | ◇ 9742 |
| ♣ KB95 | S | ♣ AD6 |

Gegen Ihre »4 Pik« greift Nord mit dem Karo-As an und setzt die Farbe fort. Sie stechen und ziehen Pik-As und -Dame; beide Gegner bedienen. Es wäre jetzt ziemlich riskant, auch den letzten gegnerischen Trumpf zu ziehen und anschließend zu versuchen, sich den zehnten Stich in Coeur zu entwickeln. Die Gegner spielen nämlich eine dritte Karo-Runde und zwingen Sie, Ihren letzten Trumpf zu verstechen. Wenn bei dem noch ausstehenden gegnerischen Coeur-Bild noch mindestens eine hohe Karo-Karte steht, fällt Ihr Kontrakt.

Dummy Reversal gibt Ihnen bessere Chancen: Nach der zweiten Atout-Runde stechen Sie Karo, gehen mit Treff zum Tisch und trumpfen auch den letzten Karo. Mit Treff erneut am Tisch, ziehen Sie den letzten gegnerischen Trumpf und werfen aus der Hand Coeur ab. Insgesamt machen Sie *sechs* Atout- und vier Treff-Stiche.

| | | |
|---|---|---|
| ♠ 852 | N | ♠ AK7 |
| ♡ AD74 | W O | ♡ K32 |
| ◇ — | | ◇ D764 |
| ♣ AKDB103 | S | ♣ 982 |

Sie spielen »6 Treff«. Nord greift mit Karo-As an. Wie sollten Sie Ihren Schlemm spielen? (Test Nr. 1)

| | | |
|---|---|---|
| ♠ 8642 | N | ♠ AB3 |
| ♡ A76432 | W O | ♡ K |
| ◇ 873 | | ◇ A9652 |
| ♣ — | S | ♣ D1085 |

Wie spielen Sie »2 Coeur«, wenn Nord mit Treff-As angreift? (Test Nr. 2)

**Nr. 1** Sie stechen hoch, ziehen ein Trumpf-Bild und gehen mit Atout-Drei zum Tisch. Wenn beide Gegner bedienen, können Sie - falls notwendig - die vierte Coeur-Runde am Tisch stechen. Bei einem 3-1 Stand der gegnerischen Atouts stechen Sie Karo in der Hand, gehen mit Coeur zum Tisch, trumpfen erneut Karo, spielen Pik und schnappen den letzten Karo. Mit Pik am Tisch ziehen Sie den letzten gegnerischen Trumpf und werfen aus der Hand Pik ab. Jetzt haben Sie auch dann gewonnen, wenn die gegnerischen Coeurs nicht ausfallen, weil Sie insgesamt *sieben* Trumpf-Stiche erzielt haben.

**Nr. 2** Hier hilft Ihnen die Grundidee des Dummy Reversal, Ihren Teilkontrakt zu gewinnen: Sie stechen, gehen mit Coeur-König und den beiden Assen insgesamt dreimal zum Tisch, um drei weitere Treff-Runden zu schnappen. Wenn keiner der Gegner trumpft, haben Sie acht Stiche sicher. Einen kompletten Dummy Reversal können Sie natürlich nicht durchführen, weil Sie mit Coeur-König nicht die gegnerischen Trümpfe ziehen können.

# Täuschungsmanöver

Ist Bridge Kunst? Gute Bridgespieler neigen dazu, sich als Künstler zu verstehen. Mir scheinen sie eher hochspezialisierten Fachleuten zu gleichen. Besitzen sie doch kombinatorische Begabung, ausgewogenes Urteilsvermögen, Konzentrationsbereitschaft, Entschlußfreudigkeit und ein enormes Gedächtnis. In einigen Bereichen kommt Bridge der Kunst nahe. Hierzu gehört in erster Linie die geschickte Tarnung, die manche Spieler meisterlich beherrschen und es mit viel Inspiration verstehen, ihren Gegnern den wahren Kartenstand so zu verschleiern, daß sie in die Irre gehen. Das Anwendungsfeld für Täuschungsmanöver ist weit. Es reicht vom pointierten Spiel einer einzelnen Karte bis zu einem sich auf die ganze Austeilung erstreckenden strategischen Plan. Beginnen wir mit einigen Beispielen, bei denen Sie den Gegner in einer bestimmten Farbe vor ein Problem stellen können.

West: ♢ B109 Ost: ♢ K732

Gegen Ihren Pik-Kontrakt greift Nord mit Karo-Vier an, nachdem Süd Karo gereizt hat. Offensichtlich ist die Karo-Vier ein Singleton. Der Tisch bleibt klein, Süd legt die Dame und droht, Karo-As abzuziehen und seinem Partner einen Schnapper zu geben. Welche Karte spielen Sie?

Nur Karo-Zehn gibt Ihnen die Chance, daß Süd den Kartenstand falsch errät. Süd könnte vermuten, daß Nord von ♢ B94 ausgespielt hat. Er wird dann Ihre Zehn für ein Singleton halten und auf eine andere Farbe wechseln. Wirkungslos wäre es, die Karo-Neun oder den Karo-Buben zuzugeben. Hierdurch wird sich Süd nicht täuschen lassen, da er weiß, daß Nord mit ♢ B104 bzw. ♢ 1094 die höchste Karte und nicht die Vier angegriffen hätte.

West: ♡ D1094 Ost: ♡ A8

Sie spielen einen Treff-Kontrakt. Nord hatte Coeur geboten. Eine gute Idee ist, Coeur-Vier zur Acht zu spielen. Wenn Nord ♡ KBxxx hält, ist es möglich, daß er die drohende Gefahr nicht erkennt und klein bleibt, wonach die Verteidigung keinen Coeur-Stich macht.

West: ♠ A9542 Ost: ♠ B763

Sie spielen nach Süds Sans-Atout-Eröffnung einen Pik-Kontrakt. Legen Sie vom Tisch den Buben vor, weil Süd sich mit ♠ K108 oder ♠ D108 dazu verleiten lassen könnte zu decken. Jetzt fallen die gegnerischen hohen Bilder zusammen. Sie gehen dann mit einer Nebenfarbe zum Tisch und spielen den Expass zur Pik-Neun. Wenn Süd ♠ KD8 hält, macht die Verteidigung immer nur einen Pik-Stich, weil bei Nord die blanke Zehn fällt.

West: ♣ A96 Ost: ♣ B732

Nord hat gegen Ihren Sans-Atout-Kontrakt mit Treff-Vier angegriffen. Der Tisch legt klein und Süd die Zehn. Sie sollten nehmen und Treff-Neun zurückspielen. Nord könnte mit ♣ D854 befürchten, daß Sie ♣ AK9 halten und sich einen Treff-Stich zu »stehlen« versuchen. Legt Nord aus lauter Angst die Dame, fällt sie mit Süds König in einen Stich zusammen. Später können Sie Nords Acht herausschneiden, um drei Treff-Stiche zu erzielen.

Eine bewährte Strategie ist es, die Stärke einer bestimmten Farbe zu tarnen, um den Gegner von einer Schwäche anderswo abzulenken.

| | | | |
|---|---|---|---|
| ♠ AKB97632 | | N | ♠ D108 |
| ♡ A | W | O | ♡ D43 |
| ♢ D | | S | ♢ K105 |
| ♣ B102 | | | ♣ AD43 |

Gegen Ihre »6 Pik« greift Nord mit dem Coeur-Buben an. Die Erfüllung Ihres Schlemms scheint vom Treff-Schnitt abzuhängen. Sie können sich jedoch eine gute Zusatz-Chance geben, indem Sie am Tisch - scheinbar sinnlos - Coeur-Dame einsetzen. Wenn Süd den König legt, spielen Sie sofort Treff-Zwei zur Dame (nicht Treff-Buben, damit die Gegner nicht merken, daß Sie in Treff etwas abwerfen wollen). Mißlingt der Schnitt, setzt Süd wahrscheinlich Coeur und nicht Karo fort. Jetzt können Sie stechen, Atout ziehen und auf Treff die Karo-Dame abwerfen. Sie haben zunächst nicht Trumpf gezogen, damit die Gegner nicht Ihr Blatt auszählen und sich durch Abwurf von Karten verständigen konnten.

| W | | O |
|---|---|---|
| ♠ AB5 | N | ♠ 642 |
| ♡ A64 | W O | ♡ 73 |
| ◇ A95 | S | ◇ KD10 |
| ♣ DB103 | | ♣ A9852 |

Sie spielen »3 Sans-Atout«. Nord greift mit dem Pik-König an. Süd legt die Drei. Was nun?

Wenn Sie den Stich sofort mitnehmen, um Treff-As und Treff nachzuspielen (Sicherheitsspiel gegen einen blanken König bei Süd), verlieren Sie Ihren Kontrakt, wenn Nord fünf Piks und Süd den besetzten Treff-König hält. Auch wenn Sie Pik-Fünf legen (»Bath-Coup«), können Sie in Schwierigkeiten kommen; denn ein erfahrener Spieler auf Nord wird nicht Pik weiterspielen, sondern auf Coeur wechseln.

Am besten geben Sie den Pik-Buben zu! Nord wird jetzt erfreut Pik fortsetzen, Sie nehmen, schneiden in Treff und gewinnen auch dann, wenn der Schnitt nicht glückt.

| W | | O |
|---|---|---|
| ♠ AK96 | N | ♠ 854 |
| ♡ KB4 | W O | ♡ 52 |
| ◇ A5 | S | ◇ KDB103 |
| ♣ D852 | | ♣ K73 |

Sie haben mit Pik eröffnet und sind schließlich in »3 Sans-Atout« gelandet, gegen die Nord mit Coeur-Sechs angreift. Süd legt die Zehn. Wie planen Sie Ihr Spiel? Normalerweise sind Sie verloren, wenn Treff-As bei Süd steht und Nord von ♡ ADxxx(x) angegriffen hat. Sie können versuchen, nach Abzug der Karos klein-Treff vom Tisch zu spielen. Süd wird jedoch sofort das Treff-As einsetzen und Coeur durchspielen. Kaum aussichtsreicher ist, auf die Karos des Tisches drei kleine Treffs aus der Hand abzuwerfen und dann zu versuchen, klein-Pik zur Neun zu spielen, damit Nord zu Stich kommt und Coeur oder Pik fortsetzt.

Am besten ist folgendes Täuschungsmanöver: Sie nehmen mit Coeur-Buben, ziehen Karo-As und spielen die Treff-Dame, so als ob Sie sich ein Entrée zu den scheinbar blockierten Karos verschaffen wollten. Wenn Süd sich täuschen läßt und das Treff-As nicht mitnimmt, haben Sie bereits Ihren neunten Stich.

Uralt, doch immer wieder erfolgreich, ist der Trick, den schwächsten Punkt des Blattes künstlich stark erscheinen zu lassen:

| W | | O |
|---|---|---|
| ♠ A943 | N | ♠ KD2 |
| ♡ B6 | W O | ♡ 1075 |
| ◇ K1084 | S | ◇ D73 |
| ♣ AB9 | | ♣ K752 |

Sie spielen »1 Sans-Atout«. Nord greift mit dem Pik-Buben an. Ein klarer Spielplan ist nicht ersichtlich; denn die entscheidenden Schnitte auf den Karo-Buben oder die Treff-Dame könnten verloren gehen. Wenn Sie jedoch am Tisch nehmen und sofort klein-Coeur zum Buben spielen, stehen Ihre Gegner vor Problemen, falls die Coeur-Bilder nicht massiert in einer Hand sitzen. Wahrscheinlich werden die Gegner auf eine andere Farbe wechseln und Ihnen in Ihre Gabeln hineinspielen.

| West | | Ost |
|---|---|---|
| ♠ D65 | N | ♠ AKB2 |
| ♡ A9 | W O | ♡ 762 |
| ♢ A97642 | S | ♢ KB85 |
| ♣ AK | | ♣ 95 |

Sie spielen Klein-Schlemm in Karo, Nord greift mit Coeur-König an, Sie nehmen den Stich und ziehen - völlig korrekt - das Karo-As. Nord wirft Coeur ab. Wie spielen Sie nach dieser unangenehmen Überraschung weiter?

Solange Süd mindestens drei Piks hält, ist der Schlemm gewonnen, weil Sie Ihren Coeur-Verlierer gerade noch rechtzeitig auf den letzten Pik loswerden können. Auch wenn Süd nur ein Doubleton in Pik hat, sind Sie nicht chancenlos. Spielen Sie Pik-As und -König und dann klein-Pik. Süd steht vor einem Problem. Vermutet er bei Ihnen ein nur geringfügig verändertes Blatt (z. B. ♠ xx ♡ Ax ♢ A9xxxx ♣ AKx), darf er nicht stechen, weil Sie bei dieser Kartenkonstellation Ihren Coeur-Verlierer abwerfen würden. Wenn Nord seinem Partner keine genauen Längemarken gibt und Süd falsch rät, kann es Ihnen gelingen, Pik-Dame »durchzuschmuggeln«. Anschließend erreichen Sie mit Atout-König den Tisch, spielen Pik-Buben und werfen Coeur-Neun ab. Süd sticht, jedoch zu spät.

West: ♡ A765 Ost: ♡ B432

Coeur ist Atout, und Sie dürfen nur einen Stich abgeben. Wie spielen Sie die Farbe, wenn Sie über genügend Übergänge zwischen Tisch und Hand verfügen? (Test Nr. 1)

| West | | Ost |
|---|---|---|
| ♠ AD7 | N | ♠ 53 |
| ♡ 83 | W O | ♡ B107 |
| ♢ AB65 | S | ♢ D10972 |
| ♣ KD104 | | ♣ AB5 |

Gegen Ihre »3 Sans-Atout« greift Nord mit Pik-Vier an; Süd legt den Buben. Was lassen Sie sich einfallen? (Test Nr. 2)

| West | | Ost |
|---|---|---|
| ♠ A974 | N | ♠ — |
| ♡ AK1073 | W O | ♡ DB865 |
| ♢ B6 | S | ♢ AD52 |
| ♣ K5 | | ♣ 10743 |

Teiler West, alle in Gefahr

| West | Nord | Ost | Süd |
|---|---|---|---|
| 1 ♡ | 1 ♠ | 4 ♡ | 4 ♠ |
| kontra | pass | 5 ♡ | pass |
| pass | pass | | |

Nord greift mit Pik-Dame an. Wie spielen Sie? (Test Nr. 3)

**Nr. 1** Spielen Sie klein-Coeur vom Tisch. Vielleicht hält Süd ♡ KD9 oder ♡ KD8 und legt ein Bild. Sie nehmen dann mit dem As, gehen in einer anderen Farbe zum Tisch und spielen von dort klein-Coeur. Süd weiß nichts von Nords ♡ 10 und setzt möglicherweise auch das andere Honneur ein.

Bleibt Süd in der ersten Trumpf-Runde klein, nehmen Sie mit dem As und spielen ein kleines Atout zurück. Wenn Nord ♡ Dxx hält, wird er vielleicht unsicher und legt die Dame, die mit Süds König in einen Stich zusammenfällt. Sie können dann der anschließenden Diskussion Ihrer Gegner beruhigt entgegensehen.

**Nr. 2** Bei mißglücktem Karo-Schnitt besteht die Gefahr, daß Nord auf Coeur wechselt. Sie sollten deshalb Nord verunsichern, indem Sie den ersten Stich mit Pik-As nehmen. Falls Nord mit Karo-König zu Stich kommt, wird er von z. B. ♠ K10xxx wahrscheinlich klein weiterspielen, weil er bei seinem Partner die Dame vermutet.

Nr. 3 Am besten stechen Sie am Tisch, ziehen Karo-As und setzen mit klein-Karo fort. Hält Nord den König, haben Sie durch den versäumten Schnitt nichts verloren, weil Sie einen Treff-Verlierer auf die Karo-Dame abwerfen können. Steht der König hingegen bei Süd, haben Sie gute Chancen, daß Süd klein bleibt, weil er Sie auf ein Singleton in Karo einschätzt.

Bei »normalem« Karo-Schnitt fällt Ihr Kontrakt, wenn Süd zu Stich kommt, Treff durchspielt und Nord das As hält.

## Endspiele

Je weniger Karten noch im Spiel sind, desto eher können die Gegner in Schwierigkeiten kommen; denn sie müssen sich darauf konzentrieren, die richtigen Karten zu halten. Allein die hierbei begangenen Fehler bringen dem Spieler einen nicht zu unterschätzenden Vorteil. Aber selbst bei fehlerloser Verteidigung gibt es Endsituationen, von denen der Spieler zwangsläufig profitieren muß:

Ein Verteidiger kommt zu Stich und muß eine Karte spielen, die dem Spieler hilft (Spielzwang).

In einer Endposition verliert ein Verteidiger einen schon sicher geglaubten Trumpf-Stich (Trumpf-Coup).

Ein Verteidiger hält nur noch wichtige Karten und muß zum Schluß eine hiervon abwerfen, obwohl er weiß oder vermutet, daß hierdurch am Tisch oder in der Hand eine Karte hoch wird (Abwurfzwang).

### *Spielzwang*

Wenn Sie Schachspieler sind, haben Sie Ihren Gegner wahrscheinlich schon einmal in Zugzwang gebracht. Etwas ähnliches gibt es auch im Bridge. Einer Ihrer Gegner ist zu Stich gekommen und hat kein für ihn günstiges oder zumindest neutrales Rückspiel mehr. Stattdessen muß er Ihnen wohl oder übel helfen. Dabei hat er drei verschiedene Möglichkeiten, Ihnen wider Willen eine Freude zu bereiten:

1. Der Gegner spielt Ihnen in eine Gabelposition hinein, worauf Ihnen ein sonst zum Scheitern verurteilter Schnitt oder Expass gelingt.

2. In einem Farbkontrakt spielt der Gegner eine Farbe, in der Tisch und Hand chicane sind (Doppelrennonce oder Doppelchicane genannt). Sie können jetzt in der einen Hand stechen und in der anderen einen Verlierer abwerfen (engl. »Ruff and Discard«).

3. Ein Gegner verschafft Ihnen ein Entrée zu einer Farbe, von der Sie abgeschnitten waren. Sie kommen jetzt in den Genuß einer oder mehrerer hoher Karten oder können sich eine Länge hochspielen.

Hier eine instruktive Schlemm-Hand, bei der Sie die ganze Palette der gegnerischen »Freundlichkeiten« kennenlernen können:

| | | |
|---|---|---|
| | ♠ KB<br>♡ D942<br>♢ K75<br>♣ DB103 | |
| ♠ D10876543<br>♡ K<br>♢ AD4<br>♣ 5 | N<br>W O<br>S | ♠ A92<br>♡ A10763<br>♢ 862<br>♣ A9 |
| | ♠ —<br>♡ B85<br>♢ B1093<br>♣ K87642 | |

Nord greift gegen Ihre »6 Pik« mit Treff-Dame an. Sie nehmen am Tisch, stechen Treff in der Hand, ziehen Coeur-König und spielen Pik zum As. Auf Coeur-As werfen Sie die Karo-Vier ab, schnappen Coeur und spielen Trumpf. Nord ist im

Spielzwang. Bei Karo-Fortsetzung in Ihre Gabel bekommen Sie den Schnitt »frei Haus« geliefert. Spielt Nord Treff in die Doppelrennonce, sticht der Tisch und Sie werfen Karo-Dame ab. Auch Coeur-Dame hilft nichts; denn Sie stechen, gehen mit Atout-Neun zum Tisch und werfen auf den hochgewordenen letzten Coeur die Karo-Dame ab.

Haben Sie die eigentliche Pointe der Spieldurchführung bemerkt? Der Schlemm ist nur zu gewinnen, wenn Sie im zweiten Stich die Treff-Neun stechen. Ihr Gegner befindet sich nämlich solange nicht im Spielzwang, wie er noch mindestens eine für ihn unschädliche Karte zurückspielen kann, die ihm einen Ausweg aus der bedrohlichen Lage eröffnet (Ausgangskarte; engl. »Exit Card«). Bei der Vorbereitung eines Spielzwangs müssen Sie dafür sorgen, daß Ihr Gegner keine Ausgangskarte mehr hat, wenn Sie ihn ans Spiel setzen. Als Sie Treff-Neun stachen, versperrten Sie Nord den Rettungsweg über Treff.

Diese entscheidende Vorbereitung, nämlich dem Gegner die Ausgangskarten zu nehmen, nennt man Eliminierung.

| West | | Ost |
|---|---|---|
| ♠ AB3 | N | ♠ K106 |
| ♡ AD | W O | ♡ 64 |
| ◇ AKB10764 | S | ◇ D985 |
| ♣ 5 | | ♣ A872 |

Nord greift gegen Ihren Klein-Schlemm in Karo mit Treff-König an. Sie nehmen am Tisch mit dem As, und Süd bedient. Wie beurteilen Sie Ihre Chancen?

Die »normale« Spieldurchführung wäre, nach Abzug der gegnerischen Atouts zunächst in Coeur zu schneiden und bei Mißerfolg zu raten, welcher Gegner die Pik-Dame hält. Wenn beide Schnitte mißlingen, fällt der Schlemm, der durch Eliminierung mit 100 %iger Sicherheit zu gewinnen gewesen wäre: Sie stechen Treff, gehen mit Karo zum Tisch, trumpfen wiederum Treff, spielen sich mit Atout noch einmal zum Tisch und schnappen auch das letzte Treff. Es folgen Coeur-As und -Dame! Welcher Gegner den Stich nimmt, ist gleichgültig; denn er kann nur noch in die Doppelrennonce oder in die Pik-Gabel hineinspielen.

Nicht immer haben Sie die Möglichkeit, eine Hand vollständig zu eliminieren. Sie können dann nur hoffen, daß Sie auch mit einer halben Maßnahme erfolgreich sind.

| West | | Ost |
|---|---|---|
| ♠ A97643 | N | ♠ DB108 |
| ♡ 74 | W O | ♡ K65 |
| ◇ D63 | S | ◇ A4 |
| ♣ 84 | | ♣ AK72 |

Teiler Nord, niemand in Gefahr

| Nord | Ost | Süd | West |
|---|---|---|---|
| 1 ♡ | kontra | 2 ♡ | 2 ♠ |
| pass | 4 ♠ | pass | pass |
| pass | | | |

Nord greift Coeur-Dame an und spielt die Farbe weiter. Bei der dritten Coeur-Runde legen Sie am Tisch den König und trumpfen Süds As. Weil Nord eröffnet hat, dürfte er die restlichen hohen Karten halten. Sie ziehen deshalb Trumpf-As, aber beide Gegner geben klein-Atout zu. Sie haben jetzt nur noch die Chance, Nord mit Trumpf-König in Spielzwang zu bringen. Setzt er Coeur fort, stechen Sie in der Hand und werfen am Tisch die Karo-Vier ab. Spielt Nord Karo zurück, lassen Sie den Stich zu Ihrer Dame durchlaufen. Damit der Spielzwang gelingt, müssen Sie zuvor die Treffs eliminieren. Wegen Übergangs-Schwierigkeiten können Sie allerdings nur *eine* kleine Treff-Karte wegstechen. Nord gerät deshalb nur dann in Spielzwang, wenn er höchstens drei Treff-Karten besitzt. Hält er hingegen etwa ♠ Kx ♡ DB10x ◇ KBx ♣ DBxx, fällt der Kontrakt, weil Nord im entscheidenden Moment noch eine Treff-Karte hat und durch Nachspiel dieser Ausgangskarte dem drohenden Spielzwang entrinnen kann*.

Normalerweise bringen Sie einen Verteidiger mit einer Karte in Spielzwang, mit der er ohnehin einen Stich erzielen mußte. Das braucht nicht immer so zu sein. Bisweilen können Sie auf einen Verlierer, den Sie hätten trumpfen können, einen anderen Verlierer abwerfen (engl. »Loser on Loser Elimination«).

| | | |
|---|---|---|
| ♠ AD4 | N | ♠ 762 |
| ♡ KD1064 | W O | ♡ AB952 |
| ◇ A | S | ◇ B76 |
| ♣ K865 | | ♣ A3 |

Gegen Ihren Klein-Schlemm in Coeur greift Nord mit dem Karo-König an. Sie nehmen, ziehen alle gegnerischen Atouts in zwei Runden, spielen Treff-As und -König, stechen Treff am Tisch, Karo in der Hand und erneut Treff am Tisch, um dann auf den Karo-Buben die Pik-Vier abzuwerfen. Nord kommt zu Stich und muß entweder in die Pik-Gabel oder die Doppelrennonce spielen.

| | | |
|---|---|---|
| ♠ 76 | N | ♠ B532 |
| ♡ D97654 | W O | ♡ AB32 |
| ◇ A62 | S | ◇ D74 |
| ♣ AK | | ♣ D8 |

Teiler Ost, Nord-Süd in Gefahr

| Ost | Süd | West | Nord |
|---|---|---|---|
| pass | 1 ♠ | 2 ♡ | pass |
| 3 ♡ | pass | 4 ♡ | pass |
| pass | pass | | |

Nord greift Pik-As an und spielt Pik-Vier nach. Süd nimmt und setzt mit dem Pik-König fort. Sie stechen mit Coeur-Dame. Nord wirft Treff ab. Natürlich spielen Sie jetzt klein-Coeur zum As. Sie haben Glück: bei Süd fällt der König. Was nun?

Sie sollten davon ausgehen, daß Süd auf Grund seiner Eröffnung den Karo-König hält, und eine Verlierer-auf-Verlierer-Eliminierung planen. Sie ziehen die beiden hohen Treffs ab, spielen Coeur zum Buben und werfen auf den Pik-Buben klein-Karo ab. Süd kommt zu Stich und muß entweder von seinem Karo-König wegspielen oder eine schwarze Farbe bringen, worauf Sie aus der Hand den anderen Karo-Verlierer abwerfen und am Tisch stechen.

In den drei folgenden Endpositionen ist Pik jeweils Trumpf. Das Blatt ist bereits vollständig eliminiert; der Gegner hat also kein Atout mehr. Die Coeur-Farbe ist vorher noch nicht gespielt worden.

| | | |
|---|---|---|
| ♠ 7 | N | ♠ 8 |
| ♡ K54 | W O | ♡ 1097 |
| ◇ 5 | S | ◇ 3 |
| ♣ — | | ♣ — |

Wenn Sie nur noch zwei Stiche brauchen, spielen Sie Karo. Bringt Süd klein-Coeur, bleiben Sie klein. Setzt Süd jedoch ein Coeur-Bild vor, legen Sie den König.

| | | |
|---|---|---|
| ♠ 7 | N | ♠ 8 |
| ♡ A93 | W O | ♡ K104 |
| ◇ 5 | S | ◇ 2 |
| ♣ — | | ♣ — |

Hier hoffen Sie auf vier Stiche und spielen Karo. Wenn ein Gegner klein-Coeur fortsetzt, lassen Sie den Stich durchlaufen, nehmen in vierter Position die gegnerische Figur und schneiden anschließend auf die andere. Bringt der Gegner ein Coeur-Bild, müssen Sie raten, ob die Bilder in einer Hand oder verteilt stehen. Es ist etwas wahrscheinlicher, daß die Coeur-Figuren verteilt sind, weil sonst der andere Gegner den

* Hellseherische Verteidigung kann den Kontrakt immer schlagen: Süd nimmt bereits die *zweite* Coeur-Runde mit dem As und spielt Karo durch.

Karo-Stich genommen hätte, um Coeur durchzuspielen.

| | | |
|---|---|---|
| ♠ 7 | N | ♠ 8 |
| ♡ A4 | W O | ♡ D6 |
| ◇ 3 | S | ◇ K |
| ♣ — | | ♣ — |

Sie spielen Karo und hoffen, daß derjenige Gegner mit Karo-As zu Stich kommt, welcher auch den Coeur-König hält.

In den drei folgenden, bereits vollständig eliminierten Endpositionen haben Tisch und Hand noch je einen Trumpf und sonst nur noch Coeurs, eine bislang noch nicht gespielte Farbe.

Hand: ♡ AB10 Tisch: ♡ 532

Der Tisch spielt Coeur zur Zehn. Auch wenn beide Coeur-Figuren hinter Ihnen stehen, machen Sie Rest; denn der Gegner muß Ihnen in die Gabel oder in die Doppelrennonce spielen.

Hand: ♡ K106 Tisch: ♡ 754

Sie spielen vom Tisch Coeur und legen die Zehn, wenn Süd klein bleibt. Gibt Süd die Dame oder den Buben, setzen Sie den König ein. In beiden Fällen müssen Sie einen Coeur-Stich machen, weil der Gegner hinter Ihnen entweder Coeur fortsetzen oder eine andere Farbe in die Doppelrennonce spielen muß.

Hand: ♡ A832 Tisch: ♡ K754

Sie hoffen auf drei Coeur-Stiche und spielen klein-Coeur aus beiden Händen. Nur wenn ♡ DB109(6) in einer Hand stehen, haben Sie kein Glück. Sitzt Coeur-Dame blank, muß der Gegner in die Doppelrennonce spielen. Hält ein Gegner den Buben, die Zehn oder die Neun als Singleton, kann sein Partner den Stich zwar übernehmen, muß jedoch dann mit einem Coeur-Bild fortsetzen. Sie nehmen den Stich in vierter Hand und schneiden anschließend die letzte hohe Coeur-Karte heraus.

Es gibt Hände, bei denen Sie in der entscheidenden Endposition nur raten können.

| | | |
|---|---|---|
| ♠ AD10852 | N | ♠ KB974 |
| ♡ K4 | W O | ♡ A873 |
| ◇ AD3 | S | ◇ 986 |
| ♣ A7 | | ♣ 3 |

Sie spielen Klein-Schlemm in Pik. Nord greift mit der Treff-Dame an. Sie nehmen, ziehen zwei Trumpf-Runden sowie Coeur-König und -As und stechen Coeur. Mit Treff-Schnapper am Tisch spielen Sie erwartungsvoll den letzten Coeur, weil Sie die Karo-Drei abwerfen wollen, wenn Süd kein Coeur mehr hat. Mit dieser Loser-on-Loser-Elimination würden Sie leicht gewinnen. Leider hat Süd noch einen Coeur. Sie stechen, gehen mit Trumpf zum Tisch und legen die Karo-Acht vor, um sie laufen zu lassen, falls Süd klein bleibt. Unfreundlicherweise deckt Süd jedoch mit der Zehn, und Ihre Dame geht an Nords König verloren, der klein-Karo zurückspielt. Wenn Nord ◇ K7x oder ◇ KBx hielt, können Sie gewinnen, wenn Sie richtig raten und im ersten Fall am Tisch die Sechs und im zweiten die Neun legen. Hat Süd jedoch ◇ B107, ist Ihr Schlemm trotz aller Anstrengungen nicht zu erfüllen.

In der nächsten Hand brauchen Sie allerdings nur scheinbar zu raten.

| | | |
|---|---|---|
| ♠ A5 | N | ♠ K762 |
| ♡ D875 | W O | ♡ A10 |
| ◇ KB973 | S | ◇ AD1085 |
| ♣ A7 | | ♣ 54 |

Gegen Ihre »6 Karo« greift Nord unangenehmerweise mit Treff-Dame an. Sie nehmen und ziehen eine Runde Trumpf.

Beide Gegner bedienen. Sie spielen Pik-As und -König, um klein-Pik in der Hand zu stechen. Mit Atout am Tisch stechen Sie auch den letzten Pik und setzen Treff-Sieben fort. Nord legt die Zehn. Süd übernimmt nach kurzer Überlegung mit dem König und spielt die Coeur-Drei. Sollten Sie klein bleiben oder Coeur-Dame einsetzen?

Süd wird den Coeur-König kaum halten; denn dann hätte er seinen Partner mit Treff-Zehn bei Stich gelassen, damit dieser Coeur durchspielen konnte. Coeur-König steht deshalb bei Nord, und Sie müssen klein bleiben in der Hoffnung, daß Süd den Coeur-Buben hat.

Auch in Sans-Atout-Kontrakten kann die Verteidigung in Spielzwang geraten.

| West | | Ost |
|---|---|---|
| ♠ A73 | N | ♠ 542 |
| ♡ K105 | W O | ♡ DB |
| ◇ 632 | S | ◇ ADB75 |
| ♣ AKD3 | | ♣ 762 |

Gegen Ihre »3 Sans-Atout« greift Nord mit der Pik-Dame an, Süd übernimmt mit dem König und Sie bleiben klein. Süd setzt Pik-Acht fort, Sie nehmen mit dem As und schneiden in Karo. Bei Nord erscheint Karo-Zehn und Süd gibt die Vier. Mit Treff in der Hand spielen Sie erneut Karo und erleben eine böse Überraschung: Nord wirft Coeur ab! Um die Karo-Gabel intakt zu halten, legen Sie am Tisch klein-Karo. Süd hat offensichtlich kein Pik mehr; denn er spielt Treff nach. Sie nehmen und spielen Coeur. Süd nimmt mit dem As und spielt zum dritten Mal Treff; Nord wirft Coeur ab. Sie ziehen Coeur-König und -Zehn. Beide Gegner bedienen. Jetzt können Sie Süds Hand auszählen: Er begann in beiden Unterfarben mit je vier Karten und hielt ♠ K8, so daß ♡ Axx übrigbleibt. Sie spielen Treff-Drei. Süd muß den Stich nehmen und von ◇ K9 in ◇ AD hineinspielen. Sie sehen jetzt die Pointe des fünften Stiches: Hätte der Tisch Karo-Dame gelegt, würde Süd mit ◇ 98 gegen ◇ A7 noch einen Stich machen*.

Hin und wieder können Sie Ihre Gegner durch eine nur scheinbare Eliminierung (engl. »Pseudo Elimination«) vor Probleme stellen.

| West | | Ost |
|---|---|---|
| ♠ D76 | N | ♠ KB109 |
| ♡ 3 | W O | ♡ A4 |
| ◇ DB10854 | S | ◇ K9762 |
| ♣ AD7 | | ♣ 43 |

Teiler Nord, niemand in Gefahr

| Nord | Ost | Süd | West |
|---|---|---|---|
| 1 ♡ | kontra | 2 ♡ | 5 ◇ |
| pass | pass | pass | |

Nord greift mit dem Coeur-König an. Scheinbar hängt die Partie vom Gelingen des Treff-Schnittes ab. Sie können sich jedoch dadurch eine nicht zu unterschätzende zusätzliche Chance geben, daß Sie die Coeur-Vier stechen, ehe Sie Trumpf spielen. Wenn Nord das blanke Karo-As, jedoch nicht das Pik-As hält, ist er in ernsten Schwierigkeiten. Versetzen Sie sich einmal in Nords Lage. Was würden Sie zurückspielen, wenn Sie etwa ♠ xx ♡ KDxxxx ◇ A ♣ K10xx hielten? Bei dieser Hand ist Pik richtig, weil Treff-Rückspiel in die Gabel den Kontrakt schenkt. Aber was wäre, wenn Sie ♠ Axx ♡ x ◇ DBxxxx ♣ Axx hielten? Jetzt würde Ihnen Pik-Fortsetzung den Kontrakt sozusagen auf einem silbernen Tablett servieren, während Sie bei Treff-Rückspiel die Pik-Dame erst noch suchen müßten und wahrscheinlich falsch raten würden, weil Sie die Lady bei Nord, dem Eröffner, vermutet hätten.

* Karo-As im fünften Stich hätte zwar auch genügt, weil Sie in der Endpositon Süd hätten zwingen können, vom Karo-König wegzuspielen, wonach die Dame am Tisch noch einen Stich macht. Diese Spielweise ist jedoch dann nicht ausreichend, wenn Süd eine 2-2-4-5 Verteilung halten würde.

In den nächsten drei Endpositionen ist die Hand bereits eliminiert. Pik ist Trumpf; die Gegner haben kein Atout mehr. Die Coeurs (im zweiten Fall auch die Karos) sind noch nicht gespielt worden.

| | | |
|---|---|---|
| ♠ 97 | N | ♠ 8 |
| ♡ A75 | W O | ♡ K642 |
| ◇ — | S | ◇ — |
| ♣ K | | ♣ 2 |

Sie hoffen auf fünf Stiche. Wie müssen Sie spielen? (Test Nr. 1)

| | | |
|---|---|---|
| ♠ 976 | N | ♠ 8 |
| ♡ A43 | W O | ♡ KB52 |
| ◇ AD9 | S | ◇ 432 |
| ♣ — | | ♣ A |

Sie brauchen acht Stiche. Wie beurteilen Sie Ihre Chancen? (Test Nr. 2)

| | | |
|---|---|---|
| ♠ 976 | N | ♠ 8 |
| ♡ A43 | W O | ♡ B7652 |
| ◇ — | S | ◇ — |
| ♣ — | | ♣ — |

Wie spielen Sie, wenn Sie fünf Stiche machen möchten? (Test Nr. 3)

| | | |
|---|---|---|
| ♠ KD10874 | N | ♠ AB963 |
| ♡ AB | W O | ♡ 7642 |
| ◇ 762 | S | ◇ A85 |
| ♣ A6 | | ♣ 3 |

Teiler Süd, niemand in Gefahr

| Süd | West | Nord | Ost |
|---|---|---|---|
| 3 ◇ | 3 ♠ | 4 ♣ | 4 ♠ |
| 5 ♣ | kontra | pass | 5 ♠ |
| pass | pass | pass | |

Nord greift Karo-Drei an, Sie nehmen am Tisch, ziehen Pik-As und beide Gegner bedienen. Wie planen Sie Ihr Spiel? (Test Nr. 4)

| | | |
|---|---|---|
| ♠ AK65 | N | ♠ 742 |
| ♡ K652 | W O | ♡ 107 |
| ◇ AK | S | ◇ D865 |
| ♣ AKD | | ♣ B972 |

Gegen Ihre »3 Sans-Atout« greift Nord mit der Coeur-Drei (vierthöchste Karte) an. Der Tisch legt die Sieben und Süd nach kurzem Überlegen die Dame. Wie spielen Sie? (Test Nr. 5)

**Nr. 1** Um überhaupt eine Chance auf fünf Stiche zu haben, sollten Sie die beiden hohen Coeurs und dann Treff spielen. Wenn der Gegner mit Treff-As höchstens zwei Coeur-Karten hält, muß er jetzt in die Doppelrennonce spielen. Sie stechen am Tisch und werfen aus der Hand den Coeur-Verlierer ab.

**Nr. 2** Sie spielen Coeur-As und -König, werfen auf Treff-As Coeur ab und spielen Karo zur Neun (bzw. zur Dame, wenn Süd ein kleines Bild legt). Wenn Nord zu Stich kommt, muß er Ihnen jetzt eine Coeur-Karte hochspielen, in die Karo-Gabel antreten oder Treff in die Doppelrennonce bringen. Ihre Chancen auf acht Stiche stehen also 100 %!

**Nr. 3** Sie ziehen Coeur-As und spielen Coeur nach. Wenn ♡ KD blank sind oder ein Spieler eine hohe Coeur-Figur doubleton hält, kommt der Gegner zu Stich und muß eine Farbe in die Doppelrennonce spielen. Wenn allerdings links von Ihnen ♡ Kx oder ♡ Dx stehen, kann sich dieser Gegner deblockieren, indem er sein Bild auf Ihr Coeur-As zugibt. (Mit ♡ K10 oder ♡ D10 nützt ein Deblockieren allerdings nichts; denn Sie lassen die Zehn bei Stich.)

**Nr. 4** Offensichtlich ist Karo-Drei ein

Singleton. Sie spielen klein-Coeur zum Buben, um Süd auszuschalten. (Würde Süd ein Bild legen, müßten Sie Coeur-As nehmen und den Buben nachspielen.) Nord kommt zu Stich und spielt Treff. Sie nehmen, ziehen Coeur-As, stechen Treff am Tisch und Coeur in der Hand. Mit Atout am Tisch spielen Sie das letzte Coeur. Wenn Süd nicht bedient, werfen Sie Karo ab (Verlierer auf Verlierer). Nord kann nur noch in die Doppelrennonce spielen, der Tisch sticht und Sie werfen aus der Hand auch den anderen Karo-Verlierer ab.

**Nr. 5** Trotz des fehlenden Übergangs zum Tisch sollten Sie nicht aufgeben. Falls Nord tatsächlich von einer Viererfarbe angegriffen hat, haben Sie gute Chancen: Sie ziehen nach Coeur-König alle weiteren sieben hohen Karten ab und spielen dann klein-Coeur. Nord nimmt mit dem Buben. Hält er kein Pik mehr, kann er entweder seine beiden restlichen hohen Coeurs mitnehmen, um Ihnen einen Überstich zu geben, oder Nord kann mit ♡ AB83 versuchen, seinen Partner mit der Neun ans Spiel zu bringen, damit dieser seine beiden hohen Piks machen kann.

Wenn die gegnerischen Piks 3-3 verteilt sind, gewinnen Sie ebenfalls ohne Schwierigkeiten. Nur wenn Nord vier Piks hält, fällt Ihr Kontrakt.

## *Trumpf-Coups*

In der Schlußphase eines Farbkontraktes haben Sie manchmal die Möglichkeit, durch ein Manöver in Trumpf dem Gegner einen schon sicher geglaubten Stich wegzunehmen. Beginnen wir mit einem dramatischen Groß-Schlemm.

| | | |
|---|---|---|
| ♠ AK7 | N | ♠ DB53 |
| ♡ ADB1087 | W O | ♡ 92 |
| ◇ DB8 | S | ◇ AK |
| ♣ 5 | | ♣ A10843 |

Teiler West, niemand in Gefahr

| West | Nord | Ost | Süd |
|---|---|---|---|
| 2 ♡ | 3 ♣ | kontra | pass |
| 4 ♡ | pass | 4 SA | pass |
| 5 ♡ | pass | 7 ♡ | pass |
| pass | pass | | |

Ost hat bei Ihnen wegen Ihres Sprunges auf »4 Coeur« eine geschlossene Trumpflänge vermutet und deshalb riskant hoch gereizt. Nord greift Treff-König an, Sie nehmen am Tisch und Süd bedient. Es folgt Coeur-Neun, Süd bleibt klein, Sie geben die Sieben und Nord bedient mit klein-Atout. Auf die nachgespielte Coeur-Zwei bleibt Süd wiederum klein, Sie schneiden, aber Nord wirft klein-Treff ab. Süd hält also ♡ Kxxx und hat einen scheinbar sicheren Trumpf-Stich. Geben Sie sich geschlagen?

Nein, natürlich nicht; denn es lohnt sich, den Kampf aufzunehmen. Wenn es Ihnen gelingt, sich durch zweimaliges Stechen auf die gleiche Trumpflänge wie Süd zu kürzen und zum zwölften Stich eine beliebige Nebenfarbe vom Tisch zu spielen, können Sie im Endeffekt Süds König herausschneiden, obwohl der Tisch gar kein Atout mehr hat! Süd muß nämlich vorstechen, Sie übertrumpfen und machen Rest.

So sollten Sie spielen: Sie ziehen Pik-As und -König. Wenn beide Gegner bedienen, gehen Sie mit Pik zum Tisch, stechen Treff, spielen Karo zum Tisch, trumpfen erneut Treff und erreichen den Tisch abermals in Karo. Als drittletzte Karte folgt Pik-Dame. Wenn Süd abwirft, trennen Sie sich von der Karo-Dame. Süd hält nur noch ♡ Kx und muß die Waffen strecken, weil Sie mit ♡ AD hinter ihm sitzen.

Falls bei Abzug von ♠ AK Nord zum zweiten Mal nicht mehr bedient, können Sie sich auszählen, daß Süd höchstens drei Karo-Karten halten kann. Er wird auf die zweite und dritte Treff-Runde jeweils Karo abwerfen. Sie müssen deshalb Ihren Spielplan ändern und mit *Karo* zum Tisch gehen. Sie schnappen Treff, gehen abermals mit Karo an den Tisch, stechen erneut Treff und erreichen den Tisch in der Endphase mit Pik.

Wollen Sie mit Hilfe einer trumpfverkürzenden Spielweise eine zu gut besetzte Figur des Gegners herausschneiden, müssen Sie genügend Übergänge zum Tisch haben. Sind Sie in der Hand, nachdem die Atouts des Tisches verschwunden sind, brauchen Sie ein Entrée mehr, als Sie in Trumpf länger als Ihr Gegner sind.

Stechen Sie bei der Trumpfverkürzung nicht Verlierer sondern Gewinner des Tisches, spricht man von einem »Grand Coup«. Dieses seltene Manöver ist ein Lieblingskind der Problemkomponisten. Es gibt abenteuerlich konstruierte Aufgaben, bei denen der Spieler viermal hintereinander einen Gewinner des Tisches stechen muß, um sich auf die gleiche Länge wie der Gegner zu kürzen (vierfacher Grand Coup).

Wichtiger als diese Spielereien ist der in der täglichen Praxis gar nicht seltene »Coup en passant«, das »Stechen im Vorübergehen«. In der Endphase gelingt es dem Spieler, mit einem kleinen Atout in der Hand oder am Tisch noch einen Stich zu erzielen, ohne daß der davorsitzende Gegner mit seinem höheren Trumpf etwas ausrichten kann. Wenn dieser nämlich hoch vorsticht, wird hinter ihm abgeworfen. Sticht er nicht, fällt am Schluß sein hoher Trumpf mit einem Gewinner des Partners zu einem Stich zusammen. Im Ergebnis ist also für die Verteidigung 1 + 1 = 1!

| W | | O |
|---|---|---|
| ♠ AD653 | N | ♠ K74 |
| ♡ 74 | W O | ♡ AK93 |
| ◇ 643 | S | ◇ K5 |
| ♣ 972 | | ♣ AK54 |

Gegen Ihre »4 Pik« greift Nord mit der Karo-Dame an und spielt Karo nach. Süd nimmt mit dem As und setzt mit dem Trumpf-Buben fort; Nord gibt Pik-Zwei. Sie nehmen in der Hand, stechen Karo am Tisch und ziehen Pik-König. Nord wirft Karo ab. Was nun?

Scheinbar müssen Sie außer den beiden Karos und dem unvermeidlichen Verluststich in Trumpf noch einen weiteren Stich in Treff abgeben. Sie haben jedoch gute Chancen, wenn Sie die beiden hohen Coeurs ziehen, Coeur stechen, beide hohen Treffs abspielen und wiederum Coeur bringen. Mußte Süd auf die Asse und Könige bedienen, ist er machtlos. Wenn er jetzt auf den letzten Coeur etwas abwirft oder bedienen muß, stechen Sie und halten noch ♠ A ♣ 9 als letzte Karten. Süd ist mit ♠ 109 gezwungen, zum Schluß den Treff-Stich seines Partners zu schnappen. Sollte Süd jedoch den letzten Coeur des Tisches stechen, werfen Sie Ihren Treff-Verlierer ab und machen mit ♠ A6 Rest.

So selten wie ein weißer Rabe sind die beiden nächsten Coups, die einem Bridgespieler kaum mehr als einmal in seinem Leben glücken.

Beim »Smother Play« - zu übersetzen etwa mit Erstickungs-Spiel - sitzt eine gegnerische Trumpf-Figur zwar im Schnitt, die höhere Figur dahinter ist jedoch nicht oft genug besetzt. Wenn der andere Gegner in der Endphase zu Stich kommt und eine Farbe spielt, die nur noch er selbst hält, »verschwindet« der bereits sicher geglaubte Atout-Stich.

| | | |
|---|---|---|
| | ♠ 3<br>♡ B9832<br>◇ 10643<br>♣ K63 | |
| ♠ AB54<br>♡ D7<br>◇ AK8<br>♣ D752 | N<br>W O<br>S | ♠ D1096<br>♡ 1064<br>◇ D97<br>♣ AB8 |
| | ♠ K872<br>♡ AK5<br>◇ B52<br>♣ 1094 | |

Gegen Ihre »4 Pik« greift Nord mit Coeur-Drei an. Süd zieht Coeur-König und -As ab, um Coeur fortzusetzen. Sie stechen, schneiden in Treff zum Buben - Süd legt listig die Neun - und setzen Pik-Dame vor. Süd bleibt natürlich klein. Es folgt klein-Pik zum Buben. Nord wirft klein-Coeur ab.

Sie können gewinnen, wenn Sie drei Runden Karo, Treff-As und klein-Treff spielen. In der folgenden Position

| | | |
|---|---|---|
| | ♡ B<br>◇ 10 | |
| ♠ A<br>♣ 7 | N<br>W O<br>S | ♠ 109 |
| | ♠ K8 | |

ist *Nord* am Stich und muß eine rote Farbe bringen, die Sie am Tisch stechen. Süd ist verloren. Sein besetzer König wird von Ihrem blanken Atout-As gefangen! Untertrumpft er, werfen Sie Treff ab. Wenn Süd mit dem König schnappt, können Sie mit dem As überstechen. Süd hatte Ihnen eine Falle gestellt, als er Ihnen durch Treff-Neun einsuggerieren wollte, daß beim nächsten Mal die Zehn fallen würde. Hätten Sie sich hierauf eingelassen und in der zweiten Treff-Runde die Dame vorgesetzt, hätte Nord den König gelegt, und Süds Zehn wäre hoch geworden. In der vorstehenden Endposition wäre Süd zu Stich gekommen und hätte Trumpf-Acht gespielt, um seinen vom Erstickungstod bedrohten König zu befreien.

Beim »Devil's Coup« (franz. »Coup de diable«) verschwindet ein scheinbar sicherer Trumpf-Stich auf magische Weise.

| | | |
|---|---|---|
| | ♠ B85<br>♡ DB105<br>◇ 932<br>♣ 764 | |
| ♠ K9642<br>♡ 8<br>◇ AKD<br>♣ ADB10 | N<br>W O<br>S | ♠ A103<br>♡ K762<br>◇ B1084<br>♣ K9 |
| | ♠ D7<br>♡ A943<br>◇ 765<br>♣ 8532 | |

Gegen Ihre »6 Pik« greift Nord mit Coeur-Dame an, Sie bleiben am Tisch klein und Nord spielt Coeur weiter. Sie stechen, ziehen die drei hohen Karos, gehen mit Treff-König zum Tisch, schnappen Coeur, ziehen ein hohes Treff, stechen Treff am Tisch und trumpfen das letzte Coeur in der Hand. In dieser Endposition

| | | |
|---|---|---|
| | ♠ B85 | |
| ♠ K9<br>♣ D | N<br>W O<br>S | ♠ A10<br>◇ B |
| | ♠ D7<br>♣ 8 | |

spielen Sie Treff-Dame. Sticht Nord klein, übertrumpft der Tisch mit der Zehn und ♠ AK machen die letzten beiden Stiche. Wenn Nord jedoch mit dem Atout-

Buben schnappt, überstechen Sie mit dem As und schneiden anschließend Süds Dame heraus.

| W | | O |
|---|---|---|
| ♠ AKB972 | N | ♠ 843 |
| ♡ A54 | W  O | ♡ K762 |
| ◇ AK5 | S | ◇ 84 |
| ♣ 3 | | ♣ A975 |

Gegen Ihre »6 Pik« greift Nord mit der Coeur-Zehn an. Der Tisch und Süd bleiben klein, Sie nehmen in der Hand und schlagen Pik-As. Süd wirft klein-Karo ab! Gibt es noch eine kleine Erfüllungschance oder ist Ihr Schlemm verloren?

Sie können dann gewinnen, wenn Nords Blatt exakt 4-2-3-4 verteilt ist: Sie gehen mit Treff-As zum Tisch und stechen Treff. Es folgen Karo-As, -König und -Fünf, die Sie am Tisch schnappen. Sie stechen sich mit Treff in die Hand, spielen klein-Coeur zum König und trumpfen auch den letzten Treff. Ihre letzten drei Karten sind ♠ KB ♡ 5. Sie spielen Coeur. Nord muß mit ♠ D106 trumpfen und in Ihre Atout-Gabel hineinspielen.

### *Abwurfzwang*

Ein Verteidiger ist im Abwurfzwang (engl. »Squeeze«), wenn er nur noch wichtige Karten hält und hiervon zu seinem Nachteil eine abwerfen muß. Er besitzt nämlich keine Karte mehr, die er entbehren könnte. Auf den ersten Blick ist nicht einzusehen, warum ein Verteidiger derart unter Druck geraten kann; denn der Spieler hält die gleiche Anzahl von Karten wie er. Die Erklärung ist einfach: Entweder sind die Karten des Spielers, von denen eine Bedrohung ausgeht (sog. Drohkarten), auf Tisch und Hand verteilt oder alle Drohkarten sind *hinter* dem Verteidiger placiert, so daß er zuerst abwerfen muß und der Spieler sich danach einrichten kann. Im ersten Fall spricht man von einem einfachen Abwurfzwang (engl. »Simple Squeeze«):

I

| | | |
|---|---|---|
| | ♡ KD<br>◇ K | |
| ♠ A<br>♡ 5<br>◇ D | N<br>W  O<br>S | ♠ 2<br>♡ AB |
| | ♣ 432 | |

Beim zweiten Fall handelt es sich um einen sog. Positions-Abwurfzwang (engl. »Positional Squeeze«):

II

| | | |
|---|---|---|
| | ♡ KD<br>◇ K | |
| ♠ A<br>♡ 52 | N<br>W  O<br>S | ♡ AB<br>◇ D |
| | ♣ 432 | |

In beiden Fällen spielen Sie das Pik-As. Wenn Nord Coeur abwirft, wird der Bube am Tisch hoch. Trennt sich Nord vom Karo-König, macht die Dame einen Stich.

Tauschen Sie jetzt in Gedanken die Hände von Nord und Süd gegeneinander aus. Nun gelingt der Abwurfzwang nur im Diagramm I. Beim Positions-Squeeze (Diagramm II) können die beiden Drohkarten des Tisches, nämlich ♡ B ◇ D, Süd nicht gefährlich werden, weil der Tisch *vor* Süd abwerfen muß. Süd rettet sich, indem er dieselbe Farbe wie der Tisch abwirft. In Wirklichkeit gerät also der Tisch in Abwurfzwang und nicht Süd.

Wie ein Squeeze in einer Endposition von drei Karten funktioniert, ist leicht zu sehen. Nicht so einfach ist es, im Laufe der Spieldurchführung die Verteidigung in Abwurfzwang zu bringen. Viele Spieler haben von dem Begriff Squeeze die etwas verschwommene Vorstellung, sie brauchten nur eine lange Farbe herunterzuspielen und darauf zu warten, daß die Gegner am Schluß irgendwie falsch abwerfen. Auf dieses »Irgendwie« kommt es aber an. Bei einem echten Abwurfzwang verwerfen sich die Gegner nicht, sondern haben keine einzige Karte mehr frei und müssen vor dem Druck kapitulieren. Damit es soweit kommt, müssen die erforderlichen Voraussetzungen erfüllt sein. Für eine wichtige Bedingung hatte schon Ely Culbertson die Regel

**n minus 1**

entwickelt. »n« ist die Anzahl der wichtigen Karten, die ein Verteidiger hält. Zu dem Zeitpunkt, in dem der Verteidiger außer seinen wichtigen Karten keine entbehrliche Karte mehr frei hat, muß die Zahl der hohen Karten in Tisch und Hand n minus 1 betragen, damit der Squeeze funktioniert. In den Diagrammen I und II war diese Voraussetzung gegeben; denn Nord hielt nur noch drei wichtige Karten (n) und Tisch und Hand zwei hohe Karten (n minus 1).

Man kann Culbertson's Regel auch weniger mathematisch ausdrücken: Durch einen Abwurfzwang können Sie im Regelfall nur *einen* zusätzlichen Stich gewinnen. Der Squeeze funktioniert erst dann, wenn die Gegner alle ihre Stiche bis auf den einen gemacht haben, den Sie durch den Squeeze hinzugewinnen wollen*.

Ehe wir uns in wissenschaftlichen Erörterungen verlieren, wollen wir uns lieber eine Hand aus der Praxis ansehen.

* Anmerkung für den Kenner: Bei einem Abwurfzwang in drei Farben (engl. »Triple Squeeze« oder »Repeated Squeeze«) können *zwei* zusätzliche Stiche erzielt werden; bei einem »Throw-in Squeeze« oder beim »Squeeze without the Count« brauchen die Gegner noch nicht alle ihre Stiche bis auf einen gemacht zu haben.

| West | | Ost |
|---|---|---|
| ♠ K93 | N | ♠ 762 |
| ♡ AD4 | W O | ♡ K853 |
| ◇ KD76 | S | ◇ A52 |
| ♣ DB6 | | ♣ A104 |

Teiler Nord, Ost-West in Gefahr

| Nord | Ost | Süd | West |
|---|---|---|---|
| 3 ♠ | pass | pass | 3SA |
| pass | 4SA | pass | pass |
| pass | | | |

Wegen Nords Sperransage befand sich Ihr Partner in einer schwierigen Lage und unternahm mit »4 SA« einen vorsichtigen Schlemmversuch. Klugerweise haben Sie gepaßt. Nord greift Pik-Dame an, Süd nimmt mit dem As und spielt den Karo-Buben zurück. Sie legen die Dame und spielen klein-Treff zur Zehn. Süd nimmt mit dem König und setzt Karo-Zehn fort. Sie bleiben klein, Nord wirft Pik ab und Karo-As macht den Stich. Sie ziehen nun drei Coeur-Runden. Beim dritten Mal wirft Nord klein-Treff ab. Süd hält also die beiden roten Farben. Sie zählen nur neun Stiche, und Ihnen droht ein Faller.

| West | | Ost |
|---|---|---|
| ♠ K9 | N | ♠ 76 |
| ♡ — | W O | ♡ 8 |
| ◇ K7 | S | ◇ 5 |
| ♣ DB | | ♣ A4 |

Sie möchten den fehlenden zehnten Stich dadurch machen, daß Sie Süd in den roten Farben in Abwurfzwang bringen. Prüfen Sie, ob der Squeeze bereits funktioniert! Haben die Gegner alle ihre Stiche (vier) bis auf einen (also drei) gemacht? Das ist nicht der Fall; denn Sie haben erst zwei Stiche abgegeben. Damit der Abwurfzwang gelingt, müssen Sie noch einen dritten Stich an die Verteidigung herausgehen lassen. Da ♡ 8 und ◇ 7 als Drohkarten unentbehrlich sind, können Sie den Stich nur in Pik abgeben. Sie spielen also klein-Pik aus beiden Händen. Nord nimmt und spielt Treff zurück. Sie nehmen in der Hand, ziehen Pik-König und spielen in der folgenden Endposition Treff.

| | unwesentlich | |
|---|---|---|
| ♢ K7<br>♣ D | N<br>W O<br>S | ♡ 8<br>♢ 5<br>♣ A |
| | ♡ B<br>♢ 98 | |

Süd muß die Waffen strecken. Wenn er den Coeur-Buben abwirft, wird die Acht hoch. Trennt er sich von einer Karo-Karte, machen ♢ K7 zwei Stiche. Culbertson's Regel ist eingehalten; denn Süd hat in der Endphase nur noch wichtige Karten, und zwar drei (= n), während Sie mit ♣ A und ♢ K noch zwei hohe Karten besitzen (n minus 1).

Was wäre geschehen, wenn Sie zur Vorbereitung des Abwurfzwangs den Pik-Stich nicht herausgegeben hätten? Die Endposition hätte jetzt aus einer Karte mehr bestanden und so ausgesehen:

| | ♠ B108<br>♣ x | |
|---|---|---|
| ♠ 9<br>♢ K7<br>♣ D | N<br>W O<br>S | ♠ 7<br>♡ 8<br>♢ 5<br>♣ A |
| | ♡ B<br>♢ 98x | |

Wenn Sie jetzt Treff-As spielen, kann Süd mit klein-Karo eine unwichtige Karte abwerfen. Danach hält er drei (= n) wichtige Karten, während Sie nur noch *eine* hohe Karte besitzen, nämlich den Karo-König (n minus 2). Der Abwurfzwang funktioniert also nicht.

Es war unbedingt erforderlich, in Pik den dritten Stich an Ihre Gegner abzugeben und dadurch die zahlenmäßigen Voraussetzungen für den Squeeze zu schaffen (engl. »To rectify the Count«). An dieses Manöver sollten Sie unbedingt denken, wenn Sie einen Abwurfzwang vorbereiten wollen. Solange nämlich der »Count« nicht stimmt, gelingt der Squeeze nicht. Die Gegner müssen also alle ihre Stiche bis auf einen gemacht haben.

Als Nord in Pik ans Spiel kam und Treff fortsetzte, haben Sie den Stich richtigerweise in der Hand genommen. Hätten Sie stattdessen am Tisch das Treff-As eingesetzt, wäre Ihr Kontrakt gefallen. In der folgenden Endposition

| | unwesentlich | |
|---|---|---|
| ♢ K7<br>♣ D | N<br>W O<br>S | ♡ 8<br>♢ 5<br>♣ 4 |
| | ♡ B<br>♢ 98 | |

spielen Sie Treff. Süd gerät nicht in Abwurfzwang, weil er den Coeur-Buben abwerfen kann. Es nützt Ihnen nichts, daß Coeur-Acht hoch wird; denn Sie haben keinen Übergang zum Tisch. Wenn also die Drohkarten (♡ 8 und ♢ 7) auf Tisch und Hand verteilt sind, muß die Squeeze-Karte (eine Treff-Figur) von der dem Entrée (♢ K) gegenüberliegenden Seite gespielt werden.

Zur richtigen Vorbereitung des Abwurfzwangs müssen Sie also auch darauf achten, daß Sie über die erforderlichen Übergänge zwischen Tisch und Hand verfügen.

| | | |
|---|---|---|
| ♠ AK<br>♡ AD53<br>♢ A2<br>♣ AKDB10 | N<br>W O<br>S | ♠ B742<br>♡ K62<br>♢ 53<br>♣ 6432 |

Mit Ihrem gewaltigen Blatt sind Sie leider

nicht im Treff-Schlemm gelandet, sondern haben »6 Sans-Atout« zu spielen. Nord greift mit Treff-Acht an. Welchen Plan machen Sie sich?

Wenn weder die Pik-Dame fällt noch die gegnerischen Coeurs 3-3 verteilt sind, haben Sie nur elf Stiche. Falls derselbe Gegner Pik-Dame und die längeren Coeurs hält, können Sie ihn squeezen. Vorher muß allerdings der »Count« stimmen. Sie müssen also den Gegnern vorweg den Stich geben, den sie ohnehin machen müssen. Spielen Sie deshalb klein-Karo aus der Hand. Anschließend ziehen Sie alle hohen Karten der Hand bis auf ein Coeur-Bild und gehen mit Coeur-König zum Tisch. Wenn in dieser Endposition

| West | | Ost |
|---|---|---|
| ♠ — | N | ♠ B |
| ♡ A5 | W O | ♡ 6 |
| ♢ — | S | ♢ — |
| ♣ — | | ♣ — |

der Pik-Bube noch nicht hoch geworden ist, spielen Sie Coeur weiter. Wenn die Coeurs ausfallen oder Pik-Dame bei den langen Coeurs gestanden hat, macht Coeur-Fünf den zwölften Stich.

Ohne Abgabe des Karo-Stiches halten Tisch und Hand zum Schluß zusätzlich je eine kleine Karo-Karte. Ein Verteidiger mit ♠ D ♡ B10 gerät nicht unter Druck.

Oft ist es gar nicht so einfach, die zahlenmäßigen Voraussetzungen für den Abwurfzwang herzustellen. Manchmal können Sie sich nur dadurch helfen, daß Sie Verlierer auf Verlierer abwerfen.

| West | | Ost |
|---|---|---|
| ♠ 642 | N | ♠ AK3 |
| ♡ AD4 | W O | ♡ 765 |
| ♢ D96542 | S | ♢ AKB103 |
| ♣ 8 | | ♣ D4 |

Teiler Süd, Ost-West in Gefahr

| Süd | West | Nord | Ost |
|---|---|---|---|
| 1 ♠ | pass | pass | kontra |
| 2 ♡ | 4 ♢ | 5 ♣ | 5 ♢ |
| pass | pass | pass | |

Nord greift den Treff-Buben an. Süd spielt den König und das As. Selbst mit Hilfe des Coeur-Schnitts kommen Sie auf nur zehn Stiche. Ihre einzige Chance ist, daß Süd die beiden Edelfarben mindestens zu fünft hält und in Abwurfzwang gerät. Wenn Sie die zweite Treff-Runde stechen, können Sie nicht mehr die zahlenmäßigen Voraussetzungen für den Squeeze schaffen. Es ist gleichgültig, ob Sie später dem Gegner in Pik oder Coeur einen Stich überlassen: der Squeeze muß scheitern, weil Sie mit der Abgabe des Stiches gleichzeitig die Drohkarte in der betreffenden Farbe aufgeben.

Das Ei des Kolumbus ist, den Gegnern sofort ihren zweiten Stich zu geben, indem Sie auf Treff-As klein-Pik abwerfen! Es folgt z. B. Pik. Sie nehmen am Tisch, ziehen Trumpf und schneiden in Coeur. Anschließend ziehen Sie Coeur-As und alle Atouts.

| West | | Ost |
|---|---|---|
| ♠ 6 | N | ♠ A3 |
| ♡ 4 | W O | ♡ 7 |
| ♢ 9 | S | ♢ — |
| ♣ — | | ♣ — |

Auf den letzten Trumpf wirft der Tisch die Coeur-Sieben ab. Süd kommt in Abwurfzwang, weil er entweder seine Pik-Haltung aufgeben oder sich von seiner letzten Coeur-Karte trennen muß.

Das Manöver Verlierer auf Verlierer braucht nicht immer sofort ausgeführt zu werden. In extremen Fällen ist es sogar denkbar, daß Sie erst mit Abspiel der Squeeze-Karte den erforderlichen »Count« herstellen.

♠ 10
♡ B954
◇ 543
♣ 109875

♠ A8642
♡ A83
◇ B72
♣ K3

N
W O
S

♠ D3
♡ D6
◇ K1098
♣ ADB64

♠ KB975
♡ K1072
◇ AD6
♣ 2

Nach Süds Pik-Eröffnung haben Sie »3 Sans-Atout« erreicht. Nord greift mit Pik-Zehn an, Sie legen am Tisch die Dame, Süd setzt den König ein und Sie nehmen, um den Karo-Buben nachzuspielen. Süd macht den Stich mit der Dame und zieht den Pik-Buben, auf den Nord klein-Karo abwirft. Nach kurzem Nachdenken zieht Süd das Karo-As und spielt Karo nach. Nord wirft klein-Coeur ab. Sie versuchen nun, die Treffs zu kassieren, aber die Farbe fällt nicht aus. Nach Abzug des letzten hohen Karo sind noch drei Karten übrig.

♡ B9
♣ 10

♠ 8
♡ A8

N
W O
S

♡ D6
♣ 6

♠ 9
♡ K10

Sie spielen vom Tisch jetzt Treff-Sechs, also einen Verlierer, als Squeeze-Karte! Wirft Süd Coeur, geben Sie aus der Hand die Pik-Acht; trennt sich Süd von Pik-Neun, machen Sie mit Coeur-As und Pik-Acht Rest.

In manchen Händen steht die Verteidigung vor der unerfreulichen Alternative, entweder eine Farblänge abzuspielen und damit den eigenen Partner zu squeezen oder aber hierauf zu verzichten, wonach sich der Spieler anderswo seinen fehlenden Stich entwickeln kann.

♠ AK832
♡ 8432
◇ D4
♣ 104

♠ DB6
♡ KD
◇ 8532
♣ A875

N
W O
S

♠ 104
♡ AB10
◇ AK97
♣ K932

♠ 975
♡ 9765
◇ B106
♣ DB6

Gegen Ihre »3 Sans-Atout« greift Nord mit Pik-Drei an. Sie nehmen und zählen nur acht Stiche. Wenn Sie jetzt in Karo oder Treff einen Stich herausgeben, spielen die Gegner Pik und Ihr Kontrakt fällt einmal. Würde es Ihnen gelingen, die zahlenmäßigen Voraussetzungen herzustellen, könnten Sie Süd in den Unterfarben in Abwurfzwang bringen. Sie spielen deshalb zum zweiten Stich Pik zurück! Falls Nord hoch erfreut über ihr »Geschenk« alle Piks abspielt, kann Süd die Freude seines Partners nicht ganz teilen. Nord exekutiert nämlich den eigenen Mann durch diesen selbstmörderischen Abwurfzwang (engl. »Suicide Squeeze«). Sie werfen am Tisch zwei Treffs und klein-Karo ab und geben aus der Hand zwei Karos zu. Setzt Nord jetzt z. B. Coeur fort, spielen Sie drei Coeur-Runden, und Süd muß von ◇ B106 ♣ DB6 eine Karte abwerfen, worauf Sie entweder am Tisch oder in der Hand Ihren neunten Stich erzielen.

Es würde Ihren Gegnern nichts nützen, wenn Nord den letzten hohen Pik nicht abzieht; denn jetzt können Sie einen Karo- oder Treff-Stich an Süd herausgeben und sich den neunten Stich in dieser Farbe entwickeln *.

| | | |
|---|---|---|
| ♠ DB9854 | N | ♠ AK3 |
| ♡ D | W O | ♡ 6532 |
| ♢ D5 | S | ♢ A2 |
| ♣ KDB10 | | ♣ 9854 |

Nach Nords Coeur-Eröffnung spielen Sie »4 Pik«. Nord greift Treff-Zwei an. Süd nimmt mit dem As und spielt Treff zurück. Nord trumpft, zieht Coeur-As und spielt nach kurzer Überlegung Trumpf. Sie nehmen am Tisch, und Süd bedient. Wie planen Sie Ihr Spiel?

Sie können nur dann gewinnen, wenn es Ihnen gelingt, Nord in den roten Farben in einen Positions-Abwurfzwang zu bringen. Der »Count« stimmt, weil die Gegner bereits drei Stiche gemacht haben. Leider kontrolliert gegenwärtig auch Süd die Coeurs. Hält Nord mindestens fünf Coeurs, können Sie Süd ausschalten und die von den Coeurs des Tisches ausgehende Bedrohung auf Nord konzentrieren. Sie trumpfen Coeur, gehen mit Atout zum Tisch und stechen abermals Coeur. Anschließend spielen Sie Ihre hohen Treffs und die Trümpfe ab.

| | | |
|---|---|---|
| ♠ 9 | N | ♠ — |
| ♡ — | W O | ♡ 6 |
| ♢ D5 | S | ♢ A2 |
| ♣ — | | ♣ — |

Sie können damit rechnen, daß Nord als Eröffner in dieser Schlußphase neben einem hohen Coeur noch den besetzten Karo-König hält. Auf den letzten Trumpf muß er entweder Coeur wegwerfen oder sich den Karo-König blankstellen. Wenn Süd ursprünglich höchstens drei Coeur-Karten gehalten hat, kann er auf die Coeur-Sechs nicht mehr aufpassen, weil Sie zweimal Coeur gestochen und die Bedrohung isoliert haben (engl. »To isolate the Menace«).

| | | |
|---|---|---|
| ♠ D5 | N | ♠ 764 |
| ♡ AD3 | W O | ♡ K754 |
| ♢ KDB973 | S | ♢ A1082 |
| ♣ D10 | | ♣ A6 |

Sie sind in »5 Karo« gelandet, nachdem Nord mit Pik eröffnet hatte. Nord greift Pik-As und -König an, setzt Pik fort, Süd bedient und Sie stechen. Sie ziehen die gegnerischen Trümpfe in zwei Runden und spielen Coeur-As und -Dame. Zu Ihrem Mißvergnügen wirft Nord beim zweiten Mal ein kleines Pik ab. Wie spielen Sie weiter?

Nach Nords Eröffnung müssen Sie damit rechnen, dass er den Treff-König hält. Steht Treff-Bube hingegen bei Süd, können Sie gewinnen. Sie setzen Treff-Dame vor, Nord legt den König, Sie nehmen am Tisch, spielen sämtliche Trümpfe ab und behalten in der Hand ♡ 3 und ♣ 10. Am Tisch liegen noch ♡ K7. Süd muß von ♡ B10 ♣ B eine Karte wegwerfen, und Sie gewinnen Ihr Spiel. Entscheidend war das Transfer-Manöver in Treff, durch das Sie die von dieser Farbe ausgehende Bedrohung auf Süd verlagerten (engl. »Transfer Squeeze«).

| | | |
|---|---|---|
| ♠ 5 | N | ♠ D4 |
| ♡ AKD9854 | W O | ♡ B106 |
| ♢ DB | S | ♢ A763 |
| ♣ AK3 | | ♣ D642 |

Sie haben nach Süds Pik-Eröffnung den Mut gehabt, Klein-Schlemm in Coeur zu reizen. Nord spielt klein-Pik aus, Süd nimmt mit dem König und spielt das As

* Theoretisch kann Ihr Kontrakt geschlagen werden. Nord nimmt die zweite Pik-Runde und wechselt auf Treff. Sie nehmen mit dem König, gehen mit Coeur in die Hand und spielen konsequent Pik weiter. Jetzt zieht Nord die drei restlichen Piks ab und bringt abermals Treff, um die für den Squeeze erforderliche Verbindung zwischen Tisch und Hand zu zerstören. Ihr Kontrakt ist jetzt nicht mehr zu gewinnen.

nach. Wie planen Sie die Spieldurchführung?

Wenn die Treffs nicht 3-3 ausfallen, können Sie sich nicht auf den Schnitt in Karo verlassen, weil der König mit hoher Sicherheit bei Süd, dem Eröffner, steht. Hält Nord die Treffs, wird Ihr Schlemm fallen. Besitzt jedoch Süd vier oder mehr Treffs, können Sie ihn scheinbar nicht in Abwurfzwang bringen. In der folgenden Endposition

| West | | Ost |
|---|---|---|
| | unwesentlich (N) | |
| ♡ A | | |
| ◇ DB | W – O | ◇ A7 |
| ♣ 3 | | ♣ D6 |
| | S: ◇ Kx, ♣ Bx | |

spielen Sie den letzten Trumpf und werfen am Tisch klein-Karo ab. Süd stellt seinen Karo-König blank! Nach Abzug von Karo-As kommen Sie nicht in die Hand zurück, um das hochgewordene Karo-Bild spielen zu können, weil die Karos blockiert sind. Wie können Sie sich helfen? Des Rätsels Lösung ist der sog. »Wiener Coup«. Bevor Sie in die Hand gehen, um die Treffs und Coeurs zu spielen, ziehen Sie das Karo-As ab. Mit dieser deblockierenden Spielweise erreichen Sie folgenden Endstand:

| West | | Ost |
|---|---|---|
| | unwesentlich (N) | |
| ♡ A | | |
| ◇ D | W – O | ◇ 7 |
| ♣ 3 | | ♣ D6 |
| | S: ◇ K, ♣ Bx | |

Auf den letzten Atout werfen Sie wiederum am Tisch klein-Karo ab. Jetzt muß Süd kapitulieren: Trennt er sich von Karo-König, können Sie Ihre hochgewordene Karo-Dame spielen; wirft er Treff ab, macht der Tisch Rest.

| West | | Ost |
|---|---|---|
| ♠ 105 | N | ♠ 76432 |
| ♡ AK2 | W – O | ♡ D85 |
| ◇ D9 | S | ◇ A4 |
| ♣ AKD965 | | ♣ B82 |

Über Süds Pik-Eröffnung sind Sie auf »5 Treff« gegangen. Nord greift Pik-Dame an, Süd übernimmt mit dem König und spielt das As nach. Nord wirft Karo ab. Es folgt Pik-Acht. Sie stechen mit Treff-Dame, ziehen Treff-As und Süd wirft klein-Coeur ab. Sie schneiden Treff zur Acht, spielen den Treff-Buben, gehen mit Coeur in die Hand und ziehen Nords Atout-Zehn. Wie planen Sie Ihr Spiel?

Sie können Süd squeezen, wenn er - wie nach seiner Eröffnung zu vermuten - den Karo-König hält. Sie werfen am Tisch Karo-Vier, ziehen das in Ihrer Hand verbliebene Coeur-Bild und setzen in der folgenden Endposition

| West | | Ost |
|---|---|---|
| | unwesentlich (N) | |
| ♠ — | | ♠ 76 |
| ♡ 2 | W – O | ♡ D |
| ◇ D9 | | ◇ A |
| ♣ 9 | | ♣ — |
| | S: ♠ B9, ◇ Kx | |

mit Coeur fort. Süd muß sich geschlagen geben. Wirft er Pik ab, trumpfen Sie Pik, und der Tisch ist hoch. Falls Süd jedoch seinen Karo-König blankstellt, ziehen Sie Karo-As und machen in der Hand die beiden letzten Stiche.

Dieser Abwurfzwang (sog. Trumpf-Squeeze) funktionierte nur, weil der Tisch mit der Squeeze-Karte (♡ D) am Stich blieb. Mit Karo-As und dem letzten Atout hatten Tisch und Hand noch je ein Entrée*.

* Haben Sie bemerkt, daß Nord Ihren Kontrakt hätte schlagen können, indem er Süds Pik-As trumpft und Karo durchspielt? Jetzt fehlt mit Karo-As ein für den Squeeze unbedingt erforderliches Entrée.

Ein naher Verwandter des Trumpf-Squeeze ist der »Criss-Cross-Squeeze«, frei übersetzt etwa »Abwurfzwang über Kreuz«.

| West | | Ost |
|---|---|---|
| ♠ ADB76 | N | ♠ K103 |
| ♡ DB107 | W O | ♡ 9842 |
| ◇ AD | S | ◇ 8653 |
| ♣ D8 | | ♣ A4 |

Teiler West, alle in Gefahr

| West | Nord | Ost | Süd |
|---|---|---|---|
| 1 ♠ | pass | 2 ♠ | 2SA* |
| 4 ♠ | kontra | pass | pass |
| pass | | | |

* Süd hält beide Unterfarben

Der Anfang ist wenig ermutigend: Nord beginnt mit Coeur-As und -König, Süd wirft eine Treff- und eine Karo-Karte ab, Nord spielt Coeur weiter, Süd trumpft und wechselt auf klein-Karo. Sie schneiden mit Erfolg und ziehen zweimal Trumpf. Süd bedient zunächst, wirft dann aber Treff ab. Wie setzen Sie fort?

Auf Grund der Reizung hält Süd wahrscheinlich den Treff-König und mindestens fünf Karo-Karten. Jetzt können Sie ihn in den Unterfarben squeezen. Sie ziehen die Trümpfe und Coeur-Dame ab, um am Tisch Treff-Vier abzuwerfen. In dieser Schlußphase

| West | Nord / Süd | Ost |
|---|---|---|
| | unwesentlich | |
| ◇ A | N | ◇ 86 |
| ♣ D8 | W O | ♣ A |
| | S | |
| | ◇ Kx | |
| | ♣ Kx | |

muß Süd noch eine Karte abwerfen. Entscheidet er sich für Karo, ziehen Sie das Karo-As, und der Tisch ist hoch. Wirft Süd jedoch Treff, spielen Sie Treff-As und machen in der Hand Rest.

Süd hätte es Ihnen schwerer gemacht, wenn er als letzte vier Karten z. B. ◇ KBx ♣ K gehalten hätte. Wirft er jetzt den Karo-Buben ab, wissen Sie nicht genau, welcher Unterfarb-König bei Süd blank ist. Sollten Sie falsch raten und das Karo-As ziehen, haben Sie verloren, weil Sie nicht mehr zu Ihrer hohen Treff-Dame kommen können*.

Eine interessante Abwurfzwang-Variante ist der sog. Auszähl-Squeeze (engl. »Count Squeeze«).

| West | | Ost |
|---|---|---|
| ♠ DB10763 | N | ♠ A92 |
| ♡ A76 | W O | ♡ KD4 |
| ◇ A | S | ◇ B85 |
| ♣ 842 | | ♣ AKB3 |

Ohne gegnerische Zwischenreizung haben Sie Klein-Schlemm in Pik erreicht. Nord greift mit Karo-König an. Sie nehmen und legen die Trumpf-Dame vor. Der Schnitt mißlingt, und Süd spielt Karo nach. Sie stechen, ziehen die beiden bei Süd stehenden restlichen Trümpfe, den Treff-König sowie Coeur-König, -Dame und -As. Danach spielen Sie Ihre Trümpfe ab.

| West | | Ost |
|---|---|---|
| ♠ B | N | ♠ — |
| ♡ — | W O | ♡ — |
| ◇ — | S | ◇ B |
| ♣ 84 | | ♣ AB |

Auf Ihren letzten Trumpf wirft Nord Treff ab. Am Tisch geben Sie den Karo-Buben zu und spielen Treff. Nord legt die Zehn. Schneiden Sie?

Natürlich nicht; denn der Schnitt kann nicht gelingen, weil Nords letzte Karte die Karo-Dame sein muß. Sie schlagen deshalb Treff-As. Wenn Süd ursprünglich z. B. ♠ Kxx ♡ 108xx ◇ 9xxx ♣ Dx

* Nord hätte Ihren Kontrakt zwingend schlagen können. Nach Coeur-As spielt er klein-Coeur weiter. Wenn er später mit Coeur-König ans Spiel kommt, setzt er Treff fort und zerstört das für den Criss-Cross-Squeeze erforderliche Entrée des Tisches.

gehalten hat, mußte er sich von Ihnen auf diese Weise »auszählen« lassen. Ohne den Count Squeeze hätten Sie sich wahrscheinlich für den Treff-Schnitt entschlossen und Ihren Schlemm verloren.

»Die Zählung muß stimmen«, sagt Culbertson's Regel n minus 1. Der Abwurfzwang gelingt normalerweise erst dann, wenn die Gegner alle ihnen zustehenden Stiche bis auf einen erzielt haben. Keine Regel ohne Ausnahme.

| West | | Ost |
|---|---|---|
| ♠ 52 | N | ♠ AK4 |
| ♡ ADB107 | W O | ♡ K984 |
| ◇ K743 | S | ◇ D82 |
| ♣ A10 | | ♣ KDB |

Teiler Nord, Ost-West in Gefahr

| Nord | Ost | Süd | West |
|---|---|---|---|
| 2♠* | 2SA | pass | 4♡ |
| pass | 4♠ | pass | 6♡ |
| pass | pass | pass | |

* Weak-Two (Sechser-Pik mit 6-10 Punkten)

Nord greift Pik-Dame an. Sie nehmen am Tisch, ziehen drei Runden Trumpf und spielen klein-Karo zur Dame, die erwartungsgemäß bei Stich bleibt, weil Nord auf Grund seiner Eröffnung das Karo-As halten muß. Sie wechseln auf Treff und werfen in der dritten Runde klein-Karo aus der Hand ab. Danach spielen Sie Trumpf. Nord wird voraussichtlich zwei Piks und das besetzte Karo-As behalten. In dieser Endposition

| West | Nord / Süd | Ost |
|---|---|---|
| | ♠ B10 | |
| | ◇ A10 | |
| ♠ 5 | N | |
| ♡ A | W O | ♠ A4 |
| ◇ K7 | S | ◇ 82 |
| | unwesentlich | |

spielen Sie den letzten Trumpf. Nord darf Pik nicht abwerfen, weil sonst die Vier am Tisch hoch würde. Er trennt sich deshalb von Karo-Zehn. Sie geben am Tisch die Pik-Vier und spielen Karo-Sieben. Nord muß sein blank gestelltes As legen, und Sie machen die beiden letzten Stiche.

Bei diesem Abwurfzwang hatten Sie in der Endphase mehr als einen Verlierer (engl. »Multiple Loser Squeeze« oder auch »Squeeze without the Count«).

Auch bei einer Eliminierung durch Abwurfzwang (engl. »Throw-in Squeeze«) haben Sie in der Endposition mehr als einen Verlierer. Sie bereiten einen Spielzwang dadurch vor, daß Sie den Gegner durch den Squeeze dazu zwingen, seine Ausgangskarte abzuwerfen.

| West | | Ost |
|---|---|---|
| ♠ AD952 | N | ♠ KB10876 |
| ♡ AD4 | W O | ♡ 63 |
| ◇ 76 | S | ◇ K52 |
| ♣ D85 | | ♣ K7 |

Nach Ihrer Pik-Eröffnung hat Nord »2 Coeur« zwischengereizt. Ost sprang auf »4 Pik«, und alle paßten. Nord greift Karo-Dame an und spielt den Buben nach. Beim dritten Mal setzen Sie den König ein, Süd legt das As und Sie stechen. Sie ziehen mit Pik-As die beiden gegnerischen Trümpfe und spielen klein-Treff zum König, der bei Stich bleibt. Was nun?

Nach der Reizung ist kaum zu erwarten, daß der Coeur-Schnitt gelingt. Sie müssen deshalb versuchen, Nord mit Treff ans Spiel zu bringen, damit er Ihnen in die Coeur-Gabel hineinspielt. Jetzt ist es noch zu früh, weil Nord Treff fortsetzt und so dem Spielzwang entrinnt. Sie müssen vorher die Atouts abspielen. Die Endposition könnte so aussehen:

| | | |
|---|---|---|
| | ♡ KB<br>♣ A10 | |
| ♡ AD<br>♣ D8 | N<br>W O<br>S | ♠ K<br>♡ 63<br>♣ 7 |
| | unwesentlich | |

Sie spielen vom Tisch den letzten Trumpf und geben aus der Hand Treff-Acht. Falls Nord seine Ausgangskarte (♣ 10) abwirft, setzen Sie Treff fort, und Nord muß Ihnen in die Coeurs hineinspielen. Stellt Nord den Coeur-König blank, erzielen Sie zwei Coeur-Stiche, wenn Sie das As schlagen.

In derartigen Endpositionen müssen Sie bei einem guten Verteidiger meist raten, welche Karten er zum Schluß hält. Hätte Nord z. B. ♡ KBx ♣ A behalten und auf den letzten Trumpf den Coeur-Buben abgeworfen, hätten Sie wahrscheinlich die Coeurs auf den Kopf gespielt und wären einmal gefallen.

Bislang hatten wir es mit Händen zu tun, bei denen nur einer Ihrer beiden Gegner die Unbequemlichkeiten des Abwurfzwanges zu spüren bekamen. Daneben gibt es auch einen doppelten Abwurfzwang (engl. »Double Squeeze«). Ihre Gegner kontrollieren je eine Farbe getrennt voneinander und die dritte Farbe gemeinsam. In der Endphase hält meist jeder Verteidiger seine eigene Farbe und wirft in der dritten, von beiden gemeinsam kontrollierten Farbe etwas ab. Es ist ähnlich wie im Berufsleben: Wird ein lästiger Verantwortungsbereich zwei Personen gleichzeitig übertragen, verläßt sich gerne jeder auf den anderen.

| | | |
|---|---|---|
| ♠ AKDB1073<br>♡ A<br>♢ 3<br>♣ AKD4 | N<br>W O<br>S | ♠ 984<br>♡ B73<br>♢ A54<br>♣ 8532 |

Mit Ihrem wundervollen Blatt spielen Sie natürlich »7 Pik«. Nord greift mit Coeur-König an, Sie nehmen, ziehen die gegnerischen Atouts in zwei Runden und spielen Treff-As und -König. Beim zweitenmal wirft Nord zu Ihrem Schrecken klein-Karo ab. Wie erfüllen Sie Ihren Groß-Schlemm?

Offensichtlich hält Nord die Coeur-Dame, während Süd die Treffs kontrolliert. Karo wird von beiden Gegnern gemeinsam gehalten. Wenn Sie Treff-Dame und die Atouts abspielen, können Sie diese Endposition erreichen:

| | | |
|---|---|---|
| ♠ A<br>♡ —<br>♢ 3<br>♣ 4 | N<br>W O<br>S | ♠ —<br>♡ B<br>♢ A5<br>♣ — |

Sie spielen den letzten Trumpf. Nord trennt sich von einer Karo-Karte, weil er Coeur-Dame halten muß. Sie werfen am Tisch den überflüssig gewordenen Coeur-Buben ab. Nun ist Süd im Squeeze. Wirft er Treff, wird Ihre Vier hoch. Gibt er die Karo-Haltung auf, macht der Tisch mit ♢ A5 die beiden letzten Stiche.

| | | |
|---|---|---|
| ♠ AKB9<br>♡ AK72<br>♢ AD4<br>♣ D4 | N<br>W O<br>S | ♠ 106<br>♡ 4<br>♢ K763<br>♣ AK10973 |

Schon wieder spielen Sie einen Groß-Schlemm, diesmal in Sans-Atout. Nord greift mit dem Karo-Buben an. Sie nehmen in der Hand, spielen Treff-Dame und Treff nach. In der zweiten Runde wirft Nord klein-Karo ab. Sehen Sie nach diesem Schock noch eine Chance?

Falls der Pik-Schnitt gelingt, kommen Sie bereits auf zwölf Stiche. Den dreizehnten Stich haben Sie selbst dann sicher, wenn Nord die Karos stoppt. Sie setzen Pik-Zehn vor und legen aus der Hand die Neun, um anschließend noch einmal zu schneiden. Dann ziehen Sie die beiden hohen Piks und Karo-As, gehen mit Karo-König zum Tisch und spielen Treff-As ab. Folgende Endposition ist entstanden:

| | | |
|---|---|---|
| ♠ — | N | ♠ — |
| ♡ AK7 | W O | ♡ 4 |
| ◇ — | S | ◇ 7 |
| ♣ — | | ♣ 10 |

Wenn Nord noch eine hohe Karo-Karte und Süd den Treff-Buben hält, müssen die Coeurs in Ihrer Hand bereits hoch sein.

Aus der Höhe der beiden großen Schlemms jetzt hinunter zu den Niederungen eines Partiekontraktes:

| | | |
|---|---|---|
| ♠ 43 | N | ♠ B962 |
| ♡ AKD109 | W O | ♡ 5 |
| ◇ D62 | S | ◇ AK954 |
| ♣ AK2 | | ♣ 763 |

Gegen Ihre »4 Coeur« greift Nord mit dem Pik-As an und spielt klein-Pik nach. Sie schneiden am Tisch mit der Neun, Süd legt die Zehn und setzt mit Pik-König fort. Sie trumpfen mit Coeur-Zehn, Nord übersticht mit dem Buben und wechselt auf Treff-Vier. Süd legt die Dame, Sie nehmen und ziehen in drei Runden sämtliche gegnerischen Atouts. Am Tisch werfen Sie in jeder Unterfarbe eine kleine Karte ab. Es folgt klein-Karo zum König und klein-Karo zurück zur Dame. Süd bedient mit einer kleinen Karte und wirft beim zweiten Mal Pik ab. Die Karos ziehen zwar nicht durch; trotzdem haben Sie Ihre Gegner sicher im Griff. In dieser Endposition

| | | |
|---|---|---|
| ♠ — | N | ♠ B |
| ♡ 9 | W O | ♡ — |
| ◇ 6 | S | ◇ A9 |
| ♣ A2 | | ♣ 7 |

spielen Sie den letzten Trumpf. Nord muß Karo halten und wirft deshalb Treff ab. Am Tisch geben Sie die jetzt entbehrliche Karo-Neun zu. Es folgt Karo zum As. Süd muß Pik-Dame halten und trennt sich deshalb ebenfalls von einer Treff-Karte. In Ihrer Hand ist Treff-Zwei hoch geworden und macht den zehnten Stich*.

Bei den drei vorigen Händen wußten Sie, welche Farben von welchem Gegner kontrolliert wurden, und konnten den Double Squeeze entsprechend planen. Das ist leider nicht immer so. Oft müssen Sie sich in der Mitte einer Hand entweder für einen einfachen oder für einen doppelten Abwurfzwang entscheiden. Ihre Weichenstellung ist unwiderruflich; wenn Sie falsch raten, haben Sie verloren.

| | | |
|---|---|---|
| ♠ K62 | N | ♠ A85 |
| ♡ KDB1073 | W O | ♡ A4 |
| ◇ 653 | S | ◇ AKD7 |
| ♣ A | | ♣ 7642 |

Sie spielen »7 Coeur«, nachdem Nord über Ihre Coeur-Eröffnung »2 Treff« zwischengereizt hatte. Nord greift Treff-König an, Sie nehmen, spielen Trumpf-König und -As, stechen Treff in der Hand und ziehen Coeur-Dame. Nord wirft Treff, der Tisch klein-Pik und Süd bedient mit dem letzten gegnerischen Atout. Dann spielen Sie Karo-Dame und -König;

* Nord hätte mit ♠Ax ♡ Bxxx ◇ B10xx ♣ Bxx geradezu diabolisch verteidigen können: Im dritten Stich übertrumpft er nicht, sondern wirft Treff ab. Sie gehen jetzt natürlich mit Karo zum Tisch und schneiden Coeur zur Neun, weil der Bube bei Süd stehen »muß«. Zu Ihrer Verblüffung nimmt Nord mit dem Buben, spielt Karo, Süd trumpft und spielt Pik. Sie stechen, Nord muß noch einen Trumpf-Stich machen und Ihr Kontrakt fällt zweimal.

beide Gegner bedienen. Die kritische Position ist jetzt erreicht:

| West | | Ost |
|---|---|---|
| ♠ K62 | N | ♠ A8 |
| ♡ B7 | W O | ♡ — |
| ◇ 6 | S | ◇ A7 |
| ♣ — | | ♣ 76 |

Bei schlechtem Karostand können Sie nicht wissen, welcher Gegner diese Farbe kontrolliert. Ist es Nord, gewinnen Sie durch einen einfachen Squeeze. Sie ziehen Pik-König und -As und stechen Treff in der Hand. Auf den letzten Trumpf muß Nord entweder seine Karo-Haltung aufgeben oder die Treff-Sieben am Tisch hoch werden lassen.

Wenn jedoch Süd die beiden Karos hält, können Sie Ihren Groß-Schlemm nur durch einen doppelten Abwurfzwang erfüllen. Sie ziehen Karo-As, stechen Treff und spielen den letzten Trumpf. Nord muß Treff halten und deshalb seine Pik-Deckung aufgeben. Am Tisch werfen Sie die inzwischen überflüssige Treff-Sieben ab. Süd muß auf Karo aufpassen und wirft ebenfalls Pik; die Hand macht jetzt einen dritten Pik-Stich*.

Einen guten Tip kann ich Ihnen bei dieser Hand leider nicht geben, Sie müssen raten. Ihr einziger Anhaltspunkt ist, daß die Treff-Länge bei Nord steht und es deshalb etwas wahrscheinlicher ist, daß Süd die längeren Karos hält.

Gelegentlich können Sie einen Gegner in drei Farben in Abwurfzwang bringen (engl. »Triple Squeeze« oder »Repeated Squeeze«). Beim Dreifarben-Abwurfzwang gewinnen Sie *zwei* zusätzliche Stiche.

| West | | Ost |
|---|---|---|
| ♠ AD4 | N | ♠ B6 |
| ♡ AK | W O | ♡ 1052 |
| ◇ D43 | S | ◇ AB1062 |
| ♣ KDB107 | | ♣ 653 |

Nach Nords Coeur-Eröffnung haben Sie »3 Sans-Atout« erreicht. Nord greift Coeur-Dame an. Sie nehmen und spielen Treff-König. Nord macht den Stich und spielt klein-Coeur nach. Sie legen jetzt Karo-Dame vor, Nord setzt den König ein, der Tisch legt das As, spielt den Buben nach und Süd wirft ein kleines Pik ab. Obwohl die Karos nicht ausfallen, können Sie drei Überstiche erzielen, wenn Nord die Punktstärke für eine normale Eröffnung gehabt hat. Sie spielen die hohen Treffs ab.

| West | | Ost |
|---|---|---|
| | ♠ Kx<br>♡ B<br>◇ 98<br>♣ — | |
| ♠ AD4 | N | ♠ B |
| ♡ — | W O | ♡ 10 |
| ◇ 4 | S | ◇ 1062 |
| ♣ 7 | | ♣ — |
| | unwesentlich | |

Auf den letzten Treff kommt Nord in Schwierigkeiten. Wenn er Karo abwirft, sind die Karos am Tisch hoch. Trennt er sich von Coeur-Buben, werfen Sie am Tisch klein-Karo ab, gehen mit Karo zum Tisch, spielen die hochgewordene Coeur-Zehn und bringen Nord in Pik und Karo erneut in Abwurfzwang. Stellt Nord den Pik-König blank, ziehen Sie Pik-As und -Dame, um Nord in den roten Farben abermals zu squeezen.

Beim Repeated Squeeze muß Culbertson's Regel ausnahmsweise n minus 2 lauten.

* Beim Double Squeeze mußten Sie unbedingt Karo-As abziehen. Wenn Sie sofort Treff stechen und den letzten Trumpf ziehen, kann Nord ohne Schaden eine schwarze Karte abwerfen, und der Tisch gerät in Abwurfzwang.

Über das Thema Abwurfzwang sind ganze Bücher geschrieben worden*.

Es ist unmöglich, in diesem Abschnitt alles über Squeeze zu bringen. So gibt es allein sieben Grundtypen des doppelten Squeeze. Bei einigen geraten die Gegner gleichzeitig in Abwurfzwang, bei anderen nicht. Vier Typen sind positionsabhängig, bei den restlichen drei könnte man die gegnerischen Karten ohne weiteres gegeneinander austauschen.

Viele Squeeze-Arten kommen in der Praxis so gut wie nie vor. So berauschen sich die Problemkomponisten an merkwürdig klingenden Namen wie Clash Squeeze, Compound Squeeze, Entry Squeeze, Jettison Squeeze, Overtaking Squeeze, One Suit Squeeze, Steppingstone, Vice, Winkle und vielen anderen. Es ist müßig, sich hiermit näher zu befassen. Sie belasten sich mit einem verwirrenden Spezialwissen, von dem Sie in der Praxis höchstens einmal im Jahr profitieren können.

## Kontrakte mit weniger als acht Trümpfen

Tabus gibt es nicht nur bei bestimmten Negerstämmen, nicht nur in unserer heutigen Gesellschaft, sondern auch im Bridge. Farbkontrakte mit sieben oder noch weniger Trümpfen in beiden Händen gelten als suspekt. Als einigermaßen salonfähig werden noch gute 5-2 oder 6-1 Fits angesehen, z. B. ♡ AB1096 ♡ D4 oder ♠ AKB1063 ♠ 2. Die Geister scheiden sich bei den 4-3 Fits in Edelfarbe. Zu Unrecht werden derartige Kontrakte für »halbseiden« gehalten. Der erste namhafte Autor, der etwas zu ihrer Ehrenrettung unternommen hat, war der Amerikaner A. Moyse jr., der im Mai 1947 einen langen Artikel im ältesten Bridge-Magazin der Welt, der 1929 von Ely Culbertson gegründeten »Bridge World«, zu diesem Thema schrieb. Er wies darauf hin, daß hervorragend spielbare und erfüllbare Partie-Kontrakte, die auf einem 4-3 Fit in Edelfarbe beruhen, meist unentdeckt bleiben (». . . are dying unborn«).

Der Feldzug zugunsten des 4-3 Fits, nach seinem Vorkämpfer auch »Moysian Fit« genannt, blieb lange Zeit so gut wie ohne Resonanz. Hierfür gab es einen einleuchtenden Grund: 4-3 Fits sind schwer zu spielen, und es fehlte an Literatur über die richtige Behandlung eines Moysian Fit. Lehrbücher über Spieldurchführung vermeiden es nämlich peinlich, ihren Lesern zu diesem Thema etwas beizubringen, obwohl dies sehr viel instruktiver wäre, als sich mit den Mysterien des Smother Play oder seltenen Squeeze-Positionen zu befassen. Diese Lücke füllte der Amerikaner Jeff Rubens mit seiner in den Jahren 1967 und 1968 in mehreren Fortsetzungen in der »Bridge World« erschienenen Abhandlung »The Moysian Fit«. Der folgende Abschnitt baut auf dem strategischen Konzept von Rubens auf.

Bevor ich zur Sache komme, möchte ich etwas Reklame für 4-3 Fits in Edelfarbe machen. Derartige Kontrakte sind oft genug nicht eine »verzeihliche Sünde«, sondern die einzige reelle Chance, ein volles Spiel zu erfüllen.

| W | | O |
|---|---|---|
| ♠ 752 | N | ♠ B4 |
| ♡ AD106 | W O | ♡ KB3 |
| ◇ A5 | S | ◇ 1084 |
| ♣ KB92 | | ♣ AD763 |

»4 Coeur« sind leicht zu gewinnen, wenn die gegnerischen Atouts nicht schlechter als 4-2 verteilt sind. Damit können Sie in

* Zwei berühmte Standardwerke sind »Le Squeeze au Bridge« von Bertrand Romanet (1954 Verlag Grasset, Paris) und »Bridge Squeezes Complete« von Clyde E. Love (1959 Verlag Barclay; 1968 als Paperback im Verlag Dover).

etwa fünf von sechs Fällen rechnen. Partie in Sans-Atout ist riskant, weil die Gegner möglicherweise fünf oder gar sechs Pik-Stiche abziehen. Volles Spiel in Treff ist bei Pik-Angriff aussichtslos; denn der Verlust von drei Stichen ist unvermeidlich.

Im Kampf um den Teilkontrakt setzt sich häufig die Partei durch, die die Piks hält. Auch wenn in Pik - gelegentlich in Coeur - nur ein 4-3 Fit vorhanden ist, lohnt es sich, bei der Reizung mitzumischen. Kleine Kontrakte in 4-3 Fits können sich vorzüglich spielen.

| | | |
|---|---|---|
| ♠ A942 | N | ♠ K83 |
| ♡ 5 | W O | ♡ 10873 |
| ♢ B7642 | S | ♢ A53 |
| ♣ A52 | | ♣ KB6 |

Teiler Nord, niemand in Gefahr

| Nord | Ost | Süd | West |
|---|---|---|---|
| 1 ♡ | pass | 2 ♡ | pass |
| pass | kontra | pass | 2 ♠ |
| pass | pass | pass | |

Nord greift mit Coeur-König an und wechselt auf Pik-Buben. Sie nehmen mit dem As und schneiden in Treff zum Buben. Der Schnitt gelingt. Sie stechen Coeur, ziehen Treff-As und -König und stechen erneut Coeur. Mit Karo-As am Tisch versuchen Sie, den letzten Coeur zu schnappen. Selbst wenn dies nicht gelingt, weil Süd kein Coeur mehr hat und mit einem Bild vorsticht, haben Sie gute Aussichten, mit ♠ K8 am Tisch noch zwei Stiche zu erzielen. Sie werden wahrscheinlich neun Stiche machen und im Paarturnier mit +140 ein gutes Resultat schreiben.

Moysian Fits sind nicht immer leicht zu reizen. Hier zwei Tips:
Ihre Atouts sollten nach Möglichkeit das Trumpf-As an der Spitze haben. Wer diese wichtige Karte hält, kann gut kontrollieren, wieviel Trumpf-Runden gezogen werden. Die Hand, die nur drei Atouts hält, soll auch in der »Schußfarbe« kurz sein, nämlich in der Farbe, die die Gegner wiederholt spielen, um Sie in Trumpf zu schwächen.

| | | |
|---|---|---|
| ♠ AK104 | N | ♠ DB6 |
| ♡ KD6 | W O | ♡ AB103 |
| ♢ D8752 | S | ♢ K94 |
| ♣ 2 | | ♣ 763 |

| West | Ost |
|---|---|
| 1 ♢ | 1 ♡ |
| 1 ♠ | 2 ♢ |
| 2 ♡ | 3 ♠ |
| ? | |

Was reizen Sie jetzt? Ost hat nicht »2 Sans-Atout« geboten und wird deswegen nicht über eine nennenswerte Treff-Haltung verfügen. Weil Ost Pik erst spät unterstützt hat, kann er nur drei Trümpfe halten. Am besten gehen Sie auf »4 Coeur«; denn in Treff, der langen Farbe der Gegner, hält die *kurze* Atout-Hand ein Singleton. Partie in Coeur hat auch bei einem 4-2 Stand der gegnerischen Trümpfe sehr gute Erfüllungschancen, während »4 Pik« bei Treff-Angriff in ernsten Schwierigkeiten sind, wenn die gegnerischen Atouts nicht 3-3 ausfallen. Die Trumpflänge darf sich also nicht in der Hand befinden, die kurz in der Schußfarbe ist.

### *Spieldurchführung bei 4-3 Fits*

Jeff Rubens unterscheidet in seiner Artikelserie zwischen zwei grundsätzlich verschiedenen Strategien, nämlich der *Kontrolle* (engl. »Control«) und dem *Verstechen* (engl. »Scramble«). Natürlich gilt diese grundsätzliche Zweiteilung bei allen

Trumpfkontrakten; die Unterscheidung zwischen Kontrolle und Verstechen ist jedoch bei den 4-3 Fits von überragender Bedeutung.

Sie müssen sich - meist schon zu einem sehr frühen Zeitpunkt - entscheiden, ob Sie mit der Kontrolle die gegnerischen Trümpfe beherrschen oder ob Sie mit dem Verstechen die eigenen Atouts getrennt verwerten wollen. Bei der Kontrolle halten Sie die gegnerischen Trümpfe in Schach, indem Sie zu einem frühen oder späteren Zeitpunkt ganz oder teilweise Atout ziehen. Sie zählen Ihre Verlierer, die Sie im Höchstfall abgeben dürfen, wenn Sie zusammen mit den Karten in den Nebenfarben die zur Erfüllung Ihres Kontraktes erforderlichen Stiche erzielen wollen.

Bei der Strategie Verstechen achten Sie nicht sonderlich auf die gegnerischen Trümpfe, sondern versuchen, mit Ihren hohen Karten in den Nebenfarben und durch Verstechen Ihrer Atouts zusammen mit den etwa noch übrigbleibenden hohen Trümpfen auf die notwendige Stichzahl zu kommen. Sie schaffen sich durch Einzelverwertung von Atouts zusätzliche Stiche. Sie zählen Ihre Gewinner. Wenn die wilde Jagd vorbei ist und Sie Ihr Ziel, nämlich eine bestimmte Anzahl von Stichen, erreicht haben, fallen beim Gegner meist hohe Karten und übriggebliebene Trümpfe zusammen.

Die Wahl der richtigen Strategie ist nicht immer leicht. Es ist ein - allerdings nicht sonderlich genauer - Erfahrungssatz, daß die Strategie Kontrolle häufiger auf Partie- oder Schlemmniveau, die Strategie Verstechen öfter auf Teilkontraktebene anzuwenden ist. Ein gewisses Indiz für Kontrolle ist die Qualität der Nebenfarben. Je besser diese ist, desto eher kann die Strategie Kontrolle richtig sein. Hier ein Grenzfall:

| | | |
|---|---|---|
| ♠ KB108 | N | ♠ AD9 |
| ♡ D4 | W O | ♡ 7532 |
| ♢ ADB92 | S | ♢ 104 |
| ♣ K5 | | ♣ A763 |

Gegen Ihre »4 Pik« greift Nord mit dem Treff-Buben an. Es wäre zu riskant, zunächst einige Trumpf-Runden zu spielen und dann in Karo zu schneiden. Mißlingt der Schnitt oder steht der König zu viert bei Süd, kann Ihre Hand zusammenbrechen, falls die gegnerischen Trümpfe nicht 3-3 verteilt sind. Die Gegner wechseln nämlich auf Coeur, sobald sie zu Stich gekommen sind.

Richtig ist, sich zunächst um die wichtige Nebenfarbe zu kümmern. Sie nehmen den Treff-Angriff am Tisch und legen die Karo-Zehn zum Schnitt vor. Wenn der Schnitt an Nords König verloren geht und die Gegner drei Coeur-Runden spielen, entscheiden Sie sich für Verstechen. Sie trumpfen, ziehen Karo-As und Treff-König ab und stechen den Rest hin und her. Sollten die Gegner nach mißlungenem Karo-Schnitt etwas anderes fortsetzen, ziehen Sie die gegnerischen Trümpfe und gewinnen, falls diese nicht schlechter als 4-2 verteilt sind (Kontrolle). Wir werden uns jetzt mit den beiden Strategien, insbesondere der Kontrolle, etwas eingehender befassen.

### *Kontrolle*

Eine wesentliche Frage ist, ob Sie die gegnerischen Trümpfe *ganz oder teilweise, früh oder spät* ziehen sollen.

Es ist dann falsch, die gegnerischen Atouts früh zu ziehen, wenn bei Ihnen eine kritische Nebenfarbe ungedeckt ist und Ihre Gegner noch zu Stich kommen können, sei es mit einem hohen Atout oder in Ihrer langen Nebenfarbe, die Sie sich noch nicht hochgespielt haben.

| | | |
|---|---|---|
| ♠ AD63 | | ♠ K72 |
| ♡ A5 | N | ♡ 82 |
| ◇ K74 | W O | ◇ A9852 |
| ♣ A865 | S | ♣ K43 |

Gegen Ihre »4 Pik« greift Nord mit der Coeur-Dame an. Sie müssen sich zunächst um die Entwicklung Ihrer Karos kümmern, ehe Sie zu viele Atouts ziehen. Am besten spielen Sie Pik-As und -König und dann aus beiden Händen ein kleines Karo. Angenommen, Ihr Gegner zieht noch einmal Coeur und wechselt dann auf Treff. Sie nehmen mit dem As, ziehen Trumpf-Dame und setzen mit Karo-König und -As fort. Sie gewinnen, wenn beim Gegner die Karos 3-2 und die Trümpfe nicht schlechter als 4-2 verteilt sind. Auch bei einem 4-1 Stand der Karos und einer 3-3 Verteilung der Atouts erfüllen Sie, weil Sie sich jetzt durch Schnappen einen zusätzlichen Karo-Stich entwickeln.

Nehmen wir einmal an, Sie hätten bei einer 4-2 Verteilung der gegnerischen Trümpfe und einem günstigen Karo-Stand leichtsinnigerweise zunächst *drei* Runden Atout gezogen, um dann einen Karo-Stich abzugeben. Der Gegner hätte Ihren letzten Trumpf abgezogen, wonach eine ganze Lawine von Coeur-Stichen über Sie hereingebrochen wäre.

Es war also wichtig, daß Sie vor Abzug der Atouts Ihre Karo-Länge entwickelt haben. Sie hielten die gefährliche Nebenfarbe, nämlich Coeur, unter Kontrolle, weil der Tisch ebenfalls nur ein Doubleton hatte und mit seinem letzten Trumpf die gegnerischen Coeurs stoppte.

Bei der Strategie Kontrolle ist es sehr wichtig, daß Sie sich gegen einen »Einbruch« in einer ungedeckten Nebenfarbe absichern.

| | | |
|---|---|---|
| ♠ 74 | | ♠ B108 |
| ♡ AKD10 | N | ♡ B43 |
| ◇ KDB | W O | ◇ A762 |
| ♣ DB108 | S | ♣ AK5 |

Gegen Ihre »4 Coeur« starten die Gegner mit drei Pik-Runden. Sie sollten nicht stechen, sondern eine Unterfarb-Karte abwerfen, obwohl es sich hierbei um einen Gewinner handelt. Jetzt kann der Tisch eine eventuelle vierte Pik-Runde mit dem Coeur-Buben stechen. Sie gewinnen, wenn die gegnerischen Trümpfe nicht schlechter als 4-2 verteilt sind.

Riskant wäre es, den dritten Pik zu stechen und drei Trumpf-Runden zu ziehen. Sie fallen, wenn ein Gegner vier Atouts und noch mindestens eine Pik-Karte hält.

| | | |
|---|---|---|
| ♠ D874 | | ♠ AK3 |
| ♡ A94 | N | ♡ 2 |
| ◇ K4 | W O | ◇ AD8753 |
| ♣ A972 | S | ♣ K64 |

Gegen Ihren ziemlich abenteuerlichen Kontrakt von »6 Pik« greift Nord mit der Coeur-Dame an. Würden Sie sofort drei Trumpf-Runden ziehen, wären Sie bei einem 4-2 Stand der gegnerischen Atouts darauf angewiesen, daß beim übriggebliebenen Trumpf *drei* Karo-Karten stehen; denn andernfalls könnten Sie Ihre Coeur-Verlierer nicht rechtzeitig loswerden.

Der bessere Spielplan ist, Coeur am Tisch zu stechen, erst dann dreimal Trumpf zu ziehen und anschließend zu versuchen, auf Karo den letzten Coeur abzuwerfen. Jetzt gewinnen Sie bei einem 4-2 Stand der Trümpfe auch dann, wenn der Gegner mit dem letzten Atout nur ein Doubleton in Karo hält.

| | | |
|---|---|---|
| ♠ A763<br>♡ KD84<br>◇ 532<br>♣ 76 | N<br>W O<br>S | ♠ 5<br>♡ A73<br>◇ AKDB10<br>♣ AK32 |

Sie sind in »5 Coeur« gelandet, obwohl Klein-Schlemm in Karo sicherlich besser wäre. Nord greift mit Pik-König an. Was nun?

Falls Sie, ähnlich wie in der vorigen Hand, den Stich nehmen, Pik am Tisch stechen und nach drei Trumpf-Runden Ihr Glück in Karo versuchen, können Sie bei einer 4-2 Verteilung der Trümpfe nur dann gewinnen, wenn beim letzten gegnerischen Atout drei oder mehr Karos stehen. Sie haben leider keinen Einstich zu Ihrer Hand, um *zwei* Pik-Verlierer verschnappen zu können.

In dieser kritischen Situation hilft ein einfacher Trick: Sie schonen Pik-As und bleiben klein. Was der Gegner weiter spielt, ist gleichgültig. Sie ziehen drei Trumpf-Runden und spielen danach Karo. Sticht bei 4-2 verteilten gegnerischen Trümpfen ein Gegner Karo, müssen Sie noch Pik-As und den letzten Atout machen. Trumpft der Gegner nicht, werfen Sie auf die Karos zwei Piks ab und erzielen dann entweder mit Ihrem letzten Trumpf oder dem blanken Pik-As noch einen Stich.

Ziehen Sie die gegnerischen Trümpfe früh, ist es manchmal gut, die Gewinner in den Nebenfarben abzuspielen, obwohl sich noch *zwei* hohe Trümpfe in der Hand des Gegners befinden.

| | | |
|---|---|---|
| ♠ 743<br>♡ 9843<br>◇ AD7<br>♣ A54 | N<br>W O<br>S | ♠ KD<br>♡ AK2<br>◇ KB94<br>♣ K762 |

Gegen Ihre »4 Coeur« greift Nord Pik an. Süd nimmt mit dem As und spielt die Farbe nach. Volles Spiel in Sans-Atout ist zwar unverlierbar, Ihr Coeur-Kontrakt ist jedoch besser, als es auf den ersten Blick den Anschein hat. Sie nehmen, ziehen Coeur-As und -König, gehen mit Karo in die Hand und stechen Pik am Tisch. Danach setzen Sie solange Karo fort, bis ein Gegner sticht. Sie können jetzt die Pik-Fortsetzung trumpfen und Ihre Gewinner in den Unterfarben weiterspielen, wobei Sie erforderlichenfalls mit Treff zur letzten hohen Karo-Karte am Tisch kommen.

Fassen wir zusammen: Sie dürfen die gegnerischen Trümpfe dann früh ziehen, wenn Sie (erforderlichenfalls nach Entwicklung Ihrer langen Nebenfarbe) die notwendigen Vorkehrungen zur Absicherung einer ungedeckten Nebenfarbe getroffen haben.

Diese Voraussetzungen können Sie natürlich nicht immer erfüllen. Bei der Strategie Kontrolle kann es oft klug sein, zunächst eine Trumpf-Runde zu ducken, indem Sie klein aus beiden Händen spielen oder auf eine niedrige gegnerische Figur schneiden. Ihre hohen Atouts spielen Sie erst später. Das Ducken einer Trumpf-Runde kann aus verschiedenen Gründen richtig sein:

> Die kurze Hand behält zumindest einen Trumpf, um eine ungedeckte Nebenfarbe zu kontrollieren.

> Sie wollen die gegnerische Atout-Verteilung zunächst testen, um nicht zu riskieren, daß der Gegner Ihnen bei schlechtem Stand alle Trümpfe zieht und Ihr Kontrakt unnötig oft fällt.

> Sie möchten in einer flexiblen Position bleiben, um die Techniken des frühen und späten Trumpfziehens miteinander kombinieren zu können.

| | | |
|---|---|---|
| ♠ K1075 | N | ♠ AD9 |
| ♡ 8763 | W O | ♡ D4 |
| ♢ 754 | S | ♢ AKDB6 |
| ♣ A4 | | ♣ KB9 |

Sie spielen »4 Pik«. Nord greift mit der Treff-Sechs an. Es wäre jetzt ziemlich leichtsinnig, Pik-As, -Dame und -König abzuziehen. Sitzt Pik-Bube zu viert, wird sich Ihr Gegner beeilen, bei erster Gelegenheit zu trumpfen und dann drei oder vier Coeur-Stiche abzuziehen.

Es ist viel vorsichtiger, die erste Trumpf-Runde zu ducken. Hierbei macht es nur scheinbar keinen Unterschied, ob Sie Treff-König am Tisch einsetzen und Pik-Neun zum Schnitt laufen lassen oder den Treff-Angriff in der Hand mit dem As nehmen und mit Pik-Fünf zur Neun schneiden. Im letzteren Fall wird es unangenehm, wenn Süd mit dem Buben gewinnt und die Gegner anschließend drei Coeur-Runden spielen. Sie müssen wohl oder übel mit Pik-As stechen, die Dame in der Hand mit dem König übernehmen und die Zehn abziehen. Fällt Atout-Acht nicht, haben Sie verloren.

Sie gehen allen Schwierigkeiten aus dem Wege, wenn Sie sich Treff-As als Entrée zur Hand aufsparen. Sie gewinnen das Ausspiel am Tisch mit Treff-König und setzen Pik-Neun zum Schnitt vor. Nimmt Nord jetzt mit dem Buben und wechselt auf Coeur, können Sie die dritte Coeur-Runde am Tisch stechen, den hohen Trumpf des Tisches abspielen, mit Treff-As in die Hand gehen, mit ♠ K10 Trumpf ziehen und anschließend die langen Karos herunterspielen. Stehen die gegnerischen Trümpfe nicht schlechter als 4-2, haben Sie gewonnen.

| | | |
|---|---|---|
| ♠ 74 | N | ♠ A5 |
| ♡ A873 | W O | ♡ K64 |
| ♢ D5 | S | ♢ K7632 |
| ♣ ADB85 | | ♣ K93 |

Gegen Ihre »4 Coeur« greift Nord mit Pik-Dame an. Ihre Aussichten sind nicht rosig. Sind die gegnerischen Atouts schlechter als 3-3 verteilt, können Sie Ihr Spiel kaum gewinnen. Um bei einem 4-2 Stand nicht uferlos zu fallen, sollten Sie nach Pik-As zunächst klein-Atout aus beiden Händen spielen. Sobald Sie wieder bei Stich sind, ziehen Sie Coeur-König und -As, um dann die Treffs herunterzuspielen. Fallen die Atouts 3-3 aus, haben Sie gewonnen. Stehen die Trümpfe jedoch 4-2, fallen Sie höchstens zweimal.

Schlecht wäre folgende Spieldurchführung gewesen: Pik-As, klein-Karo zur Dame und dann Trumpf-König, Trumpf-As und Trumpf nach. Sind die gegnerischen Atouts 4-2 verteilt, ziehen die Gegner den letzten Trumpf und kassieren anschließend vier oder fünf Pik-Stiche und mindestens einen Karo-Stich. Vier bis sechs Faller wären die Quittung für ein völlig unnötiges Risiko.

| | | |
|---|---|---|
| ♠ 9743 | N | ♠ A85 |
| ♡ A | W O | ♡ 9752 |
| ♢ AD76 | S | ♢ KB2 |
| ♣ ADB5 | | ♣ K103 |

Nord greift gegen Ihre »4 Pik« mit klein-Coeur an. In Sans-Atout machen Sie natürlich leicht zehn Stiche; dies steht jetzt allerdings nicht zur Debatte. Der Pik-Kontrakt ist nicht ganz einfach.

Sie dürfen natürlich nicht Trumpf-As und Trumpf nachspielen, weil Ihnen sonst die Gegner bei einem 4-2 Stand der Atouts das Fell über die Ohren ziehen würden. Richtig ist, wenn Sie zunächst ein kleines Atout aus beiden Händen spielen. Wechselt der Gegner auf eine Unterfarbe, ziehen Sie Trumpf-As, lassen zwei gegnerische hohe Trümpfe draußen und spielen fortwährend Ihre Unterfarben, wonach Sie nur noch zwei

Trumpf-Stiche abgeben. Bei Coeur-Fortsetzung stechen Sie, gehen mit Treff-Zehn zum Tisch, schnappen Coeur, spielen Karo zum Buben und stechen auch den letzten Coeur. Ist alles gutgegangen, erreichen Sie den Tisch in einer Unterfarbe und spielen Trumpf-As und Trumpf nach. Sie haben selbst dann gewonnen, wenn die gegnerischen Trümpfe 4-2 stehen. Sollte ein Gegner die vierte Coeur-Runde stechen können, wird er wahrscheinlich vier oder drei Atouts halten. Sie nehmen das Unterfarb-Rückspiel am Tisch, ziehen Trumpf-As, lassen den letzten gegnerischen Trumpf draußen und spielen weiter Ihre Gewinner in den Unterfarben. Sie verlieren Ihren Kontrakt nur, falls bei einem 5-3 Stand der Coeurs unangenehmerweise ein gegnerisches Trumpf-Doubleton bei den drei Coeur-Karten steht*.

Hin und wieder kommt es vor, daß Sie wegen Übergangsschwierigkeiten die ausstehenden Trümpfe nur durch Überstechen ziehen können.

| West | | Ost |
|---|---|---|
| ♠ 763 | N | ♠ D1042 |
| ♡ AD52 | W O | ♡ KB6 |
| ◇ AK | S | ◇ DB1098 |
| ♣ A765 | | ♣ 2 |

Partie in Sans-Atout wäre der richtige Kontrakt gewesen, aber Ost hatte sich wegen seines Singletons für »4 Coeur« entschieden. Nord greift mit dem Pik-Buben an. Sie legen am Tisch die Dame. Süd zieht Pik-König und -As und spielt die Farbe nach. Nord hatte zunächst bedient, sticht aber jetzt die dritte Pik-Runde und setzt Treff-Drei fort. Sie nehmen Süds König mit dem As, ziehen Trumpf-As, Karo-As und spielen dann klein-Trumpf zum Buben. Nord wirft Karo ab! Was nun?

Sie wissen, daß Süd je vier Karten in den beiden Edelfarben hält. War Nords Treff-Drei die vierthöchste Karte, muß Süd vier Treffs und deswegen ein Singleton in Karo halten. Sie werfen deshalb auf die hohe Pik-Zehn Ihren Karo-König ab und setzen dann solange Karo fort, bis Süd trumpft. Sie überstechen mit der Dame und kommen mit Coeur-König wieder zum Tisch, um Rest zu machen. Es war gut gespielt, daß Sie vor der zweiten Trumpf-Runde einmal Karo gezogen hatten, um sich zu deblockieren. Bei der Strategie Kontrolle gibt es Fälle, in denen Sie *vorübergehend* die Trumpf-Beherrschung aufgeben müssen, nämlich z. B. um

> eine lange Nebenfarbe durch Schnappen hochzuspielen,

> eine ungedeckte Nebenfarbe mit den Trümpfen der langen Hand herauszustechen oder

> ein Endspiel vorzubereiten mit dem Ziel, daß der mit dem letzten Trumpf zu Stich kommende Gegner in eine Gabelposition hineinspielen muß.

| West | | Ost |
|---|---|---|
| ♠ AK109 | N | ♠ DB3 |
| ♡ B1063 | W O | ♡ A |
| ◇ D852 | S | ◇ A7 |
| ♣ D | | ♣ A976542 |

In der nächsten Hand spielen Sie »4 Pik«. Greift Nord mit irgendeiner Nebenfarbe an, ziehen Sie am Tische alle drei Asse und stechen den Rest hin und her. Boshafterweise spielt Nord jedoch Atout aus. Was unternehmen Sie jetzt?

Sie gewinnen, falls die Treffs 3-2 stehen und die gegnerischen Trümpfe nicht schlechter als 4-2 verteilt sind. Sie neh-

* Wenn Sie nach dem Ducken der ersten Trumpf-Runde die Coeur-Fortsetzung des Gegners gestochen haben, ist es nicht gut, abermals klein Trumpf aus beiden Händen zu spielen; denn wenn ein Gegner vier Atouts hält, spielt er eine dritte Trumpf-Runde und schlägt Ihren Kontrakt, wenn er neben seinem letzten Atout noch mindestens eine Coeur-Karte besitzt.

men den Angriff in der Hand, ziehen Treff-As, stechen Treff mit einem hohen Trumpf, gehen mit Atout zum Tisch und stechen abermals Treff. Bei normalem Stand sind die Treffs jetzt hoch. Mit Coeur-As am Tisch ziehen Sie Trumpf und geben aus der Hand Karo zu. Der Tisch setzt Treff fort, und Sie halten eisern Ihre Coeurs. Sticht der Gegner mit dem letzten Atout, kann die Verteidigung höchstens noch zwei Coeur-Stiche machen*.

Sie gewinnen auch dann, wenn die gegnerischen Treffs 4-1 und die Atouts 3-3 stehen. Sie spielen genauso und geben zum achten Stich einen Treff ab. Ihre Gegner können nur noch zwei Coeurs kassieren, dann aber macht der Tisch mit Karo-As und zwei hohen Treffs Rest.

| | | |
|---|---|---|
| ♠ D | N | ♠ 8752 |
| ♡ AD93 | W O | ♡ KB10 |
| ♢ ADB4 | S | ♢ K6 |
| ♣ K973 | | ♣ A654 |

Sie spielen »4 Coeur«. Der Gegner greift mit Pik an und setzt die Farbe fort. Bei jedem anderen Angriff hätten Sie Ihre zehn Stiche abgezogen und Ihren Kontrakt gewonnen, wenn die gegnerischen Atouts nicht schlechter als 4-2 gestanden hätten. Jetzt müssen Sie kämpfen: Sie trumpfen, gehen mit Treff-As zum Tisch, stechen Pik mit Coeur-Dame, spielen Karo-Vier zum König und schnappen den letzten Pik mit Trumpf-As. Mit klein-Atout gehen Sie zum Tisch, um drei Trumpf-Runden zu ziehen. Aus der Hand geben Sie zwei Treffs zu. Bei einer freundlichen 3-3 Verteilung der gegnerischen Trümpfe machen Sie - etwas überraschend - zwölf Stiche. Stehen die Atouts 4-2, spielen Sie solange Karo, bis der Gegner trumpft. Sie erfüllen, wenn der Gegner mit den langen Atouts nicht mehr als fünf (!) Piks hält. Selbst bei einer katastrophalen 5-1 Verteilung der Trümpfe können Sie Ihr Spiel gewinnen, falls der Gegner mit den langen Atouts nicht mehr als zwei Treffs und vier Piks hält!

| | | |
|---|---|---|
| ♠ D7 | N | ♠ A9653 |
| ♡ KD64 | W O | ♡ A52 |
| ♢ AKD53 | S | ♢ 6 |
| ♣ K5 | | ♣ A632 |

Mit diesem zwar attraktiven, aber nicht so recht zueinander passenden Blättern haben Sie »6 Coeur« gereizt. Nord greift mit dem Treff-Buben an. Sie nehmen in der Hand, spielen Karo-As, stechen klein-Karo am Tisch und ziehen dann drei Runden Trumpf. Stehen die gegnerischen Atouts 4-2, ziehen Sie ein Karo-Bild, spielen Treff zum As und schnappen Treff, um danach Karo fortzusetzen. Hält der Gegner mit dem letzten Trumpf den besetzten Pik-König und nicht mehr als drei Treffs, kann er Karo zwar stechen, muß dann aber vom Pik-König wegspielen. Sie haben Ihren letzten Trumpf dazu verwendet, die dritte Treff-Runde zu stechen und dem Gegner die Ausgangskarte zu nehmen, mit der er dem Spielzwang hätte entrinnen können*.

Das richtige Timing der Strategie Kontrolle bei Moysian Fits gehört zur Hohen Schule des Bridge. 4-3 Fits in Edelfarbe kommen in der Praxis sehr häufig vor. Es lohnt sich deshalb, daß Sie sich mit der Durchführung derartiger Kontrakte näher

* Wären Sie im sechsten Stich mit Karo-As zum Tisch gegangen, hätten Sie Ihren Kontrakt unnötig gefährdet. Hält Süd vier Atouts und Nord den Karo-König zu viert, droht die Verteidigung einen Trumpf- und drei Karo-Stiche zu machen.

* Im siebten Stich ein Karo-Bild zu spielen war wichtig für den Fall, daß Nord etwa ♠ Kxxx ♡ Bxxx ♢ 109x ♣ B10 gehalten hat. Versäumen Sie diese Maßnahme, übersticht Nord Sie in der dritten Treff-Runde und bringt Sie mit Karo in die Hand zurück, um den Spielzwang zu entgehen.

vertraut machen. Hiervon profitieren Sie mehr, als wenn Sie sich in die fast unergründlichen Geheimnisse seltener Squeeze-Positionen vertiefen würden.

### *Verstechen*

Im Vergleich zur Strategie Kontrolle ist die praktische Durchführung des Verstechens ziemlich unkompliziert. Die nächsten Hände sprechen für sich selbst.

| W | | O |
|---|---|---|
| ♠ AD108 | N | ♠ KB9 |
| ♡ 874 | W O | ♡ B93 |
| ◇ 5 | S | ◇ AK1072 |
| ♣ A9764 | | ♣ K3 |

Gegen Ihre »4 Pik« greift Nord mit der Karo-Sechs an. Sie werfen auf die zweite Karo-Runde Coeur ab, ziehen Treff-König und -As, um Treff am Tisch zu stechen. Die Treffs fallen 3-3 aus. Wie spielen Sie weiter?

Wenn Sie - optimistisch gestimmt durch den bisherigen Spielverlauf - jetzt die Strategie Kontrolle anwenden und die gegnerischen Trümpfe ziehen, fallen Sie bei einem 5-1 oder 6-0 Stand einmal. Richtig ist natürlich, zwei Karos in der Hand und zwei hohe Treffs am Tisch zu verstechen. So erzielen Sie mit 100 %iger Sicherheit elf Stiche.

| W | | O |
|---|---|---|
| ♠ K | N | ♠ 7642 |
| ♡ AKDB | W O | ♡ 1084 |
| ◇ 10762 | S | ◇ AK3 |
| ♣ 9853 | | ♣ AK7 |

Nord greift gegen Ihre »4 Coeur« Pik an. Süd nimmt mit dem As und wechselt auf Coeur. Sie gehen zum Tisch, trumpfen Pik, spielen sich erneut an den Tisch und schnappen abermals Pik, um danach die beiden hohen Unterfarbkarten am Tisch abzuspielen und den letzten Pik zu stechen. Ist bis dahin alles gutgegangen, haben Sie schon acht Stiche und gute Chancen, mit ♡ 108 am Tisch noch zwei weitere zu erzielen. Dies glückt Ihnen, wenn die Coeur-Neun bei Nord steht oder Süd zu Stich kommt und in die Trumpf-Gabel hineinspielen muß.

| W | | O |
|---|---|---|
| ♠ ADB9 | N | ♠ 1087 |
| ♡ — | W O | ♡ 108732 |
| ◇ B82 | S | ◇ AKD |
| ♣ A108764 | | ♣ 93 |

Mit diesen schwierig zu reizenden Händen spielen Sie den wohl besten Partie-Kontrakt, nämlich »4 Pik«. Nord greift mit Coeur-König an. Sie trumpfen und ziehen vorsichtshalber Treff-As, damit es Ihnen nicht am Schluß weggestochen wird. Danach gehen Sie dreimal mit Karo zum Tisch, um dreimal Coeur zu schnappen. Gelingt es Ihnen, auf diese Weise die ersten acht Stiche zu machen, haben Sie mit Sicherheit gewonnen, weil ♠ 1087 am Tisch für zwei weitere Stiche gut sind.

| W | | O |
|---|---|---|
| ♠ 54 | N | ♠ AK762 |
| ♡ AK42 | W O | ♡ D53 |
| ◇ 8632 | S | ◇ A54 |
| ♣ A63 | | ♣ K4 |

Gegen Ihre »4 Coeur« greift Nord mit dem Karo-König an. Bei folgender Spieldurchführung haben Sie die besten Chancen: Sie nehmen am Tisch, ziehen Treff-König und -As, stechen Treff am Tisch und ziehen drei Runden Trumpf. Danach spielen Sie Pik-As und -König ab und setzen Pik fort. Sie gewinnen, wenn beim Gegner die Atouts oder die Piks 3-3 ausfallen, die langen Piks bei den langen Coeurs stehen oder Süd in Pik ein Doubleton hält. Besitzt Süd im letzten Fall noch ein hohes Atout, macht Ihr kleiner Trumpf einen Stich im »Coup en passant«.

# Das Gegenspiel

Gutes Gegenspiel ist nicht einfach und erfordert Vorstellungskraft, kooperatives Mitdenken und die Bereitschaft, einerseits alle sich bietenden Informationen auszuwerten und andererseits dem Partner ein Höchstmaß an geeigneten Informationen zukommen zu lassen. Wirksame Verteidigung ist meist schwieriger als gute Spieldurchführung. Während der Alleinspieler die 26 Karten seiner Seite kennt und bei seinen Aktionen Herr über die Karten von Tisch und Hand ist, haben Sie als Verteidiger drei Handicaps:

> Die gemeinsamen Streitkräfte sind Ihnen nicht genau bekannt, weil Sie zwar den Dummy, nicht aber die Karten Ihres Partners sehen.

> Die Aktionen der Verteidigung müssen von *zwei* Spielern gelenkt werden, die ihre Pläne aufeinander abzustimmen haben.

> Sie müssen ohne Ansicht des Tisches »blind« angreifen.

Trotz dieser Nachteile können Sie zusammen mit Ihrem Partner gut verteidigen, wenn Sie sich durch Markierung und Signale über Ihre Blattverteilung, den Besitz bestimmter hoher Karten oder den von Ihnen beabsichtigten strategischen Plan verständigen*. Es gibt viele Arten zu markieren. Ihr Partner und Sie müssen natürlich die gleiche Sprache sprechen, also denselben Verständigungs-Code benutzen. Am weitesten verbreitet ist die z. T. noch aus der Zeit des Whist überlieferte Standard-Methode. Mit ihr können Sie sich meist auch mit einem fremden Partner verständigen. Die folgenden Abschnitte befassen sich zunächst mit der Standard-Methode und gehen dann zu moderneren Markierungsarten über, die insbesondere eine gut eingespielte Partnerschaft in ihr System übernehmen kann.

# Grundlagen der Kartenwahl und Markierung

## Die Verteidigung spielt die erste Karte

*Standard-Methode*

Wenn Sie zu Beginn oder im weiteren Spielverlauf von einer bestimmten Farbe ausspielen wollen, gibt die **Standard-Methode** die folgenden Empfehlungen:

Von einem Doubleton spielen Sie stets die höhere Karte (D5, 76).

Von mehreren kleinen Karten wählen Sie die höchste oder - wenn es einen Stich kosten könnte - die zweithöchste Karte (875, 7632, 9763).

Von einer Figur spielen Sie klein aus, und zwar nach Möglichkeit die vierthöchste Karte (D73, K10652, 10752).

Von aufeinanderfolgenden Karten, einer sog. Sequenz, spielen Sie die höchste Karte (KDB, DB1063, B104). Auch von einer sog. unterbrochenen Sequenz, Mittelsequenz genannt, wählen Sie die höchste Karte der Sequenz (D1098, KB1097).

Bei einer Farbe zu dritt oder länger mit As und König an der Spitze wurde nach der Standard-Methode noch vor etwa zehn Jahren der König ausgespielt. Die meisten Spieler bevorzugen heute das As.

In einer ganzen Reihe von Fällen empfiehlt die Standard-Methode unterschiedliche Angriffe, je nachdem, ob der Gegner einen Farb- oder Sans-Atout-Kontrakt

* Man gibt eine Marke oder ein Signal ausschließlich durch das Spiel einer bestimmten Karte, nicht aber durch Zeichen, Gebärden, Worte etc. Dies wäre unethetisch und kein Bridge, sondern unzulässige Mogelei. Die Verteidiger müssen den Spieler über die Bedeutung der von ihnen gespielten Karten vorher unterrichten und auf Turnieren auf ihre sog. Konventionskarte schreiben, wie sie markieren.

spielt. Im ersten Fall will sich die Verteidigung Schnellstiche entwickeln, während sie im zweiten Fall ihre Länge hochspielen möchte.

| Farbkontrakt | Sans-Atout-Kontrakt |
|---|---|
| KD752 | KD752 |
| AB743 | AB743 |
| DB63 | DB63 |
| B10752 | B10752 |
| AK762 | AK762 |
| AB1094 | AB1094 |
| A10972 | A10972 |

Halten Sie eine Sequenz mit nur zwei aufeinanderfolgenden Karten, auf die anschließend die übernächste Karte folgt, spielen Sie unabhängig vom Kontrakt die höchste Karte an (KD1063, DB94). Mit KD952 ist es bei einem Sans-Atout-Kontrakt ein Grenzfall, ob Sie den König oder die Fünf angreifen; beides kann je nach Kartenstand gut sein.

Bei Farbkontrakten sollten Sie nur im Notfall von einer Farbe wie ABxxx, AB109x oder A109xx angreifen. Zu leicht wird nämlich beim Alleinspieler ein ungeschützter König hochgespielt.

Für den Lernenden sind die Standard-Ausspiele so ähnlich wie Vokabeln einer fremden Sprache, die zu lernen zwar lästig, für die Verständigung jedoch unentbehrlich sind.

Sie werden sich vielleicht gewundert haben, warum von einer Länge gerade die vierthöchste Karte ausgespielt wird. Statt langer Erklärungen ein Beispiel:

(Spieler)

♠ 742
♡ AK5
♢ 652
♣ 8743

N
W O
S

♡ 3

♠ DB8
♡ 964 (Tisch)
♢ AKDB9
♣ 52

Nach Süds Karo-Eröffnung hat Nord Pik gereizt und nach Unterstützung durch Süd »4 Pik« ausgeboten. Ihr Partner greift Coeur-Drei an, Sie nehmen mit dem König und spielen das As nach. Nord bedient mit der Acht und dem Buben, während Ihr Partner beim zweiten Mal Coeur-Zwei legt. Da die ausgespielte Coeur-Drei die vierthöchste Karte war, wissen Sie, daß Ihr Partner fünf Coeurs hält und eine dritte Coeur-Runde gestochen würde. Sie wechseln auf Treff und schlagen den Kontrakt, wenn Nord z. B. ♠ AK10xx ♡ B8 ♢ xx ♣ KBxx hält. Hätten Sie gedankenlos Coeur fortgesetzt, wäre das Spiel erfüllt worden.

Wenn Ihr Partner bei einem anderen Kartenstand zum zweiten Stich die Coeur-Sieben zugegeben hätte, wäre es richtig gewesen, eine dritte Coeur-Runde zu spielen. Nord könnte jetzt z. B. ♠ A109xx ♡ B82 ♢ x ♣ AKxx halten. Nur Coeur-Fortsetzung schlägt jetzt den Kontrakt.

Nach dem Ausspiel der vierthöchsten Karte können Sie sich mit der sog. Elferregel helfen. Sie ziehen den Zahlenwert der ausgespielten Karte von 11 ab. Von der ermittelten Differenz ziehen Sie die am Tisch und in Ihrem Blatt vorhandenen Karten ab, die höher als die ausgespielte Karte sind. Das Endresultat sagt Ihnen, wieviel Karten beim Spieler höher als die angegriffene sind.

(Spieler)

♠ B73 ♠ 6

♠ A104

Ihr Partner greift mit Pik-Sechs an. Der Tisch legt die Vier. Sie substrahieren 6 von 11 und erhalten 5. Von diesem Zwischenresultat ziehen Sie die vier am Tisch und in Ihrem eigenen Blatt befindlichen Karten ab, die höher als die Pik-Sechs sind (♠ A10 und ♠ B7), also 5 — 4 = 1. Nord hat also nur eine Karte, die höher als Pik-Sechs ist. Bei einem Farbkontrakt muß diese Karte ein Bild sein; denn Ihr Partner hätte von ♠ KDxx mit ♠ K angegriffen. Bleiben Sie deshalb klein, damit der Spieler nicht drei Pik-Stiche macht. Wenn Nord einen Sans-Atout-Kontrakt spielt, können Sie nicht mehr so sicher sein. Ihr Partner würde auch von ♠ KDxx die Vierthöchste angreifen. Da Nord jedoch in der Regel ein Bild halten dürfte - schließlich hat er zuerst Sans-Atout gereizt - sollten Sie auch hier klein zugeben.

### *Andere Methoden*

*Rusinow.* Die noch aus der Zeit des Whist stammende Ausspielregel, von AKx und KDx einheitlich den König anzugreifen, führte zu Unklarheiten. Schon vor langer Zeit empfahl der Amerikaner Sydney Rusinow, von zwei oder mehr aufeinanderfolgenden Bildern das zweithöchste anzugreifen (A**K**x, K**D**x, D**B**x, B**10**x und 1**0**9x). Von einem Doubleton wird die höhere Karte ausgespielt (**D**B, **B**3, **A**K und **K**D). Rusinow gilt nur bei einem Angriff gegen einen Farbkontrakt, falls das Ausspiel nicht in der vom Partner gereizten Farbe erfolgt. Im weiteren Spielverlauf, beim Ausspiel der Partnerfarbe oder gegen einen Sans-Atout-Kontrakt wird normal die höchste Karte von einer Sequenz gespielt.

MUD (middle-up-down). Von kleinen Karten spielt die Standard-Methode »Top of Nothing«, also die höchste (**8**2, **8**62 und **8**762). Es ist jetzt unklar, ob der Angreifer ein Doubleton, drei oder sogar mehr Karten hält. MUD greift von drei kleinen Karten die mittlere an und gibt bei nächster Gelegenheit die höhere zu. Vom Doubleton wird die höhere und von vier oder mehr kleinen Karten die Vierthöchste ausgespielt (**8**2, 8**6**2 und 8**7**62).

| | | |
|---|---|---|
| | ◇ DB10 | |
| (Sie) | | ◇ AK953 |
| | (Spieler) | |

Wenn Sie gegen einen Farbkontrakt Karo-Acht ausspielen, weiß Ihr Partner bei MUD, daß Sie ein Doubleton halten müssen. Er spielt Karo-König und -As ab und gibt Ihnen einen Schnapper. Greifen Sie Karo-Sechs an, um beim nächsten Mal die Acht zuzugeben, erkennt der Partner, daß Sie noch eine Karo-Karte halten und er deshalb auf eine andere Farbe wechseln muß. Falls Sie von vier Karten die Zwei angreifen, weiß Ihr Partner, daß diese Karte entweder ein Singleton oder die Vierthöchste ist, und wird meist erkennen, wie er fortsetzen muß.

MUD hat viele Vorteile, jedoch auch Nachteile (z. B. deutet bei 9**3**2 oder 87**6**3 das Ausspiel auf eine Figur hin).

*Schneider* (in skandinavischen Ländern auch *Malmö* genannt): Von drei kleinen Karten wird die höchste, vom Doubleton die kleinere Karte angegriffen (**8**62 und 8**2**). Auch Schneider ist nicht ohne Nachteile, weil der Angriff von Doubleton und von einem mehrfach besetzten Bild gleich ist.

Viele Experten helfen sich damit, daß sie MUD oder *Schneider* nur in der von ihrem Partner gereizten Farbe spielen und im übrigen die Standard-Methode anwenden.

*Journalist**. Gegen einen Sans-Atout-Kontrakt greift die Standard-Methode von einer Mittelsequenz und von einer ziemlich niedrig rangierenden Sequenz dieselbe Karte an (A**B**10xx, K**B**10xx,

* Diese Markierung wurde in der Zeitschrift »Bridge Journal« 1964/65 zum ersten Mal beschrieben.

B109xx und A109xx, K109xx, D1098x, 1098xx). Der Partner weiß jetzt nicht, wie gut die ausgespielte Farbe ist.

*Journalist* spielt von allen Mittelsequenzen die Zehn, von B109xx die höchste und von 1098xx die Neun (also AB10xx, KB10xx, A109xx, K109xx, D109xx, B109xx und 1098xx).

| | (Spieler) | |
|---|---|---|
| ♠ A62<br>♡ DB105<br>◇ 863<br>♣ 952 | N<br>W O<br>S | ♠ B |
| | ♠ 53<br>♡ 62<br>◇ KD107<br>♣ KD1074 | |

Nach der starken Sans-Atout-Eröffnung von Nord (16-18 Punkte) hob Süd auf »3 Sans-Atout«. Ihr Partner greift mit dem Pik-Buben an. Sie nehmen mit dem As, und der Spieler gibt eine kleine Karte. Bei der Standard-Methode wissen Sie jetzt nicht, ob Sie Pik fortsetzen oder auf Coeur-Dame wechseln sollen. Wenn Sie *Journalist* spielen, haben Sie keine Probleme; denn Sie wissen, daß der Spieler ♠ KDx halten muß. Sie wechseln auf Coeur und schlagen den Kontrakt, wenn Nord etwa ♠ KDx ♡ Kxx ◇ Axxx ♣ Axx hält.

Nehmen wir an, Ihr Partner hätte stattdessen mit Pik-Zehn angegriffen. Bei *Journalist* spielen Sie Pik zurück, weil Ihr Partner gute Piks mit KB10, K109 oder D109 an der Spitze halten muß.

Weitere Empfehlungen von *Journalist:* Von AKBx(xx) oder AK10x(xx) wird das As angegriffen. Wenn der Partner ein Bild hält, soll er es auf das As zugeben. Ohne Bild soll er mit einer geraden Anzahl von Karten die höchste und mit einer ungeraden Anzahl die niedrigste Karte spielen. Von AKxx(xx) oder KDxx(xx) wird entweder der König oder die kleinste Karte ausgespielt (bei *Journalist* gibt es keine Elferregel). Von einer Farbe mit KD10, DB10 oder DB9 an der Spitze wird einheitlich die Dame angegriffen. Der Partner soll den Buben zugeben, wenn er ihn hat. Das Ausspiel von einer aus kleinen Karten bestehenden Länge ist die höchste oder zweithöchste Karte (97432, 76542, 865432), um dem Partner die Schwäche dieser Farbe zu zeigen. Von einer Länge mit ein oder zwei Bildern an der Spitze wird gegen einen Sans-Atout-Kontrakt die kleinste Karte angegriffen (KB854, D98732).

*Journalist* spielt gegen Farbkontrakten von einer Sequenz *Rusinow,* während von einer besetzten Figur bei einer ungeraden Kartenzahl die niedrigste und bei einer geraden Anzahl die dritthöchste Karte ausgespielt wird (K97, K976, K9764, K97643, K976432).

*Dritthöchste - Fünfhöchste.* In jüngerer Zeit sind eine Reihe von Experten dazu übergegangen, von einer Figur zu dritt oder zu viert die dritthöchste Karte und von einer Figur zu fünft oder zu sechst die fünfthöchste Karte auszuspielen. Die klassische Elferregel gilt hier natürlich nicht. Wenn der Partner errät, ob die Dritthöchste oder Fünfthöchste ausgespielt worden ist, kann er die Zwölfer- oder Zehnerregel anwenden; er zieht also den Zahlenwert der ausgespielten Karte von 12 bzw. 10 ab.

Der Hauptvorteil der modernen Methode liegt darin, daß der Partner des Ausspielers leicht herausfinden kann, ob der Angriff von einer Figur zu dritt oder zu viert erfolgte.

| | (Spieler) | |
|---|---|---|
| ♠ AK105 | N | ♠ 3 |
| ♡ 643 | W O | |
| ◇ 974 | S | |
| ♣ 532 | | |
| | ♠ 964 | |
| | ♡ DB9 | |
| | ◇ 63 | |
| | ♣ AKDB9 | |

Gegen Nords »4 Coeur« greift Ihr Partner mit Pik-Drei ein. Sie spielen König und As ab, der Spieler bedient mit der Acht und dem Buben und der Partner gibt die Zwei. Nach der Methode *Dritthöchste - Fünfthöchste* wissen Sie jetzt genau, daß er vier Karten hält und eine weitere Pik-Runde vom Spieler gestochen würde. Gibt Ihr Partner stattdessen beim zweiten Mal die Pik-Sieben zu, kann er nur drei Karten halten. Der Spieler hat also mit ♠ B82 versucht, Sie aufs Glatteis zu führen. Sie spielen eine dritte Pik-Runde, weil Nord noch die Zwei hält.

### *Dritte Hand hoch*

Noch aus der Zeit des Whist stammt die Regel »Third Hand High«, frei übersetzt »Dritter Mann so hoch er kann«. Trotz vieler Ausnahmen ist die altehrwürdige Regel auch im Bridge eine gute Hilfe. Spielen Angreifer und Tisch kleine Karten, sollten Sie in dritter Hand zwar Ihre höchste Karte einsetzen, von zwei oder mehreren gleichwertigen jedoch die sparsamste spielen.

(Spieler)
◇ DB5 ◇ 3
◇ 764

Ihr Partner greift mit Karo-Drei an, der Tisch legt klein, Sie spielen nicht die Dame, sondern den gleichwertigen Buben und Nord nimmt mit dem As. Hat Ihr Partner z. B. von ◇ K983 angegriffen, kann er sich ausrechnen, daß Sie die Dame und der Spieler die Zehn halten muß. Warum? Stünde die Dame beim Spieler, hätte er den Stich nicht mit dem As, sondern mit der Dame genommen. Hielten Sie die Zehn, hätten Sie diese Karte anstelle des Buben eingesetzt, weil sie sparsamer gewesen wäre.

(Spieler)
♣ D1094 ♣ 2
♣ 63

Ihr Partner greift Treff-Zwei an. Diesmal müssen Sie die Dame einsetzen; die Zehn bzw. die Neun sind zwar sparsamer, aber nicht der Dame gleichwertig. Hält Ihr Partner z. B. ♣ K872 und der Spieler ♣ AB5, würden Sie völlig unnötig einen Stich verschenken, wenn Sie aus falscher Sparsamkeit nicht die Dame legen.

(Spieler)
♡ KD108 ♡ 6
♡ AB4

Ihr Partner spielt Coeur-Sechs aus, und der Tisch gibt die Vier. Wegen des am Tisch befindlichen Coeur-Bubens sind jetzt ♡ KD10 gleichwertige Karten. Legen Sie die sparsamste, also die Zehn. Die Acht dürfen Sie allerdings nicht spielen, weil Nord die Neun halten und damit den Stich gewinnen könnte.

Wenn Sie der Ausspieler sind, können Sie aus der von Ihrem Partner in dritter Hand gespielten Karte stets die negative Schlußfolgerung ziehen, daß er nicht im Besitz der - unter Einbeziehung der Karten des Tisches - nächstniederen Karte ist. Außerdem erlaubt die vom Alleinspieler gelegte Karte häufig den positiven Schluß, daß Ihr Partner bestimmte höhere Karten halten muß.

♠ 9652

♠ D43 ♠ 8

(Spieler)

Sie greifen Pik-Drei an, der Tisch bleibt klein, Ihr Partner legt die Acht und der Spieler nimmt mit dem König. Was hat Ihr Partner in Pik? Wenn Sie wie ein Detektiv an die Aufgabe herangehen, wird Ihnen zweierlei auffallen: Ihr Partner hat nicht die sparsamere Sieben gelegt und der Spieler hat den Stich nicht mit dem Buben oder der Zehn genommen. Ihr Partner muß also ♠ B108 halten.

Eine wichtige Ausnahme der Regel »Dritte Hand hoch - von gleichwertigen Karten die sparsamste« sind Schnitte gegen den Tisch.

◇ K86

◇ AB9 ◇ 7532

◇ D104

(Tisch)

Ihr Partner greift mit Karo-Zwei an, der Tisch bleibt klein und Sie müssen mit der Neun schneiden, damit der Spieler nicht zwei Karo-Stiche gewinnt.

♣ A72

♣ B84 ♣ D963

♣ K105

(Tisch)

Ihr Partner spielt Treff-Drei an, und der Tisch bleibt klein. Sie dürfen jetzt nicht den Buben einsetzen, sondern müssen mit der Acht gegen den Tisch schneiden, damit der Spieler nicht drei Treff-Stiche erzielt.

♡ K3

♡ A1072 ♡ B864

♡ D95

(Tisch)

Gegen einen Sans-Atout-Kontrakt greift Ihr Partner mit Coeur-Vier an. Der Tisch legt die Fünf. Nach der Elferregel können Sie sich ausrechnen, daß der Spieler nur eine Coeur-Karte halten kann, die höher als die Vier ist. Nur wenn Sie mit der Sieben schneiden, können Sie den Spieler daran hindern, zwei Coeur-Stiche zu machen. Dieser Schnitt sieht sehr gewagt aus, aber das scheint nur so. Zwar könnte der Spieler auch ♡ B3 halten; hiermit hat er jedoch ohnehin einen Coeur-Stopper, und es kommt nicht darauf an, ob er seinen Stich sofort oder später erzielt. Theoretisch könnte Nord ♡ 83 halten. Dieser Kartenstand ist jedoch sehr unwahrscheinlich; sonst hätte der Spieler am Tisch wohl die Dame eingesetzt in der Hoffnung, daß Ost von ♡ AKxxx angegriffen hätte.

♠ K6

♠ D872 ♠ A943

♠ B105

(Tisch)

Nord spielt einen Sans-Atout-Kontrakt. Ihr Partner greift Pik-Drei an, und der Tisch legt die Zehn. Würden Sie jetzt gedankenlos die Dame spielen, hätte der Spieler einen zweiten Stopper in Pik. Sie bleiben deshalb klein, damit das As und die Dame die zweite bzw. dritte Runde gewinnen können.

◇ A85

◇ K43 ◇ B962

◇ D107

(Tisch)

Gegen einen Farbkontrakt hat Ost, der Unglücksrabe, die Karo-Zwei angegriffen. Wenn Sie auf die Sieben des Tisches Ihren König einsetzen, macht der Spieler alle drei Karo-Stiche! Um zu retten, was noch zu retten ist, sollten Sie klein-Karo

zugeben. Spielt die Verteidigung später von sich aus nicht mehr Karo, kann Nord in dieser Farbe nur zwei Stiche machen.
Bisweilen ist es aus taktischen Gründen richtig, sich nicht an die Regel »Dritte Hand hoch - von gleichwertigen Karten die sparsamste« zu halten.

♡ K104
♡ AD7 ♡ B9853
♡ 62
(Tisch)

Ihr Partner greift gegen Nords »3 Sans-Atout« mit Coeur-Fünf an. Normalerweise spielen Sie Coeur-As, setzen mit der Dame fort, Nord bleibt klein und nimmt erst die von Ihnen nachgespielte Sieben. Wenn Ihr Partner einen Einstich hat, kann er seine beiden hohen Coeurs verwerten und den Kontrakt zu Fall bringen. Vermuten Sie jedoch auf Grund der Stärke Ihres übrigen Blattes, daß Ihr Partner kein Entrée halten kann, legen Sie im ersten Stich Coeur-Dame. Der Spieler wird nicht riskieren zu ducken, weil er nicht weiß, wer Coeur-As hält. Die Verbindung zu Ihrem Partner ist intakt; sobald Sie ans Spiel kommen, kann die Verteidigung vier Coeur-Stiche abziehen.

♣ D109
♣ AK3 ♣ B742
♣ 865
(Tisch)

Ihr Partner greift gegen einen Sans-Atout-Kontrakt Treff an. Wenn Sie Treff-König, dann das As und schließlich die Drei spielen, muß Nord zwangsläufig einen Stich mit der Dame machen. Sie können den Spieler jedoch verunsichern, indem Sie im ersten Stich Treff-As legen und sofort die Drei nachspielen. Nord muß jetzt mit ♣ D10 den Kartenstand erraten. Schneidet er mit der Zehn, macht er keinen Treff-Stich.

| West | | Ost |
|---|---|---|
| | ♠ 1083<br>♡ AD2<br>♢ D107<br>♣ KD102 | |
| ♠ AKB52<br>♡ 10963<br>♢ 86<br>♣ 87 | N<br>W O<br>S | ♠ 76<br>♡ 754<br>♢ 9432<br>♣ A543 |
| | ♠ D94<br>♡ KB8<br>♢ AKB5<br>♣ B96 | |

Nach Nords schwacher Sans-Atout-Eröffnung (12-14 Punkte) hob Süd sofort auf »3 Sans-Atout«. Sie sind also nicht dazu gekommen, Ihre Piks zu nennen. Ost entschließt sich, Coeur-Fünf anzugreifen. Legten Sie auf die Acht des Tisches routinemäßig die Neun, gäben Sie dem Spieler unnötig eine Chance: Er nimmt mit Coeur-As und wechselt auf Treff. Sobald Ihr Partner mit dem As zu Stich gekommen ist, wird er wahrscheinlich Coeur fortsetzen, weil er bei Ihnen ♡ D109x vermutet. Machen Sie also Ihrem Partner keine falschen Hoffnungen und legen Sie im ersten Stich die Coeur-Drei. Jetzt rechnet Ihr Partner beim Eröffner mit ♡ AD und ♣ KD und wird wahrscheinlich auf Pik wechseln. Der Kontrakt stürzt jetzt zweimal, statt mit Überstich erfüllt zu werden.

Manchmal müssen Sie in dritter Hand eine vom Partner ausgespielte Karte mit der nächsthöheren Karte übernehmen.

♠ B96
♠ A4 ♠ KD1083
♠ 752
(Tisch)

Ihr Partner greift gegen einen Sans-Atout-Kontrakt mit Pik-König an. Wenn

Sie übernehmen und Pik nachspielen, macht die Verteidigung die ersten fünf Stiche.

| | | |
|---|---|---|
| | ♡ A4 | |
| ♡ KD7 | | ♡ **B10963** |
| | ♡ 852<br>(Tisch) | |

Nord spielt »3 Sans-Atout«. Falls Sie auf den von Ihrem Partner angegriffenen Coeur-Buben die Sieben legen, ist die Farbe blockiert. Korrekt ist natürlich, mit der Dame zu übernehmen und den König nachzuspielen, wenn Nord zunächst klein bleibt.

| | | |
|---|---|---|
| | (Spieler) | |
| ♠ AB52<br>♡ B763<br>♢ 852<br>♣ 54 | N<br>W O<br>S | ♠ K |
| | ♠ 963<br>♡ 85<br>♢ ADB74<br>♣ B106 | |

Teiler Ost, Nord-Süd in Gefahr

| Ost | Süd | West | Nord |
|---|---|---|---|
| 1 ♠ * | pass | 2 ♠ | 4 ♣ |
| pass | 5 ♣ | pass | pass |
| pass | | | |

* Sie eröffnen Edelfarben mindestens zu fünft.

Wie sollten Sie verteidigen? Sie können sich ausrechnen, daß Nord in Pik höchstens ein Singleton hält. Ließen Sie Ihren Partner bei Stich, hätte er möglicherweise kein gutes Rückspiel. Übernehmen Sie deshalb mit dem As, um Coeur durchzuspielen. Hält Nord z. B. ♠ x ♡ Kxx ♢ xx ♣ AKDxxxx oder ♠ x ♡ ADx ♢ xx ♣ KD98xxx, schlägt nur diese Verteidigung den Kontrakt.

## *Markierung von Stärke oder Länge*

Wenn Sie die vom Partner angegriffene oder die am Tisch gelegte Karte in dritter Hand nicht übernehmen können oder wollen, haben Sie meist Gelegenheit dazu, mit der von Ihnen zugegebenen Karte Ihrem Partner einen Hinweis (sog. Markierung) auf Ihre Stärke oder Ihre Kartenanzahl in der ausgespielten Farbe zu geben.

Die Standard-Methode markiert »Hoch-Niedrig«*. Eine hohe Karte ist ein positives Signal (sog. Zumarke) und zeigt Interesse an der angegriffenen Farbe. Sind Sie desinteressiert, geben Sie mit einer kleinen Karte eine negative Marke (sog. Abmarke).

| | | |
|---|---|---|
| | ♢ B94 | |
| ♢ A852 | | ♢ **KD10** |
| | ♢ 763<br>(Tisch) | |

Ihr Partner greift mit Karo-König an. Sie sind an der Fortsetzung der Farbe interessiert und geben mit der Acht eine positive Marke. Ihr Partner kann jetzt Karo weiterspielen, ohne befürchten zu müssen, daß der Spieler von ♢ ABx klein zugegeben hat (sog. Bath-Coup) und nur darauf wartet, daß Ost ihm in die Karo-Gabel hineinspielt.

| | | |
|---|---|---|
| | ♣ 865 | |
| ♣ A742 | N<br>W O<br>S | ♡ A4<br>♣ 93 |
| | ♣ KDB10<br>(Tisch) | |

Nord spielt einen Coeur-Kontrakt. Ihr Partner greift mit Treff-Neun an. Um die Verbindung in dieser Farbe aufrecht-

* Diese Markierung wurde bereits 1834 von dem Whist-Experten Lord Henry Bentinck entwickelt.

zuerhalten, schonen Sie Ihr As und geben mit Treff-Sieben eine Zumarke. Jetzt weiß Ost, daß Sie das As halten und kann später die Farbe weiterspielen. Sie nehmen mit dem As, spielen Treff zurück und Ihr Partner trumpft.

Sie können Ihrem Partner auch signalisieren, ob Sie eine gerade oder ungerade Anzahl von Karten in der angegriffenen Farbe halten. Um ein Doubleton oder vier (gelegentlich auch sechs) Karten zu zeigen, spielen Sie erst hoch, dann niedrig. Mit drei (evtl. fünf oder auch sieben) Karten legen Sie zunächst eine kleine Karte, später eine höhere.

♢ 1054
♢ 92 ♢ AK863
♢ DB7
(Tisch)

Gegen einen Pik-Kontrakt greift Ost mit Karo-As an. Sie markieren Ihr Doubleton, indem Sie erst die Neun und dann die Zwei zugeben. Ihr Partner spielt die Farbe weiter, damit Sie stechen können.

Sie werden an dieser Stelle wahrscheinlich fragen, ob Sie mit der Reihenfolge hoch-niedrig gleichzeitig Stärke und eine gerade Kartenzahl signalisieren können. Das geht natürlich nicht. Sie können nur Stärke oder Länge markieren. Geben Sie Ihrem Partner das Signal, das ihm am meisten hilft. Fast immer ergibt sich aus der Gesamtsituation, ob Sie Stärke bzw. Schwäche *oder* Ihre Kartenzahl markieren müssen.

♠ AB3
♠ 84 ♠ KD1095
♠ 762
(Tisch)

Ihr Partner greift gegen einen Sans-Atout-Kontrakt mit Pik-König an. Wenn Nord die Drei legt, ist Ihr Partner dringend daran interessiert zu wissen, ob Sie eine Pik-Figur halten oder nicht Geben Sie deshalb mit Pik-Vier eine Abmarke, anstatt mit der Acht Ihr Doubleton zu markieren.

♣ 105
♡ 85
♣ D84
N
W O
S
♣ AKB972
♡ 432
♣ 63
(Tisch)

Nord spielt einen Coeur-Kontrakt. Ihr Partner greift mit Treff-As an. Normalerweise würden Sie mit der Acht den Besitz einer Hochfigur markieren. Hier hat jedoch der Tisch nur ein Doubleton. Ihr Partner steht nach Abzug von Treff-As und -König vor dem Problem, ob auch Sie ein Doubleton halten und ggf. den Tisch überstechen können. Markieren Sie deshalb den Besitz von drei Karten, indem Sie zuerst die Vier und dann die Acht legen. Wenn Sie umgekehrt verfahren, passiert ein Unglück: Ihr Partner spielt beim dritten Mal Treff in die Doppelrennonce. Jetzt wird der Spieler wahrscheinlich am Tisch stechen und aus der Hand einen Verlierer abwerfen.

♡ A53
♡ 96 ♡ K8742
♡ DB10
(Tisch)

Gegen »3 Sans-Atout« greift Ihr Partner mit der Coeur-Vier an. Kommt Ost später zu Stich, möchte er natürlich wissen, ob das As des Spielers inzwischen blank ist. Sie müssen mit Coeur-Neun Ihr Doubleton markieren, damit sich Ihr Partner ausrechnen kann, daß Nord drei Coeur-Karten hält. Die Gefahr, daß Sie Ihren Partner mit der Neun nicht vorhandene Stärke vortäuschen, besteht hier nicht; denn hielten Sie eine hohe Coeur-Figur, hätten Sie sie zum ersten Stich gespielt.

(Spieler)

| West | | Ost |
|---|---|---|
| ♠ A9632<br>♡ 852<br>◇ 9<br>♣ KB98 | N<br>W O<br>S | ♠ K |
| | ♠ B7<br>♡ ADB9<br>◇ 52<br>♣ 107654 | |

Teiler Ost, Ost-West in Gefahr

| Ost | Süd | West | Nord |
|---|---|---|---|
| 1 ♠ | pass | 3 ♠ | 5 ◇ |
| kontra | pass | 5 ♠ | pass |
| pass | kontra | pass | 6 ◇ |
| kontra | pass | pass | pass |

Ihr Partner wird vor allen Dingen daran interessiert sein, wieviel Pik-Karten Sie halten. Markieren Sie deshalb mit Pik-Zwei eine ungerade Anzahl. Mit z. B. ♠ KD10xx ♡ Kxx ◇ xx ♣ ADx weiß Ost jetzt, daß er Pik nicht weiterspielen darf, weil Nord nur ein Singleton in Pik hält. Ost zieht deshalb Treff-As, damit der Spieler nicht mit acht Karo- und vier Coeur-Stichen gewinnt.

Nehmen Sie jetzt einmal an, daß Sie statt der Pik-Zwei die Treff-Zwei hielten. Bei dieser Konstellation müssen Sie mit Pik-Neun eine gerade Anzahl von Pik-Karten zeigen. Mit dem gleichen Blatt wie oben muß Ihr Partner Pik weiterspielen; denn Nord hält ♠ xx ♡ 10xx ◇ AKDB10xxx ♣ —. Von Ihrer genauen Längenmarke hängen also über 1000 Punkte ab.

Nicht selten halten Sie in dritter Hand eine Sequenz in der angespielten Farbe. Geben Sie Ihre höchste Karte zu, es sei denn, daß diese Zumarke einen Stich kosten könnte. Wenn Ihr Partner z. B. von AKxx angreift und am Tisch xx liegt, spielen Sie von DB10x die Dame. Jetzt kann Ihr Partner klein fortsetzen, falls er Sie ans Spiel bringen will. Nimmt der Tisch die angegriffene Farbe mit Axxx, geben Sie als Dritter von KDB10 den König. Bei Ausspielen von KDx bzw. DBx geben Sie mit B10x bzw. 109x Ihre höchste Karte als Zumarke.

(Spieler)

| West | | Ost |
|---|---|---|
| ♠ 52<br>♡ B109<br>◇ 8743<br>♣ 10532 | N<br>W O<br>S | ♡ A |
| | ♠ AB106<br>♡ 72<br>◇ KD1052<br>♣ 97 | |

Nach Nords Pik-Eröffnung hat Ost Coeur zwischengereizt und Süd »4 Pik« geboten. Ihr Partner greift mit dem Coeur-As an. Legen Sie den Buben, um zu zeigen, daß Sie zumindest auch die Zehn besitzen. Ihr Partner setzt jetzt klein-Coeur fort, Ihre Neun gewinnt den Stich und Sie spielen - natürlich - Treff durch, um den Kontrakt zu schlagen, falls Nord etwa ♠ KD9xx ♡ xxx ◇ Bx ♣ ADx halten sollte. Ohne Ihre Marke hätte Ost ein hohes Coeur weitergespielt. Nord erfüllt jetzt ohne Schwierigkeiten, weil er nach Abzug der Atouts die Karos hochspielen und hierauf die beiden Treff-Verlierer abwerfen kann.

### *Andere Markierungs-Methoden*

*Niedrig-Hoch (Schneider)**. Mit einer niedrigen Karte wird zumarkiert, mit einer hohen abmarkiert. Ein Nachteil der

* Diese Methode ist von dem Österreicher Karl Schneider entwickelt worden; sie wurde zum ersten Mal 1937 von O'Brien in der Bridge World beschrieben.

Standard-Methode ist, daß für eine positive Marke bisweilen keine hohe Karte gespielt werden kann, weil es einen Stich kosten würde; stattdessen behilft man sich mit einer kleineren Karte, was zu Unklarheiten führen kann. Diese Schwierigkeiten vermeidet *Niedrig-Hoch*, weil die für eine Zumarke erforderliche kleine Karte immer entbehrlich ist.

Auch bei Längenmarken gilt die umgekehrte Reihenfolge, nämlich eine kleine und dann eine hohe Karte bei einer geraden Anzahl und eine höhere und dann eine kleinere Karte bei ungerader Anzahl.

*Italienisch (Marmic).* Zumarkiert wird mit ungeraden (3, 5, 7 und 9), abmarkiert mit geraden Karten (2, 4, 6, 8 und 10). Der Nachteil dieser in Italien entwickelten Methode liegt darin, daß die Verteidiger die zur Markierung erforderlichen Karten nicht immer zur Hand haben. Hilfsweise muß *Hoch-Niedrig* markiert werden (also z. B. mit K862 die Acht als Zumarke und mit 953 die Drei als Abmarke).

Diese Methode hat als Vorteil, daß man sog. Farbvorzugs-Signale geben kann, wenn zwei oder mehrere gerade Karten für eine Abmarke zur Verfügung stehen. Wenn Sie z. B. bei einem gegnerischen Pik-Kontrakt mit ♡ 872 Ihr Desinteresse an Coeur zeigen wollen, können Sie mit der Acht die höhere der beiden anderen Farben, also Karo, verlangen und mit der Zwei Interesse für Treff zeigen.

Die Längenmarken sind die gleichen wie bei *Hoch-Niedrig*.

*Schnitte gegen den Spieler*

Sitzt der Spieler rechts von Ihnen und bringt Ihr Partner im Verlauf des Spiels eine Farbe, müssen Sie sich überlegen, ob Sie gegen die unsichtbare Hand schneiden müssen.

| | | |
|---|---|---|
| | ♣ AB4 | |
| ♣ K109 | | ♣ 8 |
| | ♣ 3 | |
| | (Spieler) | |

Ihr Partner zeigt mit Treff-Acht, daß er kein Bild hält. Die Dame steht deshalb bei Süd. Schneiden Sie mit der Neun, um nicht unnötig einen Stich zu verschenken. Wenn Ost stattdessen Treff-Zwei spielt und damit den Besitz der Dame anzeigt, legen Sie in dritter Hand den König.

| | | |
|---|---|---|
| | ◇ D63 | |
| ◇ AB105 | | ◇ 9 |
| | ◇ 4 | |
| | (Spieler) | |

Ihr Partner spielt Karo-Neun. Da Sie den König bei Süd erwarten dürfen, spielen Sie nicht das As, sondern bleiben klein.

# Der Spieler hat die Initiative

Als Verteidiger in zweiter Hand haben Sie viele Gelegenheiten, den Spielausgang entscheidend zu beeinflussen.

*Das Decken hoher Karten*

Beim Whist hieß es »Always cover an honour with an honour«, übersetzt etwa »Stets Bild auf Bild«. Für diese Regel gibt es im Bridge eine Reihe von Ausnahmen, die Sie meist erkennen können, weil Sie - im Gegensatz zum Whist - den Tisch sehen.

Wird Ihnen eine hohe Karte zum Schnitt vorgelegt, sollten Sie als Zweiter dann mit einer höheren Karte decken, wenn Sie eine Chance sehen, daß eine Karte Ihres Partners in der Rangfolge einen Platz höher rückt.

♡ AB865

♡ D72 ♡ K94

♡ 103

(Tisch)

Spielen Sie auf die vom Tisch vorgesetzte Zehn die Dame; Ihr Partner macht jetzt nicht nur den König sondern auch die Neun. Wären Sie fehlerhaft klein geblieben, hätte die Verteidigung nur einen Coeur-Stich erzielt.

♣ AD107

♣ B52 ♣ K863

♣ 94

(Spieler)

Aus der Hand wird die Treff-Neun vorgelegt. Falls Sie klein bleiben, macht Ihr Partner nur den König. Setzen Sie jedoch korrekt den Buben ein, wird Osts Treff-Acht befördert, und der Spieler muß sich mit zwei Treff-Stichen zufriedengeben.

Hin und wieder können Sie allerdings nicht abschätzen, ob Ihr Decken dem Partner oder dem Spieler hilft.

(Spieler)

♠ K543 (Partner)

♠ B6

Auf den vom Tisch vorgesetzten Pik-Buben den König zu legen, ist gut, wenn der Spieler ♠ AD9 und Ihr Partner ♠ 108xx hält. Jetzt kann der Spieler nur zwei Pik-Stiche erzielen, weil die Zehn Ihres Partners befördert worden ist.

Sollte Nord allerdings ♠ AD109 halten, schenken Sie dem Spieler durch Ihr Decken einen vierten Pik-Stich.

Wenn der Tisch eine hohe Karte von einer Sequenz vorsetzt, gibt es eine sehr zuverlässige Regel: Decken Sie in zweiter Hand erst die letzte Karte der Sequenz, es sei denn, daß Sie nur ein Doubleton halten.

(Spieler)

◇ K72 (Partner)

◇ DB84

Bleiben Sie auf die vom Tisch vorgelegte Karo-Dame klein; folgt der Bube, decken Sie. Setzen Sie fehlerhaft bereits beim ersten Mal den König ein, kann der Spieler mit z. B. ◇ A9x die bei Ihrem Partner stehende Zehn herausschneiden.

Nehmen Sie an, daß Sie nur ◇ Kx hielten. Jetzt dürfen Sie Ihren König nicht schonen, weil der Spieler mit z. B. ◇ Axxx beim nächsten Mal vom Tisch klein weiterspielt und Ihr Partner mit ◇ 109x keinen Stich macht.

Legt der Spieler aus der Hand eine hohe Karte zum Schnitt vor, sollten Sie in zweiter Hand nur dann decken, wenn der Tisch mehr als ein Honneur hat und Sie eine Möglichkeit sehen, Ihrem Partner eine Karte hochzuspielen; mit einem Doubleton sollten Sie auch hier immer decken.

♣ A63

♣ K74 ♣ D982

♣ B105

(Spieler)

Sie decken den vom Spieler vorgesetzten Buben nicht, weil der Tisch nur ein Honneur hält. Legen Sie fehlerhaft Ihren König, nimmt der Spieler am Tisch und spielt den Expass zu seiner Zehn, um einen zweiten Treff-Stich zu erzielen.

Tauschen Sie jetzt in Gedanken die Zehn und die Sechs gegeneinander aus.

Jetzt müssen Sie decken, weil der Tisch zwei Bilder hält.

♡ K74

♡ D3 ♡ A986

♡ B1052
(Spieler)

Der Tisch hält zwar nur ein Honneur; trotzdem müssen Sie die vorgesetzte Coeur-Zehn mit der Dame decken, weil Sie nur ein Doubleton halten. Wenn Ihnen Ihre Dame zu schade ist, macht der Spieler zwei Coeur-Stiche, weil er beim nächsten Mal klein fortsetzt.

♠ AB98

♠ K643 ♠ D72

♠ 105
(Spieler)

Die Hand legt Pik-Zehn vor. Sie dürfen nicht decken. Der Tisch hat zwar zwei Honneurs, es besteht jedoch keinerlei Chance, daß Sie Ihrem Partner einen zusätzlichen Stich entwickeln können. Würden Sie decken, machte der Spieler drei Pik-Stiche, falls er ein Entrée zum Tisch hat.

*Zweite Hand klein*

Die alte Whist-Regel »Second Hand Low«, also »Zweite Hand klein«, ist beim Bridge durch so viele Ausnahmen durchbrochen, daß sie kaum mehr als eine »Daumenregel« ist. In den nächsten Beispielen können Sie allerdings der unsicheren Regel trauen:

♣ K76

♣ A84 ♣ B1052

♣ D93
(Spieler)

Sie dürfen auf Treff-Drei nicht das As legen, weil der Spieler sonst zwei Stiche machen würde.

♡ KD5
♢ A74

| W | N / S | O |
|---|---|---|
| ♡ A1073<br>♢ D1085 | N<br>W O<br>S | ♡ B9842<br>♢ K97 |

♡ 6
♢ B63
(Spieler)

In einem Pik-Kontrakt spielt Süd die Coeur-Sechs. Setzen Sie Ihr As ein, kann der Spieler beide Karo-Verlierer auf die hohen Coeurs abwerfen. Bleiben Sie hingegen klein, machen Sie zwar keinen Coeur-Stich, jedoch dafür zwei Karo-Stiche.

♠ KB984
♡ KDB109
♢ 2
♣ 93

| W | N / S | O |
|---|---|---|
| ♠ A10732<br>♡ 84<br>♢ D95<br>♣ K62 | N<br>W O<br>S | ♠ D5<br>♡ 762<br>♢ B863<br>♣ DB105 |

♠ 6
♡ A53
♢ AK1074
♣ A874

Gegen Nords »6 Coeur« greift Ihr Partner mit Treff-Dame an. Der Spieler nimmt am Tisch, wirft seinen Treff-Verlierer auf Karo ab und spielt Pik-Sechs. Wenn Sie jetzt nervös werden und das As legen, kann Nord seinen Schlemm leicht erfüllen, weil er die zweite und dritte Pik-Runde erst klein und dann mit Trumpf-As sticht. Gehen Sie mit Pik-As nicht herein, muß der Schlemm fallen. Selbst wenn der Spieler wider

Erwarten richtig rät und den König einsetzt, kann er seine Piks nicht verstechen, ohne daß Ihr Partner später mit seinen Trümpfen zwischensticht und im entscheidenden Moment Trumpf fortsetzt.
Vom Prinzip »Zweite Hand klein« gibt es viele Ausnahmen. Oft versucht der Spieler in einem Farbkontrakt, in einer Nebenfarbe vom Tisch klein zu seinem blanken König zu spielen und sich so einen Stich zu stehlen. Sie müssen in zweiter Hand auf der Hut sein und mit dem As hereingehen.

Ihr Partner greift gegen einen Farbkontrakt ein Singleton an. Der Tisch nimmt und spielt Trumpf. Halten Sie in zweiter Hand das besetzte Trumpf-As, sollten Sie den Stich nehmen und Ihrem Partner den erhofften Schnapper geben. Blieben Sie zunächst klein, wäre die Gelegenheit verpaßt, falls Ihr Partner nur ein Doubleton in Atout hält.

| | | |
|---|---|---|
| | ♠ K76<br>♡ K75<br>♢ A9<br>♣ D9862 | |
| ♠ 952<br>♡ D104<br>♢ D1073<br>♣ K43 | N<br>W O<br>S | ♠ DB1084<br>♡ B96<br>♢ 652<br>♣ A7 |
| | ♠ A3<br>♡ A832<br>♢ KB84<br>♣ B105 | |

Ihr Partner greift gegen Nords »3 Sans-Atout« mit Pik-Dame an. Der Spieler bleibt zunächst klein, nimmt das nächste Pik am Tisch und setzt mit Treff-Fünf fort. Sie können jetzt eine Heldentat vollbringen, indem Sie Ihren König einsetzen, Pik spielen und so den Kontrakt schlagen. In der Praxis ist diese »Experten-Verteidigung« allerdings schwer zu finden. Wenn Sie klein bleiben, muß der Partner diesen oder den nächsten Treff-Stich mitnehmen und verliert sein Entrée zu den Piks.

| | | |
|---|---|---|
| | ♢ AB1074 | |
| ♢ K52 | | ♢ D83 |
| | ♢ 96<br>(Spieler) | |

Süd spielt einen Sans-Atout-Kontrakt; der Tisch hat keinen Einstich in einer anderen Farbe. Die Hand legt Karo-Neun vor. Setzen Sie Ihren König ein, kann der Spieler höchstens einen Karo-Stich machen. Klein zu bleiben wäre schlecht, weil Ihr Partner die Situation möglicherweise nicht übersehen kann und den Stich mit der Dame nimmt. Süd wiederholt den Schnitt und macht vier Karo-Stiche.

| | | |
|---|---|---|
| | ♠ A4<br>♡ 763<br>♢ 76<br>♣ AD10973 | |
| ♠ K108532<br>♡ B9<br>♢ D42<br>♣ K4 | N<br>W O<br>S | ♠ D7<br>♡ D1084<br>♢ B1083<br>♣ B62 |
| | ♠ B96<br>♡ AK52<br>♢ AK95<br>♣ 85 | |

Gegen Süds »3 Sans-Atout« greifen Sie mit Pik-Fünf an. Der Tisch bleibt klein, Ihr Partner nimmt mit der Dame und spielt Pik nach. Der Spieler geht mit Coeur in die Hand und setzt Treff-Acht fort. Von Ihrer Karte hängt es jetzt ab, ob der Kontrakt zweimal fällt oder mit Überstich erfüllt wird! Richtig ist natürlich Treff-König. Der Spieler muß sich jetzt entweder von seinen langen Treffs abschneiden lassen oder Ihnen weitere vier Pik-Stiche konzedieren.

(Süd gewinnt auch dann nicht, wenn er Pik-As sofort mitnimmt. Ost deblockiert sich mit Pik-Dame, und Sie bleiben im kritischen Moment in Treff klein.)

### *Längenmarken*

In einer Reihe von Situationen müssen Sie Ihrem Partner Ihre Kartenzahl in einer bestimmten Farbe markieren.

♣ KDB104

♣ 92 ♣ A85

♣ 763

(Spieler)

Süd spielt einen Sans-Atout-Kontrakt; der Tisch hat in keiner anderen Farbe ein Entrée zu den Treffs. Ihr Partner steht vor dem Problem, ob er sein As in der zweiten oder dritten Runde mitnehmen soll. Sie markieren ihm mit Treff-Neun eine gerade Kartenzahl. Ost trifft jetzt die richtige Entscheidung und duckt zweimal. Nehmen wir an, daß Sie ♣ 932 und der Spieler ♣ 76 halten. Jetzt geben Sie in der ersten Runde die Treff-Zwei, um eine ungerade Kartenzahl zu signalisieren. Ihr Partner kann jetzt Treff-As in der *zweiten* Runde mitnehmen, ohne dem Spieler einen überflüssigen Stich zu schenken.

Gegen einen erfahrenen Spieler ist es gefährlich, wenn Sie stets genaue Längenmarken geben. Er zählt sich dann die Gesamt-Verteilung der von Ihnen und Ihrem Partner gehaltenen Blätter aus und spielt besser, als Ihnen lieb ist. Von vielen Längenmarken würde nur Ihr Gegner profitieren.

♡ A952

♡ 10874 ♡ B6

♡ KD3

(Spieler)

Süd spielt beide Coeur-Bilder. Wenn Sie jetzt erst die Sieben und dann die Vier legen und so eine gerade Kartenanzahl zeigen, ermutigen Sie den Spieler zum Impaß auf Ihre Zehn.

Ein Kapitel für sich sind Längenmarken in Atout. Normalerweise bedienen Sie von unten nach oben. Eine Ausnahme ist das *Trumpf-Echo.* Mit drei Trümpfen geben Sie erst den mittleren und dann den kleinsten zu, wenn Sie es sich ohne Stichverlust leisten können. Es ist Geschmackssache, ob Sie nur dann ein Trumpf-Echo geben, wenn Sie auf einen Schnapper hoffen, oder ob Sie Ihre Atouts regelmäßig markieren, damit Ihr Partner das Blatt des Spielers auch dann auszählen kann, wenn dieser nur zwei Runden Trumpf spielt.

### *Besondere Marken*

Oft weiß der Ausspieler nicht, ob er mit seinem Angriff ins Schwarze getroffen hat. Greift West gegen »3 Sans-Atout« mit Pik-Drei

♠ 84

♠ B9632 ♠ KD75
♢ A ♢ 9653

♠ A10

(Spieler)

an, kann der Alleinspieler Osts Dame sofort mitnehmen und auf Karo wechseln. Eine *unnötig hohe* Karte des Partners ermutigt nun den Angreifer, seine Farbe fortzusetzen (»*Smith-Peter*«). Ost gibt also Karo-Neun. Mit ♠D75 würde Ost klein-Karo legen, und West sollte auf Coeur oder Treff wechseln, um Süd, der jetzt noch ♠K10 hätte, nicht ins offene Messer zu laufen.

Smith-Peter ist also ein Signal *in* der vom Gegner gespielten Farbe, in welcher der Angreifer zu Stich kommt und in der sein markierender Partner noch bedienen muß. Größeren Markierungsspielraum hat ein Verteidiger, der auf die vom Gegner gespielte Farbe etwas abwerfen kann. Der *erste Abwurf* zeigt Desinteresse in der abgeworfenen Farbe und je nach Höhe der gespielten Karte Farbvorzug für die höhere oder niedrigere der beiden übrigen Farben (*»Revolving Discards«*).

| | | |
|---|---|---|
| | ♠ K64<br>♡ 4<br>◇ KD9875<br>♣ K65 | |
| ♠ 982<br>♡ B9853<br>◇ A102<br>♣ 103 | N<br>W O<br>S | ♠ 10753<br>♡ AD7<br>◇ 4<br>♣ DB982 |
| | ♠ ADB<br>♡ K1062<br>◇ B63<br>♣ A74 | |

Gegen »3 Sans-Atout« greift West Coeur-Fünf an. Ost legt korrekt die Dame (vgl. S. 185). Süd nimmt, spielt klein-Karo zur Dame und vom Tisch Karo weiter. Ost kann jetzt durch Pik-Zehn Interesse an Coeur (der höheren Farbe) oder durch Treff-Zwei ebenfalls Coeur-Interesse (jetzt ist Coeur die *niedrigere* der beiden anderen Farben!) signalisieren. Coeur-Fortsetzung schlägt den Kontrakt. (Hielte Ost ♡D76 und ♣ADB92, Süd jedoch ♡AK102 und ♣874, müßte Ost Pik-Drei als Treff-Marke geben. West spielt Treff-Zehn, und Süd fällt.)

### *Kleinbleiben in vierter Hand*

Sie können den Spieler dadurch vor erhebliche Probleme stellen, daß Sie in vierter Hand ducken.

| | | |
|---|---|---|
| | ◇ 653 | |
| ◇ A94 | | ◇ B872 |
| | ◇ KD10<br>(Tisch) | |

Nord spielt klein zum König. Wenn Sie sofort mitnehmen, hat der Spieler beim nächsten Mal kaum eine andere Wahl, als den Buben Ihres Partners herauszuschneiden. Bleiben Sie deshalb ohne auffälliges Zögern klein. Spielt Nord beim nächsten Mal Karo gegen den Tisch, muß er sich entscheiden, ob er die Zehn oder die Dame legen soll. Je öfter Sie den Spieler raten lassen, desto eher wird er fehlgehen.

| | | |
|---|---|---|
| | ♣ D5 | |
| ♣ K72 | | ♣ 863 |
| | ♣ AB1094<br>(Tisch) | |

Nord spielt einen Sans-Atout-Kontrakt; der Tisch hat keinen Einstich in einer anderen Farbe zu den Treffs. Wenn Sie die zum Schnitt vorgesetzte Dame sofort mitnehmen, macht der Spieler vier Treff-Stiche. Sie bleiben deshalb klein. Sollte Nord erneut schneiden, muß er sich mit einem Stich begnügen.

Hält der Tisch ♣ AB10974, Sie aber nur ♣ K2, sollten Sie genauso spielen. Hierzu gehören allerdings gute Nerven und schnelle Entschlußkraft; ein kleines Zögern kann bereits alles verraten.

Oft ist es gut, eine hohe Karte zurückzuhalten, wenn Sie noch nicht wissen, was Sie weiterspielen sollen. Nicht selten klärt sich die Situation schon beim nächsten Stich, z. B. weil der Partner nicht mehr bedient und eine aufschlußreiche Marke geben kann oder der Spieler auf eine andere Farbe wechselt.

Durch das Ducken läßt die Verteidigung den Spieler über den Sitz ihrer hohen Karten zunächst im unklaren.

| | | |
|---|---|---|
| | ♠ 9742<br>♡ K<br>◇ K63<br>♣ D8742 | |
| ♠ K8<br>♡ D1097<br>◇ B982<br>♣ A103 | N<br>W O<br>S | ♠ D1065<br>♡ 86432<br>◇ 105<br>♣ B5 |
| | ♠ AB3<br>♡ AB5<br>◇ AD74<br>♣ K96 | |

Ihr Partner greift gegen Nords »3 Sans-Atout« mit Coeur-Sechs an. Der Tisch bleibt klein, und der Spieler nimmt Ihre Neun in der Hand, um klein-Treff zum König zu spielen. Sie legen die Drei, als sei es das Selbstverständlichste von der Welt. Der Tisch spielt Treff weiter, Sie geben die Zehn und der Spieler bleibt klein in der Hoffnung, daß hinter ihm ♣ Ax stand. Durch Ihr zweimaliges Ducken haben Sie Ihrem Partner ein unerwartetes Entrée verschafft. Er spielt Coeur durch, Sie nehmen den Buben des Tisches mit der Dame und spielen - ein deblockierendes Manöver - die Zehn zurück. Später kommen Sie mit Treff-As zu Stich, spielen Coeur-Sieben, Ihr Partner übernimmt und zieht den Falier ab.

## Wege zur besseren Verständigung

Gutes Gegenspiel beruht selten auf der Einzelleistung eines Verteidigers. Meist müssen beide Partner einen Plan gemeinsam ausführen. Wenn Sie aus Ihrer Sicht die Situation besser beurteilen können als Ihr Partner, sollten Sie ihn führen und nicht fatalistisch darauf warten, daß er den falschen Weg einschlägt.

### *Lavinthal*

Oft ist es für einen Verteidiger eindeutig, daß er von zwei bestimmten Farben eine spielen muß; er ist sich allerdings im unklaren darüber, für welche von beiden er sich entscheiden soll. Aus dieser Ungewißheit hilft das Lavinthal-Signal*. Eine ungewöhnlich hohe Karte zeigt Stärke in der höheren und eine sehr kleine Karte Stärke in der niedrigeren der beiden in Betracht kommenden Farben.

| | | |
|---|---|---|
| | ♠ AB963<br>♡ K74<br>◇ AKB<br>♣ DB | |
| ♠ 4<br>♡ A10962<br>◇ 962<br>♣ A843 | N<br>W O<br>S | ♠ 852<br>♡ 3<br>◇ 10754<br>♣ 109652 |
| | ♠ KD107<br>♡ DB85<br>◇ D83<br>♣ K7 | |

Ihr Partner greift gegen Nords »4 Pik« mit Coeur-Drei an. Sie nehmen mit dem As und spielen die Zwei zurück. Aus diesem Farbvorzugs-Signal sieht Ost, daß er Sie in der niedrigeren der beiden anderen Farben, also Treff, ans Spiel bringen muß, um abermals stechen zu können. Würden Sie das andere Unterfarb-As besitzen, hätten Sie Coeur-Zehn zurückgespielt.

* Entwickelt im Jahre 1934 von dem Amerikaner Hy Lavinthal, auch nach seinem Landsmann McKenney benannt, der die Entdeckung zuerst veröffentlichte.

| | (Spieler) | |
|---|---|---|
| ♠ D872<br>♡ 3<br>◇ K84<br>♣ 108653 | N<br>W O<br>S | ♠ A |
| | ♠ K4<br>♡ K82<br>◇ AD63<br>♣ AD72 | |

Teiler Süd, Nord-Süd in Gefahr

| Süd | West | Nord | Ost |
|---|---|---|---|
| 1SA | pass | 3 ♡ | 3 ♠ |
| 4 ♡ | 4 ♠ | 5 ♡ | pass |
| pass | pass | | |

Gegen Nords »5 Coeur« greift Ihr Partner mit dem Pik-As an. Da Pik-Fortsetzung nichts einbringt, wird Ihr Partner auf eine der beiden Unterfarben wechseln. Geben Sie mit Pik-Dame ein Lavinthal-Signal, damit er auf die höhere Farbe wechselt. Nur Karo-Fortsetzung schlägt den Kontrakt, wenn Nord z. B. ♠ x ♡ AB9xxx ◇ B10xx ♣ KB hält.

Lavinthal-Marken können in der Hand unerfahrener Spieler viel Unheil anrichten.

| | | |
|---|---|---|
| | ♠ K74<br>♡ K83<br>◇ D10965<br>♣ D4 | |
| ♠ B105<br>♡ D62<br>◇ 83<br>♣ A8653 | N<br>W O<br>S | ♠ 98632<br>♡ 1097<br>◇ 4<br>♣ K1092 |
| | ♠ AD<br>♡ AB54<br>◇ AKB72<br>♣ B7 | |

Gegen Süds »5 Karo« greift West mit Treff-As an. Ost gibt mit Treff-Zehn eine positive Marke. West wechselt auf den Pik-Buben und der ungewinnbare Kontrakt wird jetzt leicht erfüllt.

Was ist schiefgegangen? West hat nicht darüber nachgedacht, daß die Zehn seines Partners gar kein Lavinthal-Signal sein konnte; denn es war keineswegs eindeutig, daß nur Pik und Coeur als einzige Alternativen in Frage kamen. Auch die Treff-Fortsetzung bot sich als dritte Möglichkeit an. Treff-Zehn war also eine ganz normale Zumarke.

| | | |
|---|---|---|
| | ♠ D10<br>♡ D4<br>◇ B95<br>♣ AK10943 | |
| ♠ A82<br>♡ B85<br>◇ K8742<br>♣ 72 | N<br>W O<br>S | (Partner) |
| | (Spieler) | |

Nach Süds schwacher Sans-Atout-Eröffnung (12-14 Punkte) ist Nord auf »3 Sans-Atout« gesprungen. Sie greifen mit Karo-Vier an, Ihr Partner legt das As und spielt die Drei nach. Sie nehmen mit dem König und setzen mit Karo-Acht fort. Durch diese unnötig hohe Karte geben Sie ein Lavinthal-Signal und zeigen, daß Sie in der höheren der beiden in Betracht kommenden Farben ein Entrée zu Ihren hohen Karos halten. Wenn Süd z. B. ♠ K9xx ♡ AKxx ◇ D10x ♣ Bx hält, kann Ihr Partner nur durch Pik-Fortsetzung den Kontrakt schlagen, sobald er mit seiner Treff-Dame zu Stich gekommen ist.

Mit einem gut eingespielten Partner können Sie gelegentlich auch mit drei kleinen Karten ein Lavinthal-Signal geben.

(Spieler)

| West | | Ost |
|---|---|---|
| ♠ K732 | N | ♠ D |
| ♡ A1082 | W O | |
| ◇ D3 | S | |
| ♣ 762 | | |

Süd:
♠ 65
♡ 953
◇ 962
♣ KD983

Nord eröffnete mit »2 Sans-Atout« (20-22 Punkte), und Süd hob auf »3 Sans-Atout«. Ihr Partner greift mit Pik-Dame an, der Spieler gibt die Zehn, Ost spielt Pik nach und Nord nimmt Ihren König mit dem As, um Treff-Zehn zur Dame zu spielen. Sie geben Treff-Zwei zu. Der Tisch spielt Treff-Drei nach. Jetzt können Sie Ihre Stärke in Coeur dadurch zeigen, daß Sie entgegen der üblichen Reihenfolge erst Treff-Sieben und dann die Sechs zugeben. Wenn Ihr Partner ♠ DB9xx ♡ Bxx ◇ Bxx ♣ Bx hält und Ihr diskretes Signal bemerkt, wird er in der dritten Treff-Runde Coeur abwerfen und den Kontrakt schlagen.

### *Die natürliche Methode*

In vielen Fällen können Sie die gemeinsame Verteidigung mit gesundem Menschenverstand klar und sicher führen.

(Spieler)

| West | | Ost |
|---|---|---|
| ♠ A54 | N | |
| ♡ A95 | W O | |
| ◇ K54 | S | ◇ 3 |
| ♣ D1073 | | |

Süd:
♠ K76
♡ DB
◇ AD10872
♣ 64

Nord eröffnete »1 Pik«, Süd bot »2 Karo«, Nord »2 Pik« und Süd hob auf »4 Pik«. Der Tisch nimmt die von Ihrem Partner ausgespielte Karo-Drei mit dem As, und Sie geben die Fünf zu. Es folgt Pik-Sechs. Sie gehen sofort mit Trumpf-As herein und ziehen Karo-König. Ihr Partner hat in Atout bedient und wirft jetzt klein-Treff ab. Wie spielen Sie weiter?

Karo-Fortsetzung ist riskant, weil Sie nicht wissen, ob Ihr Partner noch einen zweiten Trumpf hält. Selbst wenn er stechen kann, ist ungewiß, ob er Coeur zurückspielt.

Am sichersten ist, zunächst Ihr Coeur-As abzuziehen. Hält Ihr Partner noch einen Trumpf, gibt er eine negative Marke. Wenn er Karo nicht stechen kann, aber den Coeur-König hält, wird er zumarkieren.

Nord:
♠ 52
♡ AKDB10
◇ K1063
♣ D4

| West | | Ost |
|---|---|---|
| ♠ ADB104 | N | ♠ 763 |
| ♡ 852 | W O | ♡ 73 |
| ◇ 7 | S | ◇ A9542 |
| ♣ 10986 | | ♣ B32 |

Süd:
♠ K98
♡ 964
◇ DB8
♣ AK75

Im Rubber-Bridge hat Nord mit Coeur eröffnet und ist über Süds »3 Sans-Atout« wegen der Prämie für die 5 Honneurs auf »4 Coeur« gegangen. Ihr Partner greift Pik-Sechs an (Methode MUD). Wie planen Sie die Verteidigung?

Bei Ansicht aller 52 Karten werden Sie sich fragen, wo überhaupt das Problem liegt. Wenn Sie die Pik-Acht des Tisches mit der Zehn übernehmen und auf Karo wechseln, können Sie eine unangenehme Überraschung erleben: Ihr Partner nimmt den Stich und spielt wieder Pik, weil er nicht mit einem Karo-

Singleton bei Ihnen rechnet. Sie müssen es Ihrem Partner so leicht wie möglich machen. Am besten nehmen Sie den Angriff mit Pik-Zehn und ziehen das As ab. An Osts Pik-Sieben sehen Sie, daß Ihr Partner von drei Karten angegriffen hat. Erst jetzt spielen Sie Karo. Ihr Partner nimmt und hat keine andere Wahl, als Ihnen den erwünschten Schnapper zu geben.

Verändern Sie jetzt bitte das obige Diagramm geringfügig: Ihr Partner hält ♠ 63 ◇ K95432 und der Spieler ♠ 752 ◇ A106. Jetzt sehen Sie nach Abzug von Pik-As, daß Ihr Partner von einem Doubleton angegriffen hat. Sie spielen von ♠ DB4 am besten den Buben zurück; diese Karte ist neutral, also weder Lavinthal für Karo noch für Treff. Ihr Partner sticht, spielt am sichersten Trumpf zurück und muß noch seinen Karo-König machen.

| | | |
|---|---|---|
| | ♠ KD104<br>♡ AKD5<br>◇ DB3<br>♣ A4 | |
| ♠ A<br>♡ 10872<br>◇ AK1094<br>♣ D72 | N<br>W O<br>S | ◇ 8 |
| | (Spieler) | |

Auf Ihre Karo-Eröffnung hat Nord Informationskontra gegeben und Süds Pik-Antwort auf »4 Pik« gehoben. Sie greifen mit Karo-As an, und Ihr Partner gibt die Acht. Erfreut ziehen Sie den König und spielen die Farbe nach. Zu Ihrer Enttäuschung bedient Ost auch in der dritten Karo-Runde. Süd wirft Treff ab, geht mit dem Coeur-Buben in die Hand und spielt klein-Pik. Wie verteidigen Sie weiter?

Sie müssen Ihrem Partner vertrauen, daß er das Gegenspiel intelligent geführt hat. Er hat in Karo ein Doubleton markiert, obwohl er drei Karten hielt. Offensichtlich will er, daß Sie die Farbe weiterspielen. Wenn Sie Ihrem Partner folgen, schlagen Sie den Kontrakt, weil Ost ♠ Bxx ♡ xxx ◇ 8xx ♣ B10xx hält.

## Grundlagen guter Verteidigung

## Auszählen des Blattes

Im Altertum lief der Überbringer einer schlechten Nachricht Gefahr, einen Kopf kürzer gemacht zu werden. Bitte schonen Sie mich, wenn ich Ihnen die unbequeme Mitteilung mache, daß gutes Gegenspiel nur denkbar ist, wenn Sie sich ständig darum bemühen, die Blattverteilung und Punktstärke des Alleinspielers auszuzählen. Hierbei müssen Sie sich die vorangegangene Reizung noch einmal durch den Kopf gehen lassen, auf Marken und Signale Ihres Partners achten und versuchen, aus dem bisherigen Spielverlauf Rückschlüsse zu ziehen. Wenn Sie ohne diese lästige Mühe trotzdem gewinnen wollen, brauchen Sie im Rubber-Bridge ständig gute Karten und im Turnier sehr viel Glück.

Noch ein Tip: Je schwächer Ihr Gegner ist, desto weniger sollten Sie sich auf die Logik seiner Spieldurchführung verlassen. Wenn Sie nach der Theorie vorgehen »Diese Blattverteilung kann mein Gegner nicht haben; denn sonst hätte er ja sein Spiel schlecht angelegt«, bleiben Ihnen herbe Enttäuschungen nicht erspart. Sie nutzen die gegnerischen Fehler nicht aus, und Ihr Partner hat dafür wenig Verständnis. Auch auf die gegnerische Reizung können Sie sich nicht felsenfest verlassen. Sie können niemandem verbieten, mit ♠ xx ♡ xxx ◇ AKD

♣ AKBxx nach der Bietfolge 1 ♣ - 1 ♡ das Wiedergebot von 2 ♢ abzugeben. Wenn Sie Ihren Verteidigungsplan darauf aufbauen, daß der Eröffner vier Karo-Karten hält, müssen Sie fehlgehen. Im übrigen können Sie bei der heutigen Flut der konventionellen Ansagen aus der gegnerischen Reizung nur dann sichere Informationen gewinnen, wenn Sie im Turnier die gegnerische Konventionskarte studieren und sich notfalls erkundigen, sobald Sie an der Reizung sind.

|  | Nord |  |
|---|---|---|
|  | ♠ B4<br>♡ D1094<br>♢ DB1083<br>♣ K8 |  |
| ♠ A852<br>♡ 73<br>♢ K94<br>♣ DB83 | N<br>W O<br>S | (Partner) |
|  | (Spieler) |  |

Gegen Süds »4 Coeur« greifen Sie mit Treff-Dame an, die bei Stich bleibt. Sie spielen die Farbe nach, Süd trumpft jedoch das As Ihres Partners mit Coeur-König, zieht Coeur-As und geht mit Coeur-Neun zum Tisch. Ihr Partner bedient beide Male. Der Tisch setzt Karo-Dame vor, Ost und Süd bleiben klein und Ihr König gewinnt den Stich. Was nun?

Ihr erster Impuls ist natürlich, Pik-As und Pik nachzuspielen, bevor Süd - bei dem Sie zu Recht Karo-As vermuten - auf die hohen Karos »alles abwirft«. Mit etwas Zählen finden Sie jedoch leicht heraus, daß der Spieler auf jeden Fall zwei Pik-Karten übrigbehalten muß. In Coeur und Treff hat er zusammen sechs Karten, in den beiden übrigen Farben also sieben, von denen nur fünf auf die Karos des Tisches verschwinden können. Sie spielen deshalb neutral Karo zurück und schlagen den Kontrakt, wenn Süd etwa ♠ K9xx ♡AKBxx ♢ Axx ♣x hielt.

|  | Nord |  |
|---|---|---|
|  | ♠ 864<br>♡ KD5<br>♢ AK7<br>♣ DB93 |  |
| ♠ AB5<br>♡ B10976<br>♢ 84<br>♣ A102 | N<br>W O<br>S | (Partner) |
|  | (Spieler) |  |

Sie spielen Rubber-Bridge. Nach Süds schwacher Sans-Atout-Eröffnung (12-14 Punkte) sprang Nord auf »3 Sans-Atout«. Der Spieler nimmt den von Ihnen angegriffenen Coeur-Buben am Tisch und spielt klein-Treff zum König. Sehen Sie irgendeine Chance, den gegnerischen Kontrakt zu schlagen?

Zusammen mit Coeur-As hat der Spieler bereits acht Stiche sicher. Wenn ihm die Karo-Dame fehlt, muß er die Pik-Mariage halten, weil er sonst nicht auf 12 Punkte käme. Stehen Karo-Dame und -Bube bei Süd, ist es möglich, daß er in Pik nur die Dame hält. Es reicht nicht, wenn Sie Pik-Fünf zum König Ihres Partners spielen, weil drei Pik-Stiche nicht genug sind. Sie können den Kontrakt nur schlagen, wenn Süd Pik-Dame doubleton hält. Um sich in der Farbe nicht zu blockieren, spielen Sie Pik-As und dann den Buben. Ihr Partner darf allerdings nicht mit ♠ K97xx ♡xx ♢ xxxx ♣ xx im Überschwang seiner Begeisterung mit Pik-Neun zumarkieren, weil sonst die Acht am Tisch hoch würde.

## Zwang zur vorzeitigen Entscheidung

Ein erfahrener Alleinspieler untersucht die sich ihm bietenden Möglichkeiten in der richtigen Reihenfolge. Steht eine Nebenfarbe schlecht, kann er sich oft durch einen Schnitt in einer anderen Farbe noch retten. Gute Verteidigung kann ihn daran hindern, indem sie ihn zu einer vorzeitigen Entscheidung zwingt.

| | (Spieler) | |
|---|---|---|
| ♠ A52<br>♡ 74<br>◇ K972<br>♣ B954 | N<br>W O<br>S | ♠ K |
| | ♠ 1042<br>♡ D93<br>◇ B4<br>♣ AD1072 | |

Teiler Nord, niemand in Gefahr

| Nord | Ost | Süd | West |
|---|---|---|---|
| 2 ♡ | 2 ♠ | 3 ♡ | 3 ♠ |
| 4 ◇ | 4 ♠ | 5 ♣ | pass |
| 6 ♡ | pass | pass | pass |

Ihr Partner greift mit Pik-König an. Wie planen Sie Ihre Verteidigung?

Der Spieler weiß nicht, daß die Treffs schlecht für ihn stehen und Sie den Karo-König halten. Übernehmen Sie deshalb die ausgespielte Karte mit dem As, um auf Karo-Neun zu wechseln. Nord steht vor einem schwierigen Problem, wenn er etwa ♠ x ♡ AKB10xx ◇ AD10 ♣K8x hält. Er wird wahrscheinlich Karo-As spielen, weil er den Schnitt nicht riskieren will, sondern sich auf eine normale Verteilung der Treffs verläßt. Hätten Sie Ihren Partner mit Pik-König bei Stich gelassen, hätte der Spieler seinen Schlemm zwangsläufig erfüllt. Er sticht das Pik-Nachspiel, zieht zwei Runden Trumpf, testet dann die Treffs, um schließlich erfolgreich in Karo zu schneiden.

| | (Spieler) | |
|---|---|---|
| ♠ A762<br>♡ D83<br>◇ A54<br>♣ DB9 | N<br>W O<br>S | ♡ A |
| | ♠ KDB10<br>♡ K6<br>◇ 7632<br>♣ 1074 | |

Teiler West, niemand in Gefahr

| West | Nord | Ost | Süd |
|---|---|---|---|
| 1 SA | 3 ◇ | 4 ♡ | pass |
| pass | 5 ♣ | pass | 5 ◇ |
| pass | pass | pass | |

Ihr Partner greift mit Coeur-As an, aber der Spieler trumpft und setzt mit Karo-Dame fort. Ihr Partner wirft die Pik-Drei ab. Wie verteidigen Sie?

Mit seinem Abwurf hat Ihr Partner eine ungerade Kartenzahl in Pik gezeigt. Der Spieler hält also wahrscheinlich eine 2-0-6-5 Verteilung (bei 0-0-6-7 ist der Kontrakt unschlagbar). Wenn Nord beide hohe Treff-Figuren besitzt, dürfen Sie z. B. nicht Treff-Dame zurückspielen. Nord nimmt, zieht Ihre beiden Trümpfe und spielt Pik. Wenn Sie klein bleiben, wirft er den anderen Pik auf Coeur-König ab, und Sie müssen sich mit einem Karo- und einem Treff-Stich zufriedengeben. Setzen Sie Ihr Pik-As ein, kann der Spieler auf die Edelfarb-Karten des Tisches alle drei Treff-Verlierer loswerden.

Sie drehen den Spieß um, wenn Sie Karo-As mitnehmen und auf Coeur wechseln! Jetzt muß sich Nord zur Unzeit entscheiden. Je nachdem, ob er Pik oder Treff abwirft, nehmen Sie Ihr Pik-As in der ersten oder zweiten Runde und schneiden den Spieler endgültig vom Tisch ab. Nord hielt ♠ xx ♡ — ◇ KDB 1098 ♣ AKxxx*.

## Verteidigung gegen Farbkontrakte

Gutes Gegenspiel beginnt schon beim Angriff. Es gibt eine Reihe von Erfahrungssätzen, mit deren Hilfe Sie in der Mehrzahl der Fälle ein günstiges Ausspiel finden können.

Wenn die gegnerische Reizung wenig aufschlußreich ist (z. B. 1♡-3♡-4♡), sollten Sie möglichst risikolos angreifen, um durch Ihr Ausspiel nichts zu verschenken. Am sichersten sind Angriffe von geschlossenen Sequenzen wie DB107, KDB, B1098 und AKD. Sicher ist auch das Ausspiel von AKB oder AK blank. Sie riskieren relativ wenig, wenn Sie von einer nur aus zwei Karten bestehenden Sequenz oder von kleinen Karten angreifen (AKx, KDxx, DB8x, B107, DB, KD, 7x, 9xx, 76xx).

Vertretbar ist ein Ausspiel von Kxx, Axxxxx und Bxx, zur Not auch von Kxxx oder Axxxx. Die Gefahr, daß Ihr König keinen Stich macht oder Ihr As beim Gegner zuviel hochspielt, ist nicht allzu groß. Ziemlich riskant, aber gelegentlich unvermeidlich, sind Angriffe von Dxx, Axx(x), Kxxxx(x) und 10xx. Nicht zu empfehlen ist ein Ausspiel von KBx, ADx, K, Bxxx oder ABxx, weil es fast immer einen Stich kostet.

Nach der Reizung 1 ♠-4 ♠ greifen Sie mit ♠ xxx ♡ ADx ◇ KBx ♣ Dxxx am besten Trumpf an, weil Sie in keiner Nebenfarbe über ein vertretbares Ausspiel verfügen. Trumpfangriffe von einem Singleton, Dxx, Bxx oder Bx sind allerdings riskant, weil sie häufig einen Atout-Stich kosten.

Mit einem schwachen Blatt können Sie meist damit rechnen, daß Ihr Partner einige hohe Karten hält. Jetzt dürfen Sie in der Hoffnung auf einen Schnapper von Ax, x, A, Dx, Bx oder sogar Kx angreifen.
Halten Sie vier Trümpfe mit einem hohen Bild an der Spitze oder vermuten Sie, daß Ihr Partner gute Atouts hält, ist es taktisch richtig, wenn Sie von Ihrer Länge angreifen, um den Gegner in Atout zu kürzen und schließlich die Trumpf-Überlegenheit zu gewinnen. Greifen Sie also mit ♠ xx ♡ A7xxx ◇ x ♣ KB9xx gegen »4 Coeur« klein-Treff an. Hält Ihr Partner eine hohe Treff-Figur, können Sie den Spieler später durch Treff-Fortsetzung wahrscheinlich in erhebliche Verlegenheit bringen.

Mit guten Atouts wie D108x oder AB9 ist es wenig sinnvoll, in der Hoffnung auf einen Schnapper von einem Doubleton oder Singleton anzugreifen. Meist helfen Sie dem Gegner bei der Entwicklung seiner starken Nebenfarbe, ohne etwas dafür zu gewinnen, weil Sie Ihre Trumpf-Stiche ohnehin gemacht hätten. Je aufschlußreicher die Reizung war, desto leichter können Sie einen guten Angriff finden. Wenn Ihr Partner etwas geboten hat, spielen Sie seine Farbe an. Halten Sie Kxx(x) in Partnerfarbe und im übrigen ein stichloses Blatt, greifen Sie - insbesondere gegen hohe Kontrakte - am besten mit dem König an. Wenn Sie bei Stich bleiben, haben Sie oft Gelegenheit, auf eine andere Farbe zu wechseln und Ihrem hinter einer Gabelposition des Tisches sitzenden Partner einen Stich freizuspielen. Auch aus der gegnerischen Reizung können Sie viel heraushören.

* Nord hätte gewinnen können, wenn er zum zweiten Stich bereits Pik gespielt hätte. Er befürchtete jedoch, daß Sie Pik-As nehmen und die Farbe weiterspielen würden. Nord konnte nicht wissen, daß er alle Edelfarb-Karten des Tisches hätte abziehen könnnen, ohne daß einer der Verteidiger mit einem kleinen Atout gestochen hätte.

Sie halten ♠ B109 ♡ A4 ◇ 7642 ♣ 8543 und müssen nach der rechts von Ihnen begonnenen gegnerischen Bietfolge 1 ♡-2 ◇-3 ◇-3 ♡-4 ♡ angreifen. Wahrscheinlich halten Ihre Gegner zusammen acht oder neun Karo-Karten. Ihr Partner ist also sehr kurz in dieser Farbe. Sie spielen deshalb Karo aus. Wenn Ihr Partner nicht stechen kann, setzen Sie Karo fort, sobald Sie mit Trumpf-As am Spiel sind. Jetzt macht Ihr Partner wahrscheinlich seinen Schnapper.

Erwarten Sie eine starke Farblänge am Tisch, auf die der Spieler Verlierer abwerfen könnte, müssen Sie unbedingt aggressiv ausspielen. Sie halten ♠ K742 ♡ 643 ◇ 9876 ♣ A3. Links von Ihnen beginnt folgende Schlemmreizung: 1♣-1♡-3♣-3♡-4♡-4SA-5◇-6♡. Jetzt haben Sie kaum eine andere Chance, als bei Ihrem Partner die Pik-Dame zu finden. Greifen Sie deshalb Pik-Zwei an, um in dieser Farbe einen Stich für die Verteidigung zu entwickeln, ehe der Gegner die Treffs des Tisches hochgespielt hat.

In vielen Fällen müssen Sie Trumpf angreifen, damit der Spieler seine Atouts nicht getrennt verwerten kann. Dies gilt besonders dann, wenn er zwei Farben gereizt hat, aber vom Partner nur in einer unterstützt worden ist. Auch wenn Ihr Partner auf Ihr Informationskontra strafgepaßt hat oder wenn ein Gegner mit der konventionellen 2 ◇-Eröffnung ein 4-4-4-1 oder 5-4-4-0 verteiltes Blatt gezeigt hat, ist Trumpf-Angriff in der Regel am stärksten.

Folgende Situation schreit geradezu nach Atout-Ausspiel: Nach Ihrer schwachen Sans-Atout-Eröffnung (12-14 Punkte) reizt der nächste Gegner eine Farbe und wird von Ihrem Partner kontriert. Der andere Gegner rettet sich in seine Farbe und erhält von Ihnen ein Kontra. Schließlich finden sich die Gegner auf der Dreierstufe in einer weiteren Farbe; auch dieser Kontrakt wird gedoppelt. Hier droht ein Cross-Ruff, der oft nur durch Trumpf-Ausspiel zu verhindern ist.

Wollen Sie von Axx Trumpf angreifen, kann manchmal klein-Atout richtig sein. Mit einem Doubleton in Trumpf kann Ihr Partner später Atout fortsetzen, damit Sie das As nehmen und eine dritte Trumpf-Runde spielen.

Von B10x in Trumpf sollten Sie klein angreifen, um keinen Stich zu verschenken, falls Ihr Partner den blanken König oder die blanke Dame hält.

Das Ausspiel gegen einen Schlemm ist besonders wichtig. Der Partner des Angreifenden kann durch ein konventionelles Kontra Hilfestellung geben. Am bekanntesten ist das Lightner-Kontra*. Wer einen Schlemm kontriert, verlangt vom Partner ein ungewöhnliches Ausspiel. Er darf weder Trumpf noch eine von der Verteidigung gereizte Farbe angreifen; auch eine von keiner Seite gereizte Farbe scheidet aus. Im Zweifel sollte die vom Dummy zuerst gebotene Farbe ausgespielt werden. Der Kontrierende hält in der von ihm gewünschten Farbe in der Regel eine Chicane, gelegentlich aber auch zwei Schnellstiche oder einen Schnellstich (As oder Mariage) zusammen mit einem sicheren Atout-Stich bzw. einem As in einer anderen Farbe.

---

* Im Jahre 1929 von dem Amerikaner Theodore Lightner entwickelt.

Sie halten als West ♠ xxx ♡ AB108xx ◇ 9xxx ♣ —.

Teiler Süd, Nord-Süd in Gefahr

| Süd | West | Nord | Ost |
|---|---|---|---|
| 1 ♣ | 1 ♡ | 2 ♠ | pass |
| 3 ♠ | pass | 4SA | pass |
| 5 ♡ | pass | 6 ♠ | pass |
| pass | ? | | |

Eine ideale Gelegenheit für ein Lightner-Kontra, mit dem Sie Ihren Partner um Treff-Angriff bitten.

Ihre Gegner können sich vor dem drohenden Treff-Schnapper dadurch retten, daß sie auf »6 Sans-Atout« herausgehen. Wenn Ihr Partner jedoch Coeur-Dame und Süd den König hält, kommen die Gegner aus dem Regen in die Traufe und fallen evtl. fünfmal.

Eine weitere Gelegenheit zu einem Ausspiel-Kontra bieten konventionelle Antworten auf As- oder Königsfragen (Blackwood, Gerber). Das Kontra verspricht den Besitz hoher Karten wie ADx oder KDx in der konventionell gebotenen Farbe, nicht aber eine Länge wie D9xxx oder B10xxxx.

Wenn Ihr Partner kein Ausspiel-Kontra gibt, können Sie daraus eine negative Schlußfolgerung ziehen. Sie halten ♠ xx ♡ 98xx ◇ 98xx ♣ 7xx. Rechts beginnt folgende Reizung: 1♠-3♣-3♠-4♠-4SA-5♡-6♠. Was greifen Sie an?

Ihr Partner hat weder die Blackwood-Antwort 5 ♡ kontriert noch am Schluß der Reizung durch ein Lightner-Kontra Treff-Ausspiel verlangt. Greifen Sie deshalb Karo an.

Nach dem Ausspiel beginnt der eigentliche Kampf. Sie haben die Wahl, ihn aktiv oder passiv zu führen. Im ersten Fall versuchen Sie, sich so schnell wie möglich Stiche zu entwickeln, ehe der Gegner seine Verlierer abwerfen kann.

(Spieler)

♠ 96
♡ K1032
◇ 1085
♣ A963

| | N | |
|---|---|---|
| W | | O |
| | S | |

♣ D

♠ AD5
♡ AB7
◇ KDB94
♣ 42

Nord hat nach Süds Karo-Eröffnung zweimal Pik geboten und ist von Süd auf »4 Pik« gehoben worden. Ihr Partner greift mit der Treff-Dame an, Sie nehmen mit dem As und Nord gibt klein-Treff zu. Wie setzen Sie fort?

Der Spieler wird bei erster Gelegenheit seine Verlierer auf die Karos am Tisch abwerfen. Sie müssen deshalb unter allen Umständen versuchen, sich Coeur-Stiche zu entwickeln. Spielen Sie deshalb klein-Coeur nach. Wenn Sie Glück haben und Ihren Partner mit etwa ♠ xxx ♡ Dxx ◇ Axx ♣ DB10x finden, schlagen Sie den Kontrakt, weil Ihr Partner Coeur durchspielt, sobald er mit Karo-As zu Stich gekommen ist. Bei jeder anderen Fortsetzung hätte Nord mit Überstich erfüllt.

Sieht es nicht so aus, als ob der Spieler seine Verlierer irgendwo loswerden könnte, verteidigen Sie am besten passiv. Sie verhalten sich neutral, gehen kein Risiko dadurch ein, daß Sie dem Gegner unnötig seine Farben öffnen, und warten auf die Stiche, die Ihnen zum Schluß zufallen müssen. Es gibt ungezählte Farbkonstellationen, bei denen überstürzte Aktivität der Verteidigung einen Stich kostet. Hier nur ein Beispiel für viele:

♣ B72

♣ A963 ♣ K104

♣ D85
(Spieler)

Wenn der Spieler die Treffs selbst lösen muß, macht er keinen Stich in dieser Farbe. Sobald aber Sie oder Ihr Partner Treff anfassen, erzielt Süd einen Stich.

Zu den wichtigsten Verteidigungs-Strategien gehört es, den Gegner durch ständiges Spielen einer langen Farbe zum Stechen zu zwingen, damit die Hand (gelegentlich auch der Tisch) in Trumpf gekürzt wird.

♠ AB54
♡ B87
♢ 1064
♣ DB5

♠ D9
♡ A652
♢ KDB52
♣ 94

N
W O
S

(Partner)

(Spieler)

Gegen Süds »4 Coeur« greifen Sie Karo-König an und bleiben bei Stich. Sie setzen mit Karo-Dame und dann klein-Karo fort. Süd sticht in der dritten Runde das As Ihres Partners und spielt Coeur-König. Was nun?

Hält der Spieler nur fünf Atouts, können Sie seinen Kontrakt schlagen. Sie müssen allerdings auf die erste und zweite Trumpf-Runde klein bleiben. Erst beim dritten Mal nehmen Sie Ihr As und spielen erneut Karo, um anschließend noch einen Atout und den letzten Karo zu machen. Falls Sie Ihr Trumpf-As zu früh einsetzen, können Sie die Hand durch Karo-Fortsetzung nicht in Trumpf schwächen, weil der Tisch sticht. Der Spieler würde jetzt gewinnen, wenn er etwa ♠ Kx ♡ KD109x ♢ xx ♣ AKxx hält.

♠ B
♡ 4
♢ 85 (Tisch)
♣ 1073

♠ 4
♡ D7
♢ —
♣ D542

N
W O
S

♠ —
♡ B106
♢ —
♣ KB98

♠ D9
♡ 983
♢ —
♣ A8

Die Verteidigung braucht noch drei Stiche, um Süds Pik-Kontrakt zu schlagen. Sie (West) sind bei Stich. Was spielen Sie?

Nur wenn Sie den Tisch in Trumpf kürzen (engl. »Punching Dummy«), fällt der Kontrakt. Spielen Sie deshalb Coeur-Dame und Coeur nach. Sticht der Tisch nicht, spielt Ost sein letztes Coeur. Der Spieler kann jetzt auf die hohen Karos nichts abwerfen, weil Sie noch einen kleinen Trumpf halten.

Es ist fast immer richtig, die Hand in Trumpf zu kürzen. Es gibt jedoch eine Ausnahme, die selbst erfahrene Spieler übersehen können: Halten Sie oder Ihr Partner nicht mehr Trümpfe als der Tisch, können Sie dem Spieler die Durchführung eines Dummy Reversal ermöglichen, zu dem ihm sonst die erforderlichen Übergänge zum Tisch fehlen würden.

| | | |
|---|---|---|
| | ♠ DB1097<br>♡ 9<br>◇ AD73<br>♣ A32 | |
| ♠ K3<br>♡ AK84<br>◇ B1085<br>♣ B94 | N<br>W O<br>S | ♠ 865<br>♡ DB105<br>◇ 94<br>♣ D1076 |
| | ♠ A42<br>♡ 7632<br>◇ K62 (Tisch)<br>♣ K85 | |

Gegen Nords »4 Pik« greift Ihr Partner mit Coeur-Dame an und spielt die Farbe nach. Nord sticht und legt Pik-Dame zum Schnitt vor. Wie verteidigen Sie?

Coeur-Fortsetzung ist riskanter, als sie aussieht: Nord sticht, zieht noch eine Runde Atout, erreicht mit einem König den Tisch und trumpft den letzten Coeur. Danach geht der Spieler mit dem anderen König zum Tisch und wirft auf Trumpf-As ein kleines Treff ab.

Jedes Rückspiel außer Coeur schlägt den Kontrakt. Nord muß noch zwei weitere Stiche abgeben, weil er seinen Karo-Verlierer nicht verstechen kann, ohne daß Ost die dritte Karo-Runde trumpft.

In vielen Händen müssen Sie Trumpf spielen, damit der Gegner seine Atouts nicht durch Verstechen separat verwerten kann. Wenn Sie nicht von vornherein Trumpf angespielt haben, können Sie das Versäumte manchmal noch nachholen. Hält der Tisch ein oder zwei Trumpf-Honneurs und Sie ein höheres Bild, spielen Sie am besten Ihre Figur!

| | | |
|---|---|---|
| | ♠ B104 | |
| ♠ D85 | | ♠ 93 |
| | ♠ AK762<br>(Spieler) | |

Nehmen Sie an, daß Süd in seinem Pik-Kontrakt mit den Trümpfen des Tisches drei Verlierer verstechen will. Sie sind West und wollen Atout spielen. Für welche Karte entscheiden Sie sich?

Nur wenn Sie die Dame spielen, muß sich der Spieler mit sechs Trumpf-Stichen zufrieden geben (zwei Schnapper am Tisch und vier Stiche in der Hand); in der dritten Runde wird nämlich Ihre Acht hoch. Hätten Sie klein-Pik gespielt, hätte Ihr Gegner sieben Trumpf-Stiche gemacht.

Es gilt als typischer Anfängerfehler, bei einem gegnerischen Farbkontrakt in die Doppelrennonce zu spielen; denn der Spieler kann am Tisch stechen und aus der Hand einen Verlierer abwerfen (oder umgekehrt). In Ausnahmefällen kann es sehr gut sein, wenn Sie dieses Tabu durchbrechen, um entweder den Tisch oder die Hand in Trumpf zu kürzen.

| | | |
|---|---|---|
| | ♠ KB1076<br>♡ B<br>◇ A109743<br>♣ 5 | |
| ♠ A43<br>♡ D9742<br>◇ 6<br>♣ DB104 | N<br>W O<br>S | ♠ 95<br>♡ AK1063<br>◇ B852<br>♣ K8 |
| | ♠ D82<br>♡ 85<br>◇ KD<br>♣ A97632 | |

Gegen Nords »4 Pik« greift Ost mit zwei Coeur-Runden an. Nord sticht, setzt mit dem Pik-Buben fort, Sie bleiben klein und nehmen dann die nachgespielte Pik-Zehn. Was nun? Wenn Sie auf Treff oder Karo wechseln, zieht der Spieler Ihren letzten Trumpf, übernimmt die zweite Karo-Runde mit dem As und gibt nur noch einen Stich an Osts Karo-Buben ab. Nur Coeur in die Doppelrennonce schlägt den Kontrakt. Sticht der Tisch, kann der Spieler die zweite Karo-

Runde nicht in der Hand übernehmen, weil Sie schnappen. Trumpft er Coeur in der Hand, fällt er sogar zweimal*.

## Verteidigung gegen Sans-Atout-Kontrakte

»Tempo ist das halbe Leben!« heißt es in der Fliegerei. Auch beim Ausspiel gegen Sans-Atout-Kontrakte kommt es auf Tempo an. Wenn Sie schnell genug sind, sich in einer Ihrer Farben Längenstiche hochzuspielen *und* zu verwerten, können Sie den gegnerischen Kontrakt meist schlagen. In dem Wettlauf um die Entwicklung der einzelnen Farben hat die Verteidigung die Vorhand. Nutzen Sie diesen Vorteil und greifen Sie aggressiv an, damit Sie nicht durch ein passives Ausspiel ein wichtiges Tempo verschenken. Regelmäßig am besten ist ein Angriff von Ihrer längsten und stärksten Farbe**. Hat Ihr Partner eine Farbe gereizt, spielen Sie seine Farbe aus. Von einer Figur wie Kxx oder Dxx greifen Sie klein an, damit der Spieler nicht mit ABx - im zweiten Fall auch KBx - einen doppelten Halt hat. Auch von Bxx, 10xx oder sogar 9xx spielen Sie am besten klein an.

In Ausnahmefällen sind Angriffe von der Kürze unvermeidlich, nämlich dann, wenn Ihre lange Farbe vom Gegner gereizt worden ist. Spielen Sie dann eine nicht gebotene Farbe oder die zweite Farbe des Dummy an. Ein Angriff von der Kürze kann auch dann gut sein, wenn Sie kaum Chancen zur Entwicklung Ihrer eigenen Farbe sehen. Mit ♠ 86542 ♡ B10 ◇ 432 ♣ 1095 sollen Sie nach der gegnerischen Reizung 1SA-3SA angreifen. Pik wäre reichlich optimistisch. Ihr Partner müßte schon vier gute Pik-Karten einschließlich der Sieben oder der Drei halten, damit die Länge durchzieht. Mit Coeur-Angriff haben Sie viel bessere Chancen; denn Ihr Partner hält eher vier oder fünf Coeurs als vier gute Pik-Karten. Auch Treff-Zehn kann ein guter Angriff sein.

Nur selten bietet sich ein passives Ausspiel an. Mit ♠ B109 ♡ D74 ◇ B532 ♣ D63 haben Sie nach der Bietfolge 2SA-3SA keine Anhaltspunkte. Wählen Sie einen Angriff, mit dem Sie am wenigsten Gefahr laufen, einen Stich zu verschenken, nämlich den Pik-Buben.

Gegen einen Sans-Atout-Schlemm greifen Sie am besten passiv an. Nur wenn aus der Reizung hervorgeht, daß Ihr Gegner den Schlemm offensichtlich über eine lange Farbe gewinnen will, in der Sie eine Haltung besitzen, müssen Sie aggressiv angreifen und versuchen, sich in einer anderen Farbe einen Stich zu entwickeln, ehe die gegnerische Länge hoch ist.

Ausspiel-Kontras gegen Sans-Atout-Kontrakte appellieren an den gesunden Menschenverstand.

| West | Nord | Ost | Süd |
|---|---|---|---|
| pass | 1 ♠ | pass | 1SA |
| pass | pass | kontra | pass |
| pass | pass | | |

| West | Nord | Ost | Süd |
|---|---|---|---|
| pass | 1 ◇ | pass | 2SA |
| pass | 3SA | kontra | pass |
| pass | pass | | |

* Nord hätte gewonnen, wenn er nach der ersten Trumpf-Runde Karo-König und -Dame abgezogen hätte. Wenn Sie nicht schnappen, übernimmt er in der Hand und setzt Karo-Zehn vor.

** Der »klassische« Angriff, nämlich die vierthöchste Karte der längsten Farbe, ist ausnahmsweise dann nicht zu empfehlen, wenn der Spieler 3SA à la *Acol* (lange stehende Unterfarbe) eröffnet hat. Jetzt spielen Sie am besten eine hohe Karte aus, um den Tisch zu sehen und Ihr weiteres Gegenspiel entsprechend planen zu können.

In beiden Reizungen hat Ost zunächst gepaßt, später jedoch kontriert. Wenn er sich stark genug fühlt, den gegnerischen Kontrakt zu Fall zu bringen, und trotzdem auf die gegnerische Eröffnung kein Informations-Kontra gegeben hat, gibt es hierfür nur eine Erklärung, nämlich daß Ost eine starke Länge in der Eröffnungsfarbe hat. Greifen Sie als West deshalb die vom Dummy gebotene Farbe an.

Haben die Verteidiger etwas gereizt, verlangt das Kontra ein Ausspiel in der von einem Verteidiger gebotenen Farbe. Hat jeder Verteidiger eine Farbe gereizt, muß die Farbe des Kontrierenden (nach einer anderen Schule die des Ausspielers) angegriffen werden. Über die Bedeutung des Kontras in diesem Sonderfall sollten Sie sich mit Ihrem ständigen Partner möglichst vorher einigen, damit es nicht zu Mißverständnissen kommt.

Ein konventionelles Ausspiel-Kontra ist von dem Amerikaner Dr. Fisher entwickelt worden. Wenn die Gegner nach einer Sans-Atout-Eröffnung keine echte Farbe geboten haben, verlangt das Kontra gegen 3SA Treff-Angriff, falls nicht Stayman gereizt wurde, sonst Karo-Ausspiel. Nach der Bietfolge 1SA-3SA kann man ein konventionelles Kontra auch in der Weise spielen, daß hiermit der Besitz einer langen und starken Edelfarbe versprochen wird. Eine andere Schule spielt dieses Kontra nur als Aufforderung zum Pik-Angriff.

Kommt ein Verteidiger im weiteren Spielverlauf zu Stich, sollte er nach Möglichkeit die ausgespielte Farbe fortsetzen. Weichen Sie von der Faustregel »Immer in die alte Wunde« nur bei begründetem Anlaß ab, etwa wenn Sie erkennen, daß Ihr Partner von einer Viererfarbe ausgespielt hat und der Tisch oder die Hand vier oder gar fünf Karten in dieser Farbe halten. Sie können auch dann die Farbe wechseln, wenn Sie eine hervorragende eigene Farbe zusammen mit Einstichen halten oder aus dem Angriff sehen, daß Ihr Gegner drei Stopper in der ausgespielten Farbe hält.

Oft muß der Spieler die Verteidiger bei Entwicklung seiner Stiche zweimal ans Spiel kommen lassen. Nach Möglichkeit sollte der Partner des Ausspielers zuerst zu Stich kommen, während der Angreifer sein Entrée schont.

| West | Nord / Süd | Ost |
|---|---|---|
| | ♠ K9<br>♡ B74<br>♢ DB105<br>♣ A1076 | |
| ♠ D10743<br>♡ A83<br>♢ 832<br>♣ 52 | N<br>W O<br>S | ♠ B82<br>♡ 1096<br>♢ A74<br>♣ DB83 |
| | ♠ A65<br>♡ KD52<br>♢ K96<br>♣ K94 | |

Sie greifen gegen Süds »3 Sans-Atout« mit Pik-Vier an. Der Spieler bleibt zunächst klein und nimmt dann Osts Pik-Nachspiel am Tisch, um klein-Coeur zum König zu spielen. Wenn Sie diesen Stich mitnehmen, ist es das Ende der Verteidigung, weil Süd mit Überstich erfüllt. Halten Sie Ihr As auf jeden Fall zurück. Der Spieler steht jetzt vor dem Problem, Coeur fortzusetzen oder auf Karo zu wechseln. Im letzteren Fall nimmt Ihr Partner sein As sofort mit und spielt Pik, um den Kontrakt einmal zu schlagen. Sie wissen natürlich nicht, ob Süd richtig oder falsch raten wird. Eins ist jedoch sicher: Nehmen Sie vorzeitig Ihr Coeur-As, kann der Spieler nichts mehr falsch machen.

Braucht der Spieler die Verteidigung nur einmal zu Stich kommen zu lassen, wird er versuchen, diesen Stich an den

Gegner abzugeben, der ihm nicht schaden kann. In der nächsten Hand können Sie diesen Plan durchkreuzen.

| | | |
|---|---|---|
| | ♠ AK8<br>♡ AB2<br>◇ AK982<br>♣ 84 | |
| ♠ DB52<br>♡ D76<br>◇ B106<br>♣ DB9 | N<br>W O<br>S | ♠ 94<br>♡ K10985<br>◇ D73<br>♣ 1063 |
| | ♠ 10763<br>♡ 43<br>◇ 54<br>♣ AK752 | |

Gegen Nords »3 Sans-Atout« greift Ost mit Coeur-Zehn an. Sie legen korrekt die Dame, der Spieler nimmt mit dem As, geht mit Treff zum Tisch und wechselt auf Karo. Wenn Sie die Sechs legen, schneidet der Spieler mit einer Mittelkarte und hat gewonnen. Setzen Sie deshalb ein Bild ein, und zwar der Deutlichkeit halber den Buben. Nord zieht die beiden hohen Karos. Denkt Ihr Partner mit und deblockiert sich mit der Dame, kann der Spieler nicht mehr gewinnen.

Für die Verteidigung ist es wichtig, die Verbindung intakt zu halten. In zahlreichen Fällen muß der Partner des Angreifers ein Doubleton-Honneur bereits in der ersten Runde zugeben, um sich zu deblockieren. Greifen Sie von Kxxxx an und nimmt Ihr Partner mit Axx, um die Farbe nachzuspielen, bleiben Sie bei einem 3-2 Stand der gegnerischen Karten am besten klein.

| | | |
|---|---|---|
| | ♡ DB6 | |
| ♡ K5432 | | ♡ 987 |
| | ♡ A10<br>(Tisch) | |

Ost greift Coeur-Neun an. Der Tisch legt die Zehn. Wenn Sie klein bleiben, kann die Verteidigung beim nächsten Mal das Coeur-As heraustreiben, und Ihr Partner kann Sie in der dritten Runde mit Coeur-König ans Spiel bringen.

| | | |
|---|---|---|
| | ♠ AB8 | |
| ♠ KD10952<br>◇ A6 | N<br>W O<br>S | ♠ 74<br>◇ K43 |
| | ♠ 63<br>(Tisch) | |

Nord spielt »3 Sans-Atout« und muß die Verteidigung bei der Entwicklung seiner Karos zweimal zu Stich kommen lassen. Sie haben vorher Pik geboten. Ost greift mit der Sieben an. Falls Sie die Dame einsetzen, bleibt Nord klein und schneidet anschließend auf Ihren König. Ihr Partner kann dann Pik nicht mehr bringen. Das Ei des Kolumbus ist, im ersten Stich Pik-Neun zu spielen. Jetzt muß Nord mit dem Buben nehmen, weil er sonst nur einen Pik-Stich machen würde. Ost setzt Karo-König bei erster Gelegenheit ein, spielt Pik nach und der Kontrakt fällt zweimal, sobald Sie mit Karo-As zu Stich kommen.

Gute Verteidigung versucht nach Möglichkeit, die Verbindungen zwischen Tisch und Hand zu unterbrechen.

| | | |
|---|---|---|
| | ◇ A5<br>♣ DB985 | |
| ◇ B963<br>♣ K76 | N<br>W O<br>S | ◇ D1082<br>♣ A42 |
| | ◇ K74<br>♣ 103<br>(Spieler) | |

Süd spielt einen Sans-Atout-Kontrakt. Der Tisch hat außer Karo-As kein Entrée zu den Treffs. Süd spielt Treff-Zehn. Sie und Ihr Partner müssen klein bleiben, damit der Spieler nicht drei, sondern nur einen Treff-Stich macht.

| | | |
|---|---|---|
| | ♠ AKD4<br>♡ A6<br>♢ A9752<br>♣ B5 | |
| ♠ 63<br>♡ B10874<br>♢ K43<br>♣ K73 | N<br>W O<br>S | (Partner) |
| | (Spieler) | |

Sie greifen gegen Süds »3 Sans-Atout« mit dem Coeur-Buben an. Der Tisch bleibt klein, Ihr Partner nimmt mit dem König und spielt die Farbe nach; Süd bedient mit kleinen Karten. Es folgt Treff-Bube. Ihr Partner und der Spieler legen klein. Wie planen Sie die Verteidigung? Versuchen Sie, Tisch und Hand voneinander abzuschneiden, indem Sie den Stich nicht nehmen. Der Tisch setzt Treff fort, Ost bleibt klein, Süd legt die Zehn und Sie nehmen. Coeur oder Treff dürfen Sie nicht weiterspielen, weil der Spieler sonst in die Hand käme. Karo-Fortsetzung ist zu riskant, weil Süd die Dame halten könnte. Sie spielen also Pik. Zu Ihrer Erleichterung nimmt der Tisch mit der Dame und wechselt auf klein-Karo. Ost legt die Acht, Süd die Dame und Sie nehmen. Was nun?

Spielen Sie nochmals Pik; denn Karo-Fortsetzung wäre nicht ohne Risiko. Hält Süd nämlich etwa ♠ 108x ♡ Dxx ♢ Dx ♣ AD10xx, könnte er Karo-As und Karo nachspielen, um Ost in Spielzwang zu setzen, der nun entweder von Pik-Buben antreten oder Süd in einer der beiden anderen Farben in die Hand lassen muß.

Süd hätte gewinnen können, wenn er vor Wiederholung des Treff-Schnitts die hohen Piks am Tisch abgezogen hätte. Jetzt wären Sie im Spielzwang gewesen.

# Spezielle Techniken, Strategien und Coups

## Trumpf-Entwicklung (Surcoup und Uppercut)

Der Spieler ist unangenehm überrascht, wenn Sie oder Ihr Partner sich sozusagen aus dem Nichts einen zusätzlichen Trumpf-Stich entwickeln. Mit Recht gefürchtet ist der sog. Surcoup: Ein Verteidiger bringt eine Nebenfarbe, in der sein Partner den Tisch oder die Hand übertrumpfen kann.

| | | |
|---|---|---|
| | (Spieler) | |
| ♠ AK852<br>♡ A5<br>♢ D4<br>♣ KB65 | N<br>W O<br>S | ♠ 10 |
| | ♠ DB63<br>♡ 3<br>♢ B9762<br>♣ A103 | |

Über Ihre Pik-Eröffnung sprang Nord auf »4 Coeur«. Ihr Partner greift Pik-Zehn an, Sie übernehmen den Buben des Tisches mit dem König, spielen das As nach und alle bedienen. Sie setzen Pik fort, Nord sticht mit Coeur-König und spielt Coeur-Dame. Hält Ihr Partner nichts weiter als ♡ 9xx, können Sie Nord mit einer vierten Pik-Runde den Gnadenstoß versetzen. Mit etwa ♠ xx ♡ KDB 108xx ♢ AKxx ♣ — muß er kapitulieren, weil die Trumpf-Neun hinter ihm einen Stich machen muß. Trumpft Nord mit der Acht, übersticht Ost. Schnappt der Spieler mit einem Bild, wirft Ost etwas ab.

Nicht immer ist es richtig, eine gegnerische Karte zu überstechen.

(Tisch)

♠ K105 ♡ — (W)

♠ 32 ♡ 76 (O)

♠ ADB98 ♡ — (S)

Pik ist Trumpf. Ost spielt Coeur. Süd sticht mit Pik-Dame. Wenn Sie irgend etwas abwerfen, müssen Sie zwei Trumpf-Stiche machen. Falls Sie aber ungeduldig überstechen, wird Süd Ihnen später beide Atouts abziehen.

♠ D762
♡ B95
◇ AKB4
♣ A5

♠ B84
♡ KD62
◇ 962
♣ B87

N / W O / S (Partner)

(Spieler)

Nach Süds Pik-Eröffnung greifen Sie gegen »4 Pik« mit Coeur-König an und bleiben zu Ihrer Freude bei Stich. Sie setzen natürlich klein-Coeur fort, Ihr Partner nimmt mit dem As und spielt Coeur zurück; der Spieler bedient noch. Was nun?

Hält Ihr Partner die Trumpf-Zehn, können Sie den Kontrakt schlagen. Sie spielen den letzten Coeur, Ihr Partner sticht und zwingt bei Süd ein hohes Trumpf-Bild heraus (sog. Uppercut). Sie müssen jetzt mit ♠ B84 noch einen Stich machen.

## Zerstörung von Entrées

Übergänge zu Tisch oder Hand können die Achillesferse Ihres Gegners sein. Wie verteidigen Sie gegen diesen Schlemm?

♠ 652
♡ AB4
◇ K53
♣ B632

♠ —
♡ D10863
◇ 10872
♣ AK87

N / W O / S

(Spieler)

| Süd | Nord |
|---|---|
| 2 ♠ | 3 ♠ |
| 4SA | 5 ◇ |
| 6 ♠ | pass |

Sie greifen mit Treff-As und -König an. Süd sticht die zweite Runde, geht mit Karo-König zum Tisch und spielt klein-Pik. Ihr Partner legt die Vier, der Spieler nimmt mit der Dame und wechselt auf Coeur-Fünf. Wie sehen Sie die Situation?

Offensichtlich besitzt Ihr Partner ein Trumpf-Bild. Hält er ♠ Kxxx, braucht der Spieler noch zwei Übergänge zum Tisch, um Osts König herauszuschneiden. Hält Süd den Coeur-König, wird er nicht zögern, auf Ihre Dame zu schneiden, um sich mit ♡ B und ♡ A die beiden fehlenden Entrées zu verschaffen. Ihre große Chance ist, daß Süd nur ♡ Kx hält. Der Spieler kann mit etwa ♠ ADB 10xx ♡ Kx ◇ ADBx ♣ x nicht mehr gewinnen, wenn Sie Ihre Coeur-Dame einsetzen. Der Tisch hat jetzt nur noch einen Übergang in Coeur, und der Pik-König Ihres Partners ist in Sicherheit.

Beim sog. Merrimac-Coup* opfert ein Verteidiger eine hohe Figur (meist den König), um ein gegnerisches Entrée wegzuspielen.

* Genannt nach dem Kriegsschiff »Merrimac«, das sich 1898 im Spanisch-Amerikanischen Krieg vor der Einfahrt des Hafens von Santiago selbst versenkte, um dem Feind die Zufahrt zu versperren.

| | | |
|---|---|---|
| | ♠ K972<br>♡ AK3<br>♢ B83<br>♣ DB4 | |
| ♠ A4<br>♡ D764<br>♢ A52<br>♣ K1095 | N<br>W O<br>S | ♠ DB1086<br>♡ B92<br>♢ 4<br>♣ 8632 |
| | ♠ 53<br>♡ 1085<br>♢ KD10976<br>♣ A7 | |

Ihr Partner greift gegen Nords »3 Sans-Atout« mit der Pik-Dame an. Sie können den Kontrakt schlagen, wenn Sie mit Pik-As übernehmen, Treff-König spielen und später in Karo zweimal klein bleiben. Der Spieler kann jetzt die langen Karos nicht verwerten und muß sich mit acht Stichen begnügen.

Ein naher Verwandter des Merrimac-Coup ist der oft mit ihm verwechselte Deschapelles-Coup*. Ein Verteidiger spielt eine hohe Figur, um eine höhere gegnerische Karte herauszutreiben und so den Weg zu einem Entrée in der Hand seines Partners freizumachen.

| | | |
|---|---|---|
| | ♠ D98<br>♡ B1096<br>♢ 93<br>♣ AB86 | |
| ♠ KB<br>♡ K543<br>♢ D86<br>♣ 10952 | N<br>W O<br>S | ♠ A107632<br>♡ D72<br>♢ 54<br>♣ 73 |
| | ♠ 54<br>♡ A8<br>♢ AKB1072<br>♣ KD4 | |

* Entwickelt von dem Franzosen Guillaume le Breton Deschapelles (1780-1847), der nicht nur ein sehr starker Schachspieler, sondern auch der wohl berühmteste Whist-Spieler seiner Zeit war.

Ost greift gegen Nords »3 Sans-Atout« mit Pik-Sechs an. Sie legen den König und setzen mit dem Buben fort. Der Spieler bleibt nach kurzer Überlegung geschickt klein. Ost hat jetzt scheinbar kein Entrée zu seinen hohen Piks. Wechseln Sie jedoch auf Coeur-König, ist der Spieler machtlos. Es ist gleichgültig, ob er das Coeur-As sofort oder im nächsten Stich mitnimmt: Sie können auf jeden Fall Ihren Partner mit Coeur-Dame ans Spiel bringen, sobald Sie in Karo zu Stich gekommen sind. Der Kontrakt fällt mindestens zweimal.

## Ungewöhnliche Schnitte

Bei Schnitten auf gegnerische Figuren ist die Verteidigung entschieden im Vorteil, weil sie den Tisch sieht und sich den Kartenstand meist ausrechnen kann. Oft gewinnt sie durch ungewöhnliche Schnitte gegen Tisch oder Hand Stiche, die der Spieler umgekehrt kaum erzielen würde, weil er den Kartensitz nicht errät.

| | | |
|---|---|---|
| | ♠ AB5 | |
| ♠ D1084 | | ♠ K62 |
| | ♠ 973<br>(Spieler) | |

Wollen Sie als West die Piks erfolgreich öffnen, müssen Sie die Zehn spielen. Ihr Partner kann den Buben des Tisches mit dem König übernehmen und Pik fortsetzen, damit Sie mit ♠ D84 auf Süds ♠ 97 schneiden können. Falls Sie klein-Pik durchspielen, legt der Tisch die Fünf und Ihr Partner muß den König einsetzen. ♠ AB machen jetzt zwei Stiche.

| | | |
|---|---|---|
| | ♡ D3 | |
| ♡ KB84 | | (Partner) |
| | (Spieler) | |

Süd spielt einen Sans-Atout-Kontrakt. Sie sind am Spiel und hoffen, vier Coeur-

Stiche abspielen zu können. Coeur-As muß natürlich bei Ost stehen. Falls Ihr Partner ♡ A9x hält, müssen Sie mit dem König beginnen. Ost gibt die Neun, Sie setzen mit der Vier fort, Ost legt das As und spielt Coeur zurück. Süd ist trotz ♡ 107xx machtlos.

| | | |
|---|---|---|
| | ♣ B975 | |
| ♣ A103 | | ♣ K842 |
| | ♣ D6 | |
| | (Tisch) | |

Ost greift gegen einen Sans-Atout-Kontrakt mit Treff-Zwei an. Der Tisch legt die Sechs. Wenn Sie Ihr As einsetzen, macht der Spieler zwei Treff-Stiche. Besser ist, mit der Zehn zu schneiden. Bei nächster Gelegenheit spielen Sie das As und dann die Drei, damit Ost mit ♣ K8 Nords ♣ 97 herausschneiden kann.

| | | |
|---|---|---|
| | (Spieler) | |
| ◇ KB8 | | (Partner) |
| | ◇ 1063 | |

Spielen Sie hier den Karo-Buben. Hält der Spieler ◇ D7x, können Sie seine Dame herausschneiden. Hat Nord jedoch ◇ AD7, haben Sie wenigstens keinen Stich verschenkt.

## Täuschungsmanöver

Es macht viel Freude, den Spieler geschickt irrezuführen. Ein Täuschungsmanöver wird jedoch zum Bumerang, wenn der eigene Partner das Opfer ist. Spielen Sie deshalb eine täuschende Karte nur dann, wenn Sie einen bestimmten Zweck damit verfolgen und es nichts schaden kann, daß sich Ihr Partner ein falsches Bild von Ihrem Blatt macht. Täuschende Karten sollten gut dosiert sein und nicht sozusagen gewohnheitsmäßig mit dem einzigen Ziel gespielt werden, am Tisch Verwirrung um jeden Preis zu stiften.

| | | |
|---|---|---|
| | ♠ A10<br>♡ AKD<br>◇ B1095<br>♣ DB107 | |
| ♠ B9862<br>♡ 95<br>◇ AD4<br>♣ 852 | N<br>W O<br>S | (Partner) |
| | (Spieler) | |

Sie greifen gegen Süds »3 Sans-Atout« mit Pik-Sechs an. Der Tisch nimmt mit dem As, und Ihr Partner gibt mit Pik-Sieben ein positives Signal. Es folgt Karo-Bube. Ost und Süd bleiben klein. Wie planen Sie die Verteidigung?

Wenn Sie den Stich mit Karo-*As* nehmen und Pik fortsetzen, können Sie den Spieler vor ein kaum zu lösendes Problem stellen, falls er etwa ♠ Kx ♡ Bxx ◇ K8xx ♣ A9xx hält. Alles spricht dafür, daß er erneut auf Karo-Dame schneidet, statt sich auf den Treff-Schnitt einzulassen. Der Kontrakt fällt jetzt einmal. Hätten Sie Karo-Dame gelegt, wäre dem Spieler als einzige Chance der erfolgreiche Schnitt in Treff geblieben.

| | | |
|---|---|---|
| | (Spieler) | |
| ♠ D102<br>♡ AKDB4<br>◇ D94<br>♣ 65 | N<br>W O<br>S | ♡ 2 |
| | ♠ KB83<br>♡ 763<br>◇ 75<br>♣ AKB7 | |

Teiler West, Ost-West in Gefahr

| West | Nord | Ost | Süd |
|---|---|---|---|
| 1 ♡ | 1 ♠ | 2 ♡ | 3 ♠ |
| pass | 4 ♠ | pass | pass |
| pass | | | |

Ihr Partner greift mit Coeur-Zwei an. Die Verteidigung braucht wahrscheinlich zwei Karo-Stiche, um den Kontrakt schlagen zu können. Wenn Sie den Angriff mit dem Buben nehmen und das As nachspielen, sieht der Spieler bei Ihnen 10 Punkte in Coeur. Mit etwa ♠ A9xxx ♡ 9 ◇ KBxx ♣ Dxx wird er die Karo-Position wahrscheinlich erraten. Nehmen Sie deshalb den ersten Stich mit dem As und spielen Sie die Dame nach. Nord gibt Ihnen jetzt ♡ ADBxx und glaubt, daß Sie für Ihre Eröffnung das Karo-As halten müssen.

| | | | Süd | Nord |
|---|---|---|---|---|
| | ♠ KB102 | | | |
| | ♡ 1083 | | | |
| | ◇ AB109 | | 1SA* | 2 ♣** |
| | ♣ KD | | 2 ◇ | 3 SA |
| ♠ A7<br>♡ K9652<br>◇ D83<br>♣ 862 | N<br>W O<br>S | | pass | |
| | (Spieler) | | | |

* 12-14 Punkte
** Stayman

Sie greifen Coeur-Fünf an. Ihr Partner nimmt mit dem As und spielt die Vier zurück. Süd legt die Sieben und dann den Buben. Wie planen Sie die Verteidigung?

Wenn Sie Coeur nehmen und fortsetzen, sieht der Spieler, daß Ihr Partner nicht mehr bedient. Mit etwa ♠ Dxx ♡ DB7 ◇ Kxx ♣ ABxx wird er nicht sofort Pik spielen, sondern nach Abzug der Treffs zunächst einmal auf Ihre Karo-Dame schneiden. Dies wäre nicht glücklich geraten, sondern zwingend; denn selbst bei einem an Ost verlorenen Karo-Schnitt hätte der Spieler immer noch die Pik-Chance.

Sie machen es dem Spieler wesentlich schwerer, wenn Sie nicht mitnehmen, sondern die Coeur-Sechs legen. Jetzt vermutet der Spieler bei Ihnen ♡ K965 und bei Ihrem Partner ♡ A42 und spielt Pik, weil er in Karo nichts riskieren will. Der Spieler muß verblüfft feststellen, daß Sie von einer *Fünferlänge* angegriffen haben und nun den Faller abziehen.

Sie haben viele Möglichkeiten, durch eine täuschende Karte den Spieler zu verleiten, eine Farbe falsch zu behandeln.

◇ KB7
◇ D105 ◇ 643
◇ A982
(Spieler)

Nach dem Schnitt zum Buben zieht der Tisch den König. Geben Sie die Dame, damit der Spieler raten muß, wer die Zehn hat.

♣ AK1075
♣ B4 ♣ D9
♣ 8632
(Spieler)

Es kann nichts kosten, auf die Zwei den Buben zu legen. Vielleicht geht der Spieler mit einer anderen Farbe zurück in die Hand und schneidet zur Zehn, weil er bei Ihnen ♣ DB4 vermutet.

♡ KD106
♡ B942 ♡ 3
♡ A875
(Tisch)

Coeur ist Trumpf. Wenn Sie auf den König klein-Atout zugeben, hat der Spieler keine andere Wahl, als mit dem As zum Tisch zu gehen und auf Ihren Buben zu schneiden; denn ♡ B9xx bei Ost müßte immer einen Stich machen. Legen Sie deshalb die Neun, damit der Spieler nach beiden Seiten schneiden kann. Vielleicht rät er jetzt falsch.

♠ AD972
◇ 8

| | | |
|---|---|---|
| ♠ KB65<br>◇ — | N<br>W O<br>S | ♠ 3<br>◇ D |

♠ 1084
◇ —
(Tisch)

In einem Pik-Kontrakt sticht der Spieler Karo mit der Zehn. Falls Sie mit dem Buben überstechen, machen Sie es dem Spieler zu leicht. Er geht mit einer anderen Farbe zum Tisch und schneidet Ihren Trumpf-König heraus. Am besten überstechen Sie gar nicht oder mit dem König. Der Spieler wird die Trümpfe dann wahrscheinlich auf den Kopf spielen, weil er die noch ausstehende Stärke bei Ihrem Partner vermutet.

♣ K76

| | |
|---|---|
| ♣ AD93 | ♣ B82 |

♣ 1054
(Spieler)

Hier kann es Ihnen gelingen, den Spieler zu »leimen« und den König zu fangen. Beginnen Sie mit Treff-Dame. Der Spieler bleibt am Tisch klein, weil er Sie auf etwa ♣ DB9x taxiert. Setzen Sie jetzt mit der Drei fort, damit der Spieler am Tisch folgerichtig wieder klein legt und keinen Treff-Stich macht.

Oft können Sie den Spieler schon mit Ihrem Ausspiel täuschen. Ein bekannter Trick ist der Angriff von DB in Atout gegen einen Schlemm. Es soll noch Spieler geben, die die Dame jetzt bei ihrem Partner vermuten. Etwas wirkungsvoller ist, von ADx in Atout das As anzugreifen und klein-Atout nachzuspielen, wenn der Tisch den Trumpf-König hat. Schwer zu durchschauen ist das Ausspiel der Atout-Neun von 109 oder 109x.

♡ B64

| | |
|---|---|
| ♡ 1093 | ♡ D5 |

♡ AK872
(Spieler)

Vermutet der Spieler bei Ost ♡ D10x, setzt er am Tisch den Buben ein und muß einen Coeur-Stich abgeben.

Rechnen Sie in einem Farbkontrakt auf Grund der Reizung mit einem sehr starken Dummy, haben Sie mit den folgenden Angriffen oft Erfolg: DBxx, Axx und gelegentlich K9xx. Sind Sie so stark, daß Ihr Partner wahrscheinlich stichlos ist, haben Sie eine ideale Gelegenheit, durch ein täuschendes Ausspiel (z. B. AK752 oder K852 statt der üblichen vierthöchsten Karte) den Spieler zu verwirren, ohne daß die Irreführung Ihres Partners Schaden anrichten kann.

♠ D9643
♡ 94
◇ AKB
♣ 942

| | | |
|---|---|---|
| ♠ KB10<br>♡ D10852<br>◇ 74<br>♣ KB5 | N<br>W O<br>S | ♠ 872<br>♡ B76<br>◇ D1063<br>♣ 763 |

♠ A5
♡ AK3
◇ 9852
♣ AD108

Sie greifen gegen Süds »3 Sans-Atout« mit der Coeur-Fünf an. Der Spieler bleibt klein, nimmt das Coeur-Nachspiel und zieht Pik-As. Sehen Sie die Pointe dieser Hand? Der Spieler hat in schwieriger Lage die glückliche Entscheidung getroffen, die einzige für ihn günstig stehende Farbe, nämlich Pik, zu entwickeln. Er ist im Begriff, den Kontrakt mit vier Pik-Stichen und fünf Stichen in den übrigen Farben zu gewinnen. Nur wenn Sie den Pik-König zugeben, können Sie den Spieler von dem eingeschlagenen richtigen Weg abbringen. Süd vermutet bei Ihrem Partner ♠ B10872 und spielt Pik nicht weiter. Sein bester Plan ist jetzt, zweimal in Treff zu schneiden. Nun geht der Kontrakt verloren, weil Sie zwei Treff- und drei Coeur-Stiche erzielen.

## Verteidigung gegen ein Endspiel

Wirkungsvolle Verteidigung gegen einen Spielzwang oder einen Squeeze ist nicht einfach. Nur wenn Sie sich in die Pläne des Spielers hineindenken und die drohenden Gefahren vorausschauend erkennen, können Sie rechtzeitig die im Bereich des Möglichen liegenden Abwehrmaßnahmen treffen. Sie können sich nicht immer gegen ein Endspiel schützen; *wenn* es aber eine Chance für Sie gibt, müssen Sie die Weichen für eine erfolgreiche Verteidigung früh stellen. In der Endphase ist es meist zu spät.

### *Spielzwang*

Ihre wichtigste Waffe gegen einen Spielzwang ist, sich in der Farbe zu deblockieren, in der Sie am Schluß zu Stich kommen sollen.

| | | |
|---|---|---|
| | (Spieler) | |
| ♠ 93<br>♡ D1052<br>◇ B76<br>♣ DB102 | N<br>W O<br>S | ◇ A |
| | ♠ KB75<br>♡ AKB<br>◇ 1092<br>♣ AK6 | |

Ihr Partner greift gegen Nords »4 Pik« mit den drei obersten Karo-Karten an. Nord sticht die dritte Runde, zieht Pik-As und setzt Trumpf fort. Beim zweiten Mal fällt bei Ost die Dame, der Tisch übernimmt und wechselt auf Treff-As. Sehen Sie, wie es weitergeht?

Die Verteidigung hat nur dann eine Chance, falls Nord in Coeur und Treff je drei Karten hält. Aber auch dann wird der Kontrakt erfüllt, wenn Sie mit der dritten Treff-Runde zu Stich kommen und nur noch Coeur in die Gabel oder Treff in die Doppelrennonce spielen können. Sie müssen deshalb auf die hohen Treffs des Tisches zwei Bilder zugeben und in der dritten Runde mutig die Zwei legen (es sei denn, daß Ihr Partner ein Doubleton markiert hat). Hält Ost ♣ 9xx, kommt er zu Stich, wechselt auf Coeur und der Kontrakt fällt.

In einem unentrinnbaren Spielzwang ist Ihre letzte Chance, den Spieler durch Ihre Abwürfe zu verwirren.

| | | | |
|---|---|---|---|
| | ♠ 63<br>♡ K98<br>◇ ADB9<br>♣ DB105 | | Süd Nord<br>2SA* 6SA<br>pass |
| ♠ K74<br>♡ DB103<br>◇ 42<br>♣ 8632 | N<br>W O<br>S | | * 20-22 Punkte |
| | (Spieler) | | |

Sie greifen Coeur-Dame an. Der Spieler nimmt in der Hand und zieht vier Treff-Runden. Ost bedient einmal und wirft dann zwei kleine Karos und ein kleines Pik ab. Aus der Hand folgt Karo-König. Wie verteidigen Sie?

Der Spieler hat in Coeur, Karo und Treff 14 Punkte und zehn sichere Stiche. In Pik muß er 6-7 Punkte halten. Selbst mit ♠ ADx gewinnt er, wenn er Sie zum Schluß in Coeur ans Spiel bringt, damit

Sie in seine Pik-Gabel antreten. Sie können ihn vor ein Problem stellen, indem Sie auf die Karos zwei Piks abwerfen und ♠ K ♡ B103 behalten. Zieht der Tisch jetzt den Coeur-König, geben Sie mit Unschuldsmiene die Zehn. Jetzt ist der Spieler so gut wie sicher, daß Ihr Bube blank steht, und setzt mit Coeur fort. Sie nehmen und ziehen zu Süds Verblüffung mit Coeur-Drei den Faller ab.

| West | (Spieler) N | Ost |
|---|---|---|
| ♠ KB3<br>♡ A9632<br>◇ 5<br>♣ 9652 | W O S | ♡ D |
| | ♠ AD9<br>♡ 874<br>◇ 6432<br>♣ A73 | |

Gegen Nords »5 Karo« spielt Ihr Partner die Coeur-Dame aus, Sie übernehmen mit dem As und bei Nord fällt der König. Wie setzen Sie fort?

Wenn Sie unter dem Motto »Das kann nichts verderben!« Coeur weiterspielen, erleben Sie eine unangenehme Überraschung, falls der Spieler etwa ♠ xxx ♡ K ◇ AKB10xx ♣ KDx hält. Er sticht, zieht zweimal Trumpf, geht mit Treff-As zum Tisch, schnappt den letzten Coeur, zieht die hohen Treffs ab und spielt Pik zur Neun. Sie haben die traurige Pflicht, entweder in die Pik-Gabel oder die Doppelrennonce zu spielen. Was ist schiefgegangen? Sie waren so freundlich, dem Spieler durch Ihre Coeur-Fortsetzung die Eliminierung der Hand zu ermöglichen, für die er sonst ein Entrée zu wenig gehabt hätte. Am besten wäre gewesen, im zweiten Stich auf Trumpf zu wechseln (auch Treff hätte genügt).

| West | Nord | Ost |
|---|---|---|
| | ♡ 7<br>♣ A108<br>(Tisch) | |
| ♠ D<br>♣ B94 | N<br>W O<br>S | ♣ D652 |
| | ♡ 4<br>♣ K73 | |

Süd spielt einen Coeur-Kontrakt, hat die Hand eliminiert und Sie ans Spiel gebracht. Sehen Sie noch eine Chance für die Verteidigung, einen Stich zu erzielen?

Nur wenn Sie den Treff-Buben spielen, entrinnen Sie der drohenden Gefahr. Nimmt der Tisch und setzt mit der Zehn fort, spielt Ihr Partner die Dame und Ihre Neun wird hoch. Bei jedem anderen Rückspiel macht Süd Rest.

| West | Nord | Ost |
|---|---|---|
| | ♠ AD4<br>♡ D9632<br>◇ K5<br>♣ A74 | |
| ♠ B10832<br>♡ 5<br>◇ 6<br>♣ D106532 | N<br>W O<br>S | (Partner) |
| | (Spieler) | |

Ost eröffnete »1 Karo«, Süd bot »1 Coeur« und Nord sprang auf »4 Coeur«, worauf alle paßten. Sie greifen mit Karo-Sechs an, der Tisch bleibt klein, Ihr Partner nimmt mit der Zehn und setzt Karo-As fort. Wie sehen Sie die Lage?

Hält Ihr Partner den Pik-König und ♡ KB, droht ihm ein Spielzwang. Stechen Sie deshalb das As Ihres Partners, um Pik durchzuspielen. Nur so schlagen Sie den Kontrakt, wenn Süd etwa ♠ xx

♡ A10xxx ♢ 9xxx ♣ Kx hält. Der Spieler hätte sonst das Blatt eliminiert, also zweimal Karo am Tisch und einmal Treff in der Hand gestochen, um dann Ost mit der zweiten Trumpf-Runde heranzusetzen. Ihr Partner muß in Pik antreten, falls er nicht Karo in die Doppelrennonce spielen will. Nur Sie konnten ihm den Pik-König freispielen.

(Spieler)

| | | | |
|---|---|---|---|
| | ♠ D1063<br>♡ 4<br>♢ B42<br>♣ 98752 | N: (Spieler) / W / O / S | |
| | | ♠ K85<br>♡ DB107<br>♢ 763<br>♣ AK4 | |

| Nord | Süd |
|---|---|
| 1 ♡ | 4 ♡ |
| pass | |

Ost greift mit dem Treff-Buben an. Der Tisch nimmt und legt Coeur-Dame vor. Ost gewinnt mit dem König und spielt Treff-Zehn nach. Der Spieler nimmt in der Hand mit der Dame und zieht zweimal Trumpf. Es folgen Pik-As, -König und ein kleines Pik. Nord sticht und setzt Treff fort. Ost wirft Pik ab. Vom Tisch folgt klein-Karo. Was geht hier vor? Sie können sich auszählen, daß Nord eine 2-5-3-3 Verteilung hält. Kritisch wird es, wenn Ihr Partner ♢ AD10x hält. Wenn Sie »routinemäßig« klein-Karo zugeben, schont der Spieler seinen König und Ost ist im Spielzwang; denn er muß nehmen und Karo weiterspielen. Dieses unrühmliche Ende können Sie leicht verhindern, indem Sie Ihren Buben einsetzen*.

* Im Paarturnier ist der Bube besonders wichtig: Er verhindert einen drohenden Überstich, wenn Ost ♢ K109x hält. Der Spieler würde nämlich mit ♢ ADx klein bleiben.

| | | |
|---|---|---|
| | ♠ AK5<br>♡ 62<br>♢ K1063<br>♣ A974 | |
| ♠ B109<br>♡ 108743<br>♢ D74<br>♣ 52 | N / W / O / S | (Partner) |
| | (Spieler) | |

Süd hat zu Ihrer freudigen Überraschung Klein-Schlemm in Coeur gereizt. Sie greifen mit dem Pik-Buben an. Der Tisch nimmt und spielt Trumpf zur Dame. Ost wirft Pik ab. Mit Pik am Tisch sticht der Spieler klein-Pik mit Atout-Fünf. Er zieht Treff-König, geht mit Treff zum As und trumpft klein-Treff mit dem Coeur-Buben. Wie verteidigen Sie? Spätestens jetzt sollte bei Ihnen ein Alarmsignal ertönen. Der Spieler plant ein Trumpf-Endspiel. Falls Sie Karo abwerfen, ist bereits alles verloren. Süd zieht nämlich Karo-As und -König und setzt die Farbe fort. Sie müssen stechen und von ♡ 1087 in Süds ♡ AK9 hineinspielen. Sie haben nur dann eine Chance, wenn Sie im siebten Stich untertrumpfen! Es folgt Karo-As und klein-Karo. Wieder müssen Sie auf der Hut sein und mit dem Mute der Verzweiflung Karo-Dame legen, um in der Endphase nicht am Stich zu sein. Der Tisch nimmt mit dem König, Süd sticht Treff mit dem Coeur-König und Sie müssen abermals untertrumpfen. Nach dieser aufregenden Verteidigung haben Sie zum Schluß ♡ 108 ♢ 7, während Süd noch ♡ A9 und eine Karo-Karte hält. Ist diese *nicht* der Bube, fällt der Schlemm. Süd spielt zum elften Stich Karo, *Ost* kommt mit dem Buben zu Stich und Ihre Trumpf-Zehn ist gerettet.

| | Nord (Spieler) | |
|---|---|---|
| | ♠ AK4<br>♡ 102<br>♢ 54<br>♣ AKD752 | |
| ♠ 952<br>♡ D73<br>♢ KB9<br>♣ B1084 | N<br>W O<br>S | ♠ DB106<br>♡ B984<br>♢ 10872<br>♣ 6 |
| | ♠ 873<br>♡ AK65<br>♢ AD63<br>♣ 93 | |

Nord hat sich zu »5 Treff« verstiegen, obwohl Partie in Sans-Atout leicht mit Überstich erfüllt worden wäre. Ost greift mit Pik-Dame an. Der Spieler nimmt und zieht zwei hohe Atouts, sieht die »Bescherung« und schneidet in Karo zur Dame. Sehen Sie mit offenen Karten, wie Sie verteidigen müssen?

Der Spieler droht, durch einen Coup en passant zu gewinnen, indem er zunächst zweimal Karo und dann einmal Coeur schnappt. Nur Coeur-Rückspiel nimmt dem Tisch vorzeitig ein notwendiges Entrée und schlägt den Kontrakt.

### *Abwurfzwang (Squeeze)*

Erfolgreiche Verteidigung gegen einen Abwurfzwang gehört zur Hohen Schule des Bridge. Nur wenn Sie die Squeeze-Technik selbst beherrschen, können Sie die drohende Gefahr rechtzeitig erkennen und wissen, wo der Spieler verwundbar ist. Die nächsten Hände sind nicht einfach. Seien Sie deshalb nicht enttäuscht, wenn Sie die erfolgreiche Verteidigung nicht auf Anhieb finden sollten.

| | (Spieler) | |
|---|---|---|
| ♠ AK9<br>♡ 74<br>♢ B10852<br>♣ 632 | N<br>W O<br>S | ♠ 3 |
| | ♠ 764<br>♡ 10953<br>♢ A94<br>♣ AB7 | |

Teiler Nord, Nord-Süd in Gefahr

| Nord | Ost | Süd | West |
|---|---|---|---|
| 1 ♣ | 1 ♠ | kontra* | 2 ♠ |
| 3 ♣ | pass | 4 ♣ | pass |
| 5 ♣ | pass | pass | pass |

* Negatives Kontra (8-10 Punkte mit Vierer-Coeur)

Ost greift mit Pik-Drei an. Sie nehmen mit dem König und spielen das As nach. Nord bedient mit der Fünf und dem Buben; Ost gibt die Zwei. Wie setzen Sie fort?

Offensichtlich hält der Partner fünf Piks. Coeur-Fortsetzung sieht attraktiv aus, hiermit hat es jedoch keine Eile; denn wenn Ost das As hält, muß es immer einen Stich machen. Die eigentliche Gefahr droht von einem möglichen Squeeze in den roten Farben gegen Ihren Partner. Hält der Spieler ♠ Bx ♡ AKD ♢ Dx ♣ KD10xxx (oder statt der Coeur-Dame einen weiteren Trumpf), könnte er bei einem neutralen Rückspiel von Ihnen als letzte Karten in der Hand ♢ Dx ♣ K und am Tisch ♡ 10 ♢ A9 behalten. Auf den letzten Trumpf muß Ost entweder sein Coeur-Bild abwerfen oder den Karo-König blankstellen.

Sie können Ihren Partner vor dem drohenden Abwurfzwang retten, indem Sie im dritten Stich den Karo-Buben spielen. Ohne das Karo-As fehlt dem

Spieler die für den Squeeze unbedingt notwendige Verbindung zwischen Tisch und Hand.

| | | | |
|---|---|---|---|
| | ♠ AK85<br>♡ 1032<br>◇ D97<br>♣ K84 | Süd | Nord |
| | | 1 ◇ | 1 ♠ |
| ♠ B942<br>♡ DB9<br>◇ A652<br>♣ 93 | N<br>W O<br>S | 3 ♣ | 3 ◇ |
| | | 3SA | 4 ♣ |
| | | 4 ♡ | 4 ♠ |
| | (Spieler) | 6 ◇ | pass |

Sie greifen mit der Coeur-Dame an, Süd nimmt mit dem König, spielt klein-Karo zur Dame und Karo nach. In der zweiten Trumpf-Runde bedient Ost nicht mehr und wirft klein-Coeur ab. Wie verteidigen Sie?

Mit ♣ ADxxx, ♣ ABxxx oder ♣ ADBx erfüllt der Spieler seinen Schlemm ohne Schwierigkeiten. Hält er nur ♣ ADxx oder schlechtere Treffs und nicht die Pik-Dame, hat er höchstens elf Stiche. Da Sie die Coeurs, Ihr Partner die Treffs und Sie beide die Piks kontrollieren, droht ein Double Squeeze. Besitzt Süd ein Singleton in Pik, können Sie durch Pik-Rückspiel die Verbindung zum Tisch unterbrechen und den Squeeze unmöglich machen. Nur diese Verteidigung schlägt den Schlemm, wenn Süd etwa ♠ x ♡ AKx ◇ KB10xx ♣ ADxx hält. Bei einem anderen Rückspiel zieht Süd die Trümpfe und seine Gewinner in Coeur und Treff ab, läßt ♠ AK8 ♡ 10 am Tisch und spielt aus der Hand den letzten Trumpf. Sie müssen den Coeur-Buben halten und Pik abwerfen. Der Tisch trennt sich von Coeur-Zehn und Ihr Partner kann nicht gleichzeitig drei Piks und einen hohen Treff behalten.

| | | | |
|---|---|---|---|
| | (Spieler) | Nord | Süd |
| ♠ 873<br>♡ AB105<br>◇ B1083<br>♣ 74 | N<br>W O<br>S | 1SA* | 6SA |
| | | pass | |
| | ♠ AKB6<br>♡ KD9<br>◇ 964<br>♣ AKB | | |

* 12-14 Punkte

Ihr Partner greift mit der Treff-Zehn an. Der Tisch nimmt mit dem König und wechselt auf Pik-Sechs. Nord macht den Stich mit der Zehn und spielt klein-Coeur zur Dame. Wie planen Sie Ihre Verteidigung?

Nach der Reizung hält Nord alle fehlenden hohen Karten. Besitzt er vier Treffs, ist der Schlemm unschlagbar. Kritisch wird es, wenn der Spieler nicht vier Treffs, aber vier Karos hält. Ihnen droht, daß Sie zwischen der Coeur-Neun und dem vierten Karo in der Hand in Abwurfzwang geraten. Sie können sich retten, indem Sie klein-Coeur zugeben. Jetzt stimmt der »Count« nicht. Rein theoretisch kann der Spieler in der folgenden Endposition

Hand: ♡ xx ◇ AKDx
Tisch: ♠ A ♡ K9 ◇ 9xx

Pik-As spielen und Sie in Abwurfzwang bringen. Sie halten noch ♡ AB ◇ B1083 und müssen Ihr Coeur-As blank stellen. Wenn der Spieler Karo abwirft und Coeur fortsetzt, hat er gewonnen.

In der Praxis brauchen Sie sich vor dieser hellsichtigen Spieldurchführung nicht zu fürchten; denn der Spieler weiß weder, daß Coeur-As bei Ihnen steht, noch daß die Karos nicht ausfallen.

♠ A764
♡ 1062
◇ A54
♣ K94

♠ 92
♡ KDB98
◇ DB103
♣ 53

N — W — O — S

(Spieler)

| Süd | Nord |
|---|---|
| 1SA* | 3SA |
| pass | |

* 16-18 Punkte

Sie greifen mit Coeur-König an. Süd bleibt klein, nimmt dann Ihre Coeur-Dame mit dem As und spielt die Farbe nach! Ost hat zweimal bedient und wirft jetzt klein-Karo ab. Sehen Sie, was der Spieler vorhat?

Entweder ist er ein Altruist oder er hat acht sichere Stiche und will die zahlenmäßigen Voraussetzungen für einen Squeeze mit Ihrer Hilfe herstellen. Die zweite Möglichkeit ist wesentlich wahrscheinlicher. Seien Sie deshalb mißtrauisch gegen das Ihnen angebotene Danaergeschenk und wechseln Sie auf Karo-Dame. Süd kann jetzt mit etwa ♠ KDx ♡ Axx ◇ Kxx ♣ Axxx nicht mehr gewinnen. Zögen Sie stattdessen Ihre Coeurs ab, könnte sich Ihr Partner bei Ihnen bedanken, weil er in den schwarzen Farben gesqueezt würde. Selbst wenn Sie nur die vierte Coeur-Runde spielen, ist das Unglück schon geschehen; denn Süd gibt einen Treff-Stich an Ost heraus.

♠ 8643
♡ A107
◇ B42
♣ 984

♠ AKB107
♡ DB5
◇ 83
♣ 762

N — W — O — S

(Partner)

(Spieler)

Teiler Süd, niemand in Gefahr

| Süd | West | Nord | Ost |
|---|---|---|---|
| 2 ♣* | 2 ♠ | pass | pass |
| 3 ◇ | pass | 4 ◇ | pass |
| 4SA** | pass | 5 ◇ | pass |
| 6 ◇ | pass | pass | pass |

* konventionell, stärkstes Forcing
** Blackwood

Sie greifen mit Pik-As an, Ost gibt die Zwei und Süd die Dame. Wie spielen Sie weiter?

Nach der Reizung und der Markierung Ihres Partners können Sie nicht damit rechnen, daß Süd noch eine zweite Pik-Karte hält. Kann es etwas schaden, Pik fortzusetzen?

Dieses Nachspiel sieht harmlos aus, ist jedoch sehr riskant. Falls der Spieler in Atout und Treff zusammen neun Stiche hat und außerdem den Coeur-König besitzt, werden Sie in den Edelfarben gesqueezt, weil Sie leichtsinnig Pik fortgesetzt haben. Mit etwa ♠ D ♡ Kxx ◇ AKDxxxx ♣ AK geht der Spieler mit dem Atout-Buben zum Tisch und schnappt eine dritte Pik-Runde, um Ost auszuschalten. Sie sind jetzt in Pik auf sich allein gestellt und können sich gegen den Squeeze nicht mehr wehren.

Sie dürfen dem Spieler also nicht die Möglichkeit geben, die Drohkarte in Pik zu isolieren. Sie spielen deshalb im zweiten Stich etwas anderes, am besten Trumpf. Jetzt fällt der Schlemm, wenn Ihr Partner die wichtige Pik-Neun behält. Sie können ihm bei seinen Abwürfen helfen, indem Sie sich bei erster Gelegenheit von ♠ KB10 trennen.

# Wahrscheinlichkeitsrechnung

Der englische Lord Yarborough war dafür bekannt, daß er Whistspielern folgende Wette anbot: Wer 1 Pfund einsetzte, gewann von ihm 1.000 Pfund, wenn er ein Blatt ohne ein einziges Honneur erhielt. Der spleenige Lord muß gut verdient haben; denn die Chancen stehen 1827 : 1 gegen ein Blatt mit keiner höheren Karte als der Neun.

Auch im Bridge kann ein wenig Mathematik nichts schaden, wie die folgende Hand zeigt:

| W | | O |
|---|---|---|
| ♠ AD73 | N | ♠ 542 |
| ♡ B4 | W O | ♡ A8 |
| ◇ AKD5 | S | ◇ 762 |
| ♣ AKD | | ♣ B10942 |

Nord greift gegen Ihre »3 Sans-Atout« unangenehmerweise mit Coeur-Fünf an. Sie bleiben am Tisch klein, Süd nimmt mit der Dame und spielt die Farbe weiter. Ihre Treffs sind leider »tot«. Suchen Sie Ihren neunten Stich in Pik oder Karo?

Daß ein Schnitt in 50 % der Fälle glückt, liegt auf der Hand. Wie hoch die Chancen für einen 3-3 Stand der Karos sind, können Sie allerdings nur raten, wenn Sie es nicht wissen: Knapp 36 %. Schneiden Sie deshalb in Pik. Die Situation wäre anders, wenn Sie statt einer kleinen Pik-Karte noch ein kleines Karo in der Hand hielten. Jetzt sind die Karos der klare Favorit, weil sie in fast 68 % der Fälle 3-2 ausfallen.

Aus der folgenden Tabelle können Sie sehen, in wieviel Prozent der Fälle eine bestimmte Verteilung der beim Gegner befindlichen Karten einer Farbe zu erwarten ist.

*Tabelle 1*

| | | | | |
|---|---|---|---|---|
| *2 Karten* | 1-1 | 52 % | 2-0 | 48 % |
| *3 Karten* | 2-1 | 78 % | 3-0 | 22 % |
| *4 Karten* | 3-1 | 49,7 % | 2-2 | 40,7 % |
| | 4-0 | 9,6 % | | |
| *5 Karten* | 3-2 | 67,8 % | 4-1 | 28,3 % |
| | 5-0 | 3,9 % | | |
| *6 Karten* | 4-2 | 48,5 % | 3-3 | 35,5 % |
| | 5-1 | 14,5 % | 6-0 | 1,5 % |
| *7 Karten* | 4-3 | 62,2 % | 5-2 | 30,5 % |
| | 6-1 | 6,8 % | 7-0 | 0,5 % |
| *8 Karten* | 5-3 | 47,1 % | 4-4 | 32,7 % |
| | 6-2 | 17,1 % | 7-1 | 2,9 % |
| | 8-0 | 0,2 % | | |
| *9 Karten* | 5-4 | 58,9 % | 6-3 | 31,4 % |
| | 7-2 | 8,6 % | 8-1 | 1,1 % |
| | 9-0 | 0,05 % | | |

Aus diesem Gewimmel von Zahlen einige überraschende Einzelheiten: Hält der Gegner vier Karten, ist der »normale« 2-2 Stand seltener als eine 3-1 Verteilung (gut 40 % gegenüber knapp 50 %). Das gleiche gilt, wenn Ihnen sechs Karten fehlen (3-3 nur knapp 36 %, 4-2 über 48 %).

In einem Farbkontrakt stehen Sie häufig vor der Frage, wie aussichtsreich es ist, eine Nebenfarbe am Tisch durch einmaliges Trumpfen hochzuspielen.

a) Hand: xx  Tisch: AKxxx
b) Hand: xx  Tisch: AKxxxx
c) Hand: x  Tisch: AKDxx

Ihre Chancen sind bei a) nur knapp 36 %, bei b) hingegen fast 68 % und bei c) gut 62 %.

Fehlt Ihnen bei elf Trümpfen nur Kx, ist es besser zu schlagen als zu schneiden. Legt der vor dem As sitzende Gegner den kleinen Trumpf, so sind die Chancen, auch den König bei ihm zu finden, nur 12 : 13; denn er hält neben dem kleinen

Trumpf zwölf unbekannte Karten, sein Partner hingegen dreizehn.

Bei zehn Trümpfen ändert sich das Bild erheblich. Der Schnitt auf Kxx hat eine Chance von 50 %, das Schlagen nur 26 %.

Die letzte Zahl ergibt sich nicht unmittelbar aus Tabelle 1, ist aber leicht zu erklären: Stehen drei fehlende Karten 2-1, sind Ihre Aussichten, eine bestimmte Karte davon beim Doubleton zu finden, doppelt so groß. Bei einer 2-1 Verteilung (78 %) steht der König in zwei von drei Fällen doubleton (52 %) und in einem Drittel der Fälle singleton (26 %).

Hand: ♢ A4 Tisch: ♢ KB63

In einem Pik-Kontrakt brauchen Sie einen dritten Karo-Stich. Auf Ihr As bedienen beide Gegner klein. Ist es jetzt besser, zu schneiden oder den König zu spielen und klein-Karo zu trumpfen?

Ihre Aussichten für den Schnitt betragen 50 %. Die Chancen für das Trumpfen müssen wir erst ausrechnen: Bei einer 5-2 Verteilung (gut 30 %) steht die Dame in zwei von sieben Fällen und bei einer 4-3 Verteilung (gut 62 %) in drei von sieben Fällen bei der Kürze. Das Ergebnis lautet 8,7 % + 26,7 % = 35,4 %. Die Chancen für das Schneiden sind also eindeutig besser.

Hand: ♡ A52 Tisch: ♡ KB10

Nehmen wir an, Sie haben im Verlauf des Spiels auszählen können, daß links von Ihnen fünf Coeur stehen und der Gegner rechts nur ein Doubleton hält. Sie haben jetzt eine 5 : 2 Chance, Coeur-Dame links von Ihnen zu finden.

Halten Ihre Gegner in einer Farbe zwei Honneurs (H), ist es nicht leicht abzuschätzen, wie diese sich wahrscheinlich auf die ausstehenden Karten der Farbe verteilen. Die nächste Tabelle gibt über die Häufigkeit der wichtigsten Kartenkombinationen Aufschluß.

*Tabelle 2*

| | | |
|---|---|---|
| *4 Karten* | HH+xx | 13,6 % |
| | Hx+Hx | 27,1 % |
| | HHx+x | 24,9 % |
| *5 Karten* | HH+xxx | 6,8 % |
| | HHx+xx | 20,3 % |
| | Hxx+Hx | 40,7 % |
| *6 Karten* | HH+xxxx | 3,2 % |
| | HHxx+xx | 19,4 % |
| | Hxxx+Hx | 25,9 % |
| | HHx+xxx | 14,2 % |
| | Hxx+Hxx | 21,3 % |
| *7 Karten* | HH+xxxxx | 1,5 % |
| | HHxxx+xx | 14,5 % |
| | Hxxxx+Hx | 14,5 % |
| | HHx+xxxx | 8,9 % |
| | HHxx+xxx | 17,8 % |
| | Hxxx+Hxx | 35,5 % |

Im nächsten Beispiel dürfen Sie nur einen Atout abgeben.

Hand: ♠ AK10984 Tisch: ♠ 5

Machen Sie einen Schnitt oder spielen Sie die Piks auf den Kopf? Der Schnitt ist besser, wenn rechts von Ihnen ♠ DBxx stehen. Nur das Schlagen ist erfolgreich, wenn der Gegner rechts von Ihnen eine Figur zu viert oder zu fünft hält. Die Chancen für HHxx bei einem Gegner stehen 19,4 %, bei einem bestimmten Gegner also 9,7 %. Etwas häufiger finden Sie Hxxx+Hx, nämlich in 25,9 % der Fälle. Die Chancen für ein Bild zu viert rechts von Ihnen sind also knapp 13 %. Hinzu kommt, daß in 2,4 % der Fälle ein blankes Bild hinter Ihnen sitzt. Das Schlagen ist also in über 15 % der Fälle besser, der Schnitt in nur knapp 10 % Sie sollten deshalb die Atouts auf den Kopf spielen.

Hand: ♢ 3 Tisch: ♢ AK1042

In einem Farbkontrakt brauchen Sie dringend drei Abwürfe. Mit einem Schnapper können Sie die Karos nur dann hochspielen, wenn ein Gegner ♢ DBx hält. Die

Chancen hierfür sind allerdings gering, nämlich knapp 9 %.

Hand: ♡ AK1076  Tisch: ♡ 9854

Sie ziehen Coeur-As, links von Ihnen fällt die Dame, Sie gehen mit einer anderen Farbe zum Tisch, spielen von dort Coeur und der Gegner rechts gibt klein. Schneiden Sie? Diese Frage ist nicht ohne Tücken. Scheinbar haben Sie gleiche Chancen, den fehlenden Buben rechts oder links zu finden; das Schlagen scheint sogar etwas besser zu sein, weil Sie im Moment Ihrer Entscheidung beim Gegner rechts bereits eine Karte mehr gesehen haben.

Diese Argumentation wirkt logisch, ist aber falsch. Sie baut darauf auf, daß der Gegner hinter Ihnen von ♡ DB blank immer die Dame legen würde, was natürlich nicht der Fall ist. Mit ♡ D blank hat er hingegen keine Wahl. Auf Grund dieser eingeschränkten Wahlmöglichkeit gilt folgendes Prinzip (engl. »Principle of Restricted Choice«): Eine Karte, die der Gegner immer legen mußte, ist wesentlich wahrscheinlicher als eine Karte, bei der der Gegner zwischen zwei oder mehr Möglichkeiten wählen konnte. In der obigen Hand sollten Sie deshalb schneiden. Die Wahrscheinlichkeitsrechnung bestätigt dieses Ergebnis; denn in über 12 % der Fälle steht hinter Ihnen ein blankes Bild, während die Chancen für zwei blanke Bilder dahinter nur knapp 7 % sind.

Hand: ♣ 432  Tisch: ♣ DB9

Sie spielen aus der Hand zum Buben, und der Gegner rechts nimmt. Beim nächsten Mal spielen Sie wieder Treff aus der Hand. Der Gegner links legt klein. Schneiden Sie mit der Neun?

Auf Ihre Entscheidung kommt es nur dann an, wenn rechts von Ihnen entweder die andere Topfigur (T) oder die Zehn steht. Von ♣ T10 mußte der Gegner rechts beim ersten Mal immer die Topfigur legen, während er mit ♣ TT die Wahl hatte. Der erste Fall ist also wahrscheinlicher; legen Sie deshalb am Tisch Treff-Dame.

Hand: ♠ D104  Tisch: ♠ 72

Sie spielen »3 Sans-Atout« und haben in den Farben Coeur, Karo und Treff neun sichere Stiche. Leider greift der Gegner links klein-Pik an, der Gegner rechts nimmt mit dem König und spielt ein kleines Pik nach. Welche Karte legen Sie?

Ihre Entscheidung ist nur dann von Bedeutung, wenn der Gegner links von einem Bild zu dritt angegriffen hat. Der Gegner rechts muß mit ♠ KBxxx *immer* den König legen, während er mit ♠ AKxxx zwischen dem König und dem As wählen konnte. Nach dem »Principle of Restricted Choice« ist der erste Fall also wahrscheinlicher; schneiden Sie deshalb mit der Zehn.

Im Bridge können Sie den mathematischen Tabellen allerdings nicht unbegrenzt vertrauen. Hierfür sprechen mehrere Gründe.

Die errechneten Prozentsätze gelten nur »a priori«, also nur dann, wenn Sie die 26 Karten Ihrer Gegner noch nicht kennen und aus der Reizung keinerlei Informationen gewonnen haben. Erreichen Sie z. B. nach einer Sperransage des Gegners links einen Kontrakt mit acht Trümpfen in den gemeinsamen Händen, so haben Sie weit weniger als 68 % Chancen für einen 3-2 Stand der Atouts. Der Gegner rechts wird viel häufiger vier oder gar fünf Trümpfe halten, als es nach der a priori-Wahrscheinlichkeit zu erwarten wäre. Das gleiche gilt natürlich, wenn einer Ihrer Gegner durch Unusual No Trump einen Zweifärber gezeigt hat. A posteriori spricht viel dafür, daß die gegnerischen Karten in Ihren Farben ungünstig verteilt sind.

Bei aller Mathematik dürfen Sie auch

das menschliche Element im Bridge nicht vernachlässigen. »Présence à la table« kann wichtiger sein als die Kenntnis mathematischer Tabellen.

Bei der Paar-Olympiade 1970 in Stockholm und der Team-Olympiade 1972 in Miami wurden alle Hände vorher durch einen Computer geteilt. Die meisten Experten beanstandeten die hohe Zahl ungewöhnlicher Verteilungen. Genaue Untersuchungen ergaben, daß die Computer-Hände ziemlich genau der mathematischen Wahrscheinlichkeit entsprachen. Wenn sie den meisten Turnier-Teilnehmern trotzdem zu »wild« vorkamen, läßt sich das nur dadurch erklären, daß sonst ziemlich nachlässig gemischt wird. Im Rubber-Bridge hat man beobachtet, daß die Karten bei zunehmender Spieldauer immer mehr zu ausgeglichenen Verteilungen tendieren. Etwas ähnliches gilt beim Turnier-Bridge, wenn die im Board befindlichen alten Karten bei Turnier-Beginn nur einmal kurz durchgemischt werden. Es sind also nicht die Computer-Hände, die von der Norm abweichen, sondern die »normalen«.

Viele Spieler schwören im Rubber-Bridge darauf, daß die Dame in der Mehrzahl der Fälle hinter dem Buben steht, und begründen diese Faustregel mit unvollkommenem Mischen. Wird ein Bube vom nächsten Spieler mit der Dame gedeckt oder geht der Schnitt auf einen Buben an die unmittelbar dahinter sitzende Dame verloren, liegt der Bube zuoberst, nachdem der Stich umgedreht worden ist. Bei schlechtem Mischen bleiben die beiden Bilder zusammen, und die Dame wird unmittelbar nach dem Buben ausgeteilt.

Bereits Ely Culbertson hat auf das Phänomen der blanken Könige aufmerksam gemacht. Steht in einer Farbe ein König blank, so ist ein entsprechender Stand auch in einer anderen Farbe zu erwarten. Diese Beobachtung läßt sich mathematisch nicht untermauern. Vermutlich ist es hiermit wie mit der Duplizität der Ereignisse im Alltagsleben: Nur besondere Ereignisse fallen auf und bleiben im Gedächtnis haften, so daß aus diesen Ausnahmen zu leicht Gesetzmäßigkeiten konstruiert werden.

Zum Abschluß noch einige kuriose Einzelheiten, deren Kenntnis Ihnen allerdings genauso wenig nützt, als wenn Sie die Anzahl der zum Bau der Cheopspyramide verwendeten Steine oder die durchschnittliche Entfernung Sonne-Saturn wüßten.

Ihre Chancen auf ein Blatt mit allen vier Assen sind 1 : 378. Wesentlich öfter halten Sie vier Honneurs in einer Farbe, nämlich etwa jedes 23. Mal. Ziemlich klein sind Ihre Chancen für fünf Honneurs in einer Farbe; sie betragen 1 : 500.

Die Variationsmöglichkeiten des Bridge scheinen unendlich zu sein. Trotzdem können Sie nur eine endliche Zahl verschiedener Blätter bekommen. Diese Zahl ist allerdings sehr hoch: 635.013.559.600*.

»Soundso oft hielt ich keinen einzigen Punkt!« Diesen Stoßseufzer haben Sie von mißmutigen Mitspielern sicherlich oft genug gehört. Die Chancen für ein solches Blatt, also ein Yarborough bis zur Zehn aufwärts, sind allerdings nur 1 : 274.

Wie oft bekommt man eine lange Farbe? Eine Sechserfarbe hält man etwa jedes sechste Mal. Die Chancen für eine Siebenerlänge sind 1 : 27 und für eine Achterlänge 1 : 213. Noch längere Farben

* Für den mathematisch interessierten Leser: Die Formel lautet

$$\frac{52!}{39! \times 13!}$$

sind sehr selten: Im Durchschnitt bekommt man eine Neunerfarbe nur einmal in 2.700 Fällen, und die Chancen für eine Zehnerlänge sind etwa 1:60.000.

Knapp jedes dritte Mal halten Sie wenigstens ein Singleton und etwa jedes 20. Mal eine Chicane. Die Chancen, daß kein Spieler am Tisch ein Singleton oder eine Chicane besitzt, stehen ungefähr 1 : 4. Sie machen mit ♠ AKDxxxx bzw. ♠ AKB10xxxx eine Hochansage. Mit welcher Farbe haben Sie bessere Chancen, keinen Atout-Stich abgeben zu müssen (ohne Berücksichtigung von Surcoup und Uppercut)?

Mit der Siebenerlänge haben Sie bessere Aussichten (83,6 % gegenüber gut 75,1 %).

Welche Blattverteilung halten Sie für die wahrscheinlichste?

Die spontane Antwort ist meist 4-3-3-3. Die folgende Tabelle zeigt Ihnen, daß diese Verteilung erst an fünfter Stelle der Rangliste steht.

*Tabelle 3*

| | | | |
|---|---|---|---|
| 4-4-3-2 | 21,55 % | 6-3-2-2 | 5,64 % |
| 5-3-3-2 | 15,52 % | 6-4-2-1 | 4,70 % |
| 5-4-3-1 | 12,93 % | 6-3-3-1 | 3,45 % |
| 5-4-2-2 | 10,58 % | 5-5-2-1 | 3,17 % |
| 4-3-3-3 | 10,54 % | 4-4-4-1 | 2,99 % |

Je einmal in meinem Leben habe ich ein Blatt mit 13 roten bzw. 13 schwarzen Karten gehalten. Die Chancen hierfür betragen nur etwa 1 : 30.000.

# Berühmte Hände

Dem Mimen flicht die Nachwelt keine Kränze, heißt es im Prolog zu Wallensteins Lager. Dem Bridge-Spieler ergeht es ähnlich. Sobald die Karten zusammengeworfen sind, wird das Spiel meist schnell vergessen. Trotzdem gibt es viele berühmte Hände, die über Jahre und Jahrzehnte hinweg überliefert worden sind.

Die wohl berühmteste Whist-Hand spielte der Duke of Cumberland. Er nahm das folgende phantastische Blatt auf: ♠ AKD ♡ AKDB ◇ AK ♣ KB97. Rechts von ihm drehte der Teiler die letzte Karte um, die die Trumpf-Farbe bestimmte. Es war ein kleines Treff. Der Duke wurde gefragt, was er ausspielen würde. Er nannte die Treff-Sieben. Daraufhin erklärtem ihm seine Gegner, sie hätten die Karten vorher in bestimmter Weise geordnet und er werde mit seinem Blatt keinen Stich machen. Der Duke wettete 20.000 Pfund dagegen - und verlor.

| | | |
|---|---|---|
| | ♠ —<br>♡ —<br>◇ 1098765432<br>♣ AD108 | |
| ♠ AKD<br>♡ AKDB<br>◇ AK<br>♣ KB97 | N<br>W O<br>S | ♠ B109876<br>♡ 109876<br>◇ DB<br>♣ — |
| | ♠ 5432<br>♡ 5432<br>◇ —<br>♣ 65432 | |

Nord nahm die ausgespielte Treff-Sieben mit der Acht und ließ Süd zweimal Karo stechen. Süd spielte jedesmal Trumpf zurück, alle Atouts des Duke wurden herausgeschnitten und Nord machte mit den hohen Karos Rest. Der Londoner James Clay (1805-1873), nach Hoyle und vor Cavendish der führende englische Whist-Experte, beschreibt in seinem 1864 erschienenen Handbuch über Whist die folgende Problemhand, die angeblich in Wien gespielt worden sein soll:

| | | |
|---|---|---|
| | ♠ B103<br>♡ AKDB3<br>♢ 52<br>♣ 742 | |
| ♠ K6<br>♡ 109765<br>♢ B108<br>♣ 865 | N<br>W O<br>S | ♠ 987542<br>♡ 84<br>♢ K9<br>♣ B109 |
| | ♠ AD<br>♡ 2<br>♢ AD7643<br>♣ AKD3 | |

Treff ist Trumpf, Süd hat das Ausspiel und Nord-Süd können alle Stiche erzielen. Süd zieht zunächst viermal Trumpf; Nord wirft Karo ab. West ist in Schwierigkeiten und trennt sich von einer Coeur-Karte. Jetzt kommt die Pointe: Süd zieht Pik-As und spielt erst anschließend die hohen Coeurs ab, um West in Pik und Karo in Abwurfzwang zu bringen.

Das Problem galt damals als ungewöhnlich schwierig; der junge Cavendish soll volle drei Tage gebraucht haben, ehe er durch Zufall auf die Lösung stieß. Dieses deblockierende Manöver, nämlich Pik-As rechtzeitig abzuziehen, heißt seitdem »Wiener Coup«.

Eine der berühmtesten Problemhände ist das sog. Vaniva Problem, das der Whist- und Bridge-Experte Sidney Lenz 1928 für ein Preisausschreiben von Vaniva Shaving Cream konstruiert hatte.

| | | |
|---|---|---|
| | ♠ 5<br>♡ 85<br>♢ AK7<br>♣ AK86542 | |
| ♠ K107<br>♡ 9<br>♢ D1083<br>♣ DB1097 | N<br>W O<br>S | ♠ 86432<br>♡ D632<br>♢ B62<br>♣ 3 |
| | ♠ ADB9<br>♡ AKB1074<br>♢ 954<br>♣ — | |

Süd soll gegen den Angriff der Treff-Dame Groß-Schlemm in Coeur erfüllen.

Nord nimmt, Süd wirft Karo ab und Nord spielt das andere Treff-Bild. Ost wirft Pik ab, Süd sticht, schnappt Wests Pik-König heraus, schneidet in Trumpf und spielt seine hohen Piks. Mit Karo am Tisch sticht Süd erneut Treff, geht noch einmal mit Karo zum Tisch und fängt Osts Trumpf-Dame.

Wenn Ost Karo abwirft, trennt sich Süd von einer Pik-Karte, schneidet Osts Trumpf-Dame heraus und spielt anschließend alle Trümpfe, um West in drei Farben in Abwurfzwang zu bringen.

Auf der Bridge-Weltmeisterschaft 1937 in Budapest verblüffte Ely Culbertson seine Gegner mit dieser Hand:

| | | |
|---|---|---|
| ♠ A62<br>♡ A83<br>♢ K93<br>♣ AD104 | N<br>W O<br>S | ♠ 4<br>♡ 65<br>♢ 754<br>♣ KB97653 |

Culbertson spielte »5 Treff«. Nord griff mit Pik-König an und Culbertson gab ohne zu zögern die Pik-Sechs! Nord wechselte auf Karo, Süd legte das As und spielte Coeur durch. Culbertson nahm, zog sämtliche Atouts und warf aus der Hand drei Verlierer in den roten Farben ab. Zum elften Stich ging er mit Karo-König in die Hand, zog Pik-As und Pik-

Zwei war hoch. Beide Gegner hatten beim Partner Pik-As vermutet und nur eine Pik-Karte gehalten.

Der Amerikaner Norman F. Bonney († 1945) gewann vor dem Zweiten Weltkrieg die folgende dramatische Hand:

| W | | O |
|---|---|---|
| ♠ 73 | N | ♠ AK10642 |
| ♡ K2 | W O | ♡ B1073 |
| ◇ A | S | ◇ 95 |
| ♣ AKDB8652 | | ♣ 10 |

Ost eröffnete »1 Pik«, Süd reizte »2 Coeur« und Bonney sprang auf »6 Treff«, die von Süd kontriert und von Bonney rekontriert wurden. Angriff: Coeur-Vier.

Süd nahm mit dem As, und Bonney gab ohne zu zögern den König zu. Dieser glänzende Bluff irritierte Süd so sehr, daß er mit ♠ DB9 ♡ AD9865 ◇ KD74 ♣ — auf Karo wechselte. Bonney zog alle Atouts und ließ am Tisch ♠ AK10. Süd geriet in Abwurfzwang: Er warf Coeur-Dame ab, und die Coeur-Zwei war hoch.

Als einer der besten Handspieler aller Zeiten galt Dr. Eduard (»Edi«) Frischauer. Der 1895 geborene Wiener emigrierte 1938 in die USA, machte sich in Hollywood als Strafverteidiger und Grundstücksmakler einen Namen und starb dort 1964. Hier eine seiner berühmtesten Hände:

| W | | O |
|---|---|---|
| ♠ 3 | N | ♠ KD2 |
| ♡ AKDB874 | W O | ♡ 10532 |
| ◇ 65 | S | ◇ A103 |
| ♣ K72 | | ♣ A85 |

Nord griff gegen optimistische »6 Coeur« mit Treff-Drei an. »Edi« nahm am Tisch und spielte sofort die Pik-Zwei nach. Süd wurde mit ♠ A109864 ♡ 9 ◇ D72 ♣ D104 nervös und setzte das As ein. Der ungewinnbare Schlemm wurde jetzt leicht erfüllt.

Viel Phantasie bewies der Amerikaner William Hanna bei folgender Reizung. Er hielt ♠ AKD95 ♡ B72 ◇ AK96 ♣ 4. Sein Partner eröffnete »3 Sans-Atout« und zeigte damit eine stehende Unterfarbe. Hanna sprang auf »6 Sans-Atout«. Der Gegner rechts kontrierte, offensichtlich im Besitz von ♡ AK. Hätten Sie noch eine Chance gesehen?

Hanna fand einen genialen Ausweg. Er bot »7 Treff«, weil jetzt der Gegner links angreifen mußte. Dieser entschied sich schließlich für Pik, der Tisch ging herunter mit ♠ 104 ♡ D63 ◇ 4 ♣ AKDB652 und der - natürlich ebenfalls kontrierte - Groß-Schlemm wurde erfüllt.

Der Italiener Michele Giovine, zusammen mit Mario Franco Erfinder des *Marmic*-Systems, fand in folgender Hand eine glänzende Verteidigung:

| W | | Süd | Nord |
|---|---|---|---|
| ♠ D62 | N | 1 ♣ | 1 ♠ |
| ♡ K1095 | W O | 2SA | 3 ♠ |
| ◇ K1032 | S | 4 ♠ | pass |
| ♣ K8 | | | |

S:
♠ B107
♡ AD83
◇ A8
♣ ADB9

Ost spielte Coeur-Zwei an, der Spieler schnitt mit der Dame und Giovine nahm. Sein Partner hatte offensichtlich von ♡ Bxx einen guten Angriff gefunden. Trotzdem waren die Aussichten nicht rosig. Mit ♠ AKxxx würde der Spieler erfolgreich in Trumpf schneiden und wahrscheinlich in jeder Nebenfarbe nur einen Stich abgeben Giovine fand das »verrückte« Rückspiel von Treff-Acht! Der Spieler fürchtete ein Singleton und hatte wegen des scheinbar drohenden Schnappers keinen Mut zum Trumpf-Schnitt. Er zog ♠ AK, schnitt in Treff und mußte später noch einen Karo-Stich abgeben.

Eine gegnerische Sperransage half dem Schweizer Jean Besse, einen schwierigen Schlemm auf problemhafte Weise zu gewinnen:

| W | N / W O / S | O |
|---|---|---|
| ♠ AB84 | | ♠ K932 |
| ♡ K98 | | ♡ A2 |
| ◇ KD65 | | ◇ A743 |
| ♣ 52 | | ♣ AK6 |

Besse war schließlich in »6 Pik« gelandet, nachdem Süd mit »3 Treff« eröffnet hatte. Nord griff mit Treff-Neun an. Besse rechnete damit, daß Süd kurz in Trumpf sein würde. Er nahm am Tisch, spielte klein-Atout, Süd legte die Zehn, Besse nahm mit dem As und schnitt zur Trumpf-Neun. Erwartungsgemäß bediente Süd nicht mehr. Es folgten ◇ KD, und Süd warf beim zweiten Mal Treff ab. Im richtigen Moment spielte Besse jetzt Treff. Wenn Nord sticht, ist der Schlemm leicht gewonnen; denn nach Abzug des letzten Atouts wird ein Karo auf Treff abgeworfen und ein Coeur-Verlierer verstochen. Nord warf deshalb Coeur ab. Besse nahm, wechselte auf Coeur, schnappte die dritte Runde am Tisch, zog Karo-As und warf auf die Treff-Sechs den letzten Karo ab. Er hielt in der Hand noch ♠ B8 und am Tisch ♠ K ◇ 7. Süd mußte Treff oder Coeur spielen, Besse stach und Nord hatte mit ♠ D7 vor dem geschickt eingefädelten Smother Play zu kapitulieren.

Im Kampf gegen Schweden bei den Europa-Meisterschaften 1967 in Dublin hielt der Italiener Bellentani die folgende starke Hand: ♠ AK8 ♡ A1096 ◇ K ♣ KB872. Die Reizung nahm einen ungewöhnlichen Verlauf. Auf die Karo-Eröffnung rechts gab er Informationskontra. Der hinter ihm sitzende Schwede sprang auf »4 Pik«, der Eröffner ging auf »5 Karo«, die links auf »6 Karo« gehoben wurden. Was hätten Sie angegriffen?

Bellentani rechnete mit einer extremen Verteilung der gegnerischen Karten und befürchtete, daß seine hohen Karten weggestochen werden könnten. Er griff deshalb mit dem blanken Trumpf-König an!

Nur dieser Angriff schlug den Schlemm; denn der Eröffner hielt ♠ — ♡ DB7543 ◇ ADB9653 ♣ — und fand am Tisch Coeur-Chicane sowie drei Atouts mit der Zehn. Bei jedem anderen Angriff sticht der Spieler dreimal Coeur am Tisch, zieht die Atouts in zwei Runden und gibt nur einen Coeur-Stich ab.

In der nächsten Hand sehen Sie »Bob« Slavenburg beim Sunday Times-Turnier 1966 in London in Aktion (Cornelis Slavenburg, Holländer, geb. 1917 in Rotterdam, 1966 zusammen mit Hans Kreyns Gewinner der Paar-Olympiade).

| W | N / W O / S | O |
|---|---|---|
| ♠ 10 | | ♠ K74 |
| ♡ AD109652 | | ♡ KB73 |
| ◇ 6 | | ◇ KD84 |
| ♣ AB97 | | ♣ 104 |

Über Süds Pik-Eröffnung war Slavenburg schließlich in »5 Coeur« gelandet, die von Nord kontriert wurden. Auf die ausgespielte Pik-Zwei legte Slavenburg am Tisch den König, um Süd einen Anreiz zu geben, die Farbe weiterzuspielen und nicht auf Treff zu wechseln. Süd nahm mit dem As und spielte wie erhofft Pik nach. Slavenburg stach und versuchte, Karo-Sechs durchzumogeln. Nord roch jedoch den Braten, setzte das As ein und spielte Pik weiter. Jeder normale Spieler würde jetzt Trumpf ziehen, zwei Treff-Verlierer auf die Karos abwerfen und schließlich in Treff den Faller konzedieren. Nicht so Slavenburg: Er stach und zog sämtliche Atouts ab, wobei er sich hoffnungslos vom Tisch abschnitt. Zum Schluß hatte er noch ♣ AB97 in der Hand und ◇KD8 ♣10 am Tisch. Jeder Gegner behielt drei Karo-Karten, und alle Treffs waren hoch. Ein eleganter Pseudo-Squeeze, englisch sehr treffend »The Unloaded Pistol« genannt. Die Karos am Tisch wirkten wie eine ungeladene Pistole, und beide Gegner fielen auf die leere Drohung herein, weil sie sich nicht vorstellen konnten, daß Slavenburg kein Karo mehr in der Hand hielt.

*Teamkampf in Hamburg. Eine bekannte Spielerin geht in einem Vollspiel down, weil sie etwas unvorsichtig operiert hat. Beim Abrechnen ihre Teampartner: »Annemarie, mit einem einfachen Safety-Play hättest Du erfüllt.« Sie prompt: »Woher konnte ich denn wissen, daß die Hand so schlecht steht!«*

## Tests

Mit den folgenden 25 Aufgaben lade ich Sie zu einem ziemlich anspruchsvollen Test ein, damit Sie ungefähr abschätzen können, wie stark Sie wirklich spielen. Die einzelnen Hände bringen Probleme der Spieldurchführung und des Gegenspiels von unterschiedlichem Schwierigkeitsgrad. Bei jeder Aufgabe können Sie für die richtige Lösung 1-4 Punkte verdienen. Die jeweilige Punktzahl ist bereits bei der Fragestellung angegeben; Sie wissen also bei jedem Problem, welches Kaliber Sie erwartet.

Jede Aufgabe ist durch logische Überlegung zu lösen. Lassen Sie sich Zeit und schlagen Sie nicht vorschnell bei den Antworten nach. Wenn Sie nicht auf Anhieb sehen, worauf es ankommt, werfen Sie die Flinte nicht zu früh ins Korn. Legen Sie das Problem lieber für einige Zeit beiseite; vielleicht glückt Ihnen die Lösung beim zweiten Anlauf.

Nach den Antworten finden Sie eine Bewertungsskala. Sie können maximal 60 Punkte erzielen. Wenn Sie nur auf die Hälfte dieser Punktzahl kommen, müssen Sie schon recht stark spielen. Nun wünsche ich Ihnen beim Knacken der zum Teil harten Nüsse viel Erfolg.

## Fragen

Sie sitzen wie immer auf West. Markiert wird nach der Standard-Methode.

**Nr. 1**

| West | | Ost |
|---|---|---|
| ♠ K52 | N | ♠ D104 |
| ♡ KB105 | W O | ♡ D6 |
| ◇ B | S | ◇ KD105 |
| ♣ AD1062 | | ♣ KB98 |

Sie spielen »3 Sans-Atout«, nachdem Süd über die Karo-Eröffnung Ihres Partners Pik zwischengereizt hatte. Nord greift mit der Pik-Neun an. Wie planen Sie Ihr Spiel? (1 Punkt)

**Nr. 2**

| West | | Ost |
|---|---|---|
| ♠ AKB1075 | N | ♠ 8 |
| ♡ 10 | W O | ♡ A976543 |
| ◇ B1094 | S | ◇ AKD |
| ♣ D5 | | ♣ 73 |

Teiler Nord, Ost-West in Gefahr

| Nord | Ost | Süd | West |
|---|---|---|---|
| 1 ♣ | 2 ♡ | pass | 2 ♠ |
| 3 ♣ | 4 ♡ | kontra | 4 ♠ |
| kontra | pass | pass | pass |

Nord greift mit Treff-As und -König an; Süd gibt die Zwei und dann die Sechs. Nord wechselt jetzt auf Coeur-Dame. Was nun? (2 Punkte)

**Nr. 3**

(Spieler)

♠ A53
♡ K4
◇ KB974
♣ A106

| | N | |
|---|---|---|
| W | | O |
| | S | |

◇ 2

♠ 42
♡ 7652
◇ A1063
♣ B84

Über Ihre Karo-Eröffnung ist Nord auf »2 Pik« gesprungen, Süd bot »2 Sans-Atout« und Nord ging auf »4 Pik«. Ihr Partner greift mit Karo-Zwei an. Der Spieler nimmt am Tisch und setzt mit Coeur-Zwei fort. Wie verteidigen Sie? (1 Punkt)

**Nr. 4**

♠ K105
♡ AD1074
◇ AK
♣ K103

| | N | |
|---|---|---|
| W | | O |
| | S | |

♠ B62
♡ KB862
◇ 974
♣ DB

Sie spielen »4 Coeur«, nachdem Nord über Ihre Eröffnung Pik im Sprung zwischengereizt und damit Eröffnungsstärke mit langer Farbe gezeigt hat. Nord spielt das Pik-As aus, und Süd bedient mit der Drei. Wie spielen Sie? (1 Punkt)

**Nr. 5**

(Spieler)

♠ D7642
♡ B75432
◇ 6
♣ K

| | N | |
|---|---|---|
| W | | O |
| | S | |

◇ **D**

♠ K108
♡ AD8
◇ 852
♣ 9864

Nord eröffnete »1 Treff«, Ihr Partner reizte »1 Karo«, Süd hob auf »2 Treff« und Nord ging auf »3 Sans-Atout«. Ihr Partner greift mit der Karo-Dame an, bleibt bei Stich und setzt mit dem Karo-Buben fort. Wie planen Sie die Verteidigung? (2 Punkte)

**Nr. 6**

♠ AD8
♡ A7
◇ AD103
♣ DB65

| | N | |
|---|---|---|
| W | | O |
| | S | |

♠ 9542
♡ —
◇ KB76542
♣ K2

Teiler Nord, Ost-West in Gefahr

| Nord | Ost | Süd | West |
|---|---|---|---|
| pass | pass | pass | 1 ◇ |
| 1 ♡ | 5 ◇ | pass | 6 ◇ |
| pass | pass | pass | |

Nord greift mit dem Coeur-König an. Für welche Spieldurchführung entscheiden Sie sich? (3 Punkte)

**Nr. 7**

(Spieler)

♠ 532
♡ 76
◇ AB4
♣ AD1074

| | N | |
|---|---|---|
| W | | O |
| | S | |

♣ 6

♠ K10874
♡ B1093
◇ KD5
♣ **K**

Nach Nords schwacher Sans-Atout-Eröffnung (12-14 Punkte) fragte Süd mit »2 Treff« nach Oberfarben. Sie kontrierten, Nord reizte »2 Coeur« und Süd hob auf »4 Coeur«. Ihr Partner greift mit der Treff-Sechs an. Wie verteidigen Sie? (1 Punkt)

**Nr. 8**

| West | | Ost |
|---|---|---|
| ♠ AB5 | N | ♠ KD6 |
| ♡ KB4 | W O | ♡ A |
| ◇ 1095 | S | ◇ KB732 |
| ♣ A1063 | | ♣ 9742 |

Sie haben ohne gegnerische Zwischenreizung »3 Sans-Atout« erreicht. Nord greift mit der Coeur-Fünf an. Welchen Spielplan machen Sie sich? (2 Punkte)

**Nr. 9**

| West | | Ost |
|---|---|---|
| ♠ 3 | N | ♠ K1042 |
| ♡ 876432 | W O | ♡ AB |
| ◇ AB104 | S | ◇ D52 |
| ♣ D7 | | ♣ AK84 |

Sie spielen »4 Coeur«. Die Gegner haben nicht in die Reizung eingegriffen. Nord greift mit der Pik-Dame an, Süd übernimmt den König des Tisches und spielt Karo-Sieben durch. Sie bleiben klein, aber der Schnitt mißlingt. Nord spielt Trumpf-König nach. Ist der Kontrakt bereits verloren oder sehen Sie noch eine kleine Chance? (3 Punkte)

**Nr. 10**

| West | (Spieler) |
|---|---|
| ♠ B962 | N |
| ♡ A43 | W O |
| ◇ 65 | S |
| ♣ K1042 | |

| | Süd |
|---|---|
| | ♠ D10 |
| | ♡ B9 |
| | ◇ AK93 |
| | ♣ A9765 |

Paarturnier

| Nord | Süd |
|---|---|
| 1 ♡ | 2 ♣ |
| 2 ♠ | 3 ◇ |
| 3 ♠ | 4 ♡ |
| 4SA | 5 ♡ |
| 6 ♡ | 6SA! |
| pass | |

Ost greift Karo-Dame an. Der Spieler nimmt am Tisch und gibt aus der Hand die Acht. Es folgt Coeur-Bube. Sie bleiben klein, der Spieler legt die Fünf und Ihr Partner die Sieben. Vom Tisch wird Coeur weitergespielt. Wie verteidigen Sie? (3 Punkte)

**Nr. 11**

| West | | Ost |
|---|---|---|
| ♠ AB | N | ♠ KD |
| ♡ AK95 | W O | ♡ D10872 |
| ◇ K765 | S | ◇ AB |
| ♣ 852 | | ♣ AK63 |

Nach Ihrer Coeur-Eröffnung war es für Ihren Partner schwer zu sehen, daß ein Groß-Schlemm wegen der Doppelbewertung in Pik eine schlechte Wette ist. Nord greift gegen Ihre »7 Coeur« mit der Pik-Zehn an. Ist ein Faller unvermeidlich oder gibt es wenigstens einen Hoffnungsschimmer? (3 Punkte)

**Nr. 12**

| West | (Spieler) | Ost |
|---|---|---|
| ♠ K93 | N | |
| ♡ AD108 | W O | ♡ 9 |
| ◇ A73 | S | |
| ♣ D82 | | |
| | ♠ A84 | |
| | ♡ B4 | |
| | ◇ KD10952 | |
| | ♣ 54 | |

Über Ihre Coeur-Eröffnung hat Süd nach zweimaligem Passen »2 Karo« geboten, und Nord sprang auf »3 Sans-Atout«. Ihr Partner greift mit Coeur-Neun an, und der Tisch deckt mit dem Buben. Welchen Verteidigungsplan machen Sie sich? (3 Punkte)

**Nr. 13**

| West | | Ost |
|---|---|---|
| ♠ AB | N | ♠ KD7 |
| ♡ ADB | W O | ♡ K5 |
| ◇ KB643 | S | ◇ A92 |
| ♣ K73 | | ♣ DB542 |

Sie spielen klein-Schlemm in Sans-Atout. Nord greift mit der Pik-Zehn an. Wie spielen Sie? (1 Punkt)

**Nr. 14**

| Nord | | Süd | Nord |
|---|---|---|---|
| ♠ DB2 | | 2 ♠ | 2SA |
| ♡ 874 | | 4 ♡ | 4 ♠ |
| ◇ K87 | | 5 ♠ | 6 ♠ |
| ♣ 9762 | | pass | |

| West | | |
|---|---|---|
| ♠ 863 | N | |
| ♡ B1052 | W O | |
| ◇ B95 | S | |
| ♣ AKB | | |

Sie greifen mit Treff-As an und spielen den König nach. Süd sticht, zieht Pik-As und geht mit dem Buben zum Tisch. Ihr Partner bedient beide Male. Es folgt klein-Coeur. Ost legt die Sechs und der Spieler das As. Wie sehen Sie die Situation und was tun Sie? (2 Punkte)

**Nr. 15**

| West | | Ost |
|---|---|---|
| ♠ 4 | N | ♠ A9763 |
| ♡ DB10963 | W O | ♡ A8 |
| ◇ A4 | S | ◇ D7 |
| ♣ K653 | | ♣ 10742 |

Nord eröffnete »1 Karo«, Ost bot »1 Pik«, Süd hob auf »2 Karo«, Sie sprangen auf »3 Coeur« und Ihr Partner unterstützte auf »4 Coeur«. Nord greift mit der Treff-Neun an. Süd nimmt mit dem As und spielt Treff-Dame nach. Nord sticht Ihren König mit einem kleinen Atout und wechselt auf Pik-König. Es sieht so aus, als ob Sie zwei- bis dreimal fallen würden. Gibt es eine Erfüllungschance? (3 Punkte)

**Nr. 16**

| Nord |
|---|
| ♠ DB10 |
| ♡ 10873 |
| ◇ 972 |
| ♣ K64 |

| West | | Süd | Nord |
|---|---|---|---|
| ♠ 96 | N | 1 ♠ | 1SA |
| ♡ AK4 | W O | 3 ♣ | 4 ♠ |
| ◇ A854 | S (Spieler) | pass | |
| ♣ B972 | | | |

Sie greifen mit Coeur-As an, und Ihr Partner gibt die Dame. Sie setzen daraufhin mit Coeur-Vier fort, Ihr Partner übernimmt die Sieben des Tisches mit der Neun und spielt den Karo-Buben durch. Der Spieler legt den König. Was nun? (3 Punkte)

**Nr. 17**

| West | | Ost |
|---|---|---|
| ♠ ADB | N | ♠ K |
| ♡ KD63 | W O | ♡ A5 |
| ◇ 764 | S | ◇ AKD103 |
| ♣ KD3 | | ♣ A8762 |

Gegen »7 Sans-Atout« greift Nord mit der Pik-Acht an. Sie nehmen und ziehen zwei hohe Karos. Beim zweiten Mal wirft Nord klein-Pik ab. Wie planen Sie Ihren Groß-Schlemm? (3 Punkte)

**Nr. 18**

| West | | Ost |
|---|---|---|
| ♠ 3 | N | ♠ 1076 |
| ♡ KB103 | W O | ♡ AD9 |
| ◇ A53 | S | ◇ 98762 |
| ♣ KD865 | | ♣ AB |

Gegen Ihre »4 Coeur« greift Nord mit dem Pik-König an und spielt die Dame nach. Welchen Plan machen Sie sich? (2 Punkte)

**Nr. 19**

(Spieler)

♠ K73
♡ KD
♢ 10542
♣ 9862

| | N | |
|---|---|---|
| W | | O |
| | S | |

| Nord | Süd |
|---|---|
| 1 ♠ | 2 ♣ |
| 2 ♠ | 4 ♠ |
| pass | |

♠ A92
♡ B107
♢ K83
♣ KB103

Ihr Partner greift mit Karo-Dame an. Der Spieler nimmt in der Hand und setzt Pik-Dame vor. Ihr Partner und der Tisch bleiben klein. Wie verteidigen Sie? (1 Punkt)

**Nr. 20**

♠ D1072
♡ A104
♢ DB73
♣ KD

| | N | |
|---|---|---|
| W | | O |
| | S | |

♠ 83
♡ K95
♢ K64
♣ A7643

Nord greift gegen Ihre »3 Sans-Atout« mit der Pik-Sechs an, Süd nimmt mit dem König und Sie geben listig die Sieben. Süd spielt die Vier nach, Nord übernimmt Ihre Zehn mit dem Buben und zieht das Pik-As, weil er die Zwei bei seinem Partner vermutet. Sie werfen am Tisch Treff ab, und Süd trennt sich von klein-Karo. Nord wechselt auf Treff-Zwei, Süd spielt die Zehn und Sie nehmen mit dem König, um Karo fortzusetzen. Süd übernimmt den König des Tisches mit dem As und spielt die Farbe nach. Nord wirft Pik ab, nachdem er zunächst Karo bedient hatte. Sie ziehen die Treff-Dame, Nord gibt klein und Süd den Buben. Wie spielen Sie weiter? (3 Punkte)

**Nr. 21**

♠ A84
♡ 64
♢ KD10853
♣ A4

♠ DB97
♡ 75
♢ A
♣ B108532

| | N | |
|---|---|---|
| W | | O |
| | S | |

(Spieler)

Über Nords Karo-Eröffnung hatte Ihr Partner Coeur gereizt. Süd bot »1 Pik«, Nord hob auf »2 Pik«, Süd reizte »2 Sans-Atout« und Nord ging auf »3 Sans-Atout«. Sie greifen mit Coeur-Sieben an, Ihr Partner legt die Neun und bleibt bei Stich. Er zieht das Coeur-As und spielt die Dame nach; Süd nimmt mit dem König. Wie analysieren Sie diese Hand und was unternehmen Sie? (2 Punkte)

**Nr. 22**

♠ B
♡ K104
♢ KB10873
♣ A65

| | N | |
|---|---|---|
| W | | O |
| | S | |

♠ 8752
♡ AB3
♢ D9
♣ KD74

Nord greift gegen Ihre »5 Karo« mit dem Pik-König an. Süd übernimmt mit dem As und spielt ein kleines Pik zurück. Sie stechen und ziehen Trumpf. Nord nimmt die zweite Runde mit dem As und setzt mit der Pik-Dame fort. Süd wirft klein-Coeur ab. Sie trumpfen und ziehen das bei Süd stehende letzte Atout. Nord wirft Pik ab. Können Sie Ihren Kontrakt mit 100 %iger Sicherheit gewinnen? (4 Punkte)

**Nr. 23**

♠ KDB4
♡ KD3
◇ K1093
♣ A9

| Süd | Nord |
|---|---|
| 1SA* | 2 ♣ |
| 2 ♡ | 4 ♣ |
| 4 ♠ | 6SA |
| pass | |

* 12-14 Punkte

♠ 98
♡ 10876
◇ DB62
♣ K43

N
W O
S

(Spieler)

Nord hat mit Stayman nach Süds Oberfarbe und anschließend mit Gerber nach Süds Assen gefragt. Sie greifen mit der Pik-Neun an. Süd nimmt in der Hand mit der Zehn und spielt klein-Coeur zur Dame. Ihr Partner setzt das As ein und spielt Pik. Süd nimmt mit dem As und setzt den Treff-Buben vor. Wie müssen Sie verteidigen und warum? (4 Punkte)

**Nr. 24**

| W | | O |
|---|---|---|
| ♠ A72 | N | ♠ 863 |
| ♡ AK4 | W O | ♡ D106 |
| ◇ — | S | ◇ KD532 |
| ♣ AKDB1098 | | ♣ 64 |

Süd hat mit »3 Pik« eröffnet, Sie sind auf »6 Treff« gesprungen und alle paßten. Nord greift mit Pik-Vier an; Süd legt die Neun. Wie planen Sie Ihr Spiel? (3 Punkte)

**Nr. 25**

| W | | O |
|---|---|---|
| ♠ 63 | N | ♠ 10542 |
| ♡ AKD104 | W O | ♡ B3 |
| ◇ B53 | S | ◇ AD64 |
| ♣ K95 | | ♣ A103 |

Gegen Ihre »4 Coeur« greift Nord mit dem Pik-As an und spielt den König nach. Süd gibt die Neun und dann den Buben. Nord setzt mit der Acht fort. Sie legen am Tisch die Zehn, Süd trumpft und Sie überstechen, um klein-Karo zur Dame zu spielen. Süd nimmt mit dem König und spielt Karo weiter. Wie spielen Sie, um sich die besten Chancen zu geben? (4 Punkte)

# Antworten

**Nr. 1** Nur wenn Sie am Tisch Pik-Dame sofort einsetzen, können Sie sich wirksam dagegen schützen, daß Süd ♠ AB8xx und sein Partner eines der roten Asse hält. Bleibt Süd klein, haben Sie mit Ihrem König einen zweiten Pik-Halt. Legt Süd das As und spielt die Farbe nach, machen Sie ebenfalls zwei Pik-Stiche. Wechselt Süd nach dem As auf eine andere Farbe, haben Sie Zeit, in einer roten Farbe die drei Ihnen fehlenden Stiche zu entwickeln.

**Nr. 2** Nach der Reizung ist es wahrscheinlich, daß Nord ein Singleton in Coeur und ♠ D9xx hält. Es ist jetzt gefährlich, sofort die Atouts zu ziehen. Nord kommt zu Stich und »nagelt« Sie mit Karo an den Tisch. Da Sie nur mit einem Coeur-Schnapper in die Hand zurückkommen können, muß Nord seine Trumpf-Neun im Surcoup machen. Dagegen gibt es eine Rettung: Sie spielen zunächst eine Runde Karo und dann erst Trumpf-As, -König und -Bube, um am Tisch zwei Karos abzuwerfen. Nord kann Sie jetzt mit etwa ♠ D9xx ♡ D ◇ xx ♣ AKB10xx nicht mehr in Gefahr bringen, weil Sie jedes Rückspiel in der Hand nehmen können.

**Nr. 3** Offensichtlich will der Spieler in Coeur schneiden. Da Ihr König in der nächsten Runde ohnehin fällt, haben Sie nichts zu verlieren, aber viel zu gewinnen, wenn Sie ihn einsetzen. Nord kann jetzt mit ♠ KDB10xx ♡ AB10 ◇ x ♣ KDx seinen Kontrakt nicht mehr erfüllen, weil Sie nach Pik-As Coeur spielen und die dritte Runde trumpfen.

**Nr. 4** Ihre Niederlage scheint vorgezeichnet zu sein: Nord spielt Pik weiter, Süd schnappt, bringt Nord mit Treff ans Spiel und sticht abermals Pik. Wenn Sie Ihrem Gegner nicht zu dieser guten Verteidigung gratulieren wollen, müssen Sie Pik-König legen! Nord wird jetzt mit ♠ AD9xxx kaum riskieren, die Dame nachzuspielen; denn er nimmt an, daß Sie stechen und der Bube am Tisch hoch wird.

**Nr. 5** Offensichtlich hält Ihr Partner ◇ DB10xxx und braucht dringend zwei Entrées zu seiner Länge. Sie können ihm zu helfen versuchen, indem Sie Ihren Treff-König abwerfen. Mit ♣ A10x, ♣ DBx oder ♣ D10x hat Ihr Partner jetzt *zwei* Einstiche. Wenn Sie etwas anderes abwerfen, gewinnt Nord mit z. B. ♠ Ax ♡ Kxx ◇ AKx ♣ AB7xx leicht: Er geht mit Coeur zum Tisch, spielt Treff und läßt Ihren König bei Stich.

**Nr. 6** Wenn Sie Coeur-As vorzeitig einsetzen, wissen Sie noch nicht, was Sie am Tisch abwerfen sollen. Sie stechen deshalb am Tisch und spielen Treff-Zwei. Setzt Süd das As ein, haben Sie drei Abwürfe für Ihre Piks. Nimmt Nord Ihren Treff-Buben mit dem As, haben Sie zwar nur zwei Abwürfe; jetzt gelingt aber der Pik-Schnitt, weil Nord mit ♠ K ♡ KD ♣ A und einer Coeur-Länge in erster Hand nicht gepaßt hätte. Bleibt Ihr Treff-Bube bei Stich, werfen Sie auf Coeur-As den Treff-König ab und eliminieren die Hand, indem Sie alle Treffs am Tisch stechen. In der Endposition spielen Sie vom Tisch Pik und schneiden mit der Acht, falls Süd nicht ein Bild legt. Kommt Nord zu Stich, kann er nur noch in die Pik-Gabel oder die Doppelrenonce spielen.

**Nr. 7** Es ist ziemlich wahrscheinlich, daß Ihr Partner einen sicheren Stich hält, nämlich entweder ein Trumpf-Bild oder das Pik-As. Ehe der Spieler alles auf die Piks am Tisch abwirft, sollten Sie versuchen, für die Verteidigung einen zweiten Karo-Stich zu entwickeln. Wechseln Sie deshalb auf Karo-Vier. Wenn der Spieler ◇ 9xx hält oder mit ◇ 108x die Acht legt, gelingt Ihr Vorhaben. Nords Blatt könnte sein ♠ADx ♡AKxx ◇98x ♣B9x. Sobald Ihr Partner seine Trumpf-Dame gemacht hat, spielt er Karo durch.

**Nr. 8** Beim Hochspielen der Karos können Sie es sich dann leisten, zwei Stiche zu verlieren, wenn beim ersten Mal Nord ans Spiel kommt; denn er kann Ihre Coeur-Haltung nicht gefährden. Die kritische Karo-Position ist die Dame bei Süd und das As bei Nord. Sie geben sich eine gute Zusatzchance, wenn Sie zum zweiten Stich ein kleines Karo zur Hand spielen. Süd wird mit ◇ Dxx oder ◇ Dx kaum hereingehen. Wenn Nord Ihre Zehn nicht mitnimmt, spielen Sie Karo zum König, fangen Süds Dame und Ihre Gegner haben etwas miteinander zu besprechen.

**Nr. 9** Sie haben noch die Außenseiter-Chance, den Kontrakt durch einen Coup en passant zu gewinnen. Dieses Manöver glückt allerdings nur, wenn alle Farben ausfallen. Sie nehmen Coeur-As, stechen Pik, ziehen Karo-As und -Dame, stechen erneut Pik, gehen mit Treff zum Tisch und stechen auch das letzte Pik. Dann übernehmen Sie Treff-Dame mit dem As, stechen Treff und spielen zum zwölften Stich Ihr letztes Karo. Wenn Nord - wie zu erwarten - die Trumpf-Dame hält, kann er nicht verhindern, daß der Bube hinter ihm noch einen Stich macht.

**Nr. 10** Nach der Reizung hält Nord eine 5-6-1-1 Verteilung. Da Sie die Piks stoppen, kommt er höchstens auf elf Stiche. Er kann einen Pik-Verlierer auf Karo abwerfen und dann seine Gewinner abspielen. In der Hand behält er als letzte drei Karten ♠ x ♡ x ♣ x und am Tisch ♢ 9 ♣ A9. Auf den letzten Coeur müssen Ihr Partner und Sie die Waffen strecken. Ost hält Karo und wirft Treff ab. Der Tisch trennt sich von Karo-Neun, und jetzt sind Sie an der Reihe: Sie müssen entweder Ihren hohen Pik oder Treff abwerfen.

Sie können den drohenden Double Squeeze dadurch verhindern, daß Sie Treff spielen und dem Tisch ein wichtiges Entrée nehmen. Die korrekte Karte ist Treff-König, weil der Spieler ♠ AK8xx ♡ KD10xxx ♢ x ♣ D halten könnte.

**Nr. 11** Sie haben eine kleine Chance: Wenn der Karo-Schnitt gelingt und derselbe Gegner mindestens je vier Unterfarb-Karten hält, können Sie durch Abwurfzwang gewinnen. Wichtig ist, daß Sie den Angriff am Tisch nehmen. Sie ziehen die gegnerischen Trümpfe, wobei sie zum Schluß in der Hand sein müssen. Dann schneiden Sie in Karo, ziehen Karo-As, ziehen weiter Atout und werfen aus der Hand Treff ab. Mit Pik in der Hand ziehen Sie den Karo-König. Ist Karo-Sieben jetzt nicht hoch, spielen Sie Treff. Wenn derselbe Gegner die längeren Karos und Treffs hielt, macht Treff-Sechs den dreizehnten Stich.

**Nr. 12** Sie können sich zwar drei Coeur-Stiche freispielen, dies reicht aber zusammen mit Ihrem Karo-As wahrscheinlich nicht aus, um den Kontrakt zu schlagen; denn der Spieler entwickelt die Karos und ist zu Hause, wenn er - wie nach der Reizung zu erwarten - ♣ AK hält. Sie müssen deshalb das Entrée des Tisches attackieren, indem Sie nach Coeur-As auf Pik-König wechseln. Setzt der Spieler das As ein, kann er seine langen Karos nicht mehr ausnutzen. Läßt er Sie jedoch bei Stich, spielen Sie nicht Pik weiter, sondern wechseln zurück auf Coeur, um fünf Stiche zu erzielen. Nord könnte ♠ DB10 ♡ K7xxx ♢ Bx ♣ AKx halten.

**Nr. 13** Wenn die Treffs ausfallen, gewinnen Sie leicht. Steht das As zu viert bei Nord, können Sie sich eine gute Zusatzchance geben: Sie nehmen den Angriff mit dem Buben, spielen Treff zum Buben, gehen mit Pik-As in die Hand und spielen erneut ein kleines Treff zur Dame. Nord muß beide Male klein bleiben. Süd bedient beim zweiten Mal nicht, Sie spielen Karo-Zwei zum König und schneiden auf dem Weg zurück zur Neun, falls Nord klein bleibt. Auf diese Weise gewinnen Sie, wenn Nord z. B. ♠ 1098 ♡ xxx ♢ D8x ♣ A108x hält.

Steht Treff-As zu viert oder blank bei Süd, spielen Sie die Karos in der üblichen Weise, also zuerst das As und dann den Schnitt zum Buben.

**Nr. 14** Süd muß nach seiner Reizung ein sehr starkes 5-5-2-1 Blatt halten. Da die Coeurs nicht ausfallen, kann Süd nur darauf hoffen, daß der letzte Atout bei der Coeur-Länge steht. Das ist hier der Fall, und der Spieler wird seinen Coeur-Verlierer am Tisch verstechen, wenn Sie ihn nicht auf eine andere Idee bringen. Werfen Sie ein Coeur-Bild unter Süds

As! Mit ♡ AKD9x hat Süd jetzt keine Angst mehr vor einem 4-1 Stand, weil er glaubt, ein bei Ihrem Partner zu viert stehendes Coeur-Bild herausschneiden zu können. Er zieht deshalb zuerst eine dritte Trumpf-Runde und dann erst Coeur, wonach er um eine Erfahrung reicher ist.

**Nr. 15** Kaum glaublich, aber wahr: Sie haben eine recht gute Erfüllungschance! Sie stechen Pik mit einem Honneur, schneiden Coeur zur Acht, stechen erneut Pik und gehen mit Coeur-As zum Tisch, um Pik zu spielen und Treff abzuwerfen. Wenn Nord ♠ KDxx ♡ Kxx ◇ KBxxx ♣ x gehalten hat, haben Sie tatsächlich gewonnen. Nord ist im Spielzwang und muß Karo bringen. Mit der Dame am Tisch können Sie auf den hohen Pik Ihren letzten Treff loswerden. Hätte Süd statt des nur scheinbar starken Treff-Rückspiels auf Karo gewechselt, wären Sie zweimal gefallen.

**Nr. 16** Diese unschuldig aussehende Hand hat es in sich. Es sieht ungefährlich aus, Coeur-König abzuziehen. Sie geben hiermit dem Spieler jedoch Gelegenheit, seinen Kontrakt durch einen Dummy Reversal zu gewinnen. Nach seiner starken Reizung muß er etwa ♠ AKxxx ♡ xx ◇ KD ♣ AD10x halten. Er sticht die dritte Coeur-Runde, zieht Karo ab, geht mit Trumpf zum Tisch, sticht Coeur mit einem Bild, geht mit Treff zum Tisch, sticht Karo mit seinem anderen Bild und kommt dann mit klein-Atout zum Tisch, um auf den letzten Trumpf seinen Treff-Verlierer abzuwerfen. Wenn Sie nicht Coeur bringen, fehlt ihm ein Entrée. Mit Treff-Fortsetzung spielen Sie Süd in die Gabel; Karo-Rückspiel könnte Ihren Partner zu dem Fehler verleiten, die Zehn einzusetzen, wenn der Tisch die Sieben legt. Spielen Sie deshalb neutral Trumpf zurück.

**Nr. 17** Ziehen Sie zunächst Treff-König und -Dame. Wenn Süd auch die Treffs kontrolliert, können Sie ihn in den Unterfarben nicht in Abwurfzwang bringen, weil der Tisch vor Süd gesqueezt würde. Stoppt Nord hingegen die Treffs, ziehen Sie Ihre beiden hohen Piks ab, um am Tisch in Karo und Treff je eine kleine Karte abzuwerfen. Sie führen dann diese Endposition herbei:

| | | |
|---|---|---|
| ♠ — | | ♠ — |
| ♡ KD63 | N | ♡ A5 |
| ◇ — | W O | ◇ 10 |
| ♣ — | S | ♣ 8 |

Wenn Süd noch den Karo-Buben und Nord eine Treff-Karte hält, sind die Coeurs in Ihrer Hand inzwischen hoch geworden. Sie haben einen Ihrer Gegner gesqueezt und einen einfachen Abwurfzwang wie einen Double Squeeze gespielt. Ihnen ist gleichgültig, *welcher* Ihrer Gegner seine Coeur-Haltung aufgeben mußte; wichtig ist nur, daß *kein* Verteidiger mehr die Coeurs kontrollieren kann.

**Nr. 18** Der einzige Moysian Fit dieser Testreihe! Es ist sehr verlockend, auf die zweite und dritte Pik-Runde aus der Hand zwei kleine Karos abzuwerfen, also Loser on Loser, um nicht in Trumpf gekürzt zu werden.

Überraschenderweise ist dieser Plan nicht der stärkste. Viel besser ist, die Hand im Cross Ruff zu spielen: Sie stechen, ziehen Treff-As, übernehmen den Buben in der Hand, stechen Treff am Tisch, gehen mit Karo-As in die Hand, stechen erneut Treff am Tisch, dann Pik in der Hand und wieder Treff am Tisch. So gewinnen Sie auch dann, wenn Süd z. B. ♠ Axxx ♡ 8xxxx ♢ Dx ♣ xx hält.

**Nr. 19** In Treff drohen früher oder später Abwürfe. Eine echte Chance, den Kontrakt zu schlagen, haben Sie nur dann, wenn Ihr Partner das Coeur-As hält. Leider sind die Coeurs blockiert. Sie müssen Ihrem Partner einen Hinweis geben, daß er die zweite Coeur-Runde übernimmt und Ihnen einen Schnapper gibt. Spielen Sie deshalb nach Pik-König zunächst Coeur-Dame und dann erst den König. Ein intelligenter Partner wird diese umgekehrte Reihenfolge richtig interpretieren. Nur diese Verteidigung schlägt den Kontrakt, wenn Nord etwa ♠ DB10xx ♡ 98xx ♢ Ax ♣ AD hält.

**Nr. 20** Nach sieben Stichen sind Sie mit folgenden Karten in der Hand:

| | | |
|---|---|---|
| ♠ D | | ♠ — |
| ♡ A104 | N | ♡ K95 |
| ♢ B7 | W O | ♢ 6 |
| ♣ — | S | ♣ A7 |

Wenn die Treffs ausfallen, haben Sie leicht gewonnen. Hält Süd die Treffs, ziehen Sie Pik-Dame, werfen am Tisch Coeur ab und spielen Coeur-As und -König. Süd wird in den Unterfarben gesqueezt.

Hält Nord jedoch die Treffs, müssen Sie anders spielen: Sie werfen wie bisher auf Pik-Dame Coeur ab, ziehen jedoch dann den Karo-Buben, gehen mit Coeur-König zum Tisch und spielen das Treff-As. Süd muß seinen hohen Karo behalten, Sie trennen sich von der nun entbehrlich gewordenen Karo-Sieben und Nord konnte nicht gleichzeitig die Coeurs stoppen und seinen hohen Treff behalten. Coeur-Zehn ist hochgeworden. Nord war im neunten und Süd im elften Stich in Abwurfzwang geraten.

Nach dem achten Stich müssen Sie sich also unwiderruflich entscheiden, ob Sie einen einfachen Squeeze oder einen Double Squeeze spielen wollen. Sie haben einen wesentlichen Anhaltspunkt dafür, daß Nord die Treffs hält; denn er hat im vierten Stich die Treff-Zwei zurückgespielt, und bei Süd ist beim zweiten Mal der Bube gefallen. Spielen Sie deshalb die Hand als Double Squeeze.

**Nr. 21** Der Kontrakt ist unverlierbar, wenn Süd den besetzten Karo-Buben und mindestens einen schwarzen König hält. Die Verteidigung hat dann eine Chance, wenn Ihr Partner den Karo-Buben zu dritt besitzt. Werfen Sie auf den Coeur-König Ihr Karo-As ab! Jetzt kann der Spieler mit etwa ♠ Kxxx ♡ Kxx ♢ xxx ♣ KDx nur acht Stiche machen, weil er sich die Karos nicht hochspielen kann, ohne daß Ihr Partner zu Stich kommt.

**Nr. 22** Sie können Ihre Karo-Partie mit absoluter Sicherheit gewinnen: Auf die dritte Trumpf-Runde werfen Sie am Tisch Coeur ab und ziehen dann Treff-König, -Dame und -As. Wenn die Treffs ausfallen, haben Sie bereits gewonnen. Hält Süd die längeren Treffs, ziehen Sie in folgender Endposition

| | | |
|---|---|---|
| ♠ — | | ♠ 8 |
| ♡ K104 | N | ♡ AB |
| ♢ B | W O | ♢ — |
| ♣ — | S | ♣ 7 |

den letzten Trumpf. Nord muß Pik halten und wirft deshalb Coeur ab. Der Tisch gibt die Pik-Acht, und Süd trennt sich ebenfalls von einer Coeur-Karte, weil er seinen hohen Treff behalten muß. Ihre Coeurs sind jetzt hoch.

Auch wenn wider Erwarten Nord vier Treffs hält, gewinnen Sie. Ein Squeeze ist jetzt zwar nicht mehr möglich; Sie können jedoch Nords Blatt genau auszählen. Da er mit zwei Atouts, sechs Piks und vier Treffs begann, muß er in Coeur singleton sein. Sie spielen deshalb Coeur zum As und machen den deklarierten Schnitt auf Süds Dame.

**Nr. 23** Süd muß auf Grund seiner Eröffnung die Treff-Dame halten. Auf den ersten Blick sieht es falsch aus, mit dem König zu decken, weil bei Süd ♣ DB108 hoch werden könnte. Trotzdem haben Sie keine andere Wahl, als auf ♣ 108xx beim Partner zu hoffen und den König einzusetzen. Wenn Sie nämlich klein bleiben, setzt der Spieler Treff fort, zieht die Piks und die Coeurs ab und behält als letzte vier Karten in der Hand ♡ x ♢ Ax ♣ D, während der Tisch noch ♢ K1093 hat. Sie befinden sich bereits in drei Farben im Abwurfzwang und können nicht gleichzeitig ♡ 10 ♢ DB6 ♣ K behalten. Wenn Sie Coeur oder Treff abgeworfen hatten, spielt Süd die in der Hand hochgewordene Karte und squeezt sie in den übrigen Farben erneut.

Ihre einzige Chance ist also, den vorgesetzten Treff-Buben mit dem König zu decken.

**Nr. 24** Scheinbar müssen Sie zwei Piks verlieren, weil Sie ein Entrée zu wenig zum Tisch haben. Trotzdem gibt es eine Chance. Sie können gewinnen, wenn Coeur-Bube und Karo-As bei Nord stehen. Nach Pik-As ziehen Sie die gegnerischen Atouts und Coeur-König, machen den Schnitt zur Coeur-Zehn und werfen auf den Karo-König das Coeur-As ab! Nord nimmt und kann Pik nicht mehr bringen, wenn Süds Sperransage echt war. Auf die beiden roten Damen werfen Sie jetzt Ihre Piks ab.

**Nr. 25** Welcher Gegner hält die Karos? Ist es Nord, nehmen Sie mit dem Karo-Buben, ziehen drei Trumpf-Runden, Treff-As und -König und dann den letzten Atout: Nord muß sich durch einen einfachen Squeeze geschlagen geben. Wenn Süd vier Karos hält, müssen Sie am Tisch mit dem As nehmen. Nach drei Trumpf-Runden werfen Sie am Tisch Treff ab und ziehen dann den Karo-Buben und den letzten Atout. Nord muß Pik halten, der Tisch wirft Pik, Süd muß Karo halten und Ihre Treffs sind hoch.

Weil Nord fünf, Süd aber nur zwei Piks hält, ist es wahrscheinlicher, daß die längeren Karos bei Süd stehen. Planen Sie also einen Double Squeeze.

Nach Karo-As und drei Trumpf-Runden müssen Sie am Tisch Treff-Zehn abwerfen! Wenn Süd nämlich auf den Karo-Buben wider Erwarten nicht mehr bedient, haben Sie jetzt noch die zusätzliche Chance, Ihren Kontrakt durch einen sog. Guard Squeeze zu gewinnen. In dieser Schlußphase

| | | |
|---|---|---|
| ♠ — | N | ♠ 5 |
| ♡ A | W O | ♡ — |
| ♢ — | S | ♢ 6 |
| ♣ K95 | | ♣ A3 |

spielen Sie den letzten Trumpf. Wenn Nord neben seinen beiden hohen Karten in Pik und Karo eine Treff-Figur doubleton hält, ist er in drei Farben im Abwurfzwang. Er muß sein Treff-Bild blank stellen, Sie gehen mit Treff-As zum Tisch und schneiden Süds nun ungeschützte Figur heraus. Treff-Zehn mußten Sie abwerfen, um den Schnitt nicht zu blockieren.

# Bewertungsskala

| | |
|---|---|
| 56—60 Punkte | Sie müssen Life-Master sein oder werden es bald |
| 51—55 Punkte | Ganz hervorragend, herzlichen Glückwunsch! |
| 46—50 Punkte | Sehr gut |
| 41—45 Punkte | Gut bis sehr gut |
| 36—40 Punkte | Gut |
| 30—35 Punkte | Immer noch recht stark |
| 25—29 Punkte | Befriedigend |
| 18—24 Punkte | Gar nicht schlecht |
| 10—17 Punkte | Sie hatten immerhin einige Erfolge |
| 5— 9 Punkte | Dieser harte Test kam wahrscheinlich zu früh für Sie |
| 0— 4 Punkte | Am Tisch werden Sie stärker sein als auf dem Papier |

*Ein Paar mogelt. Er: »Wie konntest Du mich mit diesem schwachen Blatt auf Partie in Coeur heben?« Sie: »Aber Du hast doch ...« Ein Gegner fällt ihr ins Wort: »Gnädige Frau, diesmal habe i c h Sie getreten.«*

*

*Auf einem großen Turnier spielen ein Herr und eine Dame zusammen. Er fällt in einem kontrierten Kontrakt zweimal, der zu erfüllen gewesen wäre. Sie zischt: »Am Tisch bist Du noch schlechter als im Bett!«*

*

*Um halb sechs Uhr morgens kommt der Ehemann nach Hause und beichtet seiner Frau: »Entschuldige bitte, daß ich so spät komme. Wir haben bis ein Uhr Bridge gespielt. Dann verabschiedeten sich die anderen und Fräulein Meyer bat mich, noch auf einen Kaffee zu bleiben. Wir kamen ins Plaudern, sie holte noch eine Flasche Sekt. Plötzlich hatte sie einen Morgenmantel an und dann muß ich wohl völlig den Verstand verloren haben.« Sie unterbricht ihn wütend: »Du brauchst nicht so plump zu lügen, ich weiß schon Bescheid, Ihr vier habt doch wieder die ganze Nacht Bridge gespielt.«*

*»Bei diesem Blatt müßten sie endlich springen!»*

# Das menschliche Element im Bridge

Nicht Roboter oder Computer spielen Bridge, sondern Menschen aus Fleisch und Blut mit allen ihren guten Eigenschaften, Fehlern und Schwächen. Um ein guter Bridge-Spieler zu werden, genügt es nicht, sich mit Reizung und Spieltechnik eingehend vertraut zu machen, es gehört auch ein Schuß Psychologie dazu, ein Einblick in das Menschlich-Allzumenschliche. Rein mathematisch veranlagte Naturen sind deshalb meist nicht besonders erfolgreich im Bridge, weil sie sich nur auf die technischen Probleme konzentrieren und kein Gespür dafür haben, was sonst am Tisch vorgeht. Auf der anderen Seite können Intuition und gute Beobachtung der Mitspieler gewisse technische Mängel mehr als ausgleichen. Für einen Bridge-Spieler lohnt es sich also, Klarheit zu gewinnen über sich selbst und seine Beziehung zur Bridge-Umwelt, also zu seinem Partner, seinen Teamkameraden und Gegnern. Beginnen wir mit dem Spieler selbst.

## Das Ich des Spielers

Der normale Spieler setzt sich an den Tisch, um zu gewinnen. Das wollen natürlich alle, und so verliert er oft genug. Niemand verliert gern, und ein »guter Verlierer« zu sein, heißt nur, einen Verlust mit guter Haltung hinzunehmen, nicht aber, sich über ihn zu freuen. Verlierer suchen gern ein Alibi. Im Rubber-Bridge sind es die schlechten Karten, im Paarturnier der schwache Partner oder der »fürchterliche Gegenlauf« und in einem Teamkampf das weit unter Form spielende Komplementärpaar. Wenn alles nichts hilft, kann man immer noch behaupten, die Gegner hätten »unsauber« gespielt. Diese Alibi-Technik ist Balsam für das verwundete Ego aber kein Weg zum erfolgreichen Bridge. Ein Spieler muß mit sich selbst unbedingt ehrlich sein und sich fragen, was er zur Hebung seiner Spielstärke tun kann.

Der technisch noch nicht versierte Spieler ist gut beraten, wenn er ein Standardwerk über Spieldurchführung und Gegenspiel* eingehend studiert. Wer noch mehr für seine Technik tun will, kann sich mit dem »Dunklen Kontinent« des Bridge, nämlich mit dem Gegenspiel, beschäftigen und die beiden Standardwerke des Schotten Kelsey** durcharbeiten.

Viele technisch versierte Spieler sind darüber unzufrieden, daß sich Bridge-Erfolge nicht so recht einstellen wollen. Auf der Suche nach Mitteln und Wegen, sich weiter zu verbessern, wählen sie oft die Einbahnstraße der Überperfektionierung ihrer Technik. Sie spielen komplizierte künstliche Systeme, bürden sich einen gewaltigen Ballast von Konventionen auf und brüten über komplizierten Squeeze-Positionen, die in der Praxis

* Von der großen englischsprachigen Bridge-Literatur möchte ich nur das amüsant und flüssig geschriebene Buch von Victor Mollo und Nico Gardener »Card Play Technique« erwähnen.

**H. W. Kelsey »Killing Defence at Bridge« und »More Killing Defence at Bridge«.

vielleicht einmal im Jahr vorkommen. Dies ist ein Irrweg, weil er die menschliche Seite des Bridge außer acht läßt. Ein geübter Bridge-Spieler, ja selbst ein Experte, kann seine Spielstärke am wirkungsvollsten dadurch verbessern, daß er die Zahl seiner Fehler auf ein Minimum begrenzt. Entscheidend sind hierbei nicht die Problemhände von hohem Schwierigkeitsgrad, die mit seinem technischen Können nicht zu meistern sind, sondern die ungezählten, verhältnismäßig einfachen Situationen, in denen er unnötige Fehler macht. Von einer gewissen technischen Reife an sollte ein Spieler nicht mehr unbedingt das lernen wollen, was er noch nicht kann, sondern sich darauf konzentrieren, keine Fehler mehr auf den Gebieten zu begehen, die er an sich beherrscht. Dies setzt körperliche Fitness und menschliche Reife voraus.

Wer ein längeres Bridge-Turnier spielt, sollte sich auch körperlich in guter Verfassung halten, indem er für genügend Schlaf sorgt und den Genuß von zu schweren Speisen und Alkohol meidet. Ich bin gewiß kein Gesundheitsapostel mit erhobenem Zeigefinger, aber es ist nun einmal ziemlich schwer, lange zu feiern, gut zu essen und zu trinken und gleichzeitig ein Bridge-Turnier zu gewinnen. Wenn es trotzdem gelingt, um so besser. Oft tritt dieser Glücksfall allerdings nicht ein.

Mindestens so wichtig wie körperliche Fitness ist seelische Ausgeglichenheit. Eine lange Rubberbridge-Partie und ein großes Turnier verlangen vom Spieler ein hohes Maß von Konzentrationsfähigkeit und sicherem Entscheidungsvermögen. Hier einige Tips, wie sich ein Spieler auch seelisch fit halten kann:

Wichtig ist, das innere Gleichgewicht zu bewahren. Nach einem katastrophalen Spiel sollte man nicht an das negative Resultat zurückdenken, sondern sich bereits auf die nächste Hand konzentrieren. An dem Verlust läßt sich ohnehin nichts mehr ändern; er muß als Faktum hingenommen werden. Dieser geistige Prozeß, sich sozusagen von der Vergangenheit zu lösen, kann regelrecht trainiert werden. Der Spieler ist gut beraten, wenn er die nächsten Spiele konzentriert und normal weiterspielt und nicht versucht, durch Gewaltaktionen verlorenen Boden wiederzugewinnen. Für das innere Gleichgewicht ist es wichtig, entspannt zu spielen. Übertriebener Ehrgeiz ist gefährlich; er beeinträchtigt das Urteilsvermögen und verführt leicht zu ungesunden Risiken.

Selbstkritik ist gut, übertriebener Perfektionismus schädlich. Wer sich selbst auch nicht den geringsten Fehler gestattet und in einer kleinen Ungenauigkeit bereits eine Kränkung seines Selbstwertgefühls sieht, kann sich leicht in eine zwanghafte Verfassung bringen, die ihm die Freude am Spiel nimmt und sich nachteilig auf seine Spielstärke auswirkt.

Der erfahrene Bridge-Spieler geht mit seiner Nervenkraft sparsam um. Er entspannt sich zwischen den einzelnen Spielen; als Dummy beschränkt er sich auf seine Pflichten, ohne die Spieldurchführung des Partners Karte für Karte in nervöser Gespanntheit zu beobachten und zu kontrollieren.

Bei einem Turnier sollte man sich nur bei einem eindeutigen Regelverstoß der Gegner dazu entschließen, die Turnierleitung zu rufen. In unklaren Fällen werden Sie regelmäßig in lange Diskussionen verwickelt, geraten aus der Konzentration und verlieren viel Zeit, die Sie später wieder aufholen müssen.

Anders als auf einem Bridge-Turnier haben Sie beim Rubber-Bridge oft die Möglichkeit aufzuhören, wenn es Ihnen beliebt (insbesondere, wenn zu fünft gespielt wird oder es bereits spät geworden ist). Wer schon seit Stunden permanent verliert, ist meist aus dem inneren Gleichgewicht gebracht und spielt unter Form. Er sollte so früh wie möglich aufhören und nicht versuchen, am gleichen Abend alles wieder aufzuholen. Wer im Gewinn spielt, ist entspannt, hat Selbstvertrauen und ein sicheres Urteilsvermögen. In einer solchen Strähne sollte der Spieler nach Möglichkeit nicht zu früh aufhören. Dies ist kein abergläubischer Spuk, sondern die Erkenntnis, daß ein Spieler beflügelt vom Gewinn meist besser spielt als sonst.

## Der Partner u. das Team

Zwischen Schach und Bridge besteht ein wesentlicher Unterschied: Der Spieler auf der anderen Seite des Tisches ist nicht der Gegner sondern der eigene Partner. Viele Bridge-Spieler scheinen sich dieser Tatsache nicht bewußt zu sein; sonst würden sie nicht ständig die in der Hitze des Gefechts in ihnen aufgestauten Aggressionen beim Partner abreagieren. Dies ist nicht nur schlechtes Benehmen sondern darüber hinaus unklug, weil es der Partnerschaft und damit den Resultaten schadet. Wer sich nicht beherrschen und einen Spannungszustand nicht anders als durch aggressives Verhalten lösen kann, sollte sich wenigstens den Gegner als Zielscheibe seiner Affektentladung aussuchen. Das ist zwar nicht gerade fein, taktisch gesehen jedoch nicht falsch. Oft zu beobachten ist eine starke Rivalisierungstendenz in einer Partnerschaft. Partnerschaftliches Denken wird durch den egoistischen Drang zerstört, der Umwelt beweisen zu wollen, daß man selbst ein brillanter Spieler und der Partner ein ahnungsloser Trottel ist. In diesem unedlen Wettstreit wird der Gegner oft in die Rolle des Schiedsrichters gedrängt*. Natürlich kann sich so keine partnerschaftliche Harmonie entwickeln. Auch gelegentliche Erfolge, meist durch individuelle Bravourstücke erzwungen, können nicht darüber hinwegtäuschen, daß eine Partnerschaft ohne Vertrauensbasis keine Zukunft hat.

Eine Partnerschaft muß eng zusammenstehen und sich gegenseitig unterstützen. Im Bridge gehört es zu den vornehmsten Pflichten, es dem Partner so einfach wie möglich zu machen. So sollte man im Verlaufe der Reizung eine beabsichtigte Ansage daraufhin überprüfen, ob sie auch wirklich klar genug für den Partner ist. Im Gegenspiel kann häufig ein Verteidiger die Gesamtsituation übersehen, während der andere auf blindes Raten angewiesen ist, weil er nicht über die gleichen Informationen verfügt. Hier gibt es viele Möglichkeiten, dem Partner Hilfestellung zu geben. In einer erfahrenen und guten Partnerschaft weiß oft ein Spieler, daß der andere vorübergehend außer Form spielt. In diesen Fällen muß er seine Anstrengungen verdoppeln, Reizung und Gegenspiel so narrensicher und klar wie möglich zu planen und seinen Partner eine Zeitlang »durchzuschleppen«.

Irren ist menschlich, und auch in einer guten Partnerschaft kommt es mitunter zu krassen Fehlern. Eine kurze Entschuldigung kann hier Wunder wirken und latent vorhandene Aggressionen abbauen. Bisweilen ist ein schlechtes Resultat darauf zurückzuführen, daß sich ein Spieler zu einem riskanten Manöver entschlossen hat, das schiefgegangen ist. Sein Partner wird gut daran tun, dem Unglücklichen eine Gelegenheit zur Rechtfertigung zu geben und seine Darstellung großzügig zu

* Ein altes Rollenspiel scheint wieder lebendig zu werden: »Geschwisterrivalität« wird vor den Gegnern so wie früher vor den Eltern ausgetragen.

akzeptieren. Der Partner wird dadurch entlastet.

Fast krankhaft ist die Sucht, jedes Spiel anschließend ausführlich zu besprechen und es in allen seinen möglichen Varianten zu analysieren. Diese Art des post mortem kostet der Partnerschaft sehr viel Kraft und Nerven, die später bei wichtigen Spielen fehlen können. Eine viel bessere Taktik ist, sich einige interessante Begebenheiten (z. B. Mißverständnisse in einer Bietsituation oder bei der Markierung) zu merken und am Schluß der Sitzung oder des Turniers mit dem Partner in Ruhe zu erörtern. Während des Turniers sind solche Diskussionen meist störend.

Ein Kapitel für sich ist die psychologisch geschickte Behandlung des Partners, eine Kunst, die selbst manche Experten nie lernen werden. Besonders im Rubber-Bridge kommt es häufig vor, daß ein guter Spieler einen relativ schwachen Partner hat. Gute Partnerschaftspflege ist nicht leicht und erfordert viel Einfühlungsvermögen. Wer es versteht, seinen schwachen Partner bei Laune zu halten, über seine Fehler hinwegzusehen und ihn mit wohldosiertem Lob aufzumuntern, wird oft genug verblüfft feststellen, daß der Partner Zutrauen zu sich selbst faßt und besser als normal spielt. Gute Taktik ist, den Partner nicht zu überfordern und nach Möglichkeit einen oder zwei Stiche weniger zu reizen, wenn der Partner die Hand zu spielen hat.

Am Partner herumzunörgeln, ihn durch ständige Kritik zu verunsichern oder ihm sogar Bridge-Unterricht am Tisch geben zu wollen, ist töricht. Selbst wenn die erteilten Lektionen von hervorragender Qualität sind, erfüllen sie nicht ihren Zweck. An den geschehenen Fehlern können sie nichts ändern. Der kostenlos Belehrte wird allenfalls versuchen, das eben Gehörte geistig zu verarbeiten, wobei er den nächsten Spielen nicht noch zusätzlich seine Aufmerksamkeit schenken kann; die Folgen sind meist verheerend.

Noch ein Wort zum Team-Bridge: Ebenso wie in einer Partnerschaft sollte man auch im Team für gute Harmonie sorgen. Bei der Abrechnung muß man sich davor hüten, schlechte Resultate des Komplementärpaares zu kritisieren. Meist wissen die Teamkameraden selbst, daß sie nicht gut gespielt haben, und sind für Verständnis dankbar. Auf der anderen Seite schadet es nichts, eigene Fehler zuzugeben und nicht zu beschönigen. Gegenseitige Aufrichtigkeit ist unerläßlich für den guten Zusammenhalt eines Teams.

Bei einem Teamturnier über eine lange Distanz ist es guter Stil, wenn sich die einzelnen Spieler oder Paare am Schluß einer Sitzung nicht in alle Winde zerstreuen, sondern sich zu gemeinsamen Mahlzeiten zusammensetzen und den zurückliegenden Kampf in Ruhe besprechen. Unaufrichtigkeit im Team ist Gift. Fast noch schlimmer ist, wenn in einem Teamkampf die beiden Spieler eines Paares getrennte Wege gehen und ihren Teamkameraden oder anderen Spielern ihr Leid über den unmöglichen Partner klagen. Hier müssen der Teamkapitän und die anderen Mitglieder der Mannschaft eingreifen, um das Paar wieder zusammenzuführen, damit die Partnerschaft nicht auseinanderbricht. Nach wie vor gilt der Satz des Italieners Alberto Perroux, der sinngemäß etwa lautet: »Wenn Ihr ein Team von sechs Freunden seid, könnt Ihr auch gewinnen.« Dies hat die italienische Squadra Azurra durch den Gewinn zahlloser Weltmeisterschaften bewiesen.

## Der Gegner

Richtige psychologische Einschätzung des Gegners ist ein wesentlicher Schlüssel zum

Erfolg. Bridge ist nicht ein abstrakter Denksport wie die Beschäftigung mit Integralrechnung oder Schachproblemen, sondern die Komprimierung menschlicher Gefühle und Eigenschaften im Spannungsfeld einer Bridge-Partie. Wenn Sie sich in der Beobachtung Ihrer Gegner systematisch schulen, werden Sie bald die Kunst erlernen, aus kleinsten Regungen (wie Zögern, Unsicherheit, plötzlichem Ärger oder Freude) Ihre Rückschlüsse zu ziehen und Ihr Vorgehen danach einzurichten. Wer überhaupt nicht auf seinen Gegner achtet, wird von seinen Mitspielern etwa mit der Bemerkung charakterisiert: »Technisch mag er ganz gut sein, aber er hat keine Ahnung, was am Tisch überhaupt vorgeht.« Ein Spieler sollte versuchen herauszufinden, vor welchen Problemen seine Gegner stehen und was sie denken und planen könnten. Allmählich wird er ein Gespür dafür bekommen, das von den Franzosen treffend als »présence à la table« beschrieben wird. Zur Erläuterung einige Beispiele:

| | | |
|---|---|---|
| ♠ AK109 | N | ♠ D643 |
| ♡ D962 | W O | ♡ K8 |
| ◇ K104 | | ◇ ADB73 |
| ♣ AD | S | ♣ K5 |

Sie spielen »6 Pik«. Nord greift Coeur-As an, spielt ohne Zögern Coeur nach und lehnt sich zufrieden zurück. Sie spielen klein-Pik zum As, und beide Gegner bedienen mit kleinen Trümpfen. Vieles spricht dafür, daß Nord ♠ Bxxx hält. Sie sollten daher mit Pik-König fortsetzen, um erforderlichenfalls Nord Buben herauszuschneiden. Wenn Sie »3 Sans-Atout« spielen und der Gegner hinter Ihnen lange zögert, um sich schließlich mit einem halb resignierenden Achselzucken zu irgendeinem Angriff zu entschließen, können Sie so gut wie sicher damit rechnen, daß der Gegner keine lange Farbe hält und in fast jeder Farbe Figuren besitzt. Es ist nicht unwahrscheinlich, daß er in seiner Verlegenheit von einem Doubleton oder drei Karten angegriffen hat. Eröffnen Sie mit einer Farbe, und rutscht der Gegner hinter Ihnen nervös auf seinem Stuhl hin und her, bis er schließlich paßt, seien Sie auf der Hut; denn in der Regel wird er mit einem relativ guten Blatt und einer Menge guter Trümpfe in der Eröffnungsfarbe hinter Ihnen auf der Lauer liegen. Wenn Sie in einem Sans-Atout-Kontrakt eine lange Farbe herunterspielen, werden Sie meist merken, welcher Ihrer Gegner hohe Karten in den anderen Farben hält und in Schwierigkeiten gerät.

Ein guter Psychologe ist auch ein guter Taktiker. Viel hängt vom Charakter des Gegners und vom Stand des Matches ab. Ist ein Gegner von Natur zaghaft oder hat er z. B. nach einem für ihn katastrophalen Strafkontra etwas den Mut verloren, lohnt es sich, gegen ihn etwas riskanter zu reizen. Wenn die Gegner unkonzentriert spielen, wird man oft ein gewagtes hohes Spiel nach Hause bringen können, weil sie einen Verteidigungsfehler begehen.

Ein besonderer Fall ist der auf sein Prestige bedachte Typ von Gegner, der sich nur ungern ein Spiel wegreizen läßt. Hier ist es eine ausgezeichnete Taktik, mit relativ starken Blättern Sperransagen zu machen und darauf zu warten, daß der ehrgeizige Gegner furchtlos in die Reizung geht. Von einem solchen Gegner können Sie sich auch ausgezeichnet »treiben« lassen: Mit einem guten Fit in der Partnerfarbe können Sie Ihr Blatt bewußt unterreizen und darauf vertrauen, daß Ihr Gegner Sie schon nicht im Stich lassen und die Reizung am Leben erhalten wird. Sind Sie schließlich mit Gegners Hilfe in den Endkontrakt getrieben worden, den Sie auch sofort hätten ansagen können, wird sich der Gegner Ihre »Provokationen« nicht länger bieten lassen und Sie kontrieren.

Auch Ihre Gegner haben Augen im Kopf und werden Ihr Verhalten am Tisch genau unter die Lupe nehmen. Unterschätzen Sie nicht das psychologische Einfühlungsvermögen der Gegner und geben Sie ihnen so wenig wie möglich Anhaltspunkte. Es ist guter Stil, die Karten immer im gleichen Rhythmus zu spielen, also möglichst unauffällig ohne unnötiges Zögern. Oft genug können Sie die Probleme voraussehen, die auf Sie zukommen werden. Wenn sich der Gegner z. B. anschickt, eine lange Farbe herunterzuspielen, ist es klug, zu Anfang darüber nachzudenken, was Sie abwerfen werden. Mit dieser von den Angelsachsen treffend »Advance Trance« genannten Methode vermeiden Sie, bei Ihren Abwürfen zum Schluß durch Unsicherheit und quälendes Grübeln dem Gegner zu viel von Ihrem Blatt zu verraten. Versucht der gegnerische Alleinspieler, sein Blatt in rasender Geschwindigkeit herunterzuspielen, dürfen Sie sich nicht dazu provozieren lassen, das hohe Tempo mitzuhalten. Mit dieser Taktik will der Gegner Sie meist zu Fehlern verleiten.

Spielen Sie die Hand, sollten Sie beim Anblick des Dummy keinerlei Überraschung zeigen, ganz gleichgültig, ob Ihr Kontrakt hoffnungslos ist oder wahrscheinlich mit Überstichen erfüllt wird. Äußern Sie stattdessen beim Anblick des Tisches Unmut oder kritisieren sogar die vorangegangene Reizung Ihres Partners, so ist dies nicht nur schlechter Stil dem Partner gegenüber, sondern gibt dem Gegner oft genug wertvolle Hinweise.

Ein etwas brisantes Thema sind gute Manieren am Bridge-Tisch; denn gutes Benehmen und clevere Taktik sind oft genug nicht dasselbe. Zwischen dem Fair Play eines Gentleman und dem eine Bestrafung nach sich ziehenden Regelverstoß liegt ein weites Feld, das graue Niemandsland der »Gamesmanship«. Das taktische Arsenal geht von gemütlicher Frozzelei und homerischen Streitgesprächen zu Beginn einer Begegnung bis zu ausgesprochenen Perfidien. Hier eine kleine Geschichte: Gegen Schluß eines großen Turniers hatten zwei auf Sieg stehende Paare gegeneinander zu spielen. Ein Spieler stieß, scheinbar ungeschickt, ein volles Bierglas um, das sich über die Hose seines Gegners ergoß, um sich dann mit gut gespieltem Entsetzen bei ihm vielmals zu entschuldigen. Der so Durchnäßte verlor vorübergehend die Konzentration und damit die Runde an seine Gegner. Etwa auf der gleichen Linie liegt es, einen gegnerischen Nichtraucher durch Tabaksqualm zu belästigen (»Es stört Sie doch wohl hoffentlich nicht, daß ich rauche?«) oder einen Fußballfan scheinheilig nach dem Abschneiden seiner Mannschaft zu fragen, die ihr Punktspiel gerade verloren hat. Nicht besonders freundlich ist es auch, eine gespielte Karte nur ganz kurz auf dem Tisch liegen zu lassen, um es dem Gegner schwieriger zu machen, sie sich zu merken. Wenn die Gegner durch einen schlimmen Verteidigungsfehler ein volles Spiel erfüllen lassen und ihren Irrtum nicht bemerken, ist es ziemlich boshaft, sie darauf hinzuweisen, damit sie sich entzweien.

Wer ein angesehener und beliebter Bridge-Spieler werden will, sollte sich vor derartigen Mätzchen hüten und am Bridge-Tisch eine faire und ritterliche Haltung zeigen. Leuchtendes Vorbild sind die italienischen Weltklassespieler, die durch ihr nobles Benehmen überall in der Welt Freunde gewonnen haben.

Wie im Poker ist es auch im Bridge verlockend, den Gegner durch einen Bluff irrezuführen. Dies ist durchaus legitim, wenn es sich bei dem Bluff nicht um ein abgekartetes Spiel mit dem Partner handelt. Wer blufft, muß also in Kauf nehmen, daß anstelle der Gegner der eigene Partner der »genialen« Ansage zum Opfer fällt. Ein guter Bluff ist eine Kunst. Es genügt nicht, am Tisch Verwirrung um jeden Preis stiften zu wollen, man muß vielmehr den angestrebten Erfolg und das drohende Risiko sorgfältig gegeneinander abwägen. Sehr riskant ist z. B., mit ♠ x ♡ Kxxx ◇ Axxx ♣ xxxx »1 Pik« zu eröffnen. Die Gefahr ist groß, daß der Partner ein gutes Blatt mit einigen Pik-Karten hält und bis auf die Vierer- oder Fünferstufe die eröffnete »Farbe« unterstützen wird. Vier oder fünf kontrierte Faller sind oft das Ende eines solchen Abenteuers. Geradezu selbstmörderisch wäre, mit ♠ Bxx ♡ xxxx ◇ xxx ♣ Dxx »1 Sans-Atout« zu eröffnen; denn wenn der Partner soviel Punkte hat, daß wenigstens einige Stiche geschafft werden können, wird er die Eröffnung natürlich auf volles Spiel oder sogar Schlemm heben.

Gut ist hingegen der folgende Bluff:

♠ AD4 ♡ KD10 ◇ 43 ♣ KDB85

Wenn Sie mit diesem Blatt »1 Karo eröffnen und nach einer positiven Antwort Ihres Partners schließlich auf »3 Sans-Atout« gehen, wird der Gegner möglicherweise von einem Karo-Angriff Abstand nehmen.

Vertretbar ist auch eine Bluff-Eröffnung in dritter Position mit einer guten Edelfarbe zu dritt, falls ausschließlich die Gegner in der Gefahrenzone sind.

♠ KD10 ♡ 4 ◇ 9652 ♣ B10873

Wenn Sie diese Hand nach zweimaligem Passen mit »1 Pik« eröffnen, kann Ihnen auch bei einer Sprungunterstützung durch den Partner nicht allzuviel passieren. Hält Ihr Partner hingegen nur ein Singleton oder Doubleton in Pik, haben Sie die Gegner meist aus einem lukrativen Edelfarb-Kontrakt herausgeblufft.

Bluffs sind verlockend wegen der aufregenden Ungewißheit, ob sich die riskante Ansage schließlich als große Dummheit oder geniale Heldentat erweisen wird. Besonders enthusiastische Bridge-Neulinge experimentieren gern mit Bluffs. Erfahrene Turnier-Spieler machen auf großen Wettkämpfen von Bluffs nur äußerst sparsam Gebrauch. Durch Bluffs verursachte Katastrophen und die Verunsicherung des Partners können durch gelegentliche Erfolge kaum ausgeglichen werden. Selbst die Methode, eine nicht gehaltene Farbe zu reizen, um den Angriff hierin zu verhindern, kann sich als Bumerang erweisen, wenn der Gegner durch ein Strafkontra oder ein späteres Ausspielkontra seinen Partner auffordert, die Bluff-Farbe anzugreifen.

Es gibt viele Experten, die überhaupt nicht bluffen. Bridge ist eben kein Poker, wo Bluffen zum Handwerk gehört.

*Bridge-Unterricht, zweite Lektion. Der Lehrer malt* ♠ A63 ♡ DB852 ◇ KD7 ♣ D5 *an die Tafel und fragt: »Wie eröffnen Sie dieses Blatt?« Eine Dame meldet sich aufgeregt: »Mit dem Coeur-Buben!« Nach einigem Nachforschen kam man auf des Rätsels Lösung: Mit »Eröffnen« meinte sie das Ausspiel gegen einen Sans-Atout-Kontrakt und statt der Vierthöchsten der längsten Farbe hatte sie sich die vierte Karte von unten ausgesucht, also den Coeur-Buben.*

# Turnierbridge

Es macht Freude, beim Kartenspiel zu gewinnen. Aber der Erfolg wird schal, wenn der Gegner ihn mit dem Hinweis auf seine schlechteren Karten abtut. Der Sieger möchte anerkannt wissen, daß sein Können und nicht nur Kartenglück entscheidend war. Schon vor der Zeit des Kontrakt-Bridge hatte man einen Weg gefunden, den Zufall beim Bridge weitgehend auszuschalten: das Turnierbridge. Dieselbe Austeilung wird an mehr als einem Tisch gespielt. So ergeben sich Vergleichsmöglichkeiten. Man benutzt einen Kartenbehälter, *Board* genannt, mit vier Fächern für die Karten von Nord, Ost, Süd und West. Während des Spiels werden die Karten nicht zu Stichen geordnet, sondern jeder Spieler legt seine Karten separat vor sich hin. Nach Beendigung steckt jeder Spieler seine 13 Karten in sein Fach. Nord notiert das Spielergebnis auf einem Begleitpapier, das zusammengefaltet dem Board beigefügt wird (*Boardzettel*). Das Board gelangt dann an einen anderen Tisch, wo zwei andere Paare versuchen, mit diesen identischen Karten das Beste für sich herauszuholen.

Hervorragend bewähren sich auf Turnieren sog. *Bidding Boxes*, die sich mehr und mehr eingebürgert haben. Man reizt nicht mehr verbal, sondern legt schweigend der Box entnommene »Bietkärtchen« aus farbiger Pappe vor sich auf den Tisch, die nach Ende der Reizung in die Box zurückgesteckt werden. Vorteil: keine Hörfehler mehr (z.B. durch laute Reizung vom Nachbartisch), keine Benachteiligung Schwerhöriger, guter optischer Gesamteindruck von einer längeren Lizitation, keine Notwendigkeit zu zeitraubender Wiederholung der bisherigen Reizung.

Im Turnierbridge ist es nicht möglich, mit einer Reihe von aufeinanderfolgenden Boards einen kompletten Rubber zu spielen. Man hat deshalb die Regeln geringfügig abgeändert: Auf dem Board ist bereits vorgeschrieben, wer Teiler ist und wer sich in Gefahrenzone befindet. Hier das übliche Schema für die Boards 1-16, das sich bei den jeweils nächsten 16 Boards wiederholt:

Teiler

| Boards | Nord | Ost | Süd | West |
|---|---|---|---|---|
| 1- 4 | N | NS | OW | A |
| 5- 8 | NS | OW | A | N |
| 9-12 | OW | A | N | NS |
| 13-16 | A | N | NS | OW |

Es handelt sich bei dieser Figur nicht um das magische Quadrat eines Geheimbundes, sondern um folgende Abkürzungen: N bedeutet niemand in Gefahrenzone, NS heißt Nord-Süd in Gefahr, OW steht für Ost-West in Gefahr und A für alle in Gefahr. Bei Board 6 ist also Ost der Teiler, und Ost-West sind in Gefahr, während bei Board 11 Süd gegeben hat und niemand in Gefahr ist. Teilanschriften unter der Linie und Gutschriften für Honneurs gibt es im Turnierbridge nicht. Für einen erfüllten Teilkontrakt werden 50, für Partie nicht in Gefahrenzone 300 und für Partie in Gefahrenzone 500 Punkte vergütet. »2 Pik« mit Überstich erfüllt bringen also 140 Punkte, während für »3 Sans-Atout« nicht in Gefahrenzone mit zwei Überstichen erfüllt 460 Punkte gutgeschrieben werden. Bis auf diese Änderungen wird genauso wie im Rubber-Bridge angeschrieben.

# Turnierarten

## Paarturnier

Die teilnehmenden Paare spielen für die Dauer des ganzen Turniers zusammen. Die Anzahl der Paare wird von der Turnierleitung festgesetzt. Die Größe eines Paarturniers kann sehr unterschiedlich sein und von einem kleinen Clubturnier für sechs Paare (also drei Tische) bis zu großen Turnieren mit einem Teilnehmerfeld von über 100 Paaren reichen. Im Ausland sind sogar schon Mammut-Turniere mit hunderten, ja tausenden von Paaren organisiert worden. Im Regelfall wird dasselbe Board an allen Tischen gespielt. Bei z. B. zwölf teilnehmenden Paaren stehen demnach am Schluß des Turniers sechs Resultate auf dem Boardzettel, die miteinander verglichen werden. Bei der Abrechnung wird nur gewertet, ob ein Paar mehr, gleichviel oder weniger Punkte als seine Konkurrenten erzielt hat, nicht aber, um wieviel sein Score besser oder schlechter war. Auf die Höhe der Differenz kommt es also nicht an.

Jeder Boardzettel wird nach sog. Match-Punkten abgerechnet. Hierbei werden die auf den Achsen Nord-Süd bzw. Ost-West erzielten Resultate getrennt gewertet. Maßgeblich ist die Rangfolge der Ergebnisse. Das Paar, das auf seiner Achse die beste Punktzahl hat, erhält den sog. Top-Score. Dieser beträgt das Doppelte der Zahl der miteinander verglichenen Resultate abzüglich 2 Match-Punkte. Bei z. B. sechs Resultaten ist der Top-Score also 10 Match-Punkte (2 x 6 = 12; 12-2 = 10). Das Paar mit dem nächstbesten Ergebnis erhält 2 Match-Punkte weniger usw., bis schließlich das Paar mit dem schlechtesten Resultat 0 Match-Punkte bekommt, den sog. Nuller. Zwischen Paaren mit gleichem Resultat werden die Match-Punkte geteilt.

Hier ein Beispiel von einem Paarturnier mit sechs Tischen (Board 15, Teiler Süd, Nord-Süd in Gefahrenzone):

| Kontrakt | NS Plus | NS Minus | Match-Punkte NS | Match-Punkte OW |
|---|---|---|---|---|
| S 4 Coeur = | 620 | | 7 | 3 |
| W 4 Pik X -1 | 100 | | 2 | 8 |
| S 4 Coeur = | 620 | | 7 | 3 |
| S 3 SA +1 | 630 | | 10 | 0 |
| S 5 Coeur -1 | | 100 | 0 | 10 |
| W 5 Pik X -2 | 300 | | 4 | 6 |

Das höchste Resultat auf Nord-Süd ist 630 Punkte und erhält den Top-Score von 10 Match-Punkten. Dabei spielt keine Rolle, daß der Abstand zu den beiden nächstbesten Resultaten von je 620 Punkten (jeweils mit 7 Match-Punkten bewertet) nur sehr gering ist. Auf Ost-West erhält das Paar den Top-Score, das 100 Punkte erzielt hat. Bei jedem Resultat ergibt die Addition der Match-Punkte für das auf Nord-Süd und Ost-West sitzende Paar den Top-Score. Wenn man also die Match-Punkte für die Nord-Süd-Paare ausgerechnet hat, kann man die Match-Punkte für die Ost-West-Paare durch Subtraktion vom Top-Score ermitteln.

Die Resultate aus sämtlichen Boardzetteln werden den einzelnen Paaren gutgeschrieben. Wenn z. B. bei einem Turnier mit sechs Tischen jedes Paar gegen jedes andere eine Runde von 3 Boards spielt, sind 11 Runden, also zusammen 33 Boards, zu spielen. Bei einem Top-Score von 10 Match-Punkten könnte ein Paar theoretisch 330 Match-Punkte erreichen. In der Praxis kommt das jedoch nicht vor; ein Score von 60 % der erreichbaren Match-Punkte reicht häufig zum Turniersieg aus, während ein Score von rund 70 % schon zu den großen Seltenheiten gehört.

Die Paarturnier-Berechnung richtet sich nur nach dem erzielten Resultat. Es gibt keinen Bewertungsspielraum dafür, ob das Resultat »verdient« war oder nicht. Es spielt also keine Rolle, ob das Ergebnis einer Dummheit der Gegner oder der eigenen Spielkunst zu verdanken war.

Um die Durchführung des Turniers brauchen sich die teilnehmenden Paare nicht zu kümmern. Die Turnierleitung überwacht den Ablauf und entscheidet Zweifelsfragen bei der Regelauslegung. An Hand einer sog. Laufkarte kann jedes teilnehmende Paar sehen, an welchem Tisch und auf welcher Achse es sitzen muß, welche Boards es zu spielen hat und wer das gegnerische Paar ist.

In der Regel gibt es bei einem Turnier *ein* Siegerpaar (Methode Howell). Gelegentlich komt es auch vor, daß die eine Hälfte der Paare nur auf Nord-Süd und die andere nur auf Ost-West spielt. Auf beiden Achsen gibt es jetzt je einen Sieger (Methode Mitchell).

## Teamturnier

Bei Teamwettkämpfen spielen Mannschaften gegeneinander. Ein sog. Team hat mindestens vier, höchstens sechs Spieler. Obwohl Bridge mit der Seefahrt wenig zu tun hat, nennt man den Chef des Teams »Kapitän«. Wenn der Kapitän selbst nicht spielt, spricht man vom Non-playing Captain; in diesem Fall darf das Team aus bis zu sieben Personen bestehen.

Zwei Teams spielen an zwei räumlich voneinander getrennten Tischen gegeneinander. Im sog. »Offenen Raum« sind Zuschauer zugelassen, im »Geschlossenen Raum« hingegen nicht. Jedes Team schickt zwei Paare in den Kampf. Das Gast-Team (Visiting Team) muß zwei seiner Paare im Offenen Raum auf Ost-West und im Geschlossenen Raum auf Nord-Süd setzen. Danach setzt das gastgebende Team (Home-Team) zwei Paare auf die freigebliebenen Plätze, also im Offenen Raum auf Nord-Süd und im Geschlossenen Raum auf Ost-West.

Jedes Board des Kampfes wird einmal im Offenen und einmal im Geschlossenen Raum gespielt. Die Resultate werden miteinander verglichen. Ergeben sich hierbei Differenzen, werden sie nach der folgenden Skala in sog. Internationale Match-Punkte (IMP) umgerechnet:

| | | | |
|---|---|---|---|
| 0 - 10 = | 0 IMP | 750 - 890 = | 13 IMP |
| 20 - 40 = | 1 IMP | 900 - 1090 = | 14 IMP |
| 50 - 80 = | 2 IMP | 1100 - 1290 = | 15 IMP |
| 90 - 120 = | 3 IMP | 1300 - 1490 = | 16 IMP |
| 130 - 160 = | 4 IMP | 1500 - 1740 = | 17 IMP |
| 170 - 210 = | 5 IMP | 1750 - 1990 = | 18 IMP |
| 220 - 260 = | 6 IMP | 2000 - 2240 = | 19 IMP |
| 270 - 310 = | 7 IMP | 2250 - 2490 = | 20 IMP |
| 320 - 360 = | 8 IMP | 2500 - 2990 = | 21 IMP |
| 370 - 420 = | 9 IMP | 3000 - 3490 = | 22 IMP |
| 430 - 490 = | 10 IMP | 3500 - 3990 = | 23 IMP |
| 500 - 590 = | 11 IMP | 4000 u. mehr = | 24 IMP |
| 600 - 740 = | 12 IMP | | |

Wenn also z. B. das eine Team in Gefahrenzone Klein-Schlemm in Pik ausreizt und erfüllt (1430 Punkte) und das andere Team mit den gleichen Karten im anderen Raum nur Partie erreicht (680 Punkte), werden für die Differenz von 750 Punkten nach obiger Skala 13 IMP vergütet.

Erfüllt ein Team im Offenen Raum auf Nord-Süd »3 Pik« (140 Punkte) und macht im anderen Raum auf Ost-West »4 Karo« (130 Punkte), werden für die Differenz von 270 Punkten 7 IMP gutgeschrieben.

Im Gegensatz zum Paarturnier kommt es beim Teamwettkampf auf die Höhe der erzielten Differenzen entscheidend an. Geringfügige Unterschiede in den Ergebnissen werden gar nicht oder kaum gewertet.

Auf einem Teamturnier tragen die miteinander konkurrierenden Teams Wettkämpfe gegeneinander aus. Hierbei ist es üblich, die erzielten IMP-Resultate auf Grund einer weiteren, von der Turnierleitung nach Gutdünken festgesetzen Skala in sog. Siegpunkte (engl. Victory Points) umzurechnen. Hierdurch soll gewährleistet werden, daß ein mit einem hohen IMP-Resultat gewonnener Wettkampf höher zu Buche schlägt als ein knapper Sieg. Gewonnen wird das Turnier von dem Team, das die meisten Siegpunkte erzielt hat.

Nehmen an einem Teamturnier soviele Mannschaften teil, daß der einzelne Wettkampf nur über eine kurze Distanz von 4 oder 5 Boards geht, kann man nach der Patton-Methode abrechnen. Für jedes mit einer Differenz von 20 oder mehr Punkten gewonnene Board erhält das siegreiche Team 2 Punkte. Bei gleichem Ergebnis oder einer Differenz von nur 10 Punkten erhält jedes Team 1 Punkt. Außerdem werden Punkte für das sog. »Aggregat« verteilt. Hierbei wird die sich aus allen Boards zugunsten des einen Teams ergebende Punktdifferenz in Relation zur Summe aller Resultate (Gesamtumsatz) gesetzt.

Bei einem Match über 5 Boards kann man also z. B. 10 Punkte für die Board-Wertung und weitere 10 Punkte für das Aggregat verteilen, so daß ein Team maximal 20 Punkte pro Kampf erzielen kann. Die IMP-Tabelle wird bei der Patton-Abrechnung nicht angewandt.

Ein anderer Weg bei hohem Teilnehmerfeld besteht darin, nicht jedes Team gegen jedes andere spielen zu lassen. Beim »Schweizer System« werden zu Beginn die einzelnen Teams gegeneinander ausgelost. In der zweiten Runde trifft das in Führung liegende Team gegen das zweite, das dritte gegen das vierte usw. Nach jeder Runde wird der Turnierstand errechnet und entsprechend verfahren. Hierbei spielen allerdings Teams nicht zweimal gegeneinander. Wenn also z. B. das führende Team gegen das zweite schon gespielt hat, tritt es stattdessen gegen das nächstplacierte an.

## Individualturnier

Diese Turnierform ist eine Art Lotteriespiel. Die teilnehmenden Einzelspieler erhalten nach jeder Runde einen neuen Partner, mit dem sie meist vorher noch nie gespielt haben. Bietmißverständnisse sind also an der Tagesordnung.

Wer möglichst klar und natürlich reizt und die Spielstärke des unbekannten Partners einigermaßen richtig einzuschätzen weiß, wird auf Individualturnieren am besten abschneiden. Eine gehörige Portion Glück gehört selbstverständlich auch dazu.

# Besondere Taktiken bei Paar- und Teamturnieren

Über dieses Thema sind ganze Bücher geschrieben worden*. Ich kann deshalb hier nur auf die wichtigsten Punkte eingehen.

## Paarturnier

Zwischen Rubber-Bridge und Paarturnier besteht ein fundamentaler Unterschied. Im Paarturnier wird jede Hand getrennt abgerechnet. Das Ziel ist, ein besseres Resultat als die konkurrierenden Paare zu erzielen, wobei es nicht darauf an-

* Z. B. Ely Culbertson »Bidding and Play in Duplicate Contract Bridge«, Marshall Miles »How to Win at Duplicate Bridge«, Edgar Kaplan »Duplicate Bridge: How to Play, How to Win« und H. W. Kelsey »Match-Point Bridge«.

kommt, ob der Vorsprung groß oder klein ist. Für die Aussicht auf einen kleinen zusätzlichen Gewinn darf deshalb ein hoher Verlust in Kauf genommen werden. Nicht die Höhe von Gewinn und Verlust ist entscheidend, sondern die Häufigkeit. Wer also in drei von vier Fällen 10 Punkte mehr als seine Konkurrenten erzielt und im vierten Fall hunderte von Punkten zurückliegt, hat dreimal einen Top-Score und einmal einen Nuller geschrieben, also in diesen vier Händen vorzügliche 75 % gespielt.

*Reizung*

Bei vielen, im Paarturnier korrekten Endkontrakten würden dem Rubber-Bridge-Spieler die Haare zu Berge stehen. So kann es völlig in Ordnung sein, auf einen sicheren Kontrakt in Unterfarbe zugunsten eines nicht risikolosen Kontraktes in Sans-Atout oder eines Edelfarb-Fits mit nur sieben Trümpfen zu verzichten, wenn die Erfüllungschance besser als 50 % ist. Wer mit den folgenden Händen

| | | |
|---|---|---|
| ♠ A54 | N | ♠ 762 |
| ♡ K8 | W O | ♡ A53 |
| ◇ D975 | S | ◇ KB10863 |
| ♣ AK83 | | ♣ 6 |

im Paarturnier sichere »5 Karo« reizt, ist taktisch falsch beraten. Die Gutschrift von - nicht in Gefahr - 400 Punkten reicht nicht aus, um mit den erfahrenen Paaren gleichzuziehen, die sich für den korrekten Kontrakt von »3 Sans-Atout« entschieden und 430 Punkte geschrieben haben. Gewiß, etwa einmal in fünf Fällen werden beim gleichen Gegner fünf oder mehr Piks und das Karo-As stehen, so daß Partie in Sans-Atout bei Pik-Angriff fällt. Es wäre aber völlig verfehlt, auf diesen einen Fall zu spekulieren und in allen anderen Fällen auf die zusätzlichen 30 Punkte zu verzichten. Vier schlechte Resultate können durch ein gutes keinesfalls aufgewogen werden.

♠ A873 ♡ D6 ◇ 7642 ♣ 852

Ihr Partner hat Coeur eröffnet und über Ihre Pik-Antwort »2 Karo« gereizt. Im Rubber-Bridge würden Sie ohne weitere Überlegung passen. Im Paarturnier sollten Sie »2 Coeur« bieten, um einen zwar nicht so sicheren, aber höher zählenden Edelfarb-Kontrakt zu spielen.

Verlockend ist, wegen der 10 Extra-Punkte von einem Kontrakt in Edelfarbe Abstand zu nehmen und Sans-Atout zu spielen. Eine Erfolgsgarantie besteht allerdings nicht, weil in Edelfarbe oft ein Stich mehr erzielt wird als in Sans-Atout. Typische Hände für Sans-Atout sind 4-3-3-3 Verteilungen oder lange Edelfarben.

♠ AB9 ♡ 10984 ◇ KD10 ♣ K108

Hiermit können Sie über die Coeur-Eröffnung Ihres Partners einen Sans-Atout-Kontrakt anstreben. Ihre Aussichten, die gleiche Anzahl von Stichen wie in Coeur zu erzielen, sind gut.

♠ 65 ♡ AKD10763 ◇ 4 ♣ 962

Nach der Karo-Eröffnung Ihres Partners haben der Gegner rechts »1 Pik« und Sie »2 Coeur« geboten. Ihr Partner reizt jetzt »2 Sans-Atout«. Es dürfte sich auszahlen, wenn Sie Partie in Sans-Atout ausbieten. Jetzt sind nämlich die von Ihrem Partner in den schwarzen Farben gehaltenen Gabelpositionen geschützt, und er wird wahrscheinlich mindestens soviel Stiche in Sans-Atout erzielen wie Sie in einem Coeur-Kontrakt.

Wenn Sie in Grenzfällen vor der Entscheidung stehen, Partie oder Schlemm auszubieten, sollten Sie »mit dem Saal« spielen. Der normale Paarturnier-Spieler tendiert dazu, volle Spiele nach Möglichkeit auszureizen. Wenn Sie also fallen, befinden Sie sich in guter Gesellschaft und schreiben noch ein Resultat von etwa 30 %. Anders ist es beim Schlemm. Der normale Paarturnier-Spieler geht nicht in den Schlemm, häufig schon deshalb, weil er nicht über die erforderliche Biettechnik verfügt. Fallen Sie in einem riskanten Schlemm, werden Sie meist einen Nuller schreiben, der nur durch eine Reihe von überdurchschnittlichen Resultaten wieder aufzuholen ist.

Im Paarturnier zahlt es sich aus, unternehmungslustig zu reizen. Dies gilt besonders für an Figurenpunkten relativ schwache Blätter mit unausgeglichener Verteilung. Hiermit sollte man auf jeden Fall versuchen, in die Reizung einzugreifen, namentlich dann, wenn man die dominierende Pik-Farbe hält. Ziel ist hierbei, entweder selbst einen Teilkontrakt oder Partie zu erfüllen oder aber ein billiges Opfergebot zu finden bzw. die Gegner in einen unerfüllbaren Kontrakt zu treiben. Beim Kampf um den Teilkontrakt müssen höhere Risiken als im Rubber-Bridge in Kauf genommen werden. Es ist nur selten richtig, den Gegner in seinem Fit in einem niedrigen Teilkontrakt spielen zu lassen. Nach der Reizung

| Süd | West | Nord | Ost |
|---|---|---|---|
| 1 ♡ | pass | 2 ♡ | pass |
| pass | ? | | |

sollte West in neun von zehn Fällen noch etwas unternehmen.

a) ♠ D7643 ♡ 852 ♢ K76 ♣ D7
b) ♠ 43 ♡ 762 ♢ KD85 ♣ AB97
c) ♠ B842 ♡ 63 ♢ AD5 ♣ D1094

Im Rubber-Bridge würde West mit allen drei Händen passen, weil er wenig zu gewinnen, aber viel zu verlieren hat. Im Paarturnier lohnt es sich, beim Kampf um den Teilkontrakt einen gelegentlichen Verlust von vielen hundert Punkten in Kauf zu nehmen. West reizt also mit a) »2 Pik«, mit b) »2 Sans-Atout« (Unusual No Trump für die Unterfarben) und gibt mit c) ein verspätetes Informationskontra.

Es sieht paradox aus, daß West für ein Gebot auf der Einerstufe zu schwach war und nun plötzlich stark genug sein soll, auf höherem Bietniveau in die Reizung einzugreifen. Die Logik dieser Aktion liegt darin, daß West die Karte seines Partners mitreizt. Ost muß gewisse Werte halten, weil die Gegner keinen Partieversuch unternommen haben. Hinzu kommt, daß die Gegner einen Fit gefunden haben. Es ist jetzt sehr wahrscheinlich, daß auch die Ost-West-Hände in wenigstens einer Farbe zueinander passen.

Nach einer solchen Wiederbelebungsaktion darf der Partner nicht überoptimistisch werden, weil sein Blatt ja bereits mitgereizt worden ist.

Riskante Kontras in Grenzsituationen sind im Paarturnier namentlich beim Kampf um den Teilkontrakt an der Tagesordnung. Alle sind in Gefahrenzone, und Sie halten

♠ A107 ♡ A83 ♢ 1072 ♣ 9852.

Sie haben die Coeur-Eröffnung Ihres Partners nach gegnerischer Pik-Zwischenreizung auf »2 Coeur« gehoben. Links wird »2 Pik« geboten, Ihr Partner geht auf »3 Coeur« und nach zweimaligem Passen bietet der Gegner links »3 Pik«, die zu Ihnen durchgepaßt werden. Im Rubber-Bridge oder in einem Teamkampf würden Sie nicht im Traum an ein Kontra denken, weil es eine Todsünde wäre, den Gegner in die Manche zu kontrieren. Im Paarturnier ist das Kontra aus folgender Überlegung korrekt: Wahrscheinlich können Sie in einem Coeur-Kontrakt neun Stiche machen und +140 schreiben. Wenn die Gegner acht Stiche in Pik erzielen können, sind +100 kein ausreichendes Äquivalent für +140. Sie müssen deshalb kontrieren, um +200 zu schreiben. Wenn die Gegner ihr kontriertes Spiel erfüllen, verlieren Sie —730 statt —140. Dieser Nuller ist jedoch kein allzu großes Unglück, weil auch —140 ein schlechtes Resultat gewesen wäre. Wenn Ihr Kontra nicht sitzt, ist Ihr zusätzlicher Verlust gering; fällt der Gegner jedoch einmal, haben Sie sich durch Ihr Kontra entscheidend verbessert.

Aggressiv zu reizen ist eine Tugend im Paarturnier. Es gibt jedoch zwei wichtige Ausnahmen, nämlich die Misfit-Situation und die ungünstige Gefahrenlage.

Reizen die Gegner Ihre Farbe, sollten Sie nicht in die Reizung eingreifen und die Gegner mit ihren Schwierigkeiten allein lassen.

Wenn Sie in Gefahrenzone sind und die Gegner nicht, empfiehlt es sich, nur mit guten Blättern zwischenzureizen; denn im Paarturnier ist der Gegner noch schneller als sonst mit dem Kontra bei der Hand. Die Culbertson-Regel von 2 und 3 gilt hier nicht, weil Sie sich nur einen kontrierten Faller leisten können. Ein Verlust von —500 wäre bereits höher als die gegnerische Partie.

Opfergebote sind eine Domäne des Paarturniers. Hier können sehr viele Punkte gewonnen werden. Im Rubber-Bridge wäre es schlechte Taktik, —500 zu investieren, um eine gegnerische Partie im Werte von +620 zu verhindern, wenn die Erfüllung des vom Gegner gereizten Kontraktes nicht sicher, sondern nur wahrscheinlich ist. Nehmen wir einmal an, daß der Gegner in zwei von drei Fällen sein Spiel machen wird. Im Rubber-Bridge retten Sie zweimal 120 Punkte und verlieren einmal 720 Punkte, also ein sehr schlechtes Geschäft. Im Paarturnier haben Sie zwei gute und ein schlechtes Board. Ein Opfergebot lohnt sich also, wenn es billiger als die vom Gegner gereizte Partie ist und die gegnerischen Erfüllungschancen besser als 50 % sind. In der Praxis läßt sich dies natürlich nicht genau abschätzen; die Wahrscheinlichkeit, daß ein Opfergebot etwas einbringt, ist jedoch im Paarturnier wesentlich größer als im Rubber-Bridge.

Oft genug wird der Gegner über Ihr Opfergebot auf die Fünferstufe gehen. Die Verteidiger sollten sich hiermit in der Regel zufrieden geben und den Gegner unkontriert spielen lassen in der Hoffnung, daß er einmal fällt. Mit Opfergeboten gegen Schlemm-Kontrakte sollte man etwas vorsichtiger sein. Nur wenn man das Gefühl hat, daß fast der ganze Saal ebenfalls im Schlemm ist, sollte man verteidigen. Haben Sie das Gefühl, daß der Gegner sich in einem riskanten Schlemm befindet, den sonst kaum jemand reizt, besteht Ihre einzige Hoffnung darin, daß der Schlemm nicht zu erfüllen ist. Ist der Schlemm unschlagbar, nützt Ihnen auch die Verteidigung nichts, falls sie mehr Punkte kostet als die an fast allen anderen Tischen gebotene gegnerische Partie.

Ähnliche Überlegungen gelten, wenn die Gegner eine Partie erreicht haben, die vom Saal wahrscheinlich nicht geboten worden ist. Sie müssen jetzt darauf spekulieren, daß der Gegner fällt. Ein Opfergebot wäre unklug, weil es teurer wäre als der an den meisten anderen Tischen gereizte Teilkontrakt.

Wenn Sie in der Endphase eines Turniers dringend Tops brauchen, um Ihre Außenseiterchance auf den Turniersieg wahrzunehmen, können Sie »gegen den Saal« reizen. In Grenzfällen sollten Sie sich im Partiebereich mit einem Teilkontrakt zufrieden geben und im Schlemmbereich aggressiv reizen. Spekulieren Sie also bei Schlemms à la hausse und bei vollen Spielen à la baisse. Eine andere gute Möglichkeit, Tops aus dem Nichts zu zaubern, sind riskante Strafkontras und Bluffs gegen schwächere Paare. Versprechen Sie sich jedoch nicht zu viel von derartigen Hasard-Manövern in den letzten Händen. Meist heben sich die hierbei erzielten Tops und Nuller gegeneinander auf.

*Spieldurchführung*

Wenn Sie im Paarturnier die Hand zu spielen haben, lautet die Gretchen-Frage: Wie halten es die anderen Tische? Prüfen Sie also, ob Sie in einem besseren, gleich guten oder schlechteren Kontrakt als der Saal gelandet sind. Spielen Sie einen Normalkontrakt, sollten Sie sich darüber im klaren sein, wieviele Stiche Sie erzielen wollen. Einen an sich sicheren Kontrakt dürfen Sie durch den Versuch gefährden, Überstiche zu erzielen, wenn Ihre Chancen besser als 50 % sind.

| | | |
|---|---|---|
| ♠ AD10763 | N | ♠ KB852 |
| ♡ 74 | W O | ♡ AB10 |
| ◇ A52 | S | ◇ K64 |
| ♣ K6 | | ♣ D5 |

Ohne gegnerische Zwischenreizung haben Sie als West »4 Pik« erreicht, gegen die Nord mit Karo-Dame angreift. Sie befinden sich ohne Zweifel in einem völlig normalen Kontrakt und haben wahrscheinlich auch den normalen Angriff bekommen. Sie nehmen am Tisch, ziehen die gegnerischen Trümpfe in einer Runde und schneiden in Coeur. Süd gewinnt den Stich und setzt Karo fort. Im Paarturnier ist es jetzt korrekt, in der Hoffnung auf einen Überstich abermals in Coeur zu schneiden, obwohl bei Mißlingen der unverlierbare Kontrakt einmal fällt. Wenn Süd ein Coeur-Bild hält, sind die Chancen, daß das andere Coeur-Bild bei Nord steht, ungefähr 2 : 1. Sie werden also in zwei von drei Fällen einen Überstich und damit ein sehr gutes Resultat erzielen.

Müssen Sie einen Saalkontrakt spielen, dessen Erfüllungschancen deutlich geringer als 50 % sind, ist es unklug, für einen Erfüllungsversuch einen zusätzlichen Faller zu riskieren.

| | | |
|---|---|---|
| ♠ A7 | N | ♠ B3 |
| ♡ AD10 | W O | ♡ 632 |
| ◇ AB83 | S | ◇ KD965 |
| ♣ D862 | | ♣ KB7 |

Gegen »3 Sans-Atout« greift Nord mit Pik-Fünf an. Sie setzen am Tisch den Buben ein, aber Süd legt die Dame. Sie bleiben klein und nehmen die nachgespielte Pik-Zwei mit dem As. Im Rubber-Bridge würden Sie jetzt auf die Chance spielen, daß Süd beide Coeur-Figuren hält. In einem von vier Fällen würden Sie durch doppelten Coeur-Schnitt Ihren Kontrakt gewinnen.

Im Paarturnier wäre dieses Manöver ein unnötiger Luxus. Sie sollten sich damit abfinden, daß in drei von vier Fällen der Kontrakt verloren ist, und Treff fortsetzen. Wenn Sie stattdessen Klein-Coeur zur Zehn spielen, fallen Sie einmal mehr und schreiben ein sehr schlechtes Resultat, das auch durch die 25 %ige Erfüllungschance nicht gerechtfertigt ist.

Befinden Sie sich in einem vorzüglichen Kontrakt, den die anderen Paare wahrscheinlich nicht spielen werden, sollten Sie wie im Rubber-Bridge oder im Teamkampf versuchen, Ihr Spiel so sicher wie möglich zu erfüllen; auf Überstiche kommt es jetzt nicht an. Das gleiche gilt, wenn Sie in einem Normalkontrakt einen ungewöhnlichen, aber für Sie günstigen Angriff erhalten haben oder von Ihren übermütigen Gegnern kontriert worden sind.

Spielen Sie einen überreizten Kontrakt, den sonst kaum ein anderes Paar riskiert, müssen Sie unter allen Umständen auf Erfüllung spielen und hierbei zusätzliche Faller in Kauf nehmen.

Ähnlich ist die Situation dann, wenn Sie einen ungünstigen Angriff gegen Ihren Normalkontrakt erhalten haben oder in einem zwar nicht zu hohen, aber falschen Kontrakt gelandet sind.

| West | | Ost |
|---|---|---|
| ♠ KD1085 | N | ♠ AB97 |
| ♡ A10 | W O | ♡ 53 |
| ◇ AKB2 | S | ◇ 109 |
| ♣ A10 | | ♣ B9654 |

Gegen Ihren spekulativen Kontrakt von »3 Sans-Atout« greift Nord mit Coeur-Dame an. Sie sehen auf den ersten Blick, daß hier der Saal in »4 Pik« ist und mindestens elf Stiche erzielen wird. Sie dürfen jetzt nicht aus Angst vor dem Tode Selbstmord begehen und Ihre neun sicheren Stiche abziehen. Gegenüber +650 sind +600 fast der gleiche Nuller, wie —100 oder —200. Sie müssen deshalb alles auf eine Karte setzen und in der ersten Karo-Runde schneiden. Steht Karo-Dame bei Süd, machen Sie elf Stiche und schreiben mit +660 einen sehr guten Score.

Sind Sie durch ein Opfergebot in einem unerfüllbaren Kontrakt gelandet, der kontriert worden ist, sollten Sie von einem Kartenstand ausgehen, der den Gegnern die Erfüllung eines vollen Spiels ermöglicht.

| West | | Ost |
|---|---|---|
| ♠ 4 | N | ♠ AK |
| ♡ D6 | W O | ♡ B83 |
| ◇ DB109875 | S | ◇ A32 |
| ♣ DB6 | | ♣ 108432 |

Teiler Nord, Nord-Süd in Gefahr

| Nord | Ost | Süd | West |
|---|---|---|---|
| 1 ♠ | pass | 3 ♠ | 5 ◇ |
| kontra | pass | pass | pass |

Sie spielen »5 Karo« im Kontra. Nord greift mit Coeur-As an, spielt Coeur-König nach, wechselt auf Treff-As und setzt mit klein-Treff fort. Süd nimmt mit dem König und bringt Treff. Nord sticht mit klein-Karo und spielt dann klein-Coeur. Sie stechen in der Hand und legen Karo-Dame vor. Nord gibt ein kleines Atout. Sollen Sie schneiden oder auf den Kopf spielen?

In einem gegnerischen Pik-Kontrakt wird die Verteidigung drei Stiche in den Edelfarben erzielen. Ihr etwas fragwürdiges Opfergebot hätte nur dann einen Sinn gehabt, wenn die Gegner keinen zusätzlichen Stich verlieren. Sie müssen deshalb unterstellen, daß Süd in Karo Chicane ist, und in Trumpf schneiden. Die falsche Taktik im Paarturnier wäre, die Karos auf den Kopf zu spielen. Selbst wenn Sie einen bei Süd stehenden blanken König fangen und dadurch Ihren Verlust auf —500 begrenzen, werden Sie trotzdem ein schlechtes Resultat schreiben, weil die Gegner kein volles Spiel erfüllen können.

Brauchen Sie gegen Schluß eines Turniers unter allen Umständen Tops, können Sie auch bei der Spieldurchführung Wagnisse eingehen. Die beste Möglichkeit besteht darin, in Normalkontrakten selbst dann riskant auf Überstiche zu spielen, wenn die Erfolgschancen nur 50 % oder sogar schlechter sind. Auch mit einem Spiel »gegen den Saal« haben Sie gelegentlich Erfolg.

♠ AKB105 ♠ 763

In einem Kontrakt von »4 Pik« können Sie etwas gegen die Wahrscheinlichkeit die Atouts auf den Kopf spielen in der Hoffnung, daß die Trumpf-Dame doubleton hinter Ihnen steht. Der Saal wird in Trumpf schneiden und in diesem Falle einen Stich weniger machen als Sie. Durch derartige Verzweiflungsmanöver werden Sie allerdings nur selten das Turnier gewinnen, sondern oft genug von einem zweiten oder dritten Platz auf den sechsten oder siebten Platz zurückfallen. Wenn für Sie allerdings nur der erste Platz interessant ist, müssen Sie so spielen.

### *Gegenspiel*

Gutes Gegenspiel ist schon im Rubber-Bridge schwierig genug. Im Paarturnier optimal zu verteidigen, erfordert ein ungewöhnlich hohes Maß an Konzentration und übersteigt in der Regel auch die Fähigkeiten eines überdurchschnittlichen Spielers. Ziel im Rubber-Bridge ist es, alles zu versuchen, um den gegnerischen Kontrakt zu Fall zu bringen. Im Paarturnier sind die Dinge komplexer. Oft genügt es nicht, den Faller abzuziehen, nämlich dann, wenn man den Kontrakt mindestens zweimal oder öfter schlagen muß, um ein gutes Resultat zu erzielen. In anderen Fällen kann der Versuch, den Kontrakt zu Fall zu bringen, wegen der Gefahr eines Überstiches viel zu riskant sein. Hier nur zwei Beispiele:

West:
♠ KB9
♡ K7
◇ 865
♣ D9652

Süd:
♠ D105
♡ AB6
◇ KD10742
♣ 7

Teiler Nord, alle in Gefahr

| Nord | Süd |
|---|---|
| 1 ♡ | 2 ◇ |
| 2 SA | 3 ♡ |
| 4 ♡ | pass |

Nords Gebot von »2 Sans-Atout« versprach 15-16 Punkte. Ost greift Pik-Zwei an. Der Spieler setzt am Tisch nach kurzem Überlegen die Dame ein und nimmt Ihren König mit dem As. Es folgt Atout-Zehn; Ost und der Tisch bleiben klein. Was spielen Sie nach, nachdem Sie den Stich mit dem König genommen haben?

Im Rubber-Bridge würden Sie auf Treff wechseln und hoffen, daß Ihr Partner das As hält und durch Pik-Fortsetzung den Kontrakt schlägt. Im Paarturnier ist Treff-Nachspiel zu gefährlich; denn es ist wenig wahrscheinlich, daß Nord 15 Punkte ohne das Treff-As besitzt. Ziehen Sie also Pik-Buben ab und seien Sie damit zufrieden, daß der gute Angriff von Ost den Spieler auf elf Stichen gehalten hat.

Nord:
♠ B5
♡ KB96
◇ 7
♣ KD10843

West:
♠ A10764
♡ A1052
◇ DB4
♣ 2

Teiler Ost, Ost-West in Gefahr

| Ost | Süd | West | Nord |
|---|---|---|---|
| 1 ♣ | 4 ◇ | kontra | pass |
| pass | pass | | |

Süd hat mit seiner wilden Sperransage Ihre Reizung durcheinandergebracht; Sie haben in dieser schwierigen Situation auf Verdacht kontriert und greifen Treff-Zwei an. Der Tisch legt den König und Ihr Partner das As, um den Treff-Buben zurückzuspielen. Süd bedient beide Male. Sie stechen mit Karo-Vier. Nach dem Lavinthal-Signal Ihres Partners spielen Sie vertrauensvoll Pik-As. Ihr Partner bestätigt seine Marke dadurch, daß er Pik-König zugibt. Wie sollten Sie weiterspielen?

Höchstwahrscheinlich hält der Gegner eine Karo-Länge mit As und König an der Spitze. Um eine Eröffnung zu besitzen, muß Ost deshalb die Coeur-Dame halten. Aller Voraussicht nach können Sie auf Ihrer Linie »4 Pik« erfüllen und +620 schreiben. Drei Faller und +500 sind also nicht genug. Sie müssen versuchen, den Kontrakt viermal zu schlagen. Die einzige Chance ist, klein-Coeur fortzusetzen. Wenn der Spieler eine 2-2-7-2 Verteilung hält und in Coeur falsch rät, kommt Ihr Partner mit der Dame zu Stich, spielt Coeur zu Ihrem As, nimmt die Pik-Fortsetzung mit der Dame und bringt Treff, wonach Sie noch einen Trumpfstich im Surcoup machen und mit +700 ein gutes Resultat erzielen.

Rät der Spieler hingegen richtig und legt am Tisch Coeur-König, müssen Sie sich mit +300 zufrieden geben, weil er jetzt Ihre Trümpfe ziehen kann.

Wäre niemand in Gefahr, müßten Sie anders verteidigen: Sie ziehen Coeur-As, bringen den Partner mit Pik ans Spiel und machen nach Treff-Fortsetzung Ihren zweiten Trumpfstich. +500 reichen jetzt aus, um ein besseres Resultat als +420 für volles Spiel in Pik zu schreiben. Klein-Coeur fortzusetzen wäre jetzt viel zu riskant, weil sichere +500 unnötig aufs Spiel gesetzt werden. Ein vierter Faller würde Ihr Resultat kaum verbessern, während +300 sehr schlecht wären.

## Teamturnier

Im Teamkampf gilt immer noch der Slogan des vor einigen Jahren verstorbenen englischen Experten Maurice Harrison-Gray: »Straight down to the middle.« Das bedeutet frei übersetzt etwa, daß man ganz normales Bridge spielen soll. Ein Teamkampf wird nämlich viel öfter durch Fehler verloren, als durch aufsehenerregende Manöver gewonnen. Spielen Sie »steady«, also ein ruhiges und konzentriertes Bridge. Überlassen Sie die brillanten Coups Ihren Gegnern. Im Team tun Sie gut daran, Mut zur Bescheidenheit zu zeigen und genialen Eingebungen zu widerstehen. Unorthodoxe Manöver sind etwas fürs Paarturnier, wo Sie im Kampf um den Turniersieg bei jeder sich bietenden Gelegenheit ein ungewöhnliches - und wie Sie hoffen gutes - Resultat anstreben. Im Teamkampf zahlt sich diese Taktik auf lange Sicht nicht aus. Mit anderen Worten: Im Paarturnier ist Ihr Ziel zu gewinnen, im Team, nicht zu verlieren. Wenn Sie und Ihr Team unauffällig gespielt haben und die Fehler auf ein Minimum beschränken konnten, werden Sie das Match fast immer gewonnen haben. Es gibt nur zwei Gelegenheiten, bei denen sich unorthodoxes Bridge auszahlen kann: Falls Sie nach der Halbzeitabrechnung deutlich im Rückstand liegen oder gegen stärkere Gegner spielen, nützt Ihnen ein Normalresultat nichts. Hin und wieder können Sie mit der Taktik Glück haben, Ihr Blatt entweder zu überreizen oder zu unterreizen, einen Bluff zu versuchen oder gegen die Wahrscheinlichkeit zu spielen. Oft genug enden derart riskante Taktiken aber mit einer hohen Niederlage. Noch schlimmer ist es, wenn Sie einen Halbzeitrückstand durch einige Verzweiflungsmanöver auszugleichen versuchten, hierbei »Pech« hatten und sich dann herausstellt, daß Ihre Teamkameraden eine glänzende Halbzeit gespielt haben, die ausreichend für einen knappen Sieg gewesen wäre, falls Sie nur ganz normales Bridge gespielt hätten. Doch nun zu taktischen Einzelheiten:

Im Gegensatz zum Paarturnier ist im Teamkampf die Höhe der Differenz ausschlaggebend. Die IMP-Tabelle steigt zwar nicht linear, sondern in einer sich immer mehr abflachenden Kurve an; das ändert aber nichts daran, daß eine hohe Differenz mehr zählt als mehrere kleine. Im Teamkampf ist also kein Raum für die Paarturniertaktik, volle Spiele in Sans-Atout oder einem 4-3 Edelfarbfit einer sicheren Unterfarb-Partie vorzuziehen oder Schlemms in Sans-Atout zu »gambeln«, obwohl sie in Farbe viel sicherer wären. Es ist völlig verfehlt, für einen Gewinn von 1 oder 2 IMP einen hohen Verlust von 10, ja bis zu 16 IMP bei einem Schlemm in Gefahrenzone in Kauf zu nehmen. Ähnliche Überlegungen gelten bei Teilkontrakten. Ziel ist der sicherste Plusscore, nicht der höchste. Zwischen +140 und +110 ist nur 1 IMP Unterschied; wenn der riskante Teilkontrakt jedoch in Gefahrenzone einmal fällt, beträgt der Verlust 5 IMP.

Im Grenzbereich zwischen Teilkontrakt und Partie führt simple Mathematik zu einer verblüffenden Konsequenz: Reizen Sie in Gefahrenzone Partien selbst dann aus, wenn Sie nur geringe Chancen sehen. Nicht in Gefahrenzone sollten Sie zurückhaltender sein und nur bei guten Aussichten ins volle Spiel gehen.

Nehmen Sie einmal an, daß volles Spiel in Pik vom Schnitt auf den Trumpf-König abhängt. In Gefahrenzone hat der Mutige 10 IMP zu gewinnen (+620 gegen +170) und 6 IMP zu verlieren (—100 gegen +140). Seine Chancen sind also etwas besser als 3 : 2. Hinzu kommt der bei riskant gereizten Partien nicht zu unterschätzende psychologische Druck. Erfüllen Sie das Spiel durch glücklichen Kartensitz oder einen Fehler der Gegner, ärgern sich diese entweder über Ihren Dusel oder ihre schlechte Verteidigung. Selbst wenn Ihr Kontrakt fällt, hat es dem Gegner Kraft und Nerven gekostet, das beste Gegenspiel zu finden.

Nicht in Gefahrenzone stehen die Chancen ungefähr gleich, falls die Erfüllung der Partie von einem Impass abhängt. Der Mutige wird entweder 6 IMP gewinnen (+420 gegen +170) oder 5 IMP einbüßen (—50 gegen +140).

♠ B983 ♡ A7 ◇ 10973 ♣ K84

Ihr Partner hat Karo eröffnet und über Ihre Pik-Antwort »1 Sans-Atout« (15 oder 16 Punkte) geboten. In Gefahrenzone sollten Sie »2 Sans-Atout« riskieren, während Sie nicht in Gefahr passen oder sich mit »2 Karo« begnügen.

Bei einem 50 %igen Klein-Schlemm wird keine Seite von der IMP-Tabelle begünstigt. In Gefahrenzone sind 13 IMP zu gewinnen oder zu verlieren, nicht in Gefahr 11 IMP. Ob man im Grenzbereich in den Schlemm gehen soll, richtet sich nach dem Stand des Matches oder dem Gegner. Wenn man gut steht oder das gegnerische Team als schwächer einschätzt, sollte man sich nicht auf riskante Manöver einlassen und Partie spielen. Umgekehrt kann ein schwächeres Team versuchen, das Match zu gewinnen oder wenigstens offenzuhalten, indem es einen sehr riskanten Schlemm »auf Verdacht« reizt. Mißlingt das Wagnis, ist nicht viel verloren, weil die stärkeren Gegner weniger Fehler begangen und ohnehin gewonnen hätten.

Der Rubberbridge-Spieler scheut Groß-Schlemms mit einer Erfüllungschance von 50 % wie der Teufel das Weihwasser. Im Teamkampf scheinen die Chancen annähernd gleichzustehen, nämlich in Gefahrenzone 17 : 13 und nicht in Gefahr 14 : 11 zugunsten des Klein-Schlemms. Dies ist jedoch ein Trugschluß, weil es in der Praxis wieder und wieder vorkommt, daß in einem Raum ein Groß-Schlemm einmal fällt und im anderen Raum mit denselben Karten nur Partie gereizt worden ist. In diesem Fall kostet das Abenteuer in Gefahr 26 IMP und nicht in Gefahr 22 IMP, während ein erfüllter Groß-Schlemm gegenüber der gegnerischen Partie nur zusätzliche 4 bzw. 3 IMP gebracht hätte.

Ein Groß-Schlemm lohnt sich im Team deshalb nur bei guten Erfüllungschancen. Sitzt im anderen Raum ein schwaches

Gegnerpaar auf derselben Linie, sollte man Groß-Schlemm nur dann ausbieten, wenn man 13 sichere Stiche zählen kann.

Rubber-Bridge und Teamkampf ähneln sich in vielen Beziehungen, weil nicht die Häufigkeit, sondern die Höhe von Gewinn und Verlust ausschlaggebend ist. Unterschiedliche Taktiken sind jedoch im Kampf um den Teilkontrakt angezeigt. Oft genug können beide Seiten auf der Zweierstufe einen Teilkontrakt erfüllen. Wer auf so niedrigem Bietniveau dem Gegner das Feld überläßt, wird oft 6 oder 7 IMP verlieren, weil das andere Team in beiden Räumen einen Teilkontrakt erfüllt. Man muß deshalb ein gewisses Risiko eingehen, um den Gegner auf die Dreierstufe zu treiben. Ein Rubber-Bridge-Spieler würde wegen lumpiger 60 Punkte kaum einen Verlust von —500 riskieren. Im Teamkampf kosten —500 als Verteidigung gegen einen gegnerischen Teilkontrakt 8 oder 9 IMP. Man muß gelegentlich einen Verlust in dieser Größenordnung investieren, um nicht dauernd 6 oder 7 IMP einzubüßen.

Der Unterschied zum Kampf um den Teilkontrakt im Paarturnier zeigt sich auf der Dreierstufe. Mit einem nicht zu unausgeglichenen Blatt sollte der Teamspieler passen, wenn er den Gegner auf die Dreierstufe getrieben hat. Ein einigermaßen ausgeglichenes Blatt macht auch in der Defensive seine Stiche. Je nach Kartenstand wird entweder die eine oder die andere Seite ihren Teilkontrakt erfüllen. Es macht in der Regel nur einen Unterschied von 1 oder 2 IMP, ob Sie Ihren Kontrakt erfüllen oder der Gegner einmal fällt. Wichtig ist hier, *daß* Sie einen Plusscore schreiben, nicht, wie hoch er ist. Etwas anderes gilt für unausgeglichene Blätter, die stark an Spielstichen, aber so gut wie wertlos in der Defensive sind. Hier kann es bisweilen richtig sein, im Kampf um den Teilkontrakt bis auf die Viererstufe zu reizen.

♠ K107 ♡ 85 ◇ A10763 ♣ AD4

Ihre Karo-Eröffnung ist vom Partner auf »2 Karo« gehoben worden. Der Gegner rechts kontriert, Sie passen und links wird »2 Coeur« geboten, die zu Ihnen durchgepaßt werden. Sie sollten jetzt unbedingt »3 Karo« bieten. Läßt sich der Gegner auf »3 Coeur« treiben, dürfen Sie auf keinen Fall mit »4 Karo« weiterverteidigen. Es ist sehr unwahrscheinlich, daß Sie mit diesem Gebot etwas gewinnen können, denn wenn der Kartenstand dem Gegner die Erfüllung seines Teilkontraktes erlaubt hätte, werden Sie in »4 Karo« voraussichtlich zweimal fallen.

Verteidigendes Bieten im Grenzbereich ist eine Domäne des Paarturniers. Im Teamkampf zahlen sich knappe Opfergebote nicht aus. Wer —300 gegen eine ungefährliche Partie oder —500 gegen ein volles Spiel in Gefahr opfert, kann hiermit lediglich 3-4 IMP gewinnen. Auf der anderen Seite stehen aber etwa 8-12 IMP auf dem Spiel, wenn der Gegner seine Partie gar nicht erfüllt hätte.

Geben die Gegner gegen Sie ein Opfergebot ab, sollten Sie viel eher kontrieren, als sich eine Stufe höher treiben zu lassen. Im Paarturnier sind +500 kein Äquivalent für ein volles Spiel in Gefahrenzone und können Ihnen annähernd einen Nuller einbringen. Im Team kann das Kontra nicht viel kosten, während Sie ziemlich viel verlieren, wenn Sie höher bieten und fallen.

Billige Verteidigungen, also —100 gegen eine ungefährliche Partie oder —300 gegen volles Spiel in Gefahrenzone, sind natürlich auch im Teamkampf lukrativ. Ebenfalls empfehlenswert ist ein vorverlegtes Opfergebot (Advance Sacrifice), weil Sie hiermit bessere Chancen haben, den Gegner eine Stufe zu hoch zu treiben als mit einer langsamen Reizung, die dem Gegner genügend Bietraum zum Informationsaustausch vor seiner endgültigen Entscheidung läßt.

♠ D106 ♡ K5 ◇ B9842 ♣ A76

Der Gegner ist in Gefahrenzone, Sie nicht. Ihr Partner hat »3 Treff« eröffnet und der Gegner rechts »3 Coeur« geboten. Mit der sofortigen Verteidigung von »5 Treff« stellen Sie den Gegner links vor Probleme. Unterstützt er seinen Partner mit »5 Coeur«, haben Sie gute Aussichten, diesen Kontrakt einmal zu schlagen.

Inkonsequent wäre es von Ihnen, zunächst mit »4 Treff« zu verteidigen und erst dann auf »5 Treff« zu gehen, wenn der Gegner hinter Ihnen »4 Coeur« geboten hat. Jetzt kann der Gegner links passen und seinem Partner die Entscheidung überlassen, der Sie wahrscheinlich kontrieren wird.

Reizt der Gegner nach der Eröffnung Ihres Partners zwischen, stehen Sie im Paarturnier vor der schwierigen Frage, ob Sie strafkontrieren oder volles Spiel anstreben sollen. Im Team haben Sie es leichter; wenn Partie nicht sicher ist, sollten Sie strafkontrieren, ausgenommen eventuell dann, wenn die Gegner ungefährlich und Sie in der Gefahrenzone sind.

Falls Partie sicher ist, sollte man sie ausbieten und möglichst nicht kontrieren. Ziel im Team ist der sicherste und nicht der höchste Plusscore.

Opfergebote gegen gegnerische Schlemms bringen im Paarturnier selten etwas ein, weil viele Paare den Schlemm gar nicht gereizt haben und die Verteidigung teurer als die gegnerische Partie ist. Im Teamkampf gelten andere Überlegungen. Spielen Sie mit einem guten Paar zusammen, können Sie damit rechnen, daß es den Schlemm ebenfalls geboten hat. Wenn Sie die gegnerischen Erfüllungschancen als günstig beurteilen, kann Ihr Opfergebot eine Menge einbringen. Falls Sie in »6 Pik« im Kontra sechsmal fallen und —1100 schreiben, sieht das nach einem spektakulären Verlust aus. Sie haben jedoch 8 IMP gewonnen, wenn Ihre Teamkameraden im anderen Raum in Gefahrenzone »6 Coeur« gereizt und erfüllt haben.

Eine einfache Rechnung zeigt, daß es sich im Team nicht lohnt, in Grenzfällen ein Strafkontra zu geben. Falls der Gegner nicht in Gefahr »4 Pik« reizt und einmal fällt, gewinnen Sie 2 IMP (+100 statt +50). Erfüllt er jedoch, verlieren Sie 5 IMP (—590 statt —420). Geradezu katastrophal ist es, wenn der Gegner auf Grund Ihres Kontras den Kartenstand errät und einen Kontrakt macht, den er sonst verloren hätte.

Auch wenn die Gegner in einem völlig überreizten Kontrakt gelandet sind, bringt ein Kontra wenig ein. Wahrscheinlich sind Ihre Teamkameraden in einem Teilkontrakt stehengeblieben, so daß Sie ohnehin 6 oder 7 IMP verdienen würden.

Einen Kampf um den Teilkontrakt im Team mit einem Strafkontra abzuschließen, ist eine absolute »Todsünde«. Den Gegner in die Manche zu kontrieren, ist nicht nur sehr kostspielig, sondern darüber hinaus so unsinnig, daß sich ein derart schwerer Fehler nachteilig auf die Kampfmoral des ganzen Teams auswirken kann.

Ausspielkontras gegen einen Schlemm sind im Teamkampf eine sehr gute Wette. Findet Ihr Partner durch ein Lightner-Kontra den tödlichen Angriff, gewinnen Sie je nach Gefahrensituation 17 oder 14 IMP. Wird der Schlemm im Kontra erfüllt, kostet der Versuch nur 6 IMP, vorausgesetzt, daß Ihre Teamkameraden den Schlemm gereizt und ohne Kontra erfüllt haben. Sollte Ihr Komplementärpaar hingegen nur eine Partie gereizt haben, kostet das Kontra nur 1 IMP, während umgekehrt 26 oder 22 IMP gewonnen worden wären!

Zwar nicht ganz so gut, aber immer noch günstig sind die Chancen bei einem Ausspielkontra gegen einen Sans-Atout-Kontrakt.

♠ KDB108 ♡ A83 ♢ 76 ♣ DB4

Rechts von Ihnen wird »1 Pik« eröffnet. Der Gegner links springt auf »2 Sans-Atout« und der Eröffner hebt auf volles Spiel. Sie sollten kontrieren und damit Pik-Ausspiel verlangen. Eine Erfolgsgarantie haben Sie nicht. Theoretisch kann Ihr Partner in Pik Chicane sein. Möglich ist auch, daß die Gegner nach Pik-Ausspiel das As nehmen und erst einmal fünf Karo-Stiche abziehen. Auf den letzten Karo müßten Sie entweder eine Pik-Karte abwerfen oder sich von klein-Treff in der Hoffnung trennen, daß Ihr Partner mindestens ♣ 10xx hält. Da die gegnerische Partie ohne Ihr Kontra jedoch mit ziemlicher Sicherheit erfüllt würde, lohnt sich das Kontra. In Gefahrenzone investieren Sie 4 IMP (—750 statt —600), um 13 IMP zu gewinnen (+200 statt —600 oder —630).

Zum Spiel der Karte ist nicht viel zu sagen. Hier gelten die gleichen Grundsätze wie im Rubber-Bridge. Der Alleinspieler sollte sich nicht um Überstiche kümmern, sondern versuchen, seinen Kontrakt so sicher wie möglich zu gewinnen. In einem ziemlich aussichtslosen Kontrakt ist es fast immer richtig, auf Erfüllung zu spielen. Etwas anderes kann gelten, wenn die Gegner kontriert haben oder ein mißlungener Erfüllungsversuch mit mehreren zusätzlichen Fallern in Gefahrenzone bezahlt werden müßte.

Ziel des Gegenspiels im Teamkampf ist, den gegnerischen Kontrakt mit der größtmöglichen Sicherheit zu Fall zu bringen, selbst wenn man hierbei die Chance auf einen zusätzlichen Faller nicht nutzt oder der Gegner mit einem guten Blatt Überstiche macht. Es ist nicht schlimm, 1-3 IMP einzubüßen, jedoch kostspielig, eine gegnerische Partie erfüllen zu lassen und hierbei 10 oder gar 12 IMP zu verlieren.

# Große Meisterschaften

Bridge ist über die ganze Welt verbreitet. Es überrascht deshalb nicht, daß Weltmeisterschaften, Olympiaden und auf Erdteile begrenzte Meisterschaften (Europameisterschaften, Südamerikanische Meisterschaften und Meisterschaften des Fernen Ostens) ausgetragen werden. Neben internationalen werden auch nationale Meisterschaften der einzelnen Länder und viele andere große Turniere veranstaltet. Hier ein Überblick über die Resultate der großen Meisterschaften.

## Weltmeisterschaften und Olympiaden

Bereits vor dem Zweiten Weltkrieg wurden zwei Weltmeisterschaften gespielt.

1935 schlug die Mannschaft der USA den Europameister Frankreich in New York und gewann die erste Weltmeisterschaft. Österreich nahm 1937 in Budapest Revanche. Das Team v. Bluhdorn, Frischauer, Herbert, Jellinek, v. Meissl und Schneider mit Dr. Stern als non-playing Captain verwies die starke amerikanische Mannschaft (Ely und Josephine Culbertson, Mrs. Sobel und Vogelhofer) auf den zweiten Platz. Auch bei den Damen wurde Österreich Weltmeister.

Die erste Team-Weltmeisterschaft nach dem Kriege fand 1950 in Bermuda statt. Gegeneinander spielten USA, England als Europameister und Europa (vertreten durch eine schwedisch-isländische Kombination). Die USA besiegten die beiden anderen Mannschaften und gewannen als Trophäe die Bermuda-Bowl, einen Wanderpreis, um den seitdem die Team-Weltmeisterschaft gespielt wird.

Die nächsten sechs Team-Weltmeisterschaften waren ein Zweikampf zwischen den USA und dem jeweiligen Europameister. Dreimal siegten die USA (1951 in Neapel gegen Italien, 1953 in New York gegen Schweden und 1954 in Monte Carlo gegen Frankreich, das sein Team durch den Schweizer Jean Besse und den Österreicher Karl Schneider verstärkt hatte). Dann wendete sich das Blatt zugunsten Europas. Weltmeister wurden Großbritannien 1955 in New York, Frankreich 1956 in Paris und Italien 1957 in New York. Damals wußte man noch nicht, daß der Sieg der italienischen Squadra Azurra der Beginn einer unglaublichen Serie war, die sich wohl nie wiederholen wird: Italiens »Blue Team« gewann zehn Weltmeisterschaften in ununterbrochener Reihenfolge und machte damit Bridge-Geschichte.

1958 in Como und 1959 in New York siegte Italien vor den USA und Argentinien, das als Meister von Südamerika teilnahm.

Im Jahre 1960 fand die erste Team-Olympiade statt, die in Turin von Frankreich vor England gewonnen wurde. Bei den Damen siegte die damalige Vereinigte Arabische Republik. Die nächsten Team-Olympiaden wurden jeweils von Italien vor den USA gewonnen (1964 in New York, 1968 in Deauville und 1972 in Miami). Sieger bei den Damen waren Großbritannien, Schweden und Italien. In den Olympiajahren wurde nicht um die Bermuda-Bowl gespielt.

Seit 1963 werden die Weltmeisterschaften um die Bermuda-Bowl von der World Bridge Federation veranstaltet. Von 1966 an nahmen fünf Teams teil, nämlich der jeweilige Titelverteidiger, die USA, der Europameister, der Meister von Südamerika und der Meister des Fernen Osten. Italien siegte weiter, zunächst vor den USA: 1961 in Buenos Aires, 1962 in New York, 1963 in St. Vincent, 1965 in Buenos Aires, 1966 in St. Vincent, 1967 in Miami, 1969 in Rio de Janeiro jedoch vor Formosa. Das war eine Sensation, weil die bis dahin so gut wie unbekannten Chinesen die starken Amerikaner auf den dritten Platz verwiesen. Sie spielten »Precision Club«, ein neues System, das seitdem seinen Siegeszug um die Welt antrat.

Das berühmte Blue Team, in den letzten Jahren bestehend aus den Spielern Avarelli, Belladonna, d'Alelio, Forquet, Garozzo und Pabis Ticci, trat mit dem Sieg 1969 ungeschlagen von der Bühne der Weltmeisterschaften ab. 1970 und 1971 siegte die USA in Stockholm vor Formosa und in Taipei/Formosa vor Frankreich.

Das italienische Super-Team wurde allgemein vermißt. Im Dezember 1971 arrangierte man in Las Vegas, USA, eine Begegnung des regierenden Weltmeisters USA und des Blue Team. Es siegten die Italiener. Angespornt durch diesen Erfolg kehrte das berühmte Team noch einmal in die Arena zurück und gewann 1972 unangefochten die Olympiade in Miami. Auch in den Jahren 1973-75 waren die Italiener erfolgreich, wobei von der »alten Garde« noch Belladonna, Garozzo und

Forquet dabei waren. 1976 ging die Weltmeisterschaft an die USA verloren, die auch 1977, 1979, 1981, 1983 und 1985 siegten (im Finale 1979 in Rio und 1983 in Stockholm jeweils hauchdünn mit 5 IPMs gegen Italien, bei denen im Blue Team noch Belladonna und Garozzo mitkämpften).

Die Olympiade 1976 in Monte Carlo gewann Brasilien knapp vor Italien (Deutschland belegte einen beachtlichen 11. Platz von 45 Nationen); bei den Damen siegte Italien vor England. 1980 fand die Olympiade in Valkenburg statt. Frankreich gewann in einem dramatischen Finale gegen die USA (Deutschland hatte mit einem hervorragenden 9. Platz von 58 Teams die Finalkämpfe knapp verpaßt). Bei den Damen siegten die USA vor den Italienerinnen. 1984 holte sich Polen in Seattle die Goldmedaille vor Frankreich. Die USA verteidigten ihren Titel bei den Damen vor England (Deutschland belegte einen guten 7. Platz von 23 Nationen).

Seit 1962 werden auch Paar-Olympiaden veranstaltet (Open und Damen, ab 1966 auch Mixed). 1978 wurde zusätzlich eine um den Rosenblum Cup ausgespielte Team-Konkurrenz ins Programm genommen. In New Orleans 1978 siegten im Open Branco-Cintra (Brasilien), Splettstößer-Häusler (Deutschland) wurden 19.; Radin-Wei (USA) siegten bei den Damen, Schumann-Crane (USA) im Mixed. Den Rosenblum Cup holten sich die Polen; das deutsche Team v. Gynz-Schroeder, v. Ciriacy-Mattsson wurde 10. von 64 Teams. Bei der nächsten Olympiade 1982 in Biarritz gewannen Martel-Stansby (USA) das Open, Kennedy-Sanders (USA) die Damen-Konkurrenz und Gordon-Mittelman (Kanada) das Mixed; ganz hervorragend der 9. Platz, den Tolsdorff-Häusler (Deutschland) von 450 Mixed-Paaren belegten. Den Rosenblum-Cup gewann Frankreich vor den USA; bestes deutsches Team war Gwinner-Pawlik, Ehepaar Dr. Auhagen mit einem passablen 38. Rang von 129 Mannschaften.

## Erdteilmeisterschaften

Schon vor dem Zweiten Weltkrieg gab es Europameisterschaften. Besonders erfolgreich war Österreich, das 1932 in Scheveningen, 1933 in London, 1936 in Stockholm und 1937 in Budapest siegte. Ungarn gewann 1934 in Wien und 1938 in Oslo, Frankreich 1935 in Brüssel und Schweden 1939 in Den Haag. Sieger bei den Damen wurde 1935-37 Österreich, Dänemark 1938 und Frankreich 1939.

Nach Kriegsende wurden 1948 in Kopenhagen die Europameisterschaften fortgesetzt. Bei den Herren war Italien am erfolgreichsten; es siegte zwölfmal (1951 in Venedig, 1956 in Stockholm, 1957 in Wien, 1958 in Oslo, 1959 in Palermo, 1965 in Ostende, 1967 in Dublin, 1969 in Oslo, 1971 in Athen, 1973 in Ostende, 1975 in Brighton und 1979 in Lausanne). Frankreich brachte es auf sieben Titel (1953 in Helsinki, 1955 in Amsterdam, 1962 in Beirut, 1966 in Warschau, 1970 in Estoril, 1974 in Tel Aviv und 1983 in Wiesbaden). Sechsmal gewann England (1948 in Kopenhagen, 1949 in Paris, 1950 in Brighton, 1954 in Montreux, 1961 in Torquay und 1963 in Baden-Baden). Die Schweden siegten 1952 in Dublin und 1977 in Helsingör. Polen gewann 1981 in Birmingham, und Österreich knüpfte mit seinem Sieg 1985 in Salsomaggiore an goldene Vorkriegszeiten an.

Deutschland beteiligte sich an den Europameisterschaften 1952, 1954-59, 1961, 1963, 1965, 1967, 1969-71, 1973-75, 1977, 1979, 1981, 1983 und 1985. In die obere Hälfte des Teilnehmerfeldes kamen die Deutschen nur in den Jahren 1969, 1970, 1977, 1981 und 1983 (10. von 21 in Oslo, 11. von 22 in Estoril, 10. von 22 in Helsingör, 6. von 18 in Birmingham und 6. von 24 in Wiesbaden).

Die Europameisterschaften der Damen nach dem Kriege wurden zehnmal von England gewonnen (1950-52, 1959, 1961, 1963,

1966, 1975, 1979 und 1981), siebenmal von Frankreich (1953, 1954, 1956, 1965, 1969, 1983 und 1985), je fünfmal von Dänemark (1948, 1949, 1955, 1957 und 1958) und Italien (1970, 1971, 1973, 1974 und 1977) sowie zweimal von Schweden (1962 und 1967).

Die deutschen Damen nahmen in den Jahren 1952, 1954, 1956-58, 1961, 1963, 1965, 1967, 1970, 1973-75, 1977, 1979, 1981, 1983 und 1985 teil. Herausragende Ergebnisse: 1954 in Montreux 5. von 12, 1965 in Ostende 3. von 13 und 1985 in Salsomaggiore 7. von 16. Meisterschaften von Südamerika gibt es seit 1948, des Fernen Ostens seit 1957.

# Deutsche Meisterschaften

**Die folgende Übersicht macht Sie mit den verschiedenen Deutschen Meisterschaften vertraut. Bei der Gruppen-Team-Meisterschaft spielen die einzelnen Gruppen des Deutschen Bridge-Verbandes ab Jahresbeginn zunächst auf regionaler, dann auf überregionaler Ebene Teamkämpfe über eine Distanz von 40 Händen nach dem K.O.-System gegeneinander. Das verlierende Team scheidet aus; die Sieger kommen eine Runde weiter. Die »Letzten Vier« treffen sich etwa zur Jahresmitte im Finale, wo sie gegen jedes der drei anderen Teams antreten.**

a) Deutsche Teammeisterschaften
*Offene Teammeisterschaft*
(erstmals 1949)

1958 Dr. Östör - Dr. v. Holtzer
Janson - Wojakowski
1959 v. Dewitz - Chodziesner
Denecke - McRitchie
Rammensee (Frau Auser)
1960 Insel - Volkmann
Frau Lippelt - Dr. zum Winkel
Dr. v. Baumbach - v. Alvensleben
1961 v. Dewitz - Chodziesner
Denecke - McRitchie
Rammensee (Frau Auser)
1962 Frau Gotthelf - Lemaitre
Dr. Korsing - Rachwalski
Graf Einsiedel - Dr. Östör
1963 Frau Cullmann - Dr. v. Rotteck
Dr. v. Baumbach - v. Alvensleben
Haeseler, Schmidt
1964 v. Dewitz - Chodziesner
Denecke - McRitchie
Frau Auser - Weil
1965 Dr. Pressburger - Graf Einsiedel
Dr. Thaldorf - Weiss
1966 Frau Gotthelf, Frau Reimann,
Lemaitre, Rachwalski, Piost
1967 Frau Gotthelf - Lemaitre
Frau Reimann - Piost
Dr. Korsing - Rachwalski
1968 v. Dewitz, Chodziesner, Frau Auser,
Weil, Dr. v. Holtzer, Dr. Pressburger
1969-1973 Chodziesner - Weil
Dr. v. Holtzer - Dr. Pressburger
v. Gynz - Schroeder
1974 Dr. v. Rotteck-Weiss, B. Hanken-Hüttemann
Prinz zu Waldeck-Schwenkreis
1975 Ehepaar v. Richthofen, Gebr. Borho
Thomae - Zinsmaier
1976-77 Dr. v. Rotteck, Prinz zu Waldeck-Schwenkreis,
Häusler-Splettstößer
1978 v. Gynz-Schroeder, Gebr. Sträter,
Uhlmann - D. Piekenbrock
1979 Dr. v. Rotteck, Prinz zu Waldeck-Schwenkreis
Häusler-Splettstößer
1980 Prinz zu Waldeck-Schwenkreis
Häusler-Splettstößer
1981 Voigt-Nippgen, Gebr. Sträter
1982 Prinz zu Waldeck-Schwenkreis
Häusler-Splettstößer
1983 Prinz zu Waldeck-Schwenkreis
Häusler-Splettstößer
v. Gynz-Schroeder
1984 Schneider-Ludwigsen
Farwig-Gromöller sen.
Gebr. Piekenbrock
1985 Dr. Chmelik - Dr. Pawlik, Klumpp-Schwerdt
1986 Prinz zu Waldeck-Schwenkreis
Häusler-Splettstößer, v. Gynz

*Gruppen-Teammeisterschaft*
(erstmals 1956)

1958 Frau Gotthelf - Lemaitre
Dr. Ernst - Paulsen
Dr. v. Gerlach - Rammensee
1959 Frau Reimann - Schön
Witzel - Piost, v. Obernitz
1960 Dr. Korsing - Rachwalski
v. Dewitz - Kiesewetter
1961 Frau Gotthelf - Lemaitre
Dr. Ernst - Paulsen, Dr. v. Gerlach
1962 Dr. v. Holtzer - Dr. Pressburger
Janson - Blass
1963 Dr. v. Holtzer - Dr. Pressburger
Janson - Wojakowski
1964 Manne - Dr. Köhne
Ehepaar Dr. Just
Dr. Schott jr. - Vogelsang
1965 Dr. v. Baumbach - Schorling
Dr. Thürigen - Peh
Azzola - Azzola
1966 Alexander v. Rummell sen. - Dr. Knoll

Dirik v. Rummell - Dr. Liu
Sascha v. Rummell - Dr. Auhagen
1967 Frau Lippelt, Frau Rabner,
Frau Sanden, Herzberg sen.,
Herzberg jr., v. Gynz
1968 Dr. Korsing - Rachwalski - v. Dewitz
Dieter Zenz - Chen
1969 Chodziesner, v. Gynz
Frau Gotthelf, Frau Rabner
Graf Pestalozza, Weil
1970 Dr. Pressburger, Dr. v. Holtzer
Bert Hanken, Graf Sierstorff
1971 Dr. Pressburger, Dr. v. Holtzer
Graf Sierstorff, Witzel
1972 Dr. Pressburger, Dr. v. Holtzer
Graf Pestalozza, Thomae, Volker Borho
1973 Alexander v. Rummell sen. - **Dirik v. Rummell**
Sascha v. Rummell - Dr. Auhagen
Heribert und Bernhard Sträter
1974 Ehepaar Schroeder, Arnold - Selinger,
F. Müller - Trapp
1975 Alexander v. Rummell - **Dirik v. Rummell,**
Sascha v. Rummel - Dr. Auhagen, Gebr. Sträter
1976 Ehepaar Schroeder, v. Györffy - Häusler
1977 Ehepaar Schroeder, v. Györffy - Häusler
1978 Gebr. Borho, Behar, Klumpp, Zinsmaier
1979-81 Ehepaar Schroeder, v. Györffy-Häusler
1982 Gebr. Sträter, Ehepaar Dr. Auhagen
Gruia-Elinescu
1983 Ehepaar Schroeder, v. Györffy-Häusler
1984 Frerichs-Wenning, Marsal-Mattsson
1985 Chr. Schwerdt-Laidig, J. Schwerdt-Gradl
1986 Frerichs-Wenning, Marsal-Mattsson

## b) Deutsche Paarmeisterschaften

### *Offene Paarmeisterschaft*

(erstmals 1949)

1958 Frau Cullmann - Dr. v. Rotteck
1959 Dr. Korsing - Rachwalski
1960 Ehepaar Renate und Klaus Hanken
1961 Janson - Dr. Nützel
1962 Dr. v. Baumbach - v. Alvensleben
1963 Janson - Dr. Rohm
1964 Dr. Korsing - Rachwalski
1965 Dr. Pressburger - Dr. Thaldorf
1966 Sascha v. Rummell - Dr. Auhagen
1967 Schubert - Hüttemann
1968 Dr. v. Holtzer - Dr. Pressburger
1969 Dr. van Delden - Detlev Piekenbrock
1970 Frau Reimann - Herzberg jr.
1971 Sascha v. Rummell - Dr. Auhagen
1972 Sascha v. Rummell - Dr. Auhagen
1973 Schroeder - Prinz zu Waldeck
1974 v. Gynz - Schroeder
1975 D . Piekenbrock - Uhlmann
1976 Gebr. Sträter
1977 Prinz zu Waldeck - Schwenkreis
1978 Ballmann, Gwinner
1979 Dr. Chmelik - B. Hanken
1980 D. Piekenbrock - Splettstößer
1981 Gromöller sen. - Schneider
1982 totes Rennen zwischen
Frl. Elzer - Asutay
Heflik - Mattsson
1983 Koch - Marsal
1984 Dr. Chmelik - W. Jürgens
1985 Elinescu - Dr. Wladow

### *Damen-Paarmeisterschaft*

(erstmals 1956)

1958 Frau Mücke - Frau von Roy
1959 Frau Mattheides - Fräulein Peimann
1960 Frau Rehr - Frau Lutz
1961 Frau Mücke - Frau Grossmann
1962 Frau Reimann - Frau Flohr
1963 Frau Cullmann - Frau Gotthelf
1964-1966 Frau Reimann - Frau Sanden
1967 Frau Cullmann - Frau Gotthelf
1968 Frau Tolsdorff - Frau Flohr
1969 Frau Mücke - Fräulein Peimann
1970 Frau Herzberg - Frau Uhdris
1971 Frau Cullmann - Frau Gotthelf
1972 Frau Reimann - Frau Sanden
1973 Frau Dr. Oehlert - Fräulein Peimann
1974 Frau Hanken - Frau Werner
1975 Frau Schrott - Frl. Vogt
1976 Frau Tolsdorff - Frau Füssel
1977 Frau Schroeder - Frl. Vogt
1978 Frau Heinecke - Frl. Rumpel
1979 Frau Dr. Fleischauer - Frau Dr. Schön
1980 Frau Caesar - Frau Mögel
1981 Frau Salzmann - Frau Dr. Stitz
1982 Frau Caesar - Frau Mögel
1983 Frau Caesar - Frau Mögel
1984 Frau Tolsdorff - Frau v. Richthofen
1985 Frau Tolsdorff - Frau Schroeder

### *Herren-Paarmeisterschaft*

1958 Lemaitre - Dr. v. Gerlach
1959 Dr. Ernst - Paulsen
1960 v. Alvensleben - Müller
1961 Dr. van Delden - Molkenthin
1962 Dr. v. Holtzer - Dr. Pressburger
1963 Dr. v. Baumbach - v. Gundelfingen
1964 Dr. v. Baumbach - v. Gundelfingen
1965 Dr. Korsing - Rachwalski
1966 Weiss - Woldemar Jürgens
1967 Böllhoff - Selinger
1968 v. Gynz - Schroeder
1969 v. Gynz - Schroeder
1970 v. Gynz - Schroeder
1971 Böllhoff - Selinger
1972 Dr. Chmelik - Woldemar Jürgens
1973 Sascha v. Rummell - Dr. Auhagen
1974 Prinz zu Waldeck - Schwenkreis
1975 v. Gynz - Schroeder
1976 Prinz zu Waldeck - Schwenkreis
1977 Dr. Chmelik - Jürgens
1978 Gondos - Schwerdt
1979 v. Gynz - Schroeder
1980 Gebr. Sträter
1981 Häusler - Splettstößer
1982 Gruia - Elinescu
1983 Häusler - Splettstößer
1984 v. Gynz - Schroeder
1985 Häusler - Splettstößer

### *Mixed-Paarmeisterschaft*

1962 Frau Erlewein - Lehmann
1963 Ehepaar Dr. Nitz
1964 Frau Grossmann - Dr. Thürigen
1965 Frau Reimann - Chodziesner
1966 Ehepaar Volhard
1967 Frau Sanden - v. Gynz
1968 Frau Gotthelf - Lemaitre

1969 Frau Sanden - v. Gynz
1970 Frau Schilling - Rammensee
1971 Fräulein Paul - Schroeder
1972 Ehepaar Schroeder
1973 Ehepaar Renate und Klaus Hanken
1974 Frau Flohr - Sascha v. Rummell
1975 Frl. Salzmann - H. Sträter
1976 Ehepaar Schroeder
1977 Ehepaar Schroeder
1978 Frl. Rumpel - Häusler
1979 Frau Klemm - Marsal
1980 Frau Tolsdorff - Häusler
1981 Ehepaar Wiegmink
1982 Frau Caesar - Splettstößer
1983 Ehepaar Hanken
1984 Frl. Vogt - Nippgen
1985 Frau Tolsdorff - Häusler
1986 Frl. Rauscheid-Maybach

*Junioren-Paarmeisterschaft*

1968 Herzberg - Graf Pestalozza
1969 Müller - Schroeder
1970 Frau Kruse - Hollstein
1971 Bernhard Sträter - Zdralek
1972 Thomae - Volker Borho
1973 v. Gynz - Schroeder
1974 v. Gynz - Thomae
1975 Arnold - Kratz
1976 Splettstößer - J. Piekenbrock
1977 Gwinner - Pawlik
1978 Splettstößer - J. Piekenbrock
1979 Ernst - Stern
1980 Ballmann - Gwinner
1981 Häusler - Splettstößer
1982 Splettstößer - Schwerdt
1983 Frl. Pikart - Stahl
1984 Endriss - Rohowsky
1985 Frl. Zenkel - Frl. v. Arnim
1986 Gromöller jr. – Döbig

*Senioren-Paarmeisterschaft*

1984 Rachwalski - Alexander v. Rummell
1985 Frau Scherer - W. Jürgens
1986 Frau Frerichs - Frau Füssel

## Das Masterpunktsystem

Seit dem Jahre 1957 vergütet der Deutsche Bridge-Verband für auf in- und ausländischen Turnieren erzielte Erfolge sogenannte Masterpunkte (1 Masterpunkt = 100 Clubpunkte). Die Punktgutschriften sind je nach Bedeutung des Turniers und Placierung verschieden hoch. Für den Gewinn der Offenen Deutschen Paarmeisterschaft erhält z. B. jeder Spieler 20 Masterpunkte, die Zweiten jeder 16 Masterpunkte usw. Bei den übrigen Turnieren werden die Club- bzw. Masterpunkte nach besonderen Tabellen errechnet, die nach dem erzielten Platz und der Zahl der teilnehmenden Paare bzw. Teams abgestuft sind. Der aus der Tabelle ermittelte Grundwert gilt für Clubturniere. Bei einer Beteiligung von nur wenigen Tischen sind die Gutschriften für den ersten Platz verhältnismäßig gering (um die 20 Clubpunkte). Bei größeren Turnieren wird der Tabellengrundwert mit 5 und bei sogenannten Wertungsturnieren (insbesondere regionalen Meisterschaften) mit 10 multipliziert. Die ausgeschriebenen Club-Zertifikate werden dem Masterpunkt-Sekretär des Deutschen Bridge-Verbandes zur Gutschrift eingereicht. Die im Laufe der Jahre registrierten Punkte werden stets zugeschrieben. Wer 5 Masterpunkte erreicht hat, wird Club-Master, mit 50 wird man Junior-Master, mit 150 Master, mit 300 Senior-Master, und mit 600 registrierten Punkten erhält man den Titel Life Master. Nach dem Stand vom 1. 8. 1986 liegen in der Masterpunktliste des Deutschen Bridge-Verbandes die folgenden 30 Life Master in Führung:

| | | |
|---|---|---|
| 1. | Schroeder, Taunusstein | 3181 |
| 2. | v. Gynz, Münster | 2979 |
| 3. | Prinz zu Waldeck, Frankfurt/M. | 2206 |
| 4. | Dr. Auhagen, Düsseldorf | 1826 |
| 5. | Häusler, Saarbrücken | 1707 |
| 6. | Splettstößer, Berlin | 1614 |
| 7. | H. Sträter, Düsseldorf | 1586 |
| 8. | Schwenkreis, Frankfurt/M. | 1354 |
| 9. | D. Piekenbrock, Herford | 1305 |
| 10. | Dr. Preßburger, München | 1290 |
| 11. | Frau Schroeder, Taunusstein | 1258 |
| 12. | Chodziesner, Berlin | 1130 |
| 13. | B. Sträter, Düsseldorf | 1106 |
| 14. | Gwinner jr., Augsburg | 1073 |
| 15. | Mattsson, Köln | 1059 |
| 16. | Frau Tolsdorff, Wuppertal | 1054 |
| 17. | Rachwalski, Frankfurt/M. | 986 |
| 18. | B. Hanken, Bonn | 984 |
| 19. | Schneider, Kiel | 909 |
| 20. | Selinger, Wiesbaden | 895 |
| 21. | Frau Kruse, Münster | 883 |
| 22. | Dr. v. Holtzer, München | 877 |
| 23. | Gromöller sen., Bamberg | 849 |
| 24. | Marsal, Bonn | 841 |
| 25. | Berthold, Hannover | 830 |
| 26. | W. Jürgens, Augsburg | 827 |
| 27. | McRitchie, Hamburg | 803 |
| 28. | Frl. Vogt, Kassel | 802 |
| 29. | Frau Hanken, Wilhelmshaven | 791 |
| 30. | J. Piekenbrock, Garbsen | 783 |

*„Wie oft soll ich es Euch noch sagen, ich habe meine Frau umgebracht, weil sie mich aus einem Strafkontra herausgenommen hat, das uns 1400 Punkte gebracht hätte."*

*Ein für seine »Röntgenaugen« berüchtigter Spieler stand mit K9xxx und ABx in Atout vor dem Problem, keinen Stich abgeben zu dürfen. Hinter ihm hielt ein Experte D10x in Trumpf und beschloß, dem »Sehmann« eine kleine Lektion zu erteilen. Er versteckte die Dame geschickt hinter einer anderen Karte und hielt sein Blatt so nachlässig, daß der Spieler hinschauen konnte, auch ohne sich den Hals über Gebühr zu verrenken. Der Scharfäugige begann nun laut zu dozieren: »Hier gibt es zwei Schulen, nämlich den direkten Schnitt auf die Dame und den Schnitt zur anderen Seite, wenn die Zehn doubleton steht.«*

*Sprach's, spielte Atout zum As und ließ den Trumpf-Buben zum Schnitt durchlaufen. Der Experte wartete einen kleinen Moment, nahm dann den Stich mit der Dame und bemerkte trocken: »Tut mir leid, ich hab sie doch!«*

*

*Auf einem großen internationalen Turnier mußte in englischer Sprache gereizt werden. Der französische Experte Roger Trézel hielt ein schwaches Blatt mit einer Siebenerlänge in Coeur und entschloß sich zu einem riskanten Bluff. Er eröffnete »three spades« (3 Pik). Eine ältere Dame, die bei ihm kiebitze, fiel ihm aufgeregt ins Wort: »Vous-avez vous trompé, Monsieur, ça veut dire ›three hearts‹ en anglais!« Damit war der große Bluff entlarvt. Der Turnierleiter schickte den verstörten Kiebitz fort und setzte das Board auf Durchschnitt.*

*

*Ein Experte spielt ein großes Meisterschaftsturnier. Sein Neffe, noch blutiger Anfänger, schaut zu. Plötzlich erreicht den Experten ein wichtiger Telefonanruf. Er spielt seine Karte schnell zu Ende und fragt die Gegner, ob sein Neffe ihn beim nächsten Spiel vertreten dürfe. Die Gegner sind einverstanden. Er flüstert dem Neffen etwas ins Ohr und stürzt zum Telefon. Als er zurückkommt, schaut sein Partner zufrieden vor sich hin, während die Gegner etwas verstört sind. Was war geschehen? Der Experte hatte seinen Neffen gebeten, unter allen Umständen zu passen. Der Neffe hielt sich strikt an die Anweisung, und verpaßte ein Blatt von 27 Punkten! Alle übrigen Paare waren im Schlemm gelandet und wegen schlechten Kartenstandes ein- bis zweimal gefallen, so daß »durchgepaßt« Top-Score war.*

*

*Jemand schreibt einem Experten eine problematische Hand auf ein Blatt Papier und fragt ihn, wie er den Schlemm spiele. Der Experte sieht auf den ersten Blick, daß der Schlemm gar nicht zu erfüllen ist, weil mindestens ein Trumpfstich sowie ein As in einer Nebenfarbe herausgehen. Sein Antwort: »Unter falschem Namen!«.*

# Index